主编简介

王习胜 安徽省高校人文社科重点研究基地安徽师范大学马克思主义研究中心常务副主任,安徽师范大学马克思主义学院教授,博士,博士生导师。

赵 冰 安徽省高校人文社科重点研究基地安徽师范大学马克思主义研究中心研究员,安徽师范大学马克思主义学院副教授,博士,硕士生导师。

安徽师范大学特色优势研究领域项目
安徽省高等学校思想政治理论课建设工程项目
安徽省高等学校振兴计划地方高水平大学建设项目

中国社科·大学经典文库

文化自觉中拓展中国道路

马克思主义理论与实践（2013—2014）

王习胜　赵　冰◎主编

光明日报出版社

图书在版编目（CIP）数据

文化自觉中拓展中国道路：马克思主义理论与实践：2013~2014 / 王习胜，赵冰主编. --北京：光明日报出版社，2016.1

ISBN 978－7－5112－9961－1

Ⅰ.①文… Ⅱ.①王…②赵… Ⅲ.①中国特色社会主义—社会主义建设模式—研究 Ⅳ.①D616

中国版本图书馆CIP数据核字（2016）第013343号

文化自觉中拓展中国道路：马克思主义理论与实践：2013~2014

主　　编：王习胜　赵　冰	
责任编辑：曹美娜	责任校对：张明明
封面设计：中联学林	责任印制：曹　净

出版发行：光明日报出版社

地　　址：北京市东城区珠市口东大街5号，100062

电　　话：010－67078251（咨询），67078870（发行），67019571（邮购）

传　　真：010－67078227，67078255

网　　址：http://book.gmw.cn

E－mail：gmcbs@gmw.cn　caomeina@gmw.cn

法律顾问：北京德恒律师事务所龚柳方律师

印　　刷：北京天正元印务有限公司

装　　订：北京天正元印务有限公司

本书如有破损、缺页、装订错误，请与本社联系调换

开　　本：710×1000　1/16

字　　数：374千字　　　　　　印　张：21.5

版　　次：2016年1月第1版　　印　次：2016年1月第1次印刷

书　　号：ISBN 978－7－5112－9961－1

定　　价：88.00元

版权所有　　翻印必究

序

此前,安徽师范大学马克思主义研究中心已经编辑出版了《用信仰点亮思想灯塔——马克思主义理论与实践(2004－2007)》、《让思想光照生活世界——马克思主义理论与实践(2008－2009)》、《以旗帜指引复兴之路——马克思主义理论与实践(2010－2012)》三本文集。现在呈现给读者的是这一系列中的第四本。本集由研究中心常务副主任、博士生导师王习胜教授和赵冰博士共同主编,所收录的30篇文章,基本反映了2013－2014年度安徽师范大学马克思主义学院马克思主义理论教学和研究团队学术思考的旨趣和学术研究的面貌。

两位主编在本文集的总体内容"马克思主义理论与实践"这一"正题"之前加上"文化自觉中拓展中国道路"这样的"前置",我理解,既是想同此前编辑出版的三本文集保持风格上的一致,更是要体现他们对"文化自觉"命题的情有独钟,以及对"文化自觉"与"中国道路"之密切关联的深刻认知。多年前,钱穆在其《文化学大义》中曾经说过:"今天的中国的问题,乃至世界问题,并不仅是一个军事的、经济的、政治的,或是外交的问题,而已是一个整个世界的文化问题。一切问题都从文化问题产生,也都该从文化问题来求解决。"钱穆的这一论述虽不免有"文化决定论"之嫌,但却深刻地道出了文化问题的重要性。编者在"前言"中也说道:"一个国家的道路探索与其文化自觉之间具有高度的相关性","当代中国特色社会主义道路就是在当代中国文化中孕育发展起来的","在当代中国文化成分中,马克思主义无疑是其最为重要的部分",它早已超越了"外来者"身份,"深刻融入了中国社会,成为道路探索、制度构建、精神引领、生活指南等方面最重要和最根本的价值原则"。"没有马克思主义,没有将马克思主义与中国实际情况相结合的文化成果,就不会有中国特色社会主义道路的诞生,更遑论中华民族的伟大复兴"。也就是说,"中国道路"的探索和开拓同"中国文化"的选择和发展在很大程度上是统一的,是一个问题的两个方面。历史地看,这种"统一性"几乎贯穿近代以来中国先进分子探索国家出路的全过程。对此,毛泽东曾经指出,在五四运动前的70多年中,中国人没有什么思想武器可以抵御帝国主义。旧的顽固的封建主义思想武器打了败仗,抵不住,宣告破产了。不得已,中国人被迫从帝国主义的老家即西方资产阶级革命时代的武器库中学来了进化论、天赋人权论和资产阶级共和国等思想武器和政治方案,但是这些东西也和封建主义的思想武器一样,又是抵不住,败下阵来,宣告破产了。1917年的俄国革命唤醒了中国人,中国人学得了一样新东西,这就是马克思列宁主义。走俄国人的路——这就是结论。中国先进分子在不断的文化自觉中于俄国十月革命之后最终选择马克思主义这一先进文化的同时,也选择了"走俄国人的路"。此后,在长达90多年的历史中,中国共产党人不断推进马克思主义中国化,在将马克思主义基本原理同中国革命、建设和改革具体实际相结合的过程中,相继形成毛泽东思想、邓小平理论、"三个代表"重要思想、科学发展观、"四个全面"战略布局重要思想等具有中国特色的马克思主义思想文化成果。与此同时,中国革命、建设和改革道路的探索和实践也实现了从"走俄国人的路"到"走中国自己的路"的重大转变。

在文化自觉中继续拓展中国特色社会主义道路,必须坚持马克思主义指导地位,确保"中国道路"沿着正确方向前进。这既是历史的经验,更是现实的要求。当今世界思想文化领域"没有硝烟的战争"一刻也没有停止过。少数西方国家利用各种手段,利用其话语权优势,不遗余力地向中国推销它们的"主义"、"学说"和价值理念,指导思想领域的"意识形态终结"论、经济领域的新自由主义、政治领域的民主社会主义、历史文化领域的历史虚无主义等各种反马克思主义思潮涌入中国。在国内,也有一些人与之相呼应。鼓吹这些思潮的根本目的即是在指导思想上否定马克思主义的指导地位,取消中国特色社会主义理论体系的指导,实行指导思想多元化;政治上实现西方式的民主,放弃中国共产党领导和无产阶级专政;经济上要废除我国现行的以公有制为主体、多种所有制共同发展的基本制度,实行资本主义式的全盘"私有化";文化上,要推行资本主义文化价值观念。对此,必须按照习近平总书记所要求的,牢牢掌握思想文化和意识形态领域的领导权、话语权和管理权,旗帜鲜明地捍卫马克思主义,坚决地与各种错误思潮进行斗争,以敢于担当、敢于亮剑的精神和勇气,打赢这场"没有硝烟的战争"。坚持马克思主义指导地位,还必须不断推进马克思主义中国化、时代化和大众化。毛泽东曾经指出:"马克思主义一定要向前发展,要随着实践的发展而发展,不能停滞不前。停止了,老是那一套,它就没有生命了。"当代中国共产党人的重要历史使命,就是要根据实践和时代的变化,不断推进马克思主义中国化和时代化,不断实现党的指导理论的与时俱进。同时,还要使马克思主义大众化,让马克思主义真正成为社会大众认识世界和改造世界的思想武器,成为所有社会大众的"共同语言"。只有社会大众都具有这样的"共同语言",以马克思主义为指导才有了根本意义上的物质基础,才能产生出强大的"物质力量"。

马克思主义是无产阶级革命学说,它不是在书斋里进行纯学术研究的产物。但是,马克思主义还是科学学说,是由一系列概念、判断、命题、原理构成的知识体系。因为马克思主义既是"革命学说",又是"科学学说",所以列宁称赞马克思主义的创始人马克思、恩格斯同时具有"革命家"和"学者"的双重品质。因为是"革命学说",不是在书斋里创造出来的,所以,创造马克思主义的人需要有"革命家"的品质;因为是"科学学说",不是歪理邪说,所以,要求创造马克思主义的人具有"学者"的品质,像马克思那样抽出时间"退入书房",潜心学问。当今中国的马克思主义学者们,一方面,一定要走出"书斋",紧跟时代和实践的发展,紧贴人民群众的火热生活,在理论研究、宣传和普及中,直面经济社会发展所带来的新情况新问题,并对这些新情况新问题作出正确的回答;另一方面,"学者"们"紧跟时代和实践的发展,紧贴人民群众的火热生活",又同实际工作者有所不同。书斋是学者的工作场所,他们在这里研究和写作,就如同工人在车间里做工。取消了书斋,取消了书斋里的学者,在很大程度上也就取消了学术。当前,真正缺乏的是能沉下心来从事马克思主义学术研究的人。如果我们的马克思主义学者们坐不下来,没有时间读书,而以成为社会活动家为荣,那也就没有了马克思主义的学术。这同那种不走出"书斋"、脱离实际、不与实际结合一样,对坚持马克思主义指导地位而言是百害而无一利的。实际上,文化自觉和文化自信离不开学术本身的自觉和自信。在当下学术界"浮躁"氛围中,倡言学术自觉和自信,倡导学者"退入书房"专心从事学术研究,甘于寂寞,甘于清贫,甘于做"书斋中的学者",同要求学者"走出书房",走向社会大众同样重要和紧迫。我希望安徽师范大学马克思主义研究中心的同仁们把对马克思主义的学术研究视为自己生命的一部分,持之以恒地坚持下去,也期待着有更多更高水平的马克思主义理论与实践研究成果的文集面世。

王先俊
2015 年 11 月 6 日

前　言

　　3年前,马克思主义理论研究领域两本几乎是同一个主题的书籍在中国大陆出版,却同样引起了不小轰动,吸引了许多人的眼球。一本是英国当代思想家特里·伊戈尔顿①(Terry Eagleton)所著的《马克思为什么是对的》,另一本是复旦学者陈学明等人合著的《中国为什么还需要马克思主义》。特里·伊戈尔顿的这本书是2011年4月在耶鲁大学出版社出版的,2011年7月登陆中国,发行中译本,仅仅半年之后,2012年1月该书就已第三次印刷。陈学明等合著的那本书缘起于2012年5月他写的一篇2万字左右的长文——《为什么还需要马克思主义——回答关于马克思主义的十个疑问》,这篇文章问世后被不断"发酵",一些知名报刊和学术管理机构,包括《中国社会科学》《马克思主义研究》,以及全国哲学社会科学规划办公室等给予了极大关注。这篇长文最后被"演绎"为一部专著而入选中宣部、新闻出版总署"弘扬社会主义核心价值体系出版工程",在中共十八大召开的那天——2012年11月8日,他们将书稿交由天津人民出版社出版。这两本书除了都是为马克思主义在当代的意义和价值作辩护之外,还有一个"意外"的形式巧合,那就是要回答"十个问题"。特里·伊戈尔顿是以"十章"的形式批驳"马克思主义结束了"等"十个"误识,而陈学明等开宗明义地表明"答关于马克思主义的十大疑问"。这种形式巧合的背后无非是要表明,当时人们对马克思主义在当代中国乃至世界的意义和价值是何等的心存疑虑。

　　3年后,不能说特里·伊戈尔顿和陈学明等人提出的问题已经获得了彻

---

① 特里·伊戈尔顿(1943 –)先后在剑桥大学、牛津大学、爱尔兰国立大学任教,著有多部文化思潮及理论观察的书籍,是当代英国最具有代表性的新马克思主义研究理论家和文化学者之一。

底地解决,但中国社会持续稳定的发展态势的确让国人深深地体悟了对"中国道路"的那份自信,这种自信不再是1996年前后的那种任性的《中国可以说不》或《中国就是要说不》,而是在理性地思考《中国为什么能》之后发出的"唱响中国"。"唱响中国"中的自信显然包含了对马克思主义在当代中国的意义和价值的认同和肯定,包含着对"中国道路"的正确性及其所取成就的肯定,在更深层面,反映的是近代以来国人对中国文化由自负－自卑－觉醒之后的一种文化自觉。

我们知道,一个国家的道路探索与其文化自觉之间具有高度的相关性。"独特的文化传统,独特的历史命运,独特的基本国情注定了我们必然要走适合自己特点的发展道路"①。当代中国特色社会主义道路就是在当代中国文化中孕育发展起来的。在当代中国文化成分中,马克思主义无疑是其最为重要的部分。它"早已超越了'外来者'身份,深深融入了中国社会,成为道路探索、制度建构、精神引领、生活指南等方面最重要和最根本的价值准则"②,可以说,没有马克思主义,没有将马克思主义与中国实际情况相结合的文化成果,就不会有中国特色社会主义的道路的诞生,更遑论中华民族的伟大复兴。

文化需要传承,更需要创新,传承和创新都离不开踏踏实实的对文化内核——理论的研究,更离不开对当代中国文化中最为重要的构成部分——马克思主义理论的研究。研究马克思主义可以是国外马克思主义关注者或信仰者的闲暇爱好,但对中国马克思主义研究者而言却是其必须担当的时代使命,对从事马克思主义理论教育教学者而言则是其不可推卸的历史责任。

这本文集反映的是安徽师范大学马克思主义研究中心研究员在2013－2014年研究马克思主义理论的成果状况。在"马克思主义基本原理"部分,我们收录了4篇文章,这些文章以不同的方式触及到文化传承与创新中如何对待马克思主义理论本身的问题。陶富源的《走出以往"哲学教科书"批判的误区》反思了我国在"马克思主义哲学基本原理教科书"批判问题,在肯

---

① 倪光辉:《习近平在全国宣传思想工作会议上强调　胸怀大局把握大势着眼大事　努力把宣传思想工作做得更好并讲话》,《人民日报》2013－08－21(1)。
② 周东华:《文化自觉在当代中国社会转型中的意义》,载《中共中央党校学报》2014(4):98－102。

定"哲学教科书"批判之积极意义的基础上,对有些论者提出的"传统教科书"论、"斯大林体系"论、"近代哲学"论、"板块结构"论、"缺根少据"论等进行了学理上的辩驳,提出了"教科书重在建设"的主张,为人们展示了马克思主义理论传承和创新中批判反思的辩证性;张传开、干成俊的《改革开放以来辩证法研究范式的批判性反思》则对我国改革开放以来马克思主义辩证法的研究状况进行了批判性反思,归纳出了辩证法研究的"自然主义范式"、"认识论范式"、"实践论范式"和"生存论范式",阐明其理据,辨明其得失,为探寻马克思主义辩证法新的理论生长点做出了努力。干成俊的《实践生存论视域中的真理》以实践哲学的视角对马克思真理观做了新的探讨,指明了以"符合论真理观"看待真理的不足,认为与其从认识论的视角将真理看做认识过程中的符合,不如以实践论的时间将真理看做是生活过程中的"解蔽",马克思哲学从实践生存论的视角看待真理问题,深入到真理问题的根基处,因而更具有理论的穿透力和现实的创造力。方芳的《发展观的现代性之维——以马克思现代性思想为视角》依据马克思现代性思想考察了科学发展观的现代性之维,认为当代中国应该从政治、经济、文化、社会(狭义)和生态文明等方面加强社会现代性建构,以实现社会现代化的全面协调发展。虽然上述4篇文章论题选择不同,分析各有特色,但都贯穿了一种历史与实际相结合、继承与发展相统一的学术理念,反映出一种"对反思进行反思"和"对批判进行批判"的哲学精神,将有助于我们深化马克思主义理论问题的思考。

在"国外马克思主义"部分,我们也收录了4篇文章,它们从不同的视角阐释和剖析了国外马克思主义的相关理论。汪盛玉的《"生态正义"何以可能》对生态学马克思主义的"生态正义"理论进行了分析,认为这一理论所含纳的人与自然和谐相处的生态理念、生产过程正义的生态程序、公民生态意识培育的生态践行,以及政治改良和文化发展的生态旨归等思想,为我们发展马克思主义、走出当代生态困境提供了有益启迪。余在海、焦佩峰的《马尔库塞对现象学的接纳和批判》则试图通过分析马尔库塞对现象学的接纳和批判,把握其哲学思想与其批判理论之间的微妙关系,凸显出马尔库塞与法兰克福其他代表人物不同的异质性。吴兴华的《行动的没落——阿伦特论异化之源》将探索焦点对准了阿伦特有关异化问题的理论,文章指出,阿伦特通过对"劳动"和"行动"的区分,阐明现代人为了物质欲望沉迷于劳动,从而退出公共领域而将自己闭锁在狭隘的私人空间,以致成了孤独的个体,而要想从这种异化状态中解放出来,则必须回归于行动,投入到公共政治领域,政治参与是每个现代人不可推卸的责任。王艳的《文化消费的资本主义意识形态批判》认为我国当代文化消费领域存在着资本主义意识形态的渗透,它们采用了价值中立的方式来表达自身,同时还采用欺骗性的话语来隐匿自身。其实质在于弱化或淡化马克思主义意识形态,诱之以远离意识形态,还以倡导资产阶级意识形态的多种文化形式来影响文化消费,力图加强资产阶级意识形态的渗透。面对这样的现状,应该加强社会主义意识形态建设,在文化消费中树立以人为本的核心价值观念,培育人文精神,坚持文化批判精神。难能可贵的是,上述4篇论文,都力图在历史与现实的结合处、在中国文化与西方文化的融合中展开探究,不仅具有理论的深刻性,而且具有生活的丰富性,为我们展现了马克思主义理论不断发展的魅力。

在马克思主义理论一级学科中,马克思主义中国化研究二级学科历来是建设和发展的重点。作为学术领域的马克思主义中国化研究自然也不例外。本文集中收录的7篇论文主要集中于以下三方面内容的研究:一是马克思主义大众化。彭启福在《论马克思主义大众化中的信仰培育》中,运用西方诠释学理论关于理解和信仰关系的两种不同处理模式,解读马克思主义大众化中的信仰培育问题。作者指出,理解和信仰是马克思主义大众化的两个关键词。马克思主义大众化的关键在于如何使普通民众达到对马克思主义的正确理解,培育起对马克思主义的基本信仰,并把这种信仰融入到日常实际生活中去。诉诸于理性理解的信仰,是当代中国马克思主义大众化的题中应有之义。王先俊在《正确认识和处理马克思主义大众化的几个关系》中,重点辨析了马克思主义大众化的五对范畴及其关系:马克思主义大众化与马克思主义科学化、马克思主义大众化与马克思主义通俗化、马克思主义大众化与知识分子大众化、马克思主义大众化与学术研究专业化、马克思主义大众化与大众群体多样化。李祥兴对马克思主义大众化的研究主要着重于历史经验的总结,作者在《延安时期的教育推进马克思主义大众化的历史经验》中,对中国共产党延安时期的教育在推进马克思主义大众化的历史经验方面作了初步总结和概括。二是马克思主义中国化历程。马克思主义在中国的发展并非一帆风顺,期间充满着马克思主义者与马克思主义者、与非马克思主义乃至与反马克思主义者的各种论争,马克思主义中国化正是在辩证吸收其中合理成分的基础上逐步丰富和发展起来的。高正礼在《民主革命时期马克思主义中国化中的论争及其启示》中详细考察了民主革命时期早期马克思主义者与非马克思主义者之间围绕着什么是中国革命、怎样革命的问题展开的系列论争,认为这些论争有力地促进了马克思主义中国化的历史进程。张正光的《马克思主义中国化视域下的非马克思主义者探论》中,在深入分析20世纪上半叶非马克思主义者有关马克思及其学说的介绍和"中国化"思想的倡导的基础上,指出非马克思主义者在对待马克思主义中国化的态度上,既有支持,也有质疑、反对甚至诋毁;马克思主义中国化正是在同这些质疑、反对和诋毁声中澄清迷误、凝聚共识和不断发展的。另外,张正光的《抗战时期党的理论工作者与毛泽东的理论互动》进一步揭示了抗战时期党的理论工作者与毛泽东之间的良性互动关系:一方面毛泽东指导和引领了党的理论工作者的理论创新活动;另一方面党的理论工作者的理论创新成果为毛泽东的理论创新提供了有益借鉴,一定程度上促成了毛泽东新理论的建构。三是中国化的马克思主义理论成果。高正礼在《邓小平"争论"和"不争论"思想研究》一文中,通过对邓小平新时期以来有关"争论"、"不争论"思想的分析,认为这些阐述各有特定的内涵和针对性,应对其作系统地、历史地解读,而思想界有关该问题的认识存在着绝对化、片面化甚至庸俗化倾向,因此深化这方面的理论研究非常重要,如何在实践中正确运用和发展则显得更为紧迫。

在马克思主义理论学科的二级学科群落中,"思想政治教育"学科担负着承接马克思主义基础理论创新的新成果,与中国近现代史相结合,回答现实中思想观念、政治观点、道德关切等重大问题的任务,面对现实问题的学科使命决定了思想政治教育必须要开拓新领域、运用新方法、发展新技术,才能巩固乃至提升思想政治教育的有效性和实效性。本集收录王习胜三篇关于"思想咨商"的文章,就是一种基于微观思想政治教育的理念而拓展的新领域、新方法和新技术。《"思想分析"基本问题论纲》一文认为,思想分析的直接对象不是人的情绪或品行,而是人的思想,思想分析就是以合理追问、解析预设、分清层次、澄清概念等逻辑分析方法,帮助求助者清理思想症结,借助马克思主义理论、哲学、心理学、文学、历史等学科资源,以及具有类比性的个案情境与个体经验等,引导求助者正确认知造成思想困惑的事情、事理和事态,感悟类比个体开解思想症结的变通方式,从而修正生存信念,超越价值冲突,消解思想困惑,寻求正向积极的生存意义,消除其症结思想带来的精神痛苦。《"思想咨商"及其中国式问题论要》主要是就中国情境的"思想咨商"问题开展的讨论。《思想咨商的示例与理路——基于思想政治教育人文关怀的视角》是从思想政治教育人文关怀的视角论证开展思想咨商研究的必要性,并结合具体案例给出了思想咨商的一般理路。"思想咨商"的探索也在表明,现代思想政治教育正试图结合当代文化现象探索新的研究和教育方式。钱广荣的文章《思想政治教育学的文明样式与研究范式析论——关涉思想政治教育学科建设的一个学理前提》是以思想政治教育学的"文明样式"与"研究范式"这两个基本概念为视点,讨论思想政治教育学科建设的一个学理性的前提问题。钱广荣认为,作为一种文明样式,思想政治教育学本质上是一定社会基本制度的产物,有其独特的建构机理、结构模型、范畴体系、价值取向或功能属性,存在国情和民族的差别。作为一种研究范式,思想政治教育学同样有其不同于其他范式的特点,本质上关涉思想政治教育学研究及其人才培养的一种社会机制和机缘。在思想政治教育学文明样式与研究范式的比较中把握两者的内涵、边界及逻辑关系,是推动思想政治教育学科建设发展的学理前提。

众所周知,道德教育是思想政治教育的重要内容和主要任务之一,尤其是在社会转型时期,道德失范现象频频发生,为了维护社会主义道德秩序,道德不仅需要教育,还需要给予必要的治理。钱广荣《论道德治理的思想认识基础》一文从必要性、可能性和可行性三个方面,讨论了认识和把握道德治理的现实要求、学理依据和实践路径问题,试图奠定道德治理的思想认识基础。叶松庆等则以实证的方式论证了《当代青少年道德发展变化》,文章指出当代青少年在日常道德行为的基本层面是良好的。在细致研读和比较冯友兰的《新理学》和何怀宏的《新纲常》的基础上,戴兆国在《当代中国道德传统接续与重构的理论自觉——从〈新理学〉到〈新纲常〉》中指认,这两部重要著作充满了自觉的理论创造意识。这种理论自觉既有对社会道德根基的寻求,也有对道德传统的反思,既有对新道德伦理特点的理性辩证,也有对如何实施新伦理路径的详细考量,无疑对走出道德失序状态的伦理寻求具有启发意义。赵平博士的《道德信仰及其培育的基本理路》和王艳的《"缺效""失效""反效"——道德教育"有效性"的三重境遇》的文章,试图探究道德信仰的培育问题,以及道德教育效果不够理想的难题,这些探讨对提升道德教育乃至提高道德治理的效果是有所助益的。

在马克思主义理论学科体系中,中国近现代史基本问题二级学科的研究内容主要在于梳理中国近现代历史的发展进程,总结其中的规律和经验。本文集收录的论文,侧重于对以下几方面内容的探讨:一是新中国成立初期党和国家历史经验的总结。这以王先俊的两篇论文为代表。作者在《新中国成立初期党和政府解决民生问题的思想与实践》中指出,新中国成立初期,党和政府对民生问题给予了高度关注,在保障人民基本生活、发展文化教育医疗卫生体育事业、建立社会救助和社会福利制度等方面提出了一系列有价值的思想;在废除封建剥削制度,努力恢复国民经济、发展各项民生事业、建立和完善各项社会保障制度等方面取得了显著的成就,并积累了以发展生产为根本,统筹兼顾、量力而行等民生建设的经验。作者在《新中国成立初期的增产节约和反浪费运动》中认为,增产节约和反对浪费既是新中国成立初期提出的应急之策,更是当时确立的国家建设的根本方针。党和政府根据这一方针,在全国范围内开展了一场轰轰烈烈的增产节约和反浪费运动。运动所取得的成效,不仅使我们克服了当时的财政经济困难,保证了抗美援朝的顺利进行,为国家工业化积累了资金,而且有力地推动了党的自身建设,纯洁了党的作风,净化了社会风气。二是中国特色社会主义道路的剖析。余在海在《中国道路与社会主义核心价值观的凝练》中指出,社会主义核心价值观与中国特色社会主义道路存在着紧密的内在关联,我们需要从现代文明的本质及其界限、中华文明的和平主义传统和中国近代以来的历史性实践出发,具体阐明中国道路的历史必然性及其基本规定。只有在此基础上,才能真正确定核心价值体系建设的基本取向,并对核心价值观的具体内容较为合理的提炼和概括。姚宏志在《实现中国梦的支撑体系》中认为,党的十八大以来,以习近平同志为总书记的党中央围绕着什么是中国梦、怎样实现中国梦的重大问题,创造性地提出并深刻阐述了中国梦的一系列战略思想。在怎样实现中国梦问题上,习近平同志分别从中国道路、中国制度、中国精神、中国力量四个方面,建立起相互联系、相互作用的支撑体系,并对它们在该体系中的作用作了科学分析,使中国梦的实现有了更加坚强的保证。此外,作为中国近现代史基本问题中的重要概念,"中共党史"最早是由谁提出的?它是如何提出的?姚宏志在《"中共党史"概念的历史考察》一文中对此作了全面、系统的梳理和考证。作者指出,"中共党史"概念最早由张闻天于1938年提出。1942年毛泽东《如何研究中共党史》的重要讲话对"中共党史"概念的宣传和流行发挥了重要作用。"中共党史"概念的提出，主要受"联共(布)党史"或"联共党史"概念的影响。此外，严宏的《服务型马克思主义执政党建设：基于党政关系的分析》揭示了服务型马克思主义执政党建设与服务型政府建设的内在关系，认为前者决定后者，后者反过来推动前者。在作者看来，考虑到两者间的联系与区别，服务型马克思主义执政党建设的着力点应放在构建社会主义核心价值观、整合各种服务力量，以非权力方式提供服务上来。

本集收录的安徽师范大学马克思主义研究中心研究员在2013-2014年间公开发表的部分文论，虽不能全面反映安徽师范大学马克思主义研究中心研究员们在马克思主义理论研究方面的所有努力和贡献，但从此"管"中亦可"窥"得研究员们所关心的主要问题及其致思的路向，希望能够对广大读者研究马克思主义理论有所助益。

王习胜　赵　冰

2015年10月16日

目 录
CONTENTS

序 ………………………………………………………… 王先俊 / 1

前 言 …………………………………………… 王习胜　赵　冰 / 1

第一编　马克思主义基本原理 …………………………………… 1
走出以往"哲学教科书"批判的误区 ……………………… 陶富源 / 3
改革开放以来辩证法研究范式的批判性反思 ……… 张传开　干成俊 / 15
实践生存论视域中的真理 ………………………………… 干成俊 / 31
发展观的现代性之维
　　——以马克思现代性思想为视角 ……………………… 方　芳 / 41

第二编　国外马克思主义 ………………………………………… 49
"生态正义"何以可能
　　——生态学马克思主义生态文明观探析 ……………… 汪盛玉 / 51
马尔库塞对现象学的接纳和批判 ………………… 余在海　焦佩峰 / 60
行动的没落
　　——阿伦特论异化之源 ………………………………… 吴兴华 / 68
文化消费的资本主义意识形态批判 ……………………… 王　艳 / 79

第三编　马克思主义中国化研究 ………………………………… 89
论马克思主义大众化中的信仰培育
　　——一种基于西方诠释学的考察 ……………………… 彭启福 / 91
正确认识和处理马克思主义大众化的几个关系 ………… 王先俊 / 100
延安时期的教育推进马克思主义大众化的历史经验 …… 李祥兴 / 111

民主革命时期马克思主义中国化中的论争及其启示 …………… 高正礼 / 121
马克思主义中国化视域下的非马克思主义者探论 …………… 张正光 / 130
抗战时期党的理论工作者与毛泽东的理论互动 ……………… 张正光 / 141
邓小平"争论"和"不争论"思想研究 …………………………… 高正礼 / 160

第四编　思想政治教育 …………………………………………… **169**

"思想分析"基本问题论纲 ……………………………………… 王习胜 / 171
"思想咨商"及其中国式问题论要 ……………………………… 王习胜 / 181
思想咨商的示例与理路
　　——基于思想政治教育人文关怀的视角 ………………… 王习胜 / 192
思想政治教育学的文明样式与研究范式析论
　　——关涉思想政治教育学科建设的一个学理前提 ……… 钱广荣 / 201
论道德治理的思想认识基础 …………………………………… 钱广荣 / 211
当代青少年道德观发展变化的现状、特点与趋向研究
　　………………………………………… 叶松庆　王良欢　荣　梅 / 217
当代中国道德传统接续与重构的理论自觉
　　——从《新理学》到《新纲常》 …………………………… 戴兆国 / 230
道德信仰及其培育的基本理路 ………………………… 赵　平　李　靖 / 242
"缺效""失效""反效"
　　——道德教育"有效性"的三重境遇 ……………………… 王　艳 / 248

第五编　中国近现代史基本问题 ………………………………… **257**

新中国成立初期党和政府解决民生问题的思想与实践 ………… 王先俊 / 259
新中国成立初期的增产节约和反浪费运动 …………………… 王先俊 / 273
中国道路与社会主义核心价值观的凝练 ……………………… 余在海 / 285
实现中国梦的支撑体系 ………………………………………… 姚宏志 / 291
"中共党史"概念的历史考察 …………………………………… 姚宏志 / 301
服务型马克思主义执政党建设
　　——基于党政关系的分析 ………………………………… 严　宏 / 312

作者简介 ………………………………………………………………… **319**

后　记 …………………………………………………………………… **321**

第一编 01
马克思主义基本原理

走出以往"哲学教科书"批判的误区*

陶富源

对以往马克思主义哲学基本原理教科书（以下简称"以往教科书"）进行批判，这对促进马克思主义哲学基本原理课的教材建设、教学工作，以及马克思主义哲学基本原理的深入研究、科学理解和准确表述，都是很有意义的。但其中也存在一种主观武断的倾向。即给以往教科书贴上"传统"的、"斯大林体系"的、"近代哲学"的、"缺根少据"的，以及"板块结构"等的标签。这些标签有的无的放矢，有的牵强附会，有的夸大其词。这样一来，也就使上述批判陷入了种种误区。因此，必须予以系统的、根本的澄清。这样才有助于科学总结以往教科书建设的经验教训，从而促进当代教科书建设和马克思主义哲学的发展。

一、"传统教科书"论不能成立

在否定以往教科书的标签或观点中，流传最广的是把以往教科书称之为"传统教科书"。我认为这一观点不能成立。

以往教科书所阐述的马克思主义哲学基本原理，是经过长期实践证明了的科学理论。因而后来者对这些原理可以加以丰富发展、深化理解和精确表述，但不能推翻它，或消解它。否则，作为教科书，在性质上，也就不成其为马克思主义哲学原理教科书了。以往教科书，尽管存在这样或那样的不足和缺陷，但它并没有推翻或消解马克思主义哲学的任何一个基本原理，就这一点来说，把以往教科书称之为马克思主义哲学原理教科书，是名副其实的。

既然以往教科书所阐述的是马克思主义哲学的基本原理，那么这些基本原理也就不仅属于马克思恩格斯时代，而且也属于现代和未来，即具有现代和未来的

---

* 本文原载于《马克思主义研究》2013年第5期。

价值。因此,现在和未来的任何一种新版马克思主义哲学原理教科书,尽管会带有各自的时代特征和民族特色,并且会用一些新原理去丰富和充实以往教科书所阐述的原理体系(这是无疑的),但都不可能用一套新原理去完全取代以往教科书所阐述的马克思主义哲学基本原理体系。

这也就是说,马克思主义哲学基本原理教科书,就版本而言,有新老之分,但在内容上并无传统与现代之别。真理无新旧,老祖宗不能丢。如同牛顿力学的基本原理,在其创立以后的300多年中,发展产生了刚体力学、流体力学、天体物理学、量子力学和相对论等多门分支学科,但牛顿力学的基本原理体系作为宏观低速现象的理论,至今还没有被证伪的迹象,也就是说,仍然适用于当代。因而只要是阐述牛顿力学基本原理的教科书,任何新版本相对于老版本,在内容上也必然是一脉相承、一以贯之的。

那么一些论者为什么要给以往教科书贴上"传统"的标签呢?其潜台词是,以往教科书在内容上陈旧、落后、失效了。可他们又从来没有指明以往教科书在哪些方面陈旧、落后、失效了。于是"传统"一词在他们那里也就成了一种虚言、一个标签。给以往教科书贴上这个标签,意在用他们所谓的新原理去取而代之。然而这种取代至今没有成功。

除了把以往教科书称之为传统教科书以外,在一些论者那里还把以往教科书说成是斯大林体系去加以否定。我认为,这一观点言而无据。

二、"斯大林体系"论言而无据

之所以说这一观点言而无据,是因为它与历史真相完全不符。

作为马克思主义哲学教学体系的辩证唯物主义和历史唯物主义,是以教科书的形式来解释和宣传马克思主义哲学。这是苏联人的首创。它开启于1916年出版的德波林的《辩证唯物主义纲要》和1921年出版的布哈林的《历史唯物主义理论》,基本形成于1932年、1934年出版的米丁和拉祖莫夫斯基主编的《辩证唯物论与历史唯物论》①。如何看待苏联版教科书(以下简称"苏版教科书"),它与中国版教科书(以下简称"中版教科书"),及它们与斯大林体系的关系呢?

第一,苏版教科书是20世纪20年代前后到30年代初,由苏联哲学家将马克思主义经典作家分散的哲学概念、范畴、原理加以条理化、系统化,逐渐形成了唯物论、认识论、辩证法、历史唯物论所构建的辩证唯物主义或辩证唯物主义与历

---

① 袁贵仁、杨耕:《马克思主义哲学体系的形成与演变》(上),《哲学研究》2011年第10期。

唯物主义框架,并根据俄国革命和建设的经验加以阐述。如前所说,这是一个创举。其意义有二:一是为那些没有钱购买马克思主义哲学原著,买了也没有时间和精力去一本本阅读的大学生和干部,提供了一个了解和学习马克思主义哲学的方便途径、一个简要读本,从而极大地推动了马克思主义哲学的学习、宣传和普及。二是苏版教科书作为马克思主义哲学发展史上第一个比较完整的马克思主义哲学范畴和原理体系,作为一个最初的尝试,极大地促进了马克思主义"哲学思想体系"向结构完整而严密的"哲学逻辑体系"的提升。应该说,一门科学的逻辑体系化,通常是该门科学走向成熟和完善的必经之路。

第二,对于苏版教科书由斯大林主持和修改定稿的不能像有些论者那样,把它归结为斯大林体系。即《苏联共产党(布)历史简明教程》第四章第二节的1938年苏联出版的"辩证唯物主义和历史唯物主义"体系。这不仅因为在时间上不能做前后颠倒的处理,而且还因为20世纪二三十年代苏联教科书体系内容丰富、具体,是原本,而斯大林体系则是这个教科书体系的缩写与简化,是副本。不仅如此,这个副本相对于原本来说,还带有某些绝对化和片面化的缺陷。诚然,对斯大林体系也不能一概否定(有些论者把斯大林体系说成是马克思主义的赝品,其实这是乱扣帽子,是与事实根本不符的),它所阐述的大部分观点还是正确的,尤其,它比较注重原理和方法的统一,这是可取的。附带说一句,虽然斯大林在苏共二十大以后曾遭到全盘否定,但作为一种迟来的肯定,2008年出版的俄罗斯新历史教科书称"斯大林被视为苏联最成功的领导人"①。以"斯大林体系"为其部分内容的这本联共(布)党史教程,在苏共二十大作为个人迷信的代表作遭到粗暴批判以后,曾长期停止出版,但到2004年7月,其历史价值重新得到肯定,被俄罗斯教育部再版发行②。

第三,苏版教科书既然基本体现了马克思主义哲学的本质精神,因而中版教科书对其加以借鉴和继承,也就成为最自然不过的事情。正是在苏版教科书的影响下,瞿秋白撰写的于1924年出版的《社会哲学概论》和《现代社会学》,从而在中国开启了编写马克思主义哲学教科书的先河。如果说,前者是中国第一本马克思主义哲学教科书,那么李达撰写的于1937年出版的《社会学大纲》则是中国第二本马克思主义哲学教科书。1961年,艾思奇主编的《辩证唯物主义历史唯物主

---

① 吴恩远:《俄罗斯最新历史教科书关于苏联历史评价的一些新观点》,《马克思主义研究》2009年第4期。

② 周新城:《必须尊重历史》,《安徽师范大学学报》2006年第3期。

义》则是新中国成立后出版的第一本马克思主义哲学教科书(以下简称"艾本教科书")。相对于前两本教科书,它是在中国影响最广、发挥作用最大的一本教科书,因而艾本教科书也就成为中版教科书的典型代表①。

那么艾本教科书与斯大林体系的关系如何?是否如某些论者所认为的那样,它所表述的是斯大林体系②。不是的,这与事实不符。在时间上,艾本教科书是写于斯大林体系之后,新中国成立初期来华的苏联专家确实也在讲课时一度采用过这一体系,不过,这个体系并没有影响艾本教科书的编写。因为毛泽东早在1956年《论十大关系》的报告中,就已经提出要"以苏为诫"③,独立探索一条有别于苏联模式的中国社会主义建设道路。他还在1957年1月27日的讲话中尖锐批评"斯大林有许多形而上学,并且教会许多人搞形而上学"④。正是在这样的背景下,1960年,中共中央书记处委托中宣部和教育部,决定组织力量编写两本体现中国共产党革命和建设经验的教材:一本是马克思主义政治经济学教科书,另一本就是艾思奇主持编写的马克思主义哲学教科书。

这本教科书不负所望,它在借鉴苏版教科书体系的基础上,加以改进、丰富和创新,从而在整体面貌上所呈现的,是一本具有中国特色的马克思主义哲学教科书体系。这主要表现在:一是使用了许多中国哲学史的相关思想材料,特别是结合中国共产党领导中国人民进行革命和建设的实际,来阐明马克思主义哲学的基本原理;二是充分反映了毛泽东和中国一些专业哲学家对丰富和发展马克思主义哲学基本原理的理论贡献。书中关于对立统一规律、认识与实践、真理等的阐述,基本采用了毛泽东的《矛盾论》《实践论》的体例。另外,关于社会主义社会的矛盾、基本矛盾、"两类不同性质的矛盾"等的论述,所采用的也基本上是毛泽东哲学思想的理论成果。三是以概括总结中国共产党人把马克思主义哲学中国化、时代化、大众化的经验为依据,突出和彰显了马克思主义哲学的方法论功能。即在阐述每个哲学原理时都力图说明它作为思想方法、工作方法、领导方法的意义所在,从而使之成为实践的指南。

总之,对于艾本教科书的中国特色,必须充分肯定,既不能像有些论者那样毫无根据地把它归结为斯大林体系,也不能妄自菲薄,自我矮化,把它与苏版教科书

---

① 袁贵仁、杨耕:《马克思主义哲学体系的形成与演变》(上),《哲学研究》2011年第10期。
② 冯景源:《探寻马克思哲学"原生态"的意义》,《清华大学学报(哲学社会科学版)》2012年第3期。
③ 《毛泽东著作选读》(下),人民出版社1986年版,第720—721页。
④ 《毛泽东文集》第2卷,人民出版社1999年版,第194页。

混为一谈。

为了达到否定以往教科书的目的,有的论者还给它贴上了"近代哲学"的标签。我认为,这种"近代哲学"论不可听信。

三、"近代哲学"论不可听信

在一些论者看来,以往教科书把"世界是物质的,物质是运动的,运动是有规律的"等18世纪旧唯物主义的命题,直接当成了马克思唯物主义的命题,把黑格尔唯心辩证法的命题直接当成了马克思辩证法的命题,力图用旧唯物主义和黑格尔的唯心辩证法组装出马克思的"辩证唯物主义"。但是旧唯物主义在本性上是反辩证法的,而黑格尔的辩证法在本性上是反唯物主义的。因而它们本属于不同的"血统",是无法进行"拼装"的①。以上这种关于以往教科书是近代哲学的指责,看似振振有词,其实无异于唐·吉诃德与风车作战。

这里涉及三个问题:一是以往教科书是彻底划清了马克思唯物主义与18世纪旧唯物主义的界限,还是把二者混为一谈;二是以往教科书是把18世纪旧唯物主义的命题和黑格尔辩证法的命题直接当成了马克思哲学的命题,还是体现了后者对前者的批判继承;三是"辩证唯物主义"是以往教科书凭借旧哲学的人为组装,还是马克思主义哲学精神的简要概括和本质体现。就此笔者下面谈三点看法。

第一,以往教科书科学指明了马克思唯物主义与18世纪旧唯物主义的原则区别。如就艾本教科书所言,18世纪旧唯物主义物质观是在自然观基础上的形而上学原子论物质观。与此相联系,18世纪旧唯物主义所谓世界是物质的,实际上是指自然界统一于原子;物质是运动的,是指原先静止的事物在外力作用下的位置移动或数量增减;运动是有规律的,则是指自然界的事物具有机械运动的规律②。

与之相反,马克思唯物主义物质观是世界观上的辩证客观实在论物质观③。因此,马克思唯物主义所谓世界是物质的,是指包括自然界、人和人类社会在内的整个世界都统一于物质,即客观实在④;物质是运动的,是指运动是物质的根本属

---

① 刘福森:《马克思哲学研究中三个不可回避的重要问题》,《哲学研究》2012年第6期。
② 艾思奇主编:《辩证唯物主义历史唯物主义》,人民出版社1961年,第38、13页。
③ 艾思奇主编:《辩证唯物主义历史唯物主义》,人民出版社1961年,第33—34页。
④ 艾思奇主编:《辩证唯物主义历史唯物主义》,人民出版社1961年,第31—32页。

性,物质以其多种多样的运动作为自己的存在方式①;运动是有规律的,是指"世界上的一切事物和现象都依循着物质本身所固有的规律运动着、变化着和发展着"②。

由上可见,不能把以往教科书所阐述的辩证唯物主义混同于18世纪旧唯物主义去加以贬斥。

第二,以往教科书科学体现了马克思主义哲学对近代哲学的批判继承原则。用艾本教科书的话说:"马克思主义哲学继承和发展了哲学史上唯物主义的传统和辩证法的传统。马克思和恩格斯直接继承了十九世纪德国古典哲学的优秀成果。他们抛弃了黑格尔的唯心主义体系,批判地采取了他的辩证法的'合理内核';抛弃了费尔巴哈哲学中的唯心主义的宗教的伦理的杂质,批判地采取了他的唯物主义思想。"③

在艾本教科书各章的论述中,无不体现了马克思主义哲学对旧哲学的这一批判继承原则。对于艾本教科书的这一正确做法,有的论者视而不见,硬是把以往教科书所体现的马克思主义哲学对旧哲学所采取的批判继承原则说成是简单照搬,这是一种不实之词!

第三,"辩证唯物主义"是马克思主义哲学本质精神的体现。在马克思主义哲学史上最先使用"辩证唯物主义"这一概念的是德国工人哲学家狄慈根。最先把马克思主义哲学指称为辩证唯物主义的是普列汉诺夫④。继普列汉诺夫之后,列宁也指出:"辩证唯物主义"是马克思的"世界观"⑤,"辩证唯物主义即马克思主义。"⑥把马克思主义哲学的本质精神概括和指称为辩证唯物主义,是言而有据的。依据就是:马克思恩格斯都把唯物辩证的观点和方法视为自己哲学与以往一切旧哲学相区别的根本所在。

恩格斯曾批评18世纪唯物主义是"纯粹形而上学的、完全机械的唯物主义"。与之相区别,他公开声称马克思的"现代唯物主义本质上……是辩证的"⑦。马克思也曾批判那种对人和人的世界陷于消极被动理解的直观唯物主义,说它"不了

---

① 艾思奇主编:《辩证唯物主义历史唯物主义》,人民出版社1961年,第36–41页。
② 艾思奇主编:《辩证唯物主义历史唯物主义》,人民出版社1961年,第50页。
③ 艾思奇主编:《辩证唯物主义历史唯物主义》,人民出版社1961年,第17页。
④ 《普列汉诺夫哲学著作选集》第3卷,三联书店1959年版,第79页。
⑤ 《列宁全集》第26卷,人民出版社1990年版,第77页。
⑥ 《列宁专题文集辩证唯物主义和历史唯物主义》,人民出版社,1990年第2页。
⑦ 《马克思恩格斯选集》第3卷,人民出版社1995年版,第363–364页。

解'革命的'、'实践批判的'活动的意义"①,这样它也就从根本上背离了辩证法。在马克思看来,辩证法不仅承认客观世界的联系和运动,而且更在于承认人作为主体对现实世界的改造,所以他说:"辩证法不崇拜任何东西,按其本质来说,它是批判的和革命的。"②马克思恩格斯不仅以明白无误的语言表达了他们所主张的唯物辩证法与旧唯物主义的原则区别,而且还以斩钉截铁地语言表达了他们的辩证唯物观点与黑格尔辩证唯心主义的根本区别。马克思指出:"黑格尔辩证法……无疑是整个哲学的最新成就。"③但"我的辩证方法,从根本上来说,不仅和黑格尔的辩证方法不同,而且和它截然相反"④。"因为我是唯物主义者,黑格尔是唯心主义者。"⑤恩格斯也曾说:"马克思和我,可以说是把自觉的辩证法……用于唯物主义的自然观和历史观的唯一的人。"⑥并指出:"唯物辩证法""多年来已成为我们最好的工具和最锐利的武器。"⑦

由上可见,把马克思主义哲学的本质精神概括为辩证唯物主义,不仅在马克思恩格斯那里有令人信服的经典文本依据,而且在苏版教科书形成以前,普列汉诺夫、列宁等名载史册的马克思主义哲学家早已进行了这一创造性的概括工作。

以往教科书在这里的贡献也仅仅在于,以较为系统化、理论化的形式来阐述和展示了马克思主义哲学的这一本质精神。因此,有论者把"辩证唯物主义"指责为是以往教科书用近代哲学加以"捏合"的产物,这就不仅毫无根据,而且也找错了争辩对象。他们应该找列宁、普列汉诺夫,特别应该找马克思恩格斯去争辩。

四、"板块结构"论牵强附会

在对以往教科书持否定的观点中,还有一种叫"板块结构"论的观点。在这种观点看来,以往教科书不是层次结构,而是由辩证唯物主义和历史唯物主义拼凑的二板块结构,也称"二分结构";或是由唯物论、辩证法、认识论和历史唯物论所机械拼凑的四板块结构,也称"四分结构"。怎样看待这一观点呢?

第一,"板块结构",如果在"板块"联结意义上加以理解,那么这一概念可以

---

① 《马克思恩格斯选集》第1卷,人民出版社1995年版,第58页。
② 《马克思恩格斯选集》第2卷,人民出版社1995年版,第112页。
③ 《马克思恩格斯全集》第29卷,人民出版社1972年版,第540页。
④ 《马克思恩格斯选集》第2卷,人民出版社1995年版,第111-112页。
⑤ 《马克思恩格斯选集》第4卷,人民出版社1995年版,第578-579页。
⑥ 《马克思恩格斯选集》第3卷,人民出版社1995年版,第349页。
⑦ 《马克思恩格斯选集》第4卷,人民出版社1995年版,第243页。

成立;反之,如果在"板块"分立意义上加以理解,如"板块结构"论那样,那么这一概念则不能成立。这是因为分立的板块因其分立,所以其间并无结构可言。因此,把分立意义上的"板块"与"结构"合成一个词组,自然也就相当牵强,不合逻辑。

第二,以往教科书在内部构成上分为辩证唯物主义与历史唯物主义,或者分为唯物论、辩证法、认识论和历史唯物主义等部分,那么这些部分是否就是拼凑在一起的所谓"板块"呢?不能这样认为。从系统论的观点看,结构总是由若干层次构成的。马克思主义哲学作为一个系统整体,也包含有由高到低的若干层次。由此而言,以往教科书把马克思主义哲学的内容在书面形式上分为若干层次,或若干部分,来加以阐明和展开,这是有根据的,是正常和必要的。应该说,这是任何一门学科的教科书在展开自身内容时的通常做法。可以预言,现在和将来的任何一种新版马克思主义哲学教科书,也不可避免地会沿用这种表述格式。因此,不能把以往教科书所包含的结构层次不加分析地称为"二分"的或"四分"的"板块"。理由在于这些层次是作为理论体系的有机组成部分而获得阐述和展开的。

第三,以往教科书的各部分是在总体的有机联系中获得阐明和展开的。一个理论体系有机联系的程度如何,主要取决于三个方面:一是理论体系的层次展开是否体现了从抽象到具体的逻辑顺序;二是各层次在理论体系中的逻辑定位是否得当;三是逻辑层次的推演过渡是否严密,即有无缺环。就这三个方面而言,以往教科书的有机性是大体可以的。以艾本教科书为例,辩证唯物主义是马克思主义世界观,历史唯物主义是马克思主义历史观,前者是后者的逻辑前提,后者是前者的逻辑展开和具体证明,并通过物质资料的生产把辩证唯物主义自然观与辩证唯物主义历史观有机地联系起来①。因此,不能像有的论者所认为的那样,以往教科书是所谓"二分结构"。另外,唯物论、辩证法、认识论、唯物史观的逻辑顺序安排,除认识论的逻辑定位有些不妥以外(李秀林等于1995年主编的《辩证唯物主义和历史唯物主义原理》第四版已就这种不妥进行了调整),大体是可以的。因此,不能把上述总体安排称之为所谓"四分结构"。当然,这样说,并不否认以往教科书在内容的逻辑展开方面还存在不少缺环,还有许多不通畅、不严密之处。最近出版的几种新版教科书已经在注意并力求克服这些不足②。

---

① 艾思奇主编:《辩证唯物主义历史唯物主义》,人民出版社1961年版,第209页。
② 马克思主义哲学编写组:《马克思主义哲学》,人民出版社2009年版;黄枬森主编:《马克思主义学体系的当代构建》,人民出版社2010年版。

五、"缺根少据"论不足为据

还有论者就苏版教科书的文献格局提出疑义。即认为,名曰马克思主义哲学教科书,可依据的文献却是列宁的著作多于恩格斯的著作,恩格斯的著作多于马克思的著作。其言下之意:苏版教科书是缺根少据的。不知这些论者注意到没有,相对于苏版教科书、中版教科书(例如,艾本教科书)不仅保留了上述文献格局,而且在其中还另添一景。即在引用的文献中,毛泽东的著作还稍多于列宁的著作。那么如此一来,能否像有些论者那样,仅仅依据上述事实,就断言以往教科书缺根少据呢?不能。

第一,要从实质上看问题。以往教科书所依据的文献,不论是毛泽东的著作、列宁的著作、恩格斯的著作,还是马克思的著作,或多或少只是形式问题,而非实质。这里的实质在于,这些文献的引证是否体现了马克思主义哲学的本质精神,即马克思主义哲学的唯物论、辩证论、实践改造论、人民主体论和自由社会论及其统一的精神。如果某本哲学著作,体现了这种本质精神,即使很少引证甚至没有引证一段马克思主义经典作家的哲学论述,那么它也不失为一本马克思主义哲学著作。例如,毛泽东于1930年写作的《反对本本主义》一文,就没有引用一段马克思列宁主义经典作家的论述,但它确实又以蕴涵其中的实事求是、群众路线、独立自主等思想,坚持和弘扬了马克思主义哲学的本质精神,因而它也就成为毛泽东的一本极为珍贵的马克思主义哲学著作,成为毛泽东哲学思想的开山之作。

第二,不能把马克思主义哲学搞成原教旨主义。上述论者强调对马克思的论述加以引证的重要性,主观愿望是好的。一本马克思主义哲学原理教科书引经据典,特别是引证马克思的有关论述是完全必要的,但不能因此而绝对化、教旨化,不能以引用马克思论述的多少作为衡量某版教科书的马克思主义哲学性质如何的标准。因为马克思主义哲学在本质上是一个不断发展、与时俱进的思想体系,它要通过后来涌现的继承者的著作,而不断获得新的概括和表现的。因而任何一种新版马克思主义哲学原理教科书,比较多地引证这些后继者的著作,也就不仅是一种必需,而且也是一种必然。因为这恰恰表现了马克思主义哲学的生机勃勃、欣欣向荣,不然也就僵化,也就没有生命力了。

第三,以往教科书所引证的恩格斯著作并非纯属恩格斯。以艾本教科书为例,被大量引证的恩格斯著作主要有两部:一是《反杜林论》;二是《自然辩证法》。关于《反杜林论》,恩格斯在第二版序言中曾明确指出:"本书所阐述的世界观,绝大部分是由马克思确立和阐发的,而只有极小的部分是属于我的,所以,我的这部著作不可能在他不了解的情况下完成,这在我们之间是不言而喻的。在付印之前,我曾把全部原稿念给他听,而且经济学那一编的第十章(《<批判史>论述》)就是由马克思写的。"① 关于《自然辩证法》的写作,它是恩格斯在"确立辩证法的同时又是唯物主义自然观"而刻苦研究自然科学的结晶,是马克思主义哲学不可缺少的组成部分。这部著作虽然在马克思恩格斯生前没有发表。但恩格斯在1873年给马克思的信中详细谈了它的计划和基本思想。马克思对恩格斯关于自然辩证法研究的一些看法不仅认为"完全正确"②,而且还认为,恩格斯将要写作的《自然辩证法》是比《反杜林论》"更加重要得多的著作"③。

总之,在文献格局上对以往教科书进行非议,是不可取的,是不足为据的。

六、教科书重在建设

否定对以往教科书体系进行主观武断的批判,但并不否认其体系有局限性,也并不否认要对其加以丰富和发展。这里结合以往教科书建设的经验教训,谈以下几点体会。

第一,教科书建设不能废弃。不能因为以往教科书,以及现在和将来的新版教科书不可避免地会带有缺陷和不足,而放弃教科书建设,甚至认为根本不用再编教科书,不要再用教科书教育学员,而应引导学员去学习马克思主义哲学原著。这种意见,不可听取。其一,如前所说,用教科书这种形式来表述、宣传马克思主义哲学,这是一个进步、一个创举,应该加以继承。其二,学习马克思主义哲学原著是重要的,但学习原著不能代替通过教科书学习原理。这是因为哲学原理在哲学原著中往往是特殊情境下的分散陈述,而在教科书中它则是一种逻辑的整体陈述。因而原著学习是必要的,它有助于对某个原理的生动形象的理解。同样,教科书学习也是必要的,它有助于从整体上把握马克思主义哲学原理体系。因此通过哲学原著和通过教科书学习原理各有其特点和功能,不能互相取代,而应相得益彰。另外,对非哲学专业的大学生和一般干部而言,通过教科书学习马克思主义哲学原理,依然是他们掌握马克思主义世界观和方法论的一个主要学习途径。

第二,教科书建设要常建常新。以往教科书建设取得了很大成绩,这是应该肯定的,但任何一种版本的教科书总要受到编者水平,特别是决定编者所处时代

---

① 《马克思恩格斯选集》第3卷,人民出版社1995年版,第347页。
② 《马克思恩格斯全集》第31卷,人民出版社1972年版,第312页。
③ 《马克思恩格斯全集》第31卷,人民出版社1972年版,第194页。

马克思主义哲学研究水平的制约,因而总会有这样那样的不足和缺陷,但这些不足和问题在时代发展的条件下又可以逐渐得到克服。当然,随之而来的新的不足和问题又会产生出来,因而又需要加以克服。正是在这种不断建设中,才得以使教科书不断以新的面貌呈现。这里不能用完美主义来要求教科书建设,要提倡学术宽容,要注重累积效应。特别是不能夸大其中的不足和局限,以图推倒重来,另起炉灶。实际上从艾本教科书到李秀林主编的第一版到第五版教科书,再到近几年出版的几种教科书,都在不断汲取和努力体现我国哲学界比较带有共识的马克思主义哲学研究成果。无论是教科书的内容、结构,还是在表述和素材方面都在不断更新。曾有论者批评以往教科书体系僵化、教条化,应该说,在这里存在一些误解。从中版教科书的建设实践和发展历程来看,这一批评是没有多少事实根据的。如前所说,艾本教科书作为中版教科书的典型代表,但它从没有被定于一尊。这从50多年来中国教科书版本的多种多样可见一斑。

第三,教科书建设创新要科学把握。现在大家都在讲哲学创新,这是件好事。用哲学创新的精神来要求教科书建设创新,也是完全应该的,但问题在于要具体分析。

一是哲学创新的涉及面广,它至少包括新领域的开拓、新观点的提出、新方法的采用,以及哲学理论与新的现实的结合等。而教科书建设创新则主要表现为汲取哲学创新中基本原理方面的创新性见解,以及结合当代科学技术的新发现和新问题,结合社会实际生活,结合当代哲学领域的不同意见,把马克思主义基本原理及其在实际中的运用讲深讲透。除此之外,对教科书建设创新也就很难再提出更多要求。

二是哲学创新的理论表现形式是个人见解,或曰一家之言;也可以是探索性的、引发争议的见解;而且重在说明差异性和独特性的见解。因而它对涉及的基本原理可以不作说明,或一带而过,甚至只重一点,不及其余。而教科书建设创新则与之不同。它的观点无疑要体现创新性,但这种创新已从先前的"私有"变成了当下的"公有",也就是说,它已不是"私人语言",而成为"公众语言"。即得到了马克思主义哲学界绝大多数人的认同,并经过了长期实践的检验。与这一点相联系,教科书所阐述的新鲜观点应该是具有普遍性和相对稳定性的见解。另外,教科书作为哲学初学者的入门书,它必须从马克思主义哲学的A、B、C讲起,要在大体上体现马克思主义哲学世界观的完整性和科学性。因此,教科书建设的创新,更多的是在大众认同、内容相对稳定、全面准确阐述基本原理等内在要求意义上的创新。故而,不能把教科书建设创新与哲学创新不加区别。毋庸讳言,若干年来,有一些论者往往通过奚落以往教科书来彰显自己在马克思主义哲学研究上的创新,或者用一般意义上的哲学创新来要求和衡量教科书建设创新,这样做都是很不妥的,这对实现哲学创新和教科书建设创新都是不利的。

第四,教科书建设要加大研究力度。如何把教科书体系建设的内容更丰富、逻辑更严密、受众更认可,如前所说,经过多年努力,已经取得了很大成效,但到目前为止,还不能说令人满意。其原因主要在于,喊得多,做得少;原则性要求提得多,深入研究少。比如,如何把坚持物质世界的统一性与人在实践基础上实现的世界的分化与统一结合起来;如何把物质世界的联系运动与人的实践所实现的世界联系运动统一起来;如何把世界的过程辩证规律论(对立统一、质量互变、否定之否定)与系统辩证规律论统一起来;如何把规律的客观性与人的价值运用性统一起来;如何把社会机体的矛盾与社会机体的调节统一起来;如何把社会关系形成的客观依据与主体向度的操作方式统一起来;如何把社会存在发展与人的存在发展统一起来;如何把认知、评价、审美等的观念做统一的说明;如何把从实践到认识的"反映"与认识到实践的"设计"统一起来;如何对信息、意识、符号、话语、文化作统一的说明等等。

毋庸讳言,在上述这些方面,我们的研究还很不够,很不到位。归纳起来,就是要通过研究,把唯物主义原则与实践原则、客体原则与主体原则、真理原则与价值原则等的统一精神,贯穿和体现于教科书的系统整体和所包含的各层次、各环节中去。并在坚持这种统一的前提下,凸显实践原则、主体原则、价值原则的主导性,从而在归根到底的意义上凸显作为实践主体、认识主体和价值主体的人的主导地位和作用。

我坚信,在马克思主义哲学精神指导下,在已有成绩的基础上,经过大家的共同努力,在以上诸多方面一定会形成一系列新的理论成果,并达成广泛共识,从而必将使我国的教科书建设以新的面貌呈现在世人面前。如是,马克思主义哲学民族化、时代化和大众化的中国社会主义事业也必将获得极大的推动。

改革开放以来辩证法研究范式的批判性反思^{*}

张传开　干成俊

改革开放30多年来,我国的马克思主义辩证法研究曾先后出现过这些形态:自然辩证法、唯物辩证法、矛盾辩证法、系统辩证法、生态辩证法、认识论辩证法、劳动辩证法、实践辩证法、人学辩证法、历史辩证法等等。概括起来,大致可以归纳为四种范式:自然主义范式、认识论范式、实践论范式和生存论范式。深入剖析这些范式,对于总结改革开放30多年来我国马克思主义辩证法研究的理论进展,反思其不足,寻找新的理论生长点,推进马克思主义辩证法的发展,都有积极的意义。

一、自然主义范式

自然主义范式根源于哲学研究传统中"自然的思维态度"。什么是自然的思维态度呢?那就是不关心认识批判,不管认识的前提、基础和依据等等的合法性,并固执地认为,有一个空间、时间性的现实作为人的对象存在着,人类也属于这个世界,"这个世界作为现实始终在此存在,它至多在这里或那里与我意指的'不一样',这些或那些东西可以在'假象'、'幻觉'等等标题下从它之中被删去,从它这个始终存在着的世界中删去。尽科学知识所能提供的一切可能去更全面地、更可靠地,在各方面更完善地认识这个世界,解决所有在它的基地上呈现的科学认识的任务,这是自然观点的科学的目的。"①自然主义思维认为,外部世界的独立自存是不容置疑的,人们的意识可以感知、表象、判断、概括我们经验到的这个世界,这一点也是肯定的。用这种自然主义的思维态度来研究马克思主义辩证法,就会

---

*　本文原载于《学术研究》2014年第3期。
①　倪梁康选编:《胡塞尔选集》上册,上海三联书店1997年版,第379页。

导致自然主义范式。这种研究范式认为,马克思主义辩证法揭示了自然界、人类社会和人的思维发展的最一般规律,并强调其独立的、不以人的意志为转移的物质载体。持这种观点的研究者,忽略了马克思主义辩证法作为人与世界历史共同前提的实践基础,忽略了辩证法改造现实的批判本性,忽略了辩证法表征人的生存与发展的生存论根基。它执着于单纯地把辩证法看作知识、规律和范畴,把辩证法视为一种有固定原则的公式,并且常常是从它们的独立自存的自然形态上去理解。

这种研究范式习惯于把哲学严格区分为唯物主义和唯心主义、辩证法和形而上学的对立,而主宰这一区分的是"自然的思维态度",其实质就是一种绝对的"经验唯物主义"。这种范式把辩证法划分为唯物辩证法与唯心辩证法两种形式,将马克思主义辩证法划归唯物辩证法,以黑格尔为代表的思辨辩证法则归之于唯心辩证法,二者根本对立。同时,马克思的唯物辩证法作为关于普遍联系和永恒发展的科学法则,又与旧唯物主义形而上学相对立,在旧唯物主义那里是不存在辩证法的。在传统马克思主义哲学教科书中,其基本内容被粗暴地肢解为辩证唯物主义和历史唯物主义两大板块,它们的研究对象分别是自然界和人类社会;辩证法被抽象为对立统一、质量互变、否定之否定三大规律和本质与现象、形式与内容、原因与结果、必然性与偶然性、可能性与现实性等五对范畴的逻辑演绎;马克思主义哲学的有机整体被简单地划分为唯物论、辩证法、认识论和历史观四个部分。马克思主义辩证法的来源则更是被简单化:一方面吸取黑格尔唯心主义辩证法的"合理内核",一方面吸取了费尔巴哈唯物主义的"基本内核",二者的简单嫁接就构成了马克思主义辩证法。

改革开放前,这种研究范式占绝对统治地位;改革开放后的相当长一段时期,这种研究范式在马克思主义哲学界仍相当活跃。自然主义范式的基本观点是:其一,马克思主义辩证法是与唯物主义内在联系着的一种世界观,认为物质世界对于人类而言具有绝对的优先地位,物质世界决定着人类的一切活动,因此说,物质自然界是辩证法的基础。其二,马克思主义辩证法对社会历史发展规律的深刻揭示,并不是从人类基本的生存活动出发,把人类社会历史看作是由人的意志所主导的、深深打上人类活动烙印的发展过程,而是把它看作仅仅是由人的感觉、知性和理性所捕捉到的外在客观过程。辩证法所理解的历史客观性,无关于人在实践活动中所体现出来的主体能动性,而在于社会历史本身是一个自然历史过程。其三,社会历史虽然是人类在世世代代生产活动的基础上形成和发展起来的,其运动变化的规律仍然是由自然法则所主宰的,世界历史与外部自然的运动变化受同样的规律所支配。因此,自然界和人类社会历史在本质上遵循着同一个辩证法,关于社会历史的辩证法就是自然辩证法的推广和运用。

马克思主义哲学实现了唯物主义与辩证法的有机统一,形成了辩证唯物主义这一科学的哲学理论形态。辩证唯物主义世界观立足于唯物主义,把世界看作在无限的空间序列和时间序列中运动变化的"现有之物",这个世界是客观的因而是物质的,这个世界是联系和发展的因而又是辩证的。唯物辩证的世界观同时也是方法论,据此才能揭示自然规律、社会规律、实践规律和认识规律。这种运思逻辑的实质在于坚持马克思主义哲学的物质基础,甚至认为辩证唯物主义与旧唯物主义的本质区别就在于:后者只看到自然界的运动、变化和发展的辩证法,还不能把辩证法思想作为世界观层面上的普遍规定性来看待,前者则不但能够把辩证法思想作为世界观层面上的普遍规定,而且把握到认识和实践领域之内所存在的主体与客体之间的辩证关系。①

在自然主义范式的理论视域中,马克思主义辩证法实质上就是自然辩证法。特别是恩格斯的论著《自然辩证法》以及他在著作中对"自然辩证法"这一概念的运用,似乎给了自然主义范式论者最权威和最有力的佐证,把马克思主义辩证法理解为自然辩证法似乎具有天然的合法性。

事实上,恩格斯所谈的自然辩证法也并非抽象的自然辩证法。他坚持从世界本身说明世界,肯定自然界是自我运动的,但并不认为自然界是独立于人类历史之外的。恩格斯说:"我们在观察运动着的物质时,引人注目的首先是单个物体的单个运动间的相互联系,它们的相互制约。但是,我们不仅发现一个运动后面跟随着另一个运动,而且我们也发现,只要我们造成某个运动在自然界中发生时所必需的那些条件,我们就能引起这个运动,甚至我们还能引起自然界中根本不发生的运动(工业),至少不是以这种方式发生运动,并且我们能赋予这些运动以预先规定的方向和范围。"②接下来,恩格斯批判自然主义的历史观只看到自然界作用于人,只看到自然条件制约着人的发展,而没有看到人对自然界的改造和彻底变革,没有看到人在实践活动过程中,既改变着外部世界,又改变着人类自身,既改变着物质世界,又改变着精神世界,并且使自然界和人类世界在实践的基础上一体化。恩格斯认为,自然界与人(精神)是统一的,"自然界不可能是无理性

---

① 文兵:《对马克思主义辩证法理论的一种误释——评把辩证法的基础归结为实践的观点》,《北京人民学报》1997年第2期。
② 《马克思恩格斯选集》第4卷,北京:人民出版社1995年版,第328页。

的"①。割裂自然界和人类活动之间的本质关联,必然会导致唯心主义和自然主义两个方面的怪论。而要克服"一切哲学上的怪论的最令人信服的驳斥是实践,即实验和工业。既然我们自己能够制造出某一自然过程,按照它的条件把它生产出来,并使它为我们的目的服务,从而证明我们对这一过程的理解是正确的,那么康德的不可捉摸的'自在之物'就完结了。"②当恩格斯赞同"坚持从世界本身来说明世界"时,其实质是反对从思维出发来理解世界。这个世界当然也不是无人的抽象世界,而是在人的活动中介之下的世界,这就是"世界本身"的含义。

可见,恩格斯并没有把自然界与人的一切有目的性的活动分离开来,只是竭力要纠正和避免像黑格尔那样"从异化出发(在逻辑上就是从无限的东西、抽象的普遍的东西出发),从实体出发,从绝对的和不变的抽象出发,说得更通俗些,他从宗教和神学出发";③只是要反对近代自然哲学"用观念的、幻想的联系来代替尚未知道的现实的联系,用想象来补充缺少的事实,用纯粹的臆想来填补现实的空白"。④ 所以,对待任何观点都要具体问题具体分析。以对恩格斯观点的曲解来为抽象的"自然辩证法"寻求支持,或者将自然主义范式论者对"自然辩证法"的抽象理解归罪于恩格斯,都是错误的。而且这种做法早已被马克思斥之为社会达尔文主义。

在《德意志意识形态》这部巨著中,马克思主义辩证法的理论触角深深扎进社会历史领域。这并不说明马克思恩格斯主观上忽略了自然辩证法,或者是研究条件不成熟。由于把感性世界的形成与发展同现实的个人的活生生的感性活动联系在一起,他们所谈到的自然界与自然史都没有史前的意义了,即把自然史看作是人对自然的改造史,是自然科学史,因而也是人的实践史,是和社会历史水乳交融的历史。我们要做的不是像某些人所理解的那样,将历史辩证法与自然辩证法对立起来,以前者否定后者。应该知道,实践视域中的历史辩证法与自然辩证法已经是一个辩证法了,二者在本质上是一致的。当然,历史辩证法并未否定自然界是一个遵循客观规律而运动变化的辩证过程,也没有把人对自然的改造视为无拘无束的任意行为,不受客观规律制约的历史辩证法只能是"变戏法",既无益于历史的变革,也无益于历史的解释,必将被抛弃。不错,自然界先于人而存在,有着自己的运行规律,这一点没有人怀疑过。但这也仅是"无任何外来添加物的"

---

① 《马克思恩格斯选集》第4卷,北京:人民出版社1995年版,第330页。
② 《马克思恩格斯选集》第4卷,北京:人民出版社1995年版,第225–226页。
③ 马克思:《1844年经济学哲学手稿》,北京:人民出版社2000年版,第96页。
④ 《马克思恩格斯选集》第4卷,北京:人民出版社1995年版,第246页。

（萨特语）自然一元论。而事实呢？偏偏是我们（人类）在思考这个问题，偏偏是人类生活在这个世界上。今天的世界之所以这样，完全是因为有了人，"这个世界为了人，并通过人才能成立，那么它就只能是人类的"。① 所以说，不是《德意志意识形态》忽视了对自然辩证法的探究，问题是，自然界与人类社会压根就不是两个相互独立的世界，自然辩证法与历史辩证法压根就不是两个性质不同的法则。马克思认为，"历史可以从两方面来考察，可以把它划分为自然史和人类史。但这两方面是不可分割的；只要有人存在，自然史和人类史就彼此相互制约。"②在人类实践的基础上，自然史和人类史是二而一的关系，是互为中介的关系，是水乳交融的关系。自然界就是"人的无机的身体"③，自然界不是孤立的，它是在人类历史中生成的自然界，"是人的现实的自然界"④。如此看来，还有必要分别搞出一个自然辩证法和一个历史辩证法吗？

显然，自然主义范式所理解的辩证法仍停留在近代哲学的思维方式中，"只是从客体的或者直观的形式去理解"⑤。这种理解导致如下缺陷：其一，无视人的生存活动，即实践活动对自然界的重塑，只孤立地考察自然界自身的运动。其实，撇开人类生活实践的决定性作用，既无法理解自然界，也无法理解人类社会，既抽象了自然史，也抽象了人类史。由于这样的自然界对于人来说已经不存在了，那么关于它的辩证法也就失去了现实性。其二，将自然科学与人类生活、自然科学与历史科学二元劈分，直接导致对马克思主义哲学的肢解。费尔巴哈的"纯粹自然科学的唯物主义"正是与社会历史相分离的、抽象的自然科学的唯物主义，是后来的教条主义对马克思主义抽象化理解的理论根源。其三，无视生活实践这个人类世界和现实自然界的共同基础，关于自然界的辩证法和关于历史的辩证法都失去了现实根据，沦为抽象的概念游戏。人类与外部世界的分离是思维抽象的结果，是概念天真的结果，而人类与外部世界的统一却是人类世世代代劳动的结果，并非来自思维的构造，这是马克思把哲学的视线转向人的生活世界，把哲学聚焦于人的实践活动而发现的真理。⑥

---

① 萨特：《纯粹理性批判》上卷，林骧华等译，合肥：安徽人民出版社1998年版，第325页。
② 《马克思恩格斯选集》第1卷，北京：人民出版社1995年版，第66页。
③ 马克思：《1844年经济学哲学手稿》，北京：人民出版社2000年版，第56页。
④ 同上，第89页。
⑤ 《马克思恩格斯选集》第1卷，北京：人民出版社1995年版，第54页。
⑥ 张传开、干成俊：《马克思主义哲学是何种意义上的科学》，《马克思主义研究》2008年第3期。

马克思主义辩证法对黑格尔辩证法的"颠倒"和改造,绝不是将几条规律和几对范畴从精神载体向物质载体的简单移植,也不是将辩证法从精神的"漩涡"嫁接到抽象物质上面的概念游戏。马克思主义辩证法是批判和推翻剥削制度的理论,是消解一切所谓永恒的绝对真理的理论,是实现人的本性从异化到自我回归的理论,是关于人的自由而全面发展的理论,是关于人类历史从低级到高级不断进步的理论,因而是无产阶级追求解放的锐利武器。这样的辩证法决非"无人身的理性"或"人学空场",恰恰相反它是充满人文情怀,富有人的理性,为了人的生存与发展的辩证法。

自然主义范式所理解的辩证法,从表面上看,似乎坚持了马克思主义哲学的唯物主义立场,划清了与唯心主义辩证法和旧唯物主义形而上学之间的界限。但只见物不见人的辩证法只能是无根的。而无根的辩证法既没有生命力,也没有创造力,更没有批判力。这样的辩证法只能是僵化的公式和抽象的教条,其实质就是改了装的形而上学。

二、认识论范式

随着改革开放的深入,马克思主义哲学的研究方式也日益开放,马克思主义辩证法的研究开始寻求突破。那种与人的本性和发展相疏离,自认能够解释一切却实质上流于形式的辩证法,引起了学术界的深刻反思和批判,自然主义范式开始转向认识论范式,辩证法研究开始进入新的阶段。20世纪80年代,我国马克思主义哲学界开展了以"辩证法同时也是马克思主义的认识论"为主题的大讨论,这场持续数年的讨论实质上开启了马克思辩证法的认识论论域。

列宁的《哲学笔记》中提出了"辩证法也就是认识论"的著名论断,作为哲学基本问题的"思维与存在的关系问题"几乎涉及所有的哲学问题,自然也包括辩证法问题。我们不能脱离哲学基本问题去研究辩证法,而是要从主体与客体的反映关系,即认识论关系去探究辩证法的理论根基、本质意义、展开方式等一系列根本问题。这一思想对于中国的马克思主义辩证法研究寻求突破具有直接的理论意义。

认识论范式立足于"思维与存在关系"这一哲学基本问题来研究辩证法,把思维与存在的矛盾看作辩证法的核心问题——对立统一规律的理论根基,思维规律与存在规律在表现形式上虽然不同,但在本质上是同一的。思维借助于理性这个中介,通过概念、判断、推理三种基本形式的逻辑运动,最终揭示客观世界的运动规律,从而达成思维与存在的同一,这种同一并非理论陈述与事物本质的直接符合,而是通过概念与逻辑的运动和推演所实现的思维中的统一。因此,辩证法的本质就表现为对理论陈述如何表述经验对象的反思,辩证法的意义就在于解决思维与存在的矛盾关系,解决主观认识与客观对象之间的矛盾关系,使思维与存在、主观与客观在思想中达成一致。在认识论范式中,"辩证法的真实基础再也不是自在的客观世界,而是处于思存关系之中、具有辩证活动能力的'思维'及其活动性。与此相伴,在理论本性上,辩证法就是认识论,辩证法就是关于人的认识的内在逻辑"。①

认识论范式所关注的不是独立自存的客观自然界的矛盾运动,而是思维与存在两个不同领域之间的关系,即探讨人的认识如何发挥自己的主观能动性,以实现与客观对象之间的同一性。辩证法的任务不是去解决客观世界的存在和发展问题(这个工作应该由实证科学去做),而是解决思维与存在的一致性问题。认识论视域下的辩证法认为,思维是主导性的、超越性的,因而是能动的;存在是被主导的、惰性的,因而是消极受动的。辩证法的使命便是发挥这种积极能动性去把握自在的客观世界,求得思维与存在的统一。辩证法的理论基础和根基就在于思维(即处于同存在的关系之中的)之中。

基于这样的看法,马克思主义辩证法不再被看作是纯粹自然界运动和发展的规律,而是被看作在"认识论视域"中把握和揭示人类认识和改造世界的思维逻辑。这种思维逻辑在本体论层面上和认识论层面上又分别称为"客观辩证法"和"主观辩证法",客观辩证法是主观辩证法的根据,主观辩证法是客观辩证法的摹本。这样理解的马克思主义辩证法也可以被表述为"认识论视域中的辩证法"。

从理论本性上看,认识论视域中的辩证法所反映的就是人类思维运动的逻辑进程,是人类精神自觉的"思维辩证法",它与所谓外部世界自发的"物质辩证法"无关。比起自然主义范式的朴素性、直观性和抽象性,它凸显了辩证法的积极性、能动性和批判性。其一,把处于思维与存在关系之中的思维及其能动性作为辩证法的理论根基,凸显了关系性思维的特色,人与世界不是互相分离的,而是处于相互关联之中。立足于人对哲学基本问题的反思,一定程度上彰显了主体的能动性和创造性,克服了实证化的、教条化的自然主义辩证法研究范式,捍卫了辩证法的哲学本性。其二,以思维与存在的关系作为辩证法研究的重要维度,一定程度上克服了近代哲学对认识客体作抽象化理解的直观唯物主义,这种认识方式常常把认识客体看作某种现成的、开天辟地以来就已经存在的、而且是始终如一的物

---

① 贺来、陈君华:《对辩证法三种研究范式的批判性反思》,《学术研究》2002年第7期。

质世界,这是对认识客体的抽象化和凝固化,缺少历史唯物主义的视野。其三,把思维与存在的关系作为辩证法的理论视域,凸显思维及其能动性这个辩证法根源,也就突出了人在世界中的主体地位,弘扬了人的主体性。人类及其实践活动是感性的现实世界的最深刻的基础,当然也是思维及其能动性的深刻基础,辩证法研究的认识论范式一定程度上触及到了这个基础。

但是,由于近代哲学企图通过"认识论转向"来解决思维与存在的二元对立,这种知性哲学对其基本问题的解决是不彻底的。自然主义范式的一些重大问题在认识论范式中或部分解决,或部分掩盖,总之没有得到彻底解决,认识论范式自身的先天不足,注定其克服自然主义范式的不彻底性,注定其难以从根本上解决所谓自发辩证法与自觉辩证法的二律背反。人们不禁会问:自发的辩证法的理论依据何在? 有什么充分的理由断言思维之外的"存在"必然遵循着辩证法的法则? 康德认为,要解决思维与存在关系的同一性问题,必须在人类的理性范围之内才具有可能性,将人类知识扩展到可以经验的一切范围之外则是理性的虚妄。① 在康德看来,这是一种独断论,不具有合法性。近代哲学无法解决重大难题:理性的思维如何才能通达和切中外在的物质世界? 思维的客观性何以得到确证? 原因在于其裹足于"主体中心困境"而不能自拔。

近代哲学走过的历程已经证明,上述问题在以二元论为主要特征的认识论范式里根本无法解决。机械唯物论以客观物质来掩盖人的主体性地位,把人当作机器,彻底窒息了主体的能动性,唯理论者则无原则地拔高精神的地位,将之发展为囊括宇宙、主宰万物的绝对精神。而作为近代哲学核心方法论的认识论辩证法,把理论根基安置于精神之上,把演变过程等同于思维活动,非但没有走出"主体中心困境",反而把一个充满疑点的问题当作了自己的理论前提,必然陷入理论上的独断。②

海德格尔说:"真理并不是正确命题的标志,并不是由人类主体对一个客体所说出的、并且在某个地方有效的命题的标志。"③把一切现实存在都归结到思维中去,在思想中达到的思维与存在的同一,只能是一种虚幻的同一。现实世界只能在精神的阴影下苟且偷生,而精神的创造活动所产出的也只是抽象的概念。所以,要克服思维与存在之间的对立,认识论范式是无能为力的,仅仅依靠思维、概

---

① 康德:《纯粹理性批判》,邓晓芒译,北京:人民出版社2004年版,第4页。
② 贺来:《辩证法的生存论基础——马克思辩证法的当代阐释》,北京:中国人民大学出版社2004年版,第33页。
③ 孙周兴选编:《海德格尔选集》上,上海:上海三联书店1998年版,第225页。

念的能动性及思维的劳动,强行树立理性以君临天下的霸主地位,使一切活生生的感性生活都沉入理性的漩涡之中,最终达致思维与存在的绝对同一。但这样的非法行为早已被马克思和恩格斯彻底扬弃了,又怎么能在当代死灰复燃呢?这是研究者们自己都不愿意做的事。

认识论范式在理论深处陷入了尴尬的二元论境地:建立在自在自然之上的自发辩证法,与建立在主体精神之中的自为辩证法,如何通过合法的富有成效的强力中介联系起来。抱着求解思维与存在关系同一性的目的,走到了分裂二者的结局,这是认识论范式辩证法的宿命。历史再次说明:近代哲学的"认识论转向",并没有为哲学基本问题的解决找到一条正确的道路,以思维与存在的关系作为辩证法的出场路径,并没有为辩证法找到坚实的基础,辩证法研究的认识论范式仍然处于无根状况,而且进一步激化了由此所引发的理论危机。马克思主义辩证法的本真精神在认识论范式中仍然是蔽而不明的。

三、实践论范式

随着哲学研究的深入进行,马克思主义哲学的实践观受到空前的关注。20世纪80年代初期关于认识论问题的讨论,发展到80年代后期,演变为蔚为壮观的实践唯物主义思潮。在实践唯物主义的理论视野中,实践的深刻意义不再局限于认识论领域,实践的观点既是马克思主义认识论的首要观点,也是马克思主义世界观的首要观点,更是马克思主义辩证法的首要观点。因此,着眼于马克思主义实践观,对辩证法的理论根基和载体进行重新探究,对辩证法的理论内涵和实质进行重新审视,就成为马克思主义哲学研究新的理论热点。

实践首先是一种对象性行为,人是一种对象性的存在物,这种对象性存在物的存在方式就是对象性活动。作为对象性存在物的人之所以能够进行对象性活动,根源就在于它的本质规定中包含着对象性的东西,就在于它本身就是被对象所设定的。自然界是人的对象,是人所不可缺少的、确证着人的生命的对象;同时人也是自然界的对象,是自然界自我实现的产物。实践也是一种否定性的行为,自从人类诞生之日起,就在开拓一个人类世界,书写着人类的历史,我们生活于其中的感性世界就是对史前世界的否定。人类历史就是对自然史的否定。当然这种否定是包含着肯定的否定,是联系与发展。实践对生活世界的改变不是一蹴而就,一劳永逸的,而是一个漫长的积累过程,是一个从萌发到生长,从酝酿到突变的过程。这是活生生的辩证法!

马克思主义哲学在哲学史上实现的哥白尼式革命,凭借的是科学实践观的确立。离开科学实践观,既无法解释物质世界的形成与运动过程,也无法解释认识的形成及其本质;既无法解释辩证法的由来及其生成,也无法解释历史的本质和历史的走向。马克思恩格斯之后,实践的观点也常常被提到,但更多的是从认识论视角来进行论述的。西方马克思主义突出了实践在本体论、历史观、辩证法方面的意义,但或多或少地存在着夸大主体性、主观性,以及意识的作用。实践的观点不仅在唯物论、认识论、历史观与辩证法中居于首要地位,而且马克思主义辩证法就其本质与合理形态而言,就是实践辩证法。

辩证法、唯物论、认识论、历史观都立足于实践、人与社会三者的有机统一之中。以往那种条块分割式的理解是机械的。辩证法与唯物论、认识论、历史观是马克思主义实践观基础上的四位一体的关系。当马克思说"整个所谓世界历史不外是人通过人的劳动而诞生的过程,是自然界对人来说的生成过程"①时,就确立了辩证法、唯物论、认识论和历史观的共同基础。辩证法不是外在于人的活动这一内容的纯粹方法,它就是人的劳动机制的展示,劳动的主体、客体和中介工具都是物质的,辩证法即唯物论。认识不是上帝的直接启示,也不是对象的直接呈现,而是主客体之间由不统一到统一的过程。人类认识的过程是一个矛盾不断产生又不断解决的无限辩证发展的过程,分析事物矛盾特殊性的过程就是认识事物的过程。人类认识发展的过程是实践、认识、再实践、再认识,以至无限发展。实践和认识的每一循环的内容,都比较地进到了高一级的程度。认识的过程就是辩证的过程,辩证法就是认识论。在马克思主义历史观中,自然界并非独立于人之外的世外桃源,人类社会并非完全像生物进化那样演变的,人的意识也并非从天而降全知全能的造物主,自然界、人类社会以及人的意识都是在实践的境域中历史地生成的。马克思哲学语境中的"历史",既表达了一种不同于前人的世界观,也表达了一种不同于前人的思维方式,即不是把世界理解为凝固的、外在的"实体",而是把世界理解为由人的实践活动中介的、生生不息的运动变化"过程"。辩证法体现了历史演进的方式,就是历史的辩证法。

马克思主义哲学的神圣主题乃是通过对人类社会历史特别是资本主义社会进行深入剖析,为无产阶级乃至全人类的彻底解放指明方向和道路。马克思主义辩证法作为马克思主义哲学的展开方式,为人类认识世界和改造世界提供了科学的方法论。马克思主义辩证法不是对黑格尔概念辩证法的简单颠倒,即不是为说明"世界是怎样的"作理论注脚,也不是为说明"世界为什么是这样的"做理论设

---

① 马克思:《1844年经济学哲学手稿》,北京:人民出版社2000年版,第92页。

计,而是要自觉地在历史进程中通过实践实现物的尺度与人的尺度的统一,实现必然王国到自由王国的飞跃,实现人的本质从异化到自我的复归。如果说,哲学史上的物质辩证法,探讨了辩证法在物质世界中的根据;哲学史上的概念辩证法,探讨了辩证法在思维意识中的根据;那么,马克思主义辩证法则在总结前人得失的基础上,批判了前两种辩证法范式,将辩证法的理论根基牢牢钉在实践概念之上,创立了关于认识世界和改造世界的实践辩证法。由于人类的活动构成了社会历史,马克思主义辩证法自然就具有社会历史性。马克思主义辩证法既是实践辩证法,也是历史辩证法。

马克思主义实践辩证法,既克服了旧唯物主义辩证法的经验实证性,又克服了唯心主义辩证法的抽象能动性,是沟通主观辩证法与客观辩证法的桥梁,是马克思主义哲学批判精神和革命精神最集中、最鲜明和最现实的体现。实践辩证法具体表现为"主观和客观的统一,理论和实践的统一,归根到底是实践中主体和客体的统一"①。马克思主义辩证法把主体性和对象性、能动性和客观性有机地结合在一起,而不是用自然消解人,也不是用人掩盖自然,更不是让精神与物质处于"正负两极"。在这个辩证的过程中,自然失去了抽象的性质而成为属人的自然,人失去了抽象的性质而成为现实的人。社会、历史、知识、真理、审美等人类的一切生活形态都根源于这个实践的辩证过程,并在其中找到了自己解释的原则。因此,一切否定马克思主义实践辩证法的企图,都不可避免地退回到旧唯物主义的立场上去。②

在实践基础上对马克思主义辩证法的理解和阐释,比起自然主义范式局限于物质本体论所做的解读,以及比起认识论范式局限于思维与存在关系所做的解读,无疑都具有更大的合理性。把马克思主义辩证法建基于实践之上,与马克思主义哲学的本质精神是相符的。马克思对黑格尔唯心辩证法的颠倒,不能简单化地理解为把辩证法置于物质、自然的基础之上,而是把它置于作为思维与存在、人和自然统一的实践的基础之上。因此,马克思主义辩证法,是立足于实践基础上的能动的与创造的辩证法,思维与观念的前进运动的辩证法,自然界发展历程的辩证法,历史的辩证法,马克思主义辩证法的合理形态是实践辩证法。从实践出发,有利于使哲学与辩证法不再囿于自在事物本身或抽象的理解,而是回到人的现实存在。如果说实践是人的实际生成,那么辩证法就是作为反思形式的创生原

---

① 陆剑杰:《实践问题和矛盾问题新论》,人民出版社2002年版,第198页。
② 袁新:《对马克思主义辩证法基础的再思考》,《哲学研究》1996年第2期。

则。辩证法、实践与人,具有某种同构性和对等性。① 但是,实践辩证法也遭到了质疑,关键在于如何理解"实践"的问题。对马克思主义哲学实践概念的理解具有许多不同的维度,从不同维度可以获得不同的理解。也就是说,如果对实践的理解不明晰,那实践辩证法仍有可能陷入思辨式或概念式的危险,实践辩证法的命运仍然令人堪忧。

有学者指认,马克思提出实践概念,首要的目的不是要用实践去说明世界是什么样子,而是要用实践去说明世界应当如何或人应当把什么当作终极价值。马克思的意思很清楚,人的终极价值不在神那里也不在物那里,而在人自身;当然不是人的理性或自我意识,也不是空洞的人的普遍性,更不是对财富的贪欲与单纯的占有感觉,而是人的自由自觉的生产性的生命活动及其全面发展。这种生产性的生命活动就是马克思所说的实践。②

人的实践活动主要体现在两个层面上:一是生活实践层面,一是理论实践层面。与此相对应地实践辩证法发挥着两个方面的作用;一是通过对不同理论视角的整合形成一种境遇性实践知识的实践哲学辩证法;一是通过不同理论视角之间的对话而达成一种更具包容力的理论活动辩证法。③ 前者发生在理论体系之外,后者发生在理论体系之内。无论是体系内还是体系外,实践辩证法都表现为一种对话与宽容。因为每一个特定理论视角的价值都是独具的,都从不同的侧面体现着真理,都从不同的维度展现着真理。视角不是单一的,而是多元的,谁也不能独占真理。任何一个理论视角都包含有独特的合理性,必须包容他者,在与不同视角的平等对话与公平竞争中求得共同发展。

对实践观点的关注,确实给马克思主义辩证法的研究范式带来了一场深刻的变革。但是,如果实践仍然被解读为一种抽象概念,或者像卢卡奇把"阶级意识"看作实践的本质(尽管意识是实践的一个重要维度),彰显了其精神性的维度,从而遮蔽实践的物质性维度;如果把实践仅仅理解为工具主义语境中的生产劳动,从而钝化其批判的锋芒;如果以实践取代精神,在实践与物质对立的语境中去理解实践,从而无视实践作为人的存在方式,以及作为现存感性世界的基础的本体论意义;马克思主义辩证法的理论根基还是没有得到真正的澄清,马克思主义辩证法本来固有的批判本性和革命本性,还是被不自觉地遮蔽了。实践论范式的辩

---

① 陈祖华:《论我国当前辩证法研究的几种思路》,《武汉大学学报》1998 年第 6 期。
② 徐长福:《马克思的实践首先是一个价值本体概念》,《哲学动态》2003 年第 6 期。
③ 王南湜:《作为实践智慧的辩证法》,《社会科学战线》2003 年第 6 期。

证法要解决的一个根本问题,还是实践与对象相统一的基础问题,实际上还是思维与存在关系的延伸,而且试图以实践概念为基础而建构辩证法理论体系,这实质上仍然是认识论范式的理论余绪。对此,有学者指出,在所谓的实践论范式下,实践最终只能被理解为一种"强大主体的综合行为",即便是所谓的实践本体论,仍是以实践这一概念去解决近代形而上学的心物二分问题。所以,当实践论范式的辩证法将一切都纳入主体的实践活动过程中的时候,它实际上离黑格尔的唯心主义辩证法已经很近了。①

马克思主义辩证法的使命,绝不仅仅局限于认识和解释世界,而是为了实践和改变世界,为了实现人类解放和全面发展这一神圣主题,必须对资本的逻辑进行毫不留情的揭示,对整个现存世界人的异化状态进行深刻批判,以求得人的本质和人性的真正复归,求得每个人自由而全面的发展。辩证法的批判性和革命性不仅仅是理论上的,而更主要是实践上的,是生存论上的,是针对人的现实生活的。

四、生存论范式

在新旧世纪交替之时,马克思主义哲学研究出现了实践的"生存论转向"思潮,在此视域下马克思主义辩证法的研究进入到一个新的层面,取得了一系列理论突破。

从理论逻辑上看,马克思主义哲学研究范式的"生存论转向"是与"实践论转向"紧密关联的,生存论转向仍然是围绕着对实践的理解展开的。对实践作生存论理解,把实践看作人的生存方式,看作具有始源性的人的生存活动。生存实践论开启了实践的本体论视域,作为现实世界和社会历史的深刻基础,实践蕴涵着本体论意义上的前提和基石。实践不仅仅是一个理论问题,更是一个关于人的生存与发展的问题。马克思认为,存在首先就是人的存在,那么,如何理解人的存在呢?人的存在就是其创造历史的现实的生活过程,人们为了能够存在,必须能够生活,而为了生活,就要获得足够的生活资料,因此就必须进行生产劳动,生产物质生活本身,而且这种生产劳动是在社会关系中进行的,具有社会历史性。人的存在就和现实生活、社会历史、实践活动深刻勾连在一起。马克思对存在的追思采用了"面向事情本身"的现象学方法。"面向事情本身"就是面向人的存在本

---

① 王南湜、谢永康:《形而上学的遗产与实践哲学的发展路向》,《学习与探索》2005年第2期。

身,人的存在只能通过人的生命活动才能得以说明。一定意义上说,马克思哲学就是关于人的生命活动的"实践存在论"。

马克思认为,不能抽象地理解人,对人的理解必须从人的活动出发,把作为实践主体的人放在一定的社会生产活动中来考察。"人的存在是有机生命所经历的前一个过程的结果。只是在这个过程的一定阶段上,人才成为人。但是一旦人已经存在,人,作为人类历史的经常前提,也是人类历史的经常的产物和结果,而人只有作为自己本身的产物和结果才成为前提。"①马克思把理解人与理解人的劳动结合起来,人不是抽象地存在于劳动之外的存在物,"劳动作为使用价值的创造者,作为有用劳动,是不以一切社会形式为转移的人类生存条件,是人和自然之间的物质变换即人类生活得以实现的永恒的自然必然性。"②劳动实践作为创造物质生活条件的本质活动,就是人的本源性生命活动和生存方式,理解劳动就是理解人,劳动因此获得了本体论的意义。马克思通过对实践内涵的本体论廓清,超越了近代哲学的知识论层面,深入到现实人的生存论的层面。

人的实际生活就是人的存在,而人的存在只有在实践的基础上才是可能的。实践活动通过物质资料的生产为人的存在生产物质生活本身,为人的存在生产物质资料。实践活动通过满足不断增长的新的需要为人的存在延续着历史发展过程,实践活动通过人口增殖为人的存在生产人本身。实践活动的这三个功能不是各自孤立、独立起作用的,而是在人类历史发展进程中同时起作用的。实践作为人类特有的生命活动,作为人类自我生成、自我发展、自我超越的活生生的社会活动,为我们理解人本身的存在、人的本质等问题提供了全新的地平线,人的存在、人的本质只有在实践地平线上才能得以展开和实现。

在马克思那里,自然界是实践的物化,离开人的实践活动的所谓客观存在,对人说来都是不存在的。而一旦从人们自身的实践活动来说明和理解人的存在时,那种远在人之外的"实体性本体"就成了纯粹虚构之物。

作为生存活动的实践,在根本上凸显的是人的本质、现实世界的基础和人类历史的根据,马克思主义辩证法关注的是人自身的生存、发展、解放和自由的问题,关注的是现实世界的运动变化的方式以及引起这种运动变化的真实原因,关注的是人类社会历史的从低级形态到高级形态发展的演变过程以及造成这种演变的推动力。因此,马克思主义辩证法生存论转向的基本内涵,就在于抓住了人

---

① 《马克思恩格斯全集》第26卷(第三册),人民出版社1974年版,第545页。
② 马克思:《资本论》第1卷,人民出版社2004年版,第56页。

的存在这一根本,通过人的生存活动的展开,重新塑造着人类生存的物质世界,书写着人类社会逐步摆脱野蛮和异化的历史过程,开拓着人向自身、向社会的人的复归的历史进程。从理论本质上看,马克思主义辩证法的所谓"生存论转向",就是当代哲学"存在论变革"的一种体现,从人的存在视野来透视马克思主义辩证法,从而把马克思主义实践观、世界观、认识论和历史观关乎本质地勾连在一起。这种存在论变革的内容是以实践为根据去理解现实的人、人的世界、人的存在、人的本质、人的思维和人类社会的。

现实的个人是进行生产活动的个人,这种活动离不开感性的自然界,通过这种活动,自然界表现为人的作品和人的现实,从这个意义上讲,人与自然界是直接同一的。因此,我们不能将生存实践及其所展现出来的感性世界理解为抽象的史前世界。如果这样,就把马克思哲学又拉回到旧唯物主义那里去了。马克思借重物质生活条件来谈现实的人、历史的前提和现实世界,是有具体针对性的,那就是以黑格尔为代表的思辨哲学。黑格尔的思辨哲学将外部世界和人类世界只看做理性的图像和发展环节,自然界和人都不具备独立性和客观性。这样一来,历史就成了概念的历史,概念是其主人,自然史和人类史是其表象。马克思以现实的人的活动及其物质生活条件,彻底消解了自我意识这个理性的虚构,真正回到了事情本身。

在马克思主义辩证法看来,人的世界、人的存在、人的本质、人类社会都是在现实的人的劳动中生成的,而且这是一个漫长的发展过程,生成的辩证法就内蕴实践的维度和历史的维度。生成辩证法关注的就是历史的全部运动:历史的现实前提是现实的个人的存在,历史的展开方式是人民群众的物质实践活动,历史的最终追求是人和自然界之间、人和人之间矛盾的真正解决。生成辩证法按照"纯粹经验的方法",让现实的人如其所是地出场,撇开一切教条主义和各种形形色色的意识形态前提,呈现在我们面前的就只是现实的个人的活动和他们的物质生活条件,这也是马克思的现象学还原的方法。运用这一方法,人类历史的原初境域得到清晰的呈现,生活世界的本真面目得到科学的揭示,覆盖在人身上的尘埃得到澄清,历史之谜最终获得解答。生成的辩证法要求拂去笼罩在事物之上的一切范畴规定,它完全不同于近代经验论哲学所主张的"经验主义"的实证方法。一切强加于事物之上的范畴规定都被马克思斥为教条。正是这种教条主义,粗暴地反客为主,颠倒了主客关系,强使"宾词"作"主词",将现实世界、生活实践置身于概念范畴的奴役之下。生成辩证法倚重的"纯粹经验的方法",就是要摆脱一切概念范畴的"纠缠",让事物自身显现的方法。

生存论范式的辩证法植根于人的生存活动,而不是固守于无人的自然界,这就同自然主义范式划清了界线;致力于促成人和自然界、人和人之间矛盾的真正解决,而不是沉湎于概念与概念之间的逻辑推演,这就同认识论范式划清了界线。当然,生存论范式也并不是无懈可击,其中许多具体的理论问题仍然需要继续研究和深化。

总之,改革开放以来,辩证法研究范式的不断转换,不仅推动着辩证法研究的不断深化,而且推动着马克思主义哲学的发展。其最大的贡献在于,我国学界对马克思主义辩证法的理论根基及其展开形式,获得了愈来愈符合马克思主义哲学的本意且日益清晰的认识和理解。

实践生存论视域中的真理*

干成俊

自从巴门尼德区分"真理之路"和"意见之路"起,真理就被看作对于永恒不变的存在的揭示,对于事物的本质、世界的本性的理论把握才是真理。对待真理的这种理论态度甚至使得传统西方哲学表现出知识论的特质。知识论哲学把真理问题看作纯粹的理论问题,并进而把理论问题视为人类生存的本质。这是马克思主义哲学所不能认同的,以"解释世界"为旨归的知性哲学被马克思扬弃了,取而代之的是"改变世界"的实践哲学①。与此相应,真理问题的认识论视域必然要被存在论视域所替代。作为改变世界武器的实践哲学,自然不满足于把真理看作认识行为,而是要把真理看作实践行为。

一、"符合论"真理观批判

当真理的存在场所被确定为命题,真理的本质被构建为陈述同它的对象相符合,真理就逐渐脱离其真正的发源地,陷入形而上学的深渊。由于物质实践在哲学中的缺席,真理最终演变为正确的陈述,直至成为一种知识力量。与此同时,"哲学在实质上降格为一种知识论,真理问题只是一个知识论问题,而真实的生活则被片面化为追求知识的活动"②。

"符合论"的真理观在理解观念和事实的同一关系时,是以二者的相符一致为标准的。这种真理观认为,观念或陈述的正确与否就在于它是否与事实相符合,只有当它们与事实相符合时才能被认为是正确的。但是,观念或陈述的东西与具

---

* 本文原载于《淮阴师范学院学报》2014年第2期。
① 《马克思恩格斯选集》第1卷,人民出版社1995年版,第57页。
② 黄裕生:《真理与自由》,江苏人民出版社2002年版,第2页。

体的实物性状根本不同,二者如何相符呢?人们常常不假思索地认为,观念必须按物本身来把握物,但它既不是物,它如何能按照物本身来把握物呢?

古希腊哲学所构造的"逻各斯"神话,确立了"陈述"的优先性地位。它把陈述与其动机和语境相剥离,使陈述孤立化和绝对化,主宰并凌驾于生活世界之上,从而使陈述与其得以形成的生活基础相分离,语言成了存在的家园。众所周知,人们关于世界的经验是通过语言表达出来的,语言确实不应当被简单地理解为工具,它是我们形成知识的基础和理解世界的条件,更是生活本身的内容。然而,人具有语言是"人生活在世界中"这一事实的表现。语言不是单个人的行为,也不是单个人生存的根本,它具有社会性、历史性和实践性,人之所以能够通过语言说出某种真理性的东西,根源在于,语言是在伴随着真理并通过实践展开的过程中形成的。如同世界的语言性并不意味着世界就是语言,真理的语言性也并不意味着真理就是陈述,并不意味着真理就是理论。

传统形而上学把语言看作存在之家,把语言看作人类生存之根本,实质是逻各斯中心主义的表现。如果把真理的存在形式理解为语言的陈述,表述为思维构造的命题,这样理解的真理作为思想的产物,就把存在之家放置于语言之中。把真理看作一个现成物(结论)与另一现成物(事物)相符合,真理成了一种静观之物,这实质上是意识的构建,显然这是关于真理的一种意识形态虚构。真理其实并非所谓符合客体的正确的陈述,这一表述本身已经陷入了那种被海德格尔所批判的对象性思维方式之中。陈述与事物相符,即命题与事实相符,二者之间的关系是表象关系,表象是使事物作为对象而与主体处于对立关系时产生的,它出现的前提是主客二分。这种思维方式认为,人在与世界打交道时,只是在与世界呈现给我们的表象打交道,这种方式极有可能遮蔽事物的本真存在方式,假象的产生当然在所难免。

在海德格尔看来,符合论真理的最切近起源来自基督教神学的信仰,这种信仰认为:"从物的所是和物是否存在来看,物之所以存在,只是因为它们作为受造物符合于在上帝之精神中预先设定的观念,因而在观念上是正当的(正确的),并且在此意义上看来是'真实的'。就连人类理智也是一种受造物。作为上帝赋予人的一种能力,它必须满足上帝的观念。"① 既然人类及其思想都是上帝的创造物,那么人类关于世界知识的真理性就在于"上帝创世计划的统一性"。"作为物(受造物)与知(上帝)的符合的真理保证了作为知(人类的)与物(创造的)符合的

---

① 《海德格尔选集》上,上海三联书店,1996年版,第216页。

真理。"①从根本上看,符合的真理本源于上帝创世秩序之规定的"符合"。启蒙运动之后,神性的地位被理性所取代,上帝为世界立法被理性为世界立法所取代。陈述的正确性成了命题真理的本质。

我们知道,语言在彰显意义的同时也在遮蔽意义,彰显与遮蔽同时发生。如果把真理仅仅看作一种认识,看作主体机械地对应于客体的一种相符,即便存在着这样一种符合性的认识论真理,这种符合也不应该被看作一蹴而就的现成性的状态。在真理发生的过程中,大行其道的不是直观性和现成性,而是生成性。真理不是现成的凝固物,也不是凭借理性直观就能获取的外在物,作为本真存在的特殊显现,真理的发现需要通过人类的实践活动,作为本真存在的表现形式,真理的生成离不开人类生活的土壤。把真理看作独立自在的"物自体",是传统客观主义哲学结下的一个不开花的果实,把真理看作与人无关的客体,是近代哲学二元论思维无法破解的一个难题。实际上,人类只能通过理论和实践的能力描述和把握我们知道的、能够知道的真理世界。认知真理和实现真理总是与作为"与真理同在"的人的事业,在人的生存活动中真理才会获得现实的意义。

真理应该被看作一个过程,真理是作为世界历史的存在而在人类生活中展开的。它不是当下的、切近的目标,也不是遥不可及的"远大理想",总之,不是外在于人类生活的抽象之物,过去我们对共产主义的庸俗化理解就是犯了这样的错误。对真理的追求实际上贯串着整个人类的历史,而整个人类历史也内蕴着真理的展现,真理在"世界历史中生成",通过人的活动,在人类历史中发展和实现自身。

从缘起上看,陈述行为依赖于人类生活的实践活动,只有在人的实践活动中,事物才会从根本上显现自身,即对人敞开自己的本真状态。而处在实践活动中的人,也总是向着世界敞开的,海德格尔说,人具有敞开持驻性,这种敞开持驻性使得万物向我们显现自身,我们才能从存在者本身那里获得指示,去说有关存在者的事,或按照存在者的自身规律行事。这时,陈述的标准必须来自存在者本身,不能把我们的观念强加于存在者。那么,判断陈述是真是假的标准是如何构成的?这个标准的形成来自实践的开放性,开放的实践本身之所以能够充当这种尺度,乃在于实践是一切表象的先行标准,只有通过实践的这种自由自觉的开放状态,陈述的正确性才是可能的。由此可知,首先使正确性得以成为可能的实践活动必然具有更为原始的权利而被看作真理的本质。由此,传统上把真理当作陈述的做

---

① 《海德格尔选集》上,上海三联书店,1996年版,第216页。

法就失败了,"真理原始地并非寓居于命题之中"①。

真理作为过程,它不逗留于单纯的结论,也不停留在单纯的开端。结论只是事物发展过程的凝固和抽象,其生命力来自事物的发展过程。只想凭借对结论的把握来达到对真理的把握,是一种妄想。在最终的陈述里,事情自身乃至其全部本质并没有得到揭示,本质的事情恰在于整个实现过程之中。黑格尔就反对把真理看作直观或直接知识这样的东西,他说:"真理不是一种铸成了的硬币,可以现成地拿过来就用。"他甚至把认识过程中所犯的错误也看作通向真理的环节,"某种东西被认识错了,意思就是说,知识与它的实体不同一。但这种不相等正是一般的区别,是本质的环节。从这种区别里很可能发展出它们的同一性,而且发展出来的这种同一性就是真理"②。这同我们古人所言"失败是成功之母"正是同一个道理。黑格尔认为,那种"以为真理存在于表示某种确定结果的或可以直接予以认识的一个命题里"的做法,是哲学研究里的教条主义③。

人的活动是一个历史性的生存活动,人类的活动既有自由主动的属性,也有消极被动的属性。因此,人类的实践活动既要追求真理,让万物顺其自然而成其所是,也有可能违背自然规律,践踏真理使万物遭受蹂躏。真理在实现的过程中就常常会伴随着假象,展现出非本质的一面。其实,非本质的真理就是真理的一种异化形式,真理实现自身的过程总是要通过克服异化来完成的,对异化真理的超越就是真理自我实现的环节。真理就是人对事物对世界的澄明,这种澄明实质是一种揭示,通过揭示,事物敞开自身,显露本真状态。真理的本质在于揭示,只有在人类历史的进程中才能揭示出事物的本真状态。当然,最本质的揭示并不在于语言的陈述(尽管语言的陈述也是一种揭示),而在于人的生命活动,即在于现实人的生活过程之中。陈述本质上是一种揭示、发现存在者的活动,"逻各斯"即让存在者显现出来被看见,把存在者从遮蔽状态带向无蔽状态,被去蔽的就是事情本身,是处于被揭示状态中的存在者。所以说陈述不能被看作单纯的认识手段,不能仅仅被看作人的认识与外部客体的符合一致。真理不可能仅仅通过认识就能被揭示出来,它在人的生命活动中才能呈现出来。

二、真理的存在论基础

近代哲学对于真理的研究局限于认识论境域内打转,把真理看作外在于人的

---

① 《海德格尔选集》上,上海三联书店1996年版,第220页。
② 黑格尔:《精神现象学》上卷,贺麟、王玖兴译,商务印书馆1979年版,第25页。
③ 黑格尔:《精神现象学》上卷,贺麟、王玖兴译,商务印书馆1979年版,第26页。

绝对实体,人与真理隔岸相望。如果我们不能跳出近代哲学知识论的语境,深入到存在论语境中去研究真理问题,马克思主义哲学的真理观的实践论境域就仍然是晦暗不明的。知识论真理观存在如下问题:人类与真理,首先是一种存在论关系,然后才是一种认识论关系,首先是一种生活关系,然后才是一种理论关系,真理自身要比所有关于真理的感觉和陈述更贴近我们。把真理局限于知识论领域,严重地遮蔽了真理的本性,从而抽象了我们与真理同在的精神家园。人与真理的存在论关系与生活关系表明,人总是先寓于真理中而存在,然后才通过认识活动去把握真理。我们关于真理的"存在论关系"比"认识论关系"更始源。

人类的发展史告诉我们,与认识相比,生活处于更基础的地位,存在的本真场所在于生活,所以哲学之根必须扎入生活世界。哲学本体论相较于认识论而言,处于更基础的地位,认识论问题的解决常常要诉诸本体论问题的澄清。当然,本体论与认识论不能割裂,正如知识与生活不能割裂一样。实践出真知,追求知识也是一种生活方式,认识论问题也是本体论问题的别样呈现。

近代哲学解决主客相符的方式之所以不能令人满意,其根源在于:传统哲学的认识论前提是主客二分,在二元对立的背景之下去解决人与世界的同一性问题,要么以精神作为同一的依据,要么以物质作为同一的依据。失去本体论的支持,无论谁符合谁都是站不住脚的。只有在生活实践视域中,人与世界同一性问题才迎刃而解。人类诞生之后,人与世界就是一个密不可分的整体,世界就是作为人的身体存在的。所以说在生存实践的境域里,本来就不存在"符合"一说。真理就在"万物一体"、"天人合一"的状态之中。

存在论的真理观的显著特征是立足于人的存在,将真理建筑在更为原始的本体基础上,认知真理植根于存在真理之上。人之作为人,首先并不在于它的主体性、意识性等规定,人之为人的重要维度在于它与真理的关系,人是"存在"真理借以展开的场所和情景,它能借助主观能动性体悟并展示真理。可以追问"存在"和探究"真理"的只能是人。将人的主体性变成"在世的存在",将人的自我意识变成"向来我属性",将封闭不露的理性变成与其他存在者的共在,从而以这种前主体性的、前认知性"此在"规定性,超越了传统的主体性哲学,超越了认知主体从其内在理性抵达外在客体并与之相符的传统"符合论"真理观。

人在真理中,真理就是人的实践活动的展开,命题和陈述并非真理的栖身之所,真理的原始场所就在人的现实存在中,存在的真理不是先知而后得的认知结果,而是认知的前提。人的现实存在就是人的历史性的、世界性的实践活动,在这个活动过程中,展开着人与自然的关系和人与人的关系,而这双重关系的展开就从根源上推动着人类历史的前进,在让外部事物如其所是地存在的过程中发生了真理。存在的真理作为前提一开始就支配着人的认知活动,支配着人对自身生存的领悟和对周围事物的揭示。海德格尔说:"唯当此在存在,才'有'真理。唯当此在存在,存在者才是被揭示被展开的。唯当此在存在,牛顿定律、矛盾律才在,无论什么真理才在。此在根本不在之前,任何真理都不曾在,此在根本不在之后,任何真理都将不在,因为那时真理就不能作为开展状态和揭示活动或被揭示状态来在。"①没有牛顿,就没有牛顿定律,当然,通过这些定律有所揭示地指出来的存在者是存在的,只是其存在只有借助牛顿才成为真的。而"凭借这些定律,自在的存在者对于此在成为可通达的。存在者一旦得到揭示,它恰恰就显示为它从前已曾是的存在者,如此这般进行揭示,即是'真理'的存在方式"②。真理的本质不在于命题、陈述同它的对象相符合,而在于人的生存活动的揭示。

现代西方哲学在向传统哲学真理观挑战的过程中所提出的问题值得我们深思:真理是否仅仅是主客关系意义上的、即认识论层面上的问题?真理与生活实践、与人的存在是什么关系?真理是认识论的问题还是本体论的问题?回答这些问题,必须转换真理研究的视角,走出传统认识论的误区,从马克思哲学的实践观点来理解真理。

人的生存与发展过程同时就是揭示真理的过程,始源的真理就是人的展开状态,它既包括人对自身的敞开,也包括事物在世界中的被揭示状态。人作为存在者,总是一种未完成的存在,可能性就必然地构成人生存的一个重要维度,人自身的敞开,正是人对可能性的追求,人生的积极意义在于,立足于现实世界投身到可能世界之中,发挥人的主体性,将可能世界构建成一个不同于现实世界的较为理想的世界。可能世界是对于现实世界的不完满性的批判和补充,可能世界是对现实世界的理想超越,当下的现实世界总是不停地向着未来的可能世界敞开。人的揭示活动并非随意的、任性的、漫无目的的行为,而是遵循一定的标准和规律的行为,马克思认为,人创造对象世界的活动,并非只是完全按照自己所属的种的尺度和需要来进行,而是"按照任何一个种的尺度来进行"的,人懂得"怎样处处都把内在的尺度运用到对象上去",人是按照美的规律来创造世界的。因此说,始源的真理就是人类按照内在的和外在的双重尺度创造新世界的过程。当人以实践的方式存在时,他就原始地存在于真理之中。在对象性活动中,人向着未来敞开自己

---

① 海德格尔:《存在与时间》,陈嘉映、王太庆译,三联书店1999年版,第260页。
② 海德格尔:《存在与时间》,陈嘉映、王太庆译,三联书店1999年版,第261页。

的一切可能性,既实现自己的主观目的,又遵循着一切事物的客观规律性,这就是真理的实现。

"真理本质上就具有此在式的存在方式,由于这种存在方式,一切真理都同此在的存在相关联。"①指认的是真理的属人性,真理首先是人在生命活动中体悟到的。它与人有着天然的"血缘"关系,真理必定首先在生活中、在人们的生命活动中被人遭遇到,亦即先出现在本体论境域,然后才会有认识论中的所谓"符合说",才能在认知科学中被指证出来。在没有意识到生活和实践作为真理存在的真正的本体论规定之前,认知科学关于主客相符的真理观就只能是抽象的、形而上学的唯心论。正是在这个意义上,马克思批评那种"排除历史过程的、抽象的自然科学的唯物主义"时说,每当其越出自己的专业范围时,其"抽象的和唯心主义的观念"便立刻暴露无遗。②

马克思主义哲学的革命性质,"正是在于它彻底否定了关于人的思维和行动的一切结果具有最终性质的看法"③。真理已经不再是一堆现成的、一经发现就只要熟读死记即可的教条;也不是在人的认识过程中,从认识的较低阶段上升到认识的较高阶段,最后才把握住的那个绝对理念。这样理解的真理不过是人在思维中构想的一种绝对之物。"真理是全体。按照它的本性,它是现实、主体或自我形成。"④如果以为仅凭语言所把握到的观念就是真理,那恰恰是对真理的遮蔽。

三、马克思真理观的实践论境域

马克思哲学把真理置于实践论境域中来把握,从而实现了对近代哲学真理观知识论视域的超越。《关于费尔巴哈的提纲》第二条指出:"人的思维是否具有客观的真理性,这不是一个理论的问题,而是一个实践的问题。人应该在实践中证明自己思维的真理性,即自己思维的现实性和力量,自己思维的此岸性。"⑤对于真理的把握不是一个理论的问题,而是一个实践的问题,要求把真理"当作感性的人的活动",而不能像旧唯物主义"只是从客体的或者直观的形式去理解"⑥。

这就把真理问题从认识论领域提升到存在论领域。人的本质活动不是理论

---

① 海德格尔:《存在与时间》,陈嘉映、王太庆译,三联书店1999年版,第261页。
② 《马克思恩格斯全集》第23卷,人民出版社1972年版,第410页。
③ 《马克思恩格斯选集》第4卷,人民出版社1995年版,第216页。
④ 黑格尔:《精神现象学》上卷,贺麟、王玖兴译,商务印书馆1979年版,第12页。
⑤ 《马克思恩格斯选集》第1卷,人民出版社1995年版,第55页。
⑥ 《马克思恩格斯选集》第1卷,人民出版社1995年版,第56页。

活动,追求和实现真理的活动也绝不仅仅是理论活动,而是实践活动。真理是在世世代代人们的现实劳动中凸现出来的,它具有历史性。真理在实践中展现自身,实践是真理的展现过程。

在马克思看来,真理的符合论根据乃在于人的生命活动,人的存在是高于理论认识之上的,脱离生活的理论是灰色的,而生命之树常青。人生在世,最切己的事情是生存与发展,而不是去关注与人毫不相干的缥缈世界。人与世界的生活关系这一存在论的基础是始源性的,认识论上的符合则是派生的。主客相符不是自我意识运用概念进行逻辑推理的结果,也不是物质世界自我发展、自我演化的结果,其实这种相符是在人的生存活动中形成和被人认知的,主客相符直接就是现实生活本身。没有人与世界的浑然一体,就没有人的现实生活,没有主客体的和谐一致,就没有人的一切活动(包括认知活动)。真理不是悬浮在空中的外在于人类历史的抽象物,真理本质上乃是历史的真理,它是人类历史的真谛,也是照耀人类生活之光,在它的辉映之下,人类追求着自己本己的生活。人类追求自己本己生活与真理的显现乃是同一个过程,因此可以说,真理与我们同在。所以与其说真理的实现是认识过程中的"符合",毋宁说是生活过程中的"解蔽",真理是在人的实践活动过程中"展开着的"。唯有这样理解,我们才能深刻领会马克思《关于费尔巴哈的提纲》第二条的内容。

近代形而上学认为人的本真生存方式就是理论活动,而理论的功能在于解释世界,他们尝试着"用不同的方式解释世界"。马克思在强调改变世界的重要性的同时,并不否认解释世界的重要性,他所反对的只是脱离生活实际的哲学研究,反对在理论研究中用杜撰的、臆想的虚假联系去代替现实生活中的真实关系,反对将意识内在化而成为一座远离人世的孤岛,特别是反对因为理论的需要而对现存事物所做的辩护性解释。所以,马克思把实践活动看作人的生存方式,而理论只是实践的一个环节,是为了实践而存在的,理论是实践的手段,改变世界、创造未来的美好生活才是目的,理论的设想、理论的创新如果脱离实践,只会沦为纸上谈兵,付诸实践的理论才有价值。传统形而上学之所以要革新,就在于其远离生活的思辨气息和理性色彩。因此,马克思强调指出:"哲学家们只是用不同的方式解释世界,问题在于改变世界。"①

马克思曾经这样理解生活和理论的关系:"我的普遍意识不过是以现实共同体、社会存在物为生动形式的那个东西的理论形式,而在今天,普遍意识是现实生

---

① 《马克思恩格斯选集》第 1 卷,人民出版社 1995 年版,第 57 页。

活的抽象,并且作为这样的抽象是与现实生活相敌对的。因此,我的普遍意识的活动本身也是我作为社会存在物的理论存在。"①"作为类意识,人确证自己的现实的社会生活,并且只是在思维中复现自己的现实存在。"②这里马克思表达了三个方面的意思:其一,普遍意识来源于现实生活,而不是相反,现实生活、现实共同体皆是客观的社会存在,社会存在物特指人这一社会存在。其二,现实生活就是人的实践活动,它是普遍意识的源头之水,理论则是关于现实的人及其活动规律的科学。其三,人的存在是在现实的社会生活中得到确证和得到实现的,而不是在思维中得到实现的。人的存在就是现实生活本身,而意识不是别的,只是人的现实存在的思维反映。

马克思实践哲学对意识的理解已经深入本体论的深处,彻底颠覆了近代哲学所确立的意识观。"意识并非一开始就是'纯粹的'意识。'精神'从一开始就很倒霉,受到物质的'纠缠'"③,人的意识总是同人类的生存实践、生产劳动、物质生活条件紧密相连的,意识就是这些物质活动的直接反映。"意识一开始就是社会的产物,而且只要人们存在着,它就仍然是这种产物。"④意识是在人们的物质生活中产生并服务于人类的实践活动需要的,在马克思看来,"思想、观念、意识的生产最初是直接与人们的物质活动,与人们的物质交往,与现实生活的语言交织在一起的。人们的想象、思维、精神交往在这里还是人们物质行动的直接产物"⑤。"人们是自己的观念、思想等等的生产者",而"意识在任何时候都只能是被意识到了的存在,而人们的存在就是他们的现实生活过程"⑥。仔细揣摩马克思的这些论述,我们能够深刻地领悟到马克思实践哲学所彰显的关于意识的生存论语境,深入到本体论的层面来看待意识,从而把意识理解为人们进行社会活动的写真,理解为把握在思维中的人的现实存在。这样看来,意识与人们的生存实践是直接同一的,这就是意识(理论)与实践的真正的本真关系。

马克思曾深刻指出:"理论的对立本身的解决,只有通过实践方式,只有借助于人的实践力量,才是可能的;因此,这种对立的解决绝不只是认识的任务,而是一个现实生活的任务,而哲学未能解决这个任务,正因为哲学把这仅仅看作理论

---

① 《马克思恩格斯全集》第42卷,人民出版社1979年版,第122页。
② 《马克思恩格斯全集》第42卷,人民出版社1979年版,第123页。
③ 《马克思恩格斯选集》第1卷,人民出版社1995年版,第81页。
④ 《马克思恩格斯选集》第1卷,人民出版社1995年版,第81页。
⑤ 《马克思恩格斯选集》第1卷,人民出版社1995年版,第72页。
⑥ 《马克思恩格斯选集》第1卷,人民出版社1995年版,第72页。

的任务。"①近代哲学以追求外部世界的知识为要务,认知问题占据哲学研究的核心地位。涉及实践范畴时,其地位也是理性自我实现的一个环节,由于对实践的意义和价值的低估,实践的本体论地位长期得不到确立。没有"把感性世界理解为构成这一世界的个人的全部活生生的感性活动"②。即没有把实践看作整个现存世界的基础,仅仅从认识的起点、认识的动力、认识的目的、认识的检验标准等认识的层面来看待实践的作用,实践活动被认知化,仅被看作认知活动的一个组成部分,从而颠倒实践与认识的主从地位,根本无视认知活动的真正来源。真理的属人性与派生性也就被彻底遮蔽了。马克思哲学实践生存论境域的彰显,揭示了真理的原始发源地,将真理奠基于人的生存实践活动之上。深入到人的社会历史维度中,我们就能够把捉到真理的生活本质。

人的认识是否具有真理性,是否呈现出事物发展变化的本质规律,这不是认识所能够驾驭的问题,而是实践的职能所在。真理能否成功实现,这同样不是理论能够完成的任务,而是实践的神圣使命。马克思哲学从实践生存论的视角看待真理问题,深入到真理问题的根基处,因而更具理论的穿透力和现实的创造力。澄明真理的实践生存论境域,不是为了否定真理的认知价值,而是为了夯实真理的牢固基石,为真理的存在和实现找到现实的根据和现实的途径。

---

① 《马克思恩格斯全集》第42卷,人民出版社1979年版,第27页。
② 《马克思恩格斯选集》第1卷,人民出版社1995年版,第78页。

发展观的现代性之维*

——以马克思现代性思想为视角

方 芳

20世纪50~60年代以来,世界各国先后掀起了追求发展、实现现代化的浪潮。在以追求资本增值为唯一目的的现代性条件下,发展等同于单纯的经济增长。半个多世纪过去了,资本现代性在推进经济增长的同时,又导致了经济社会发展不平衡、人的物化以及人与人、人与社会、人与自然关系紧张等前所未有的发展难题。对于广大欠发达国家来说,由于单纯追求经济现代化、忽视社会整体协调发展,又使其遭遇到贫富差距悬殊、金融风险加大、腐败现象丛生等问题。实践表明,发展问题是与现代性自身的问题密切相关的。因此,考察发展观的现代性维度,有助于促进发展观的根本转变。

一、旧发展观与资本现代性

自启蒙理性孕育以来,在现代社会就存在着发展问题。随着理性主义、个人主义、科学主义等逐渐大行其道,现代大工业也在突飞猛进。大工业的发展,世界市场的开拓,使得工业资本的规模不断扩大,也使得发展问题日益凸显出来。在以追求资本增值为唯一目的的现代性条件下,发展等同于资本增值、经济增长,一切发展都要服从资本积累的需要,"使自然科学从属于资本,并使分工丧失了自己自然形成的性质的最后一点假象。……它并且把所有自然形成的关系变成货币的关系。"①

从现代性角度来说,单纯追求经济增长的旧发展观是与资本现代性的扩张分

---

* 本文原载于《理论与现代化》2013年第1期。
① 《马克思恩格斯选集》第1卷,人民出版社,1995年版,第114页。

不开的。由于资本与现代性的合谋,资本代替一切自然形成的关系,谋求资本增值成为现代性发展的唯一目的。由此,人们信奉单一的经济增长观,认为只要经济发展了,社会其他方面就会自然而然地发展,经济发展即是社会的发展。"资本通过吸收上述自然力而转化为不断膨胀的社会物质生产系统,转变成不断发展的生产力和不断积累的物质财富,从而创造了现代化产业结构与现代生活方式,并且进而支配社会的人口生产、精神生产和社会关系的生产,从而整体地支配人类社会的'全面生产'活动。"①资本作为控制社会的唯一力量,成为支配政治、文化、社会等各个领域的决定因素。在造就庞大的资本帝国的进程中,资本家费尽心机,不择手段,唯物质利益是图,人的善良、公正、诚信等道德品质却被抛在一边。因此,与物质世界不断膨胀形成巨大反差的是,资本主义社会精神文化生活领域不断萎缩,"资本主义生产就同某些精神生产部门如艺术和诗歌相敌对"②。其必然结果是,经济增长与社会发展之间日益失去平衡。

在资本现代性条件下,由于只注重对物质利益的追求,人沦为赚钱的机器,人们把获取物质财富当作人生主要的或根本的目的,最大限度地获取经济利益,忽视了自身道德品质和创造精神的发展。由于社会生活普遍"物化","人的世界"与"物的世界"关系的颠倒及财富对人的支配,人的精神日益贫困化。人成为物化社会关系中以对物的占有为满足、并受这种物化社会关系支配和统御的物化的人,人的能力、人的价值、人的观念普遍地物化了。人滋生了"一切向钱看"的拜金主义、个人至上的利己主义、以自我为中心的个体主义,因而只能实现片面发展。在这种资本生产的单纯实体性、财富性积累的情势下,人与人的关系也就演变为物与物的关系。而建立在残酷的竞争和资本积累基础上的发展,在"马太效应"的作用下,使强者愈强、弱者愈弱,生产和分配日益倾向于资本占有者一方,最终造成社会的贫富悬殊和两极分化,"一些人靠另一些人来满足自己的需要,因而一些人(少数)得到了发展的垄断权;而另一些人(多数)为满足最必不可少的需要而不断拼搏,因而暂时(即在新的生产力产生以前)被排斥在一切发展之外。"③两极分化的加剧,必然造成人与人、人与社会关系的紧张和对抗。

同时,旧的、线性发展观是建立在认为自然资源是取之不尽、用之不竭的基础上的,自然被认为是匍匐于人类脚下、供人类自由支配的被动性存在,"人把自然

---

① 俞吾金:《作为全面生产理论的马克思哲学》,《哲学研究》,2003年第8期。
② 《马克思恩格斯全集》第26卷,人民出版社,1972年版,第296页。
③ 马克思、恩格斯:《德意志意识形态》,人民出版社,2003年版,第96页。

视为僵死的机械系统、视为不会枯竭的无限的资源库、只是被动地等理性实践改造利用而不反抗更不会引发灾难和荒谬的被动性存在,其中存在着可资利用的无限资源和积极力量!"①在资本的逻辑里,自然失去其审美功能,只具有经济功能,自然的价值就在于为资本增值提供原材料,"私有制使我们变得如此愚蠢与片面,以致一个对象,只有当它为我们拥有的时候,就是说,当它对我们来说作为资本而存在,或者它被我们直接占有,被我们吃、喝、穿、住等等的时候,简言之,在它被我们使用的时候,才是我们的。"②自然被从人类社会有机体中排除出去。由于资本对自然界的自然资源的无止境的消耗,使自然资源日益枯竭,生态环境日益遭受破坏,由此形成人类与自然界的冲突,造成环境和生态危机。

可见,人类社会在资本的驱动下虽然呈现加速度发展的态势,但这种发展是只见物不见人的,是不全面、不协调和不可持续的。马克思结合资本主义占有制度揭示了资本现代性的本质,认为"资本的垄断成了与这种垄断一起并在这种垄断之下繁盛起来的生产方式的桎梏。"③因此,"资本既不是生产力发展的绝对形式,也不是与生产力发展绝对一致的财富形式",④"而只是一种历史的、和物质生产条件的某个有限的发展时期相适应的生产方式。"⑤资本现代性由于其自身所固有的片面性,不可避免地要被新型的现代性所代替,旧发展观要被科学发展观所扬弃。

二、科学发展观与社会现代性

科学发展观的提出是人类发展观的深刻变革,标志着以物为本的、片面的、不协调的、不可持续的旧发展观,转向了以人为本的、全面的、协调的、可持续的新发展观。科学发展观是对旧发展观和资本现代性的弊端进行反思的结果,其本质是实现社会现代性。所谓社会现代性,是对单一的资本现代性的扬弃,通过促进经济、政治、文化、社会(狭义)现代性及生态文明建设的全面协调发展,消除人与人、人与社会、人与自然关系的对抗性,以实现人的自由发展为根本目标,其基本特征是发展的全面性、协调性和可持续性。实现社会现代性是马克思学说区别于一切资产阶级学说的根本标志:"旧唯物主义的立脚点是市民社会,新唯物主义的立脚

---

① 刘森林:《重思发展——马克思发展理论的当代价值》,人民出版社,2003年版。
② 马克思:《1844年哲学经济学手稿》,人民出版社,2000年版。
③ 马克思:《资本论》第1卷,人民出版社,2004年版,第874页。
④ 《马克思恩格斯全集》第30卷,人民出版社,1995年版,第399页。
⑤ 《马克思恩格斯全集》第25卷,人民出版社,1975年版,第289页。

点则是人类社会或社会的人类。"①社会现代性以科学发展观为指导,致力于消除传统发展观和资本现代性的不全面性、不协调性和不可持续性,为人类社会或社会的人类的自由发展创造条件。

首先,促进经济、政治、文化、社会(狭义)现代性的全面协调发展,以克服经济社会发展的不平衡性。科学发展观克服了旧发展观仅从经济增长的角度来衡量发展的弊端,认为发展是经济与社会的全面协调发展,不能只注重经济发展而忽视社会其他方面的发展,坚持发展的理性维度与价值维度的相互统一,结合价值维度即人与社会的自由发展来衡量发展的得与失。通过统筹人与人之间、地区之间、城乡之间、经济与社会之间、人与自然之间以及国内外之间的发展,不断缩小各种差距,推进物质文明、政治文明、精神文明、社会文明建设以克服经济社会发展的不平衡性。以科学发展观为指导,社会现代性促进经济、政治、文化、社会现代性的全面协调发展,致力于现代性建设的全面性、协调性。即通过大力推进经济的发展,促进经济现代性的发展,在生产力不断推进的基础上,为社会全面发展奠定坚实的物质基础;建立健全各项民主政治制度,致力于政治现代性建设,以保障人的各项民主政治权利得以实现;发展教育、科技、体育、文化等事业,提高人们的科学知识水平和身体素质,发挥艺术、审美等因素的作用,丰富人们的精神文化生活;通过进行医疗、保险、教育、就业、分配等制度改革,推进社会现代性建设,使生活世界从金钱、权力等因素的统治下获得解脱,从而使人们既能拥有高度发达的物质文明,又能享受丰富的精神文明成果,生活在公正和谐的社会中。

其次,推进生态文明建设,以实现人与自然的可持续发展。工业革命以来,发展是建立在对不可再生资源的大量开采基础上的,造成了森林锐减、草原退化、物种消失、资源枯竭等一系列严重的生态问题。而科学发展观则是一种可持续发展观,充分考虑经济发展所面临的人口承载力、资源支撑力、生态环境和社会承受力等等。既考虑当前发展的需要,又考虑未来发展的需要;既满足当代人的利益,又不牺牲后代人的利益,力求实现经济、社会与人口、资源、环境的协调发展。与此相一致,社会现代性视自然为社会有机体的重要组成部分,改变了资本现代性条件下对自然的毁灭性破坏,推进以实现人、自然、社会之间的良性循环为目标的生态文明建设。主要包括:发展绿色循环经济、低碳产业,转变经济增长方式,以物质资源的反复利用为核心,将整个经济系统预想为生态系统的一种特殊情况,按照生态系统的规律来建立其运行模式,改进经济系统使之能与生物圈兼容,使之

---

① 《马克思恩格斯选集》第1卷,人民出版社,1995年版,第57页。

最终持久生存下去,建立依托于科技之上的经济、资源、环境与社会协调发展的经济运行模式,以减小经济发展的环境代价。同时,改变以豪华奢侈为美的审美观,确立"自然即是美"的审美观。在消费社会里,人们的物质消费欲望被激发出来,把奢侈豪华作为最高追求的目标,无限制地追求更多更好的物质享受和消遣。为此,人们加紧对自然的开采和利用,大量的自然资源消耗于商品生产中,生态环境遭到严重破坏。而通过加强生态文明建设,使人们树立新审美观,奢侈豪华被看作是极大的浪费,人们转而崇尚适度消费、自然而然的生活方式,致力于生态环境的保护,以实现人与自然和谐相处、自然主义与人道主义相统一为根本目标。

再次,发挥知识、智力、能力及个性等因素在人的发展中的作用,以改变人的发展的片面性。科学发展观改变了"见物不见人""重物不重人"的唯经济主义发展观,认为人才是发展的目的,经济发展为人的全面发展奠定物质基础。满足人的全面需求和促进人的全面发展是经济社会发展的根本的出发点和落脚点。社会现代性在科学发展观的指导下,致力于经济、政治、文化、社会现代性的全面协调发展,为人的自由发展提供制度保证。随着经济社会的平衡发展,知识、智力、能力、个性等因素在人的发展中的作用越来越大。"人以一种全面的方式,也就是说,作为一个完整的人,占有自己的全面的本质"①,人的"视觉、听觉、嗅觉、味觉、触觉、思维、直观、感觉、愿望、活动、爱"等等都获得了"现实性的实现",人真正成了自己的主人,人的丰富个性得到了全面实现。在社会现代性条件下,"各个人都是作为个人参加的,它是各个人的这样一种联合(自然是以当时发达的生产力为前提的),这种联合把个人的自由发展和运动的条件置于他们的控制之下。而这些条件从前是受偶然性支配的,并且是作为某种独立的东西同单个人对立的。"②由于超越了占有物质财富的狭隘性,个人不再是一个抽象的存在者,不再仅仅通过占有物来体现自己的个性,即人不再是金钱的奴隶,不再是一种物化的、片面的存在,相反地,个人的存在呈现出无限的可能性与开放性,即更多地成为以能力与知识服务于社会的创造者、以不断揭示自然规律并与自然求共存的探索者及以协作与竞争相结合与他人共谋发展的合作者,从而实现人的自由全面发展。

三、当代中国社会现代性之建构

目前,中国社会发展正面临着贫富差距扩大,文化、政治、社会(狭义)建设滞

---

① 马克思:《1844年哲学经济学手稿》,人民出版社,2000年版,第85页。
② 《马克思恩格斯选集》第1卷,人民出版社,1995年版,第121页。

后,生态环境恶化等问题,因此,应以科学发展观为指导,更加注重发展的全面性、协调性和可持续性。而社会现代性通过促进经济、政治、文化、社会(狭义)现代性及生态文明建设等的全面协调发展,扬弃片面、狭隘的资本现代性,有利于实现发展观的根本转变。因此,当代中国应致力于社会现代性的建构,主要包括以下几个方面:

在经济现代性建设方面,从仅仅追求 GDP 的增长转向以促进经济社会的平衡发展为根本目标,把加快转变经济增长方式贯穿于经济社会发展全过程和各领域,在发展中促转变、在转变中谋发展。以经济结构的战略性调整为主攻方向,以科技进步和创新为重要支撑,以建设资源节约型、环境友好型社会为重要着力点,使经济建设更好地服务于人、自然、社会的全面协调发展。

在政治现代性建设方面,改变人治基础上的自上而下的统治方式,促进现代协商型、参与型民主制度的建立,发展基层民主,提高人的民主意识、民主素质,为向高层民主推进打下基础;加强和完善党内民主,促进人民民主的发展;发展协商民主,促进选举民主的完善。加快政府职能转变,建立服务型政府,完善各项监督机制,以保证政府的廉洁和高效;坚持依法治国,建立健全各项法律法规,特别是要促进市场经济的健康运行,以保障人的合法权益。同时,促进公民社会的建设,扩大公共领域的范围,为平等和谐的交往共同体的形成创造条件。

在文化现代性建设方面,促进文化体制创新,为社会主义政治、经济、社会现代性建设提供理论指导和精神动力,不断丰富人的科学文化知识,提升人的精神境界,增强民族文化自觉。以马克思主义为指导,不断推进马克思主义中国化、时代化及民族化;发扬民族的主体意识,以中国优秀传统文化为基础,吸收外国的进步文化,经过分析批判和辩证综合,形成一种既具有中国特色又体现时代精神的现代文化。深化文化体制改革,加快构建有利于社会主义文化大发展大繁荣的体制机制,大力发展公益性文化事业,保障人民基本文化权益,加快文化产业发展,增加文化消费总量,提高文化消费水平,不断解放和发展文化生产力,为社会主义现代化建设提供坚实的思想道德基础和强大的精神文化动力。①

在社会现代性(狭义)建设方面,改变社会建设的滞后性,以建立现代社会服务体系为根本目标,以改善民生为重点,着力解决就业、医疗、教育、科技、文化、社会保障等关系到人民群众切身利益方面的问题,不断提高人民社会生活水平。坚

---

① 《中共中央关于深化文化体制改革推动社会主义文化大发展大繁荣若干重大问题的决定》,人民日报,2011 - 10 - 26。

持改革,妥善处理改革、发展、稳定的关系;强调合理布局、协调发展,着重解决地区、城乡、工农的差距,以先富带后富,实现共同富裕;实现物质激励与精神激励相结合;加强法制建设,以制度为本。同时,以协调发展为理念,以结构调整为主线,以社会平等发展为目标,努力做到全体人民的共建共享。

在生态文明建设方面,从旧的、以自然为掠夺对象的生态观转向促进人、自然、社会的和谐统一的生态观,树立生态发展理念,将经济发展纳入到生态建设的有机循环中来;改变以奢侈浪费为时尚的消费方式,建立健康合理生态化的消费方式;超脱自身需要的狭隘束缚,从其他物种的生存需要出发,从生态系统的整体性出发,致力于人与自然的共存共荣共进;确立以自然为美的审美观,不仅把自然万物当作实用对象来对待,而且把自然万物当作审美对象来对待。

概而言之,在当代中国,应致力于经济、政治、文化、社会(狭义)现代性和生态文明建设的全面协调发展,建构体现主体价值追求的社会现代性,使现代性的发展真正转移到实现人的价值的轨道上来,使其由一种盲目的奴役人的力量转变为人所自觉控制的、并服务于人的自由发展的力量。这样,由于经济、政治、文化、社会(狭义)现代性及生态文明建设的协调一致,社会的发展就不再仅限于追求物质利益的经济现代化的片面发展,而是社会现代化的全面协调发展;人也不再是匍匐在资本盲目必然性的统治之下的"偶然的个人",而成为"有个性的个人"即自由和谐发展的个人,而这些也就是实现从旧发展观向科学发展观根本转变的应有之义。

第二编 02
国外马克思主义

"生态正义"何以可能[*]

——生态学马克思主义生态文明观探析

汪盛玉

生态环境问题一直被生态学马克思主义所关注,它力图用马克思的生态文明思想破解当代社会的生态困境,生态学马克思主义的主要代表奥康纳为此公开宣示要构建一种符合人类需要的"生态正义"。奥康纳指出,人们对资本主义的普遍要求是分配性正义,但这在高度发展的世界中是根本不可能的,正义惟一可行的形态只能是生产性正义,而生产性正义的惟一可能性途径就是生态社会主义。[①]这便是"生态正义"的滥觞之处。自党的十八大报告明确把"生态文明建设"放在中国特色社会主义"五位一体"的总体布局中以来,深度挖掘马克思的生态文明观以及批判借鉴生态学马克思主义的相关思想渐成学界热潮。这些研究不乏新意,累积了丰硕的成果。但其中一些见解尚待推敲和完善,比如,有一种观点认为,生态学马克思主义的"生态正义"为我国当前的生态文明实践指明了方向。其实不然,笔者觉得有必要从生态理念、生态程序、生态践行以及生态旨归等方面对生态学马克思主义的"生态正义"作一个全方位的考察,以期引起方家的进一步研究。

一、"生态正义"之理念:人与自然和谐相处

西方马克思主义观点纷呈、流派繁杂,因之学界对其的评价褒贬不一,莫衷一是。尽管不同的派别有着不同的标签、不同的符号,但基本上秉持两条原则:第一,注重文本,始终宣称自己是"坚定的马克思主义";第二,关注现实,对资本主义社会持批判态度。因此,西方马克思主义就是一种运用自己诠释过的马克思主义基本思想改造现代资本主义的批判性社会思潮。生态学马克思主义概莫能外,因

---

[*] 本文原载于《贵州师范大学学报》2014年第8期。
[①] [美]詹姆斯·奥康纳:《自然的理由》,唐正东,南京大学出版社2003年版,第538页。

而成为当代生态困境之下西方马克思主义最靓丽的一朵奇葩。生态学马克思主义代表性的人物及其代表性的著述均气势恢宏,其中,主要有:法国学者安德烈·高兹及其《生态学即政治》和《经济理性批判》;加拿大学者威廉·莱斯及其《自然的控制》和《满足的极限》、本·阿格尔及其《西方马克思主义概论》、霍华德·帕森斯及其《马克思和恩格斯的生态学》;英国学者戴维·佩珀及其《生态社会主义:从深生态学到社会正义》;美国学者詹姆斯·奥康纳及其《自然的理由》、约翰·福斯特及其《马克思的生态学:唯物主义和自然》和《生态危机与资本主义》以及保罗·帕克特及其《马克思和自然:一种红绿观点》,等等。

　　生态学马克思主义的思想基础有三:经典马克思主义;法兰克福学派;当代生态学理论。对于"生态正义"的构建,其代表性的人物都一致认同马克思主义基本思想,并把人与自然和谐相处视为根本理念,而且对之作了各具特色的理论诠释。福斯特声称:"马克思的社会思想是与生态学世界观不可分割地联系在一起的。"① 他进一步指出,历史唯物主义在本质上也是生态唯物主义,需要恢复马克思著作的中心内容——对人类与自然的异化关系的批判。奥康纳认为,马克思、恩格斯已经认识到资本主义的反生态本质,"至少可以说,他们具备了一种潜在的生态学社会主义的理论视域"。② 他进而用马克思关于人与自然的关系思想解释当代资本主义的场景:不仅"人化自然"改变了自然界的形式,而且"把人类加以自然化"也改变了人类自身的思维方式。③ 莱斯提出,马克思、恩格斯已经论及近代以来人对自然的控制,在资本主义条件下,"控制自然"和"控制人"是内在统一的历史过程,更有甚者,"对自然的控制不可避免地转变为对人的控制以及社会冲突的加剧"。④ 佩珀指明,马克思关于"自然界具有优先地位"的基本观点,体现出马克思尊重自然的基本立场,当下要建构一种人与自然关系的新模式,即人居于中心地位,自然是人可亲可爱的家园,人与自然之间形成一种和谐的关系。⑤ 高兹在《经济理性批判》一书中提出,传统的经济理性主张"多的、大的就是好的",而生态理性认定"少的、小的就是好的",应该用生态理性取代经济理性,才能实现人

---

① [美]约翰·福斯特:《马克思的生态学:唯物主义和自然》,刘仁胜,等译,高等教育出版社 2006 年版,第 23－24 页。
② [美]詹姆斯·奥康纳:《自然的理由》,唐正东,南京大学出版社 2003 年版,第 6 页。
③ [美]詹姆斯·奥康纳:《自然的理由》,唐正东,南京大学出版社 2003 年版,第 7 页。
④ [加]威廉·莱斯:《自然的控制》,岳长龄,译,重庆出版社 1993 年版,第 169 页。
⑤ [英]戴维·佩珀:《生态社会主义:从深生态学到社会正义》山东大学出版社 2005 年版,第 64 页。

与自然的和谐。

　　这里不难看出,生态学马克思主义承认生态正义的前提是,社会作为一个整体与自然保持和谐。换句话说,人对与自己的生存和发展密切相关的各种生命以及整个自然界所持的核心价值观念就是"和谐相处",生态正义无非是对人与自然关系进行反思和构想的圭臬。其最主要的积极意义在于,破除了生态主义将"人类中心主义"视为生态危机的根源这样一种理论误区。"人类中心主义"是欧洲近代启蒙运动以来一种刻意张扬人的主体性的思想观点,表现在生态问题上,即认为人是宇宙的中心、地球的主宰,自然万物是为人而存在因而是为人服务的,所以人类可以肆无忌惮地开发和利用自然。"人类中心主义"妨碍了人们对人与自然关系的全面把握,但在生态学马克思主义看来,这还不是问题的关键。关键在于,人们在反对生态危机、重新检讨对自然界的态度时,应该把握好"人的尺度",重塑人本主义,创建人类理性、生态理性,这样才会既能利用自然,又能守护自然。

　　诚然,生态学马克思主义坚持了马克思主义的基本思想,力求对人与自然的关系做出合乎实际的理解,认为生态问题的解决必须观照人的需求和发展。这无疑是可取的。但是,它在反对传统工具理性、经济理性的同时,着力倡导生态理性,从一种"理性"跃向另一种"理性",未能准确读懂经典马克思主义,因而不能真正领会人与自然之间关系的质底。这也难怪福斯特发出感慨:自然主义与人道主义(人类中心主义与生态中心主义)的对立是生态问题研究中最根本的学理问题。① 一言以质之,在生态学马克思主义那里,人与自然的和谐相处,是以人的主观偏好为前提的"什么是好的、正确的,应该怎样"之类的价值判断,并不是对人与自然之间辩证统一关系的事实断定,因而绝非是要达到马克思所主张的人与自然处于互促共进的对等状态。

二、"生态正义"之程序:生产过程正义

　　生态学马克思主义清楚地看到了资本主义生产加剧了社会生态问题,因而质疑和否定资本主义成为它强烈的呼声。从生态正义的三个维度(人与自然之间的正义、种间正义、人际正义)②来看,生态学马克思主义断定,资本主义危机在本质上就是生态危机,这主要源于以追逐利润最大化为目标的资本主义生产方式,因

---

① [美]约翰·福斯特:《马克思的生态学:唯物主义和自然》刘仁胜,等译,高等教育出版社2006年版,第19-24页。
② 刘海龙:《生态正义的三个维度》,《理论与现代化》,2009年版,第4期。

此,生态环境问题的解决必须从重塑资本主义生产过程正义入手。

所谓生产过程正义,是指诉诸生产过程的正义,或者说是建立在生产过程基础之上的正义。与高兹主张节制欲望、控制消费而以财富再分配的方式改善环境的思想不同,奥康纳在《自然的理由》一书中指出:"社会经济的和生态的正义问题史无前例地浮现在人们的眼前;事实已越来越清晰地表明,它们是同一历史过程的两个侧面。"①根据这个断定,奥康纳提出正义惟一之可行的形式就是生产性的正义:"所谓正义社会这个概念也已将其关注视线从定量方面转向定性方面了,从社会产品的分配过程转向这种产品的生产过程了"②,"生产性正义将需求最小化,或者说,彻底废止分配性正义"③。据此,他深刻批判了三种具体层次的分配性正义:其一,经济的正义,涉及国民财富、收入和负担的公平分配;其二,环境的正义,关涉公民在环境利益和环境成本两个方面的公平分配;其三,公共的正义,包括资本积累给某些特定群体所带来的利益与损害的平均分配。在他看来,这样的"正义"都是市场性的正义、虚假正义,用成本与价值衡量一切,因而既不能解决资本主义本身的问题,也无法解决资本主义与自然之间的关系问题。怎么办?奥康纳认为,必须实现生态学和社会主义的联姻,只有社会主义才能实现生产性正义。这种建立在生产过程之上的正义,不仅能够在量的规定性上根本改变先污染、后治理的资本主义生产逻辑,而且能够在质的向度上实现生产与自然的和解,使得整个生产过程呈现为积极外化物的最大化与消极外化物的最小化。这里凸显出生态学马克思主义的三个转向,即:从强调自然内在价值的生物平等主义转向社会公平正义、从分配性正义转向生产性正义、从关注正义理念转向关注正义实践。

那么,究竟如何实现生产过程正义?依生态学马克思主义之见,关键是通过各种途径大力提高生产率水平,通过发展来解决问题。对此,奥康纳提出了以下这样几条设想:④

第一,采用更为有效的原材料再使用、循环利用等等方法;

第二,减少能源使用并在改良了的绿色城市内使用大众交通工具来上班;

第三,通过发展有机农业来阻止"反复喷施杀虫剂";

---

① [美]詹姆斯·奥康纳:《自然的理由》,唐正东,南京大学出版社2003年版,第431页。
② [美]詹姆斯·奥康纳:《自然的理由》,唐正东,南京大学出版社2003年版,第529-538页。
③ [美]詹姆斯·奥康纳:《自然的理由》,唐正东,南京大学出版社2003年版,第52页。
④ [美]詹姆斯·奥康纳:《自然的理由》,唐正东,南京大学出版社2003年版,第425页。

第四,还有一些别的方法——尤其是劳动和土地的非商品化。

前三点想法确实让人眼睛一亮,因为内容本身其实就是当代人类需要大力提倡的绿色生活"5R"(即 Reduce,节约资源、减少污染;devaluate,绿色生活、环保选购;Reuse,重复使用、多次利用;Recycle,分类回收、循环 rescue,保护自然,万物共存)方式!至于最后一点,更是我们希冀得到详细说明的,遗憾的是,奥康纳没有给我们一个理想的答案。我们愿意看到那是一种彻底消除私有制和阶级剥削的生态梦想,但是,生态学马克思主义对此无能为力。尽管这或许是一种以社会主义的生产方式取代资本主义生产方式的举措,但它视野的社会主义只是生态社会主义,用佩珀的话来说,一个有利于环境的资本主义是不可能的,取而代之的势必是生态社会主义,生态社会主义包含着生态正义的浓厚色彩,"是一种对环境主义阐述和社会主义分析的以人类为中心的(而不是生态中心主义的)应用"。① 简而言之,由资本主义直接步入生态社会主义就是生态学马克思主义的"生态美梦"。

可以说,生态学马克思主义的上述见解大体坚持了马克思主义的基本立场,在当今资本主义世界的确具有开拓性的意义,它不仅认为分配性的正义依从于生产性的正义,而且强调,不是资本主义而是社会主义才能真正守护好人类的生态环境。同时,我们需要清醒地看到,尽管生态学马克思主义试图通过剖析资本主义生产方式来找到解决生态问题的答案,但是它将生态社会主义简单地等同于科学社会主义,以生态危机取代经济危机,以人与自然的矛盾取代生产力和生产关系的矛盾,由此导致它那里的"人与自然的关系"是游离在"人与人的关系"之外的,因而无法在根本上拒斥资本主义剥削制度,它所主张的生产过程正义构建只能是一种程序性的设想。

三、"生态正义"之践行:培育公民生态意识

前文已述,生态学马克思主义否定经济理性,倡导生态理性。也就是说,生态学马克思主义并不是一般地拒斥理性,这其中暗含了一种"先抑后扬"的思维范式。尽管它尖锐批判工具理性、技术理性、经济理性,也深刻揭露启蒙理性造成了自然的祛魅,但它对理性本身并不持彻底否定态度,而是认为理性本身并没有错,强调理性是人所特有的,理性不能也不可能被消解。因此,生态学马克思主义在否定了工具理性、技术理性、经济理性的同时,又致力于重建新的理性,即人类理

---

① [英]戴维·佩珀:《论当代生态社会主义》,载《环境政治学:理论与实践》,山东大学出版社 2007 年版,第 102 页。

性、公民理性、生态理性。

对于生态学马克思主义这种在否定之中加以肯定的思维范式,笔者赞同周志山先生的观点,即:"作为一种新学派,新思潮,生态学马克思主义首先实现了哲学世界观的某种转变或创制,而这种转变和创制,既是当代生态环境问题给哲学世界观提出的理论要求,也与它解决问题的对象及其性质密切相关。生态学马克思主义的哲学世界观可概括为:生态唯物主义哲学的重建、理性的转折和意识形态批判等三个方面。"①生态学马克思主义哲学世界观创制的三个方面是内在一致、有机统一的。其中的逻辑结构是:首先从"生态"意义上诠释马克思关于社会和自然辩证关系的理论,奠定一个生态学唯物主义历史观,然后以此为指导切入"生态边界"考量"人——自然——社会"系统而提出生态理性的命题,最后,回归资本主义现实世界,提出资本主义生产方式及其基础上的社会制度、意识形态是当代生态危机的社会根源,倡扬必须实现生态价值观的彻底变革。

理性的认同、观念的变革,对于生态学马克思主义来说在生态正义的践行方面体现得尤为明显。它认为,马克思主义所依靠的无产阶级因生活条件的巨大改善而失去了其应有的革命性,所以不能成为解决生态困境的主要力量,只有具备生态意识的现代公民才是建构生态正义的依靠力量。这里的现代公民是指一些特定的社会角色:包括中小资产阶级、知识分子和青年学生等。因为,他们没有被资本主义的异化消费所毒害,具有强烈的生态意识。通过现代公民重建理性、转换消费观念以及召唤全球责任意识,是践行"生态正义"的当然选择。

第一,理性消费。在高兹看来,消费主义是生态危机的罪魁祸首。消费主义把"生存即消费"看作是人生的根本价值尺度,一味以追求新、奇、特的消费活动来炫耀自己的身份和社会地位。"大量消费""大量生产"的运行模式导致"大规模开采——大规模掠夺——大规模废弃——大规模污染"这样一个恶性循环,最后,生态困境不可避免地降临于其间。所以,消费主义造成异化消费,造成人与自然的对立。现代公民需要控制消费,把消费建立在真实的需要之上。"只要在消费领域能够真正打断'更多'与'更好'之间的联结,实现'更好'与'更少'的结合,那么,就将进入'更少地生产,更好地生活'的境界,这就是生态社会主义的生活方式。"②

---

① 周志山:《生态学马克思主义的哲学世界观》,《观察与思考》,2013年版,第6期。
② 陈学明,王凤才:《西方马克思主义前沿问题二十讲》,复旦大学出版社,2008年版,第240页。

第二，节制欲望。莱斯认为，自然资源具有稀缺性，而在资本的驱逐之下人具有贪欲，总是想方设法去获取更多。这种"稀缺"与"贪婪"之间的张力需要人们通过节制欲望来加以平衡。所以人们不能因新闻、广告等媒体的片面宣传左右视听而萌生种种"虚假的需要"，必须好好思考需要的性质和类型。节制欲望，其实就是很好地善待自然、解放自然。从自然方面对人和自然之间新陈代谢作用的约束和作用，说到底，"它的主旨在于伦理的和道德的发展，而不是科学和技术的革新。"①高兹也指明，现代公民节制欲望，就会在整日劳作中解放出来，赢得更多的闲暇时间，从而获取一种稳态经济，创建有益于地球健康及其文明成长的人性化环境。

第三，反对生态帝国主义。在生态学马克思主义看来，当今世界的全球化实际上是资本主义的全球化，发达国家往往将自己的意愿强加于发展中国家身上。生态帝国主义是资本全球化催生出来的意识形态，表现在环境问题上，就是那些发达国家摆弄着种种通过发展中国家实施生态掠夺来转嫁和缓和本国的生态危机与生态矛盾的伎俩。生态学马克思主义站在世界公民的高度反对生态帝国主义，认为那是极不人道的现象。因此，通过全球性的行动，构建一个公正的国际政治经济秩序非常有必要。福斯特为此呼吁："没有限度的资本主义的普遍化将所有为争取生存而挑战这种制度的人们团结了起来。为社会公正而进行的历史性斗争也正在前所未有地与为保护地球而进行的斗争汇合在一起。我们的斗争将告诉我们：解决环境问题的方法必须超越盈亏底线。这才是21世纪的真正希望所在。"②

可见，生态学马克思主义看到了此种现象：资本主义生产的目的不是为了实现使用价值（社会财富），而是为了实现交换价值（资本增值），使得使用价值从属于交换价值，而且，资本主义为了追求资本利润的最大化而置环境于不顾，并利用不平等的国际政治经济秩序对发展中国家进行资源掠夺。对此，生态学马克思主义以世界公民的高度和人道关怀的视角予以了尖锐抨击。这是值得肯定的。但在践行生态正义的过程中，生态学马克思主义过度强调观念的作用，重视理性的功能，主张依靠非工人阶级、反对暴力等，因而夸大了社会意识的作用。它虽然发扬了人道主义的精神，但是在总体上背离了历史唯物主义的视野。此外，它主张以稳态经济、节制欲望、克己复古等方式化解生态矛盾，与马克思主义所主张的通过经济发展消除贫困、促进人类进步的思想背道而驰，

---

① [加]威廉·莱斯：《自然的控制》，岳长龄，译，重庆出版社1993年版，第168页。
② [美]约翰·福斯特：《生态危机与资本主义》，上海译文出版社2006年版，第34–35页。

所以是很不现实的。

四、"生态正义"之旨归：政治改良和文化发展

生态学马克思主义践行生态正义的最终目标就是通过政治改良和文化发展来实现生态社会主义。诚如有研究者所指明的，生态学马克思主义并不关注经济制度的彻底变革，"除少数人主张实行某种形式的公有制外，大多数'生态学马克思主义者'不重视生产资料的所有制形式问题，而比较重视对生产资料的管理问题，主张建立一种市场与计划相结合的'混合型'的社会主义经济；注重产品的分配以及自然资源的合理利用和分配问题"。① 相形之下，生态学马克思主义更多的是关注政治改良和文化发展。

在政治改良上，生态学马克思主义认为，虽然生态问题在全球，但是切实的行动应该在地方，为此需要推行"基层民主"。基层民主的向度之一，是对资本主义议会制度进行改革，把大部分权利交还给人民，让广大民众对环境问题的决策有知情权，并且发动民众去讨论关涉自身利益的生态问题，最终形成一种集思广益的共识性决定；基层民主的向度之二，是要摒弃生态帝国主义，尊重每个民族国家的发展选择，在全球建立一种联动机制，即：让每个民族国家具备生态责任意识，广泛参与和合作，共同治理当代全球生态问题。

在文化发展方面，生态学马克思主义大力倡导幸福文化和健康生活方式。生态学马克思主义认为，与资本主义大工业相应的消费文化和异化生活方式不同，生态社会主义给人们营造的是快乐和幸福。快乐是因为人们放弃了消费主义，是为了真实的需要而从事生产，在生产中获得了最终的满足感；幸福是因为人们在自由劳动中生产，是在为自己创造美好生活，消除了"生产时间——闲暇时间"二元对立的情形。高兹认为，这就是"从一个生产主义的以劳动为基础的社会向一个时间解放了的社会的转变，在时间解放的社会中，文化和生活被赋予比经济更大的重要性：简而言之，这是一个德国人称之为'文化社会'的转变"②。可见，生态学马克思主义过于强调主观认同、心理感受。

这种生态旨归能否成行？如何与现代文明对接？生态学马克思主义并没有提出一套可供操作的具体措施。对此，阿格尔不无悲观地说："怎样用马克思主义

---

① 曾文婷：《生态学马克思主义研究》，重庆出版社 2008 年版，第 146 页。
② 董强：《论西方马克思主义生态观的发展脉络》，《安徽电气工程职业技术学院学报》，2012 年版，第 11 页。

的方向来指导生态运动从而使我们能够提出介于能源浪费的资本主义和能源浪费的极权的社会主义之间的这种'第三条道路'呢？关于这一点的答案是很难做出的。我们并不是说仅仅因为资本主义社会有少数人能够克服异化消费和找到非异化的劳动，整个制度就可以趋向于生态社会主义了。这对于我们来说只是一种天真的、唯心主义的方案。这种制度会在强大的公司权力面前动摇。换句话说，我们怎样才能使工人不仅相信他们的异化消费是浪费能源和于个人无益的，而且相信质的改变在于分散化的社会主义所有制？即使我们使工人确信了这一点，那么我们又怎样才能使他从其异化劳动（工厂或办公室的异化劳动）中解放出来呢？概括起来说就是，怎样才能使阶级斗争集中于关注生态激进主义的问题呢？我们的回答带有悲观主义的色彩……我们也毫不犹豫地承认迄今尚没有据以实现这种和谐的适当的阶级激进主义纲领。"①

综上分析，生态学马克思主义从历史观、方法论以及意识批判和制度批判等方面对生态危机和生态矛盾进行了深刻的反思，"生态正义"所含纳的生态理念、生态程序、生态践行以及生态旨归有着不可忽略的启迪意义，其中富有见地的看法是我们解决当下环境问题需要引起注意和认真借鉴的。但是，资本主义场景下的"生态正义"终究不过是一幅美轮美奂的乌托邦。因为，生态环境上的公平正义，既不是一个政治的问题，也不是一个文化的问题，更不是一个理性和观念的问题，而是社会制度和发展方式相结合的问题。具体而言，如果社会制度不合理但发展方式科学或者社会制度合理但发展方式不科学，在这两种情况下都是无法解决生态问题的，进一步说，如果社会制度不合理，发展方式也不科学，即社会以私有利益集团为主导加之非科学的发展方式，在这种情况下无论如何都是不可能实现生态正义的。也就是说，生态学马克思主义实际上并没有将生态问题放在社会制度的高度加以考量，它的批判视野只是停留在当代资本主义的发展方式和发展道路上，并没有根本触及资本主义私有制的质底，所以它所倡扬的生态正义无异于隔靴搔痒、纸上谈兵。较之根本不同，马克思主义学说以实践为本质特征，马克思的生态文明思想建立在实践的历史的唯物主义基础之上，主张革命的实践是"自然——人——社会"这个辩证系统内在的各个要素发生联系和分化的前提和基础，以促进每一个人的全面发展和全人类的彻底解放为宗旨。因此，只有在马克思生态文明思想的指引之下，彻底消灭私有制、坚持科学发展观、不断促进社会生产，才能真正实现生态和谐与社会公正。

---

① ［加］本·阿格尔：《西方马克思主义概论》，中国人民大学出版社1991年版，第11页。

马尔库塞对现象学的接纳和批判[*]

余在海　焦佩峰

马尔库塞在社会研究所的圈子中是一个"独特的复合体"。一方面,他在加入研究所之后就为批判理论做出了诸多最为"正统"的贡献。但另一方面,马尔库塞的著作也反射出将其与批判理论的传统背景区别开来的独特特征,"马尔库塞不仅在弗莱堡接受海德格尔的指导和哲学训练,而且从未放弃他同生存论—现象学的联系"[①]。在这个方面,与抵制现象学运动特别是海德格尔思想的其他研究所成员不同,马尔库塞不仅更多地接受了现象学的影响,而且对现象学运动的发展及其局限有着更为全面、独立和准确的判断。因此,要理解马尔库塞的哲学思想及其与批判理论之间的"微妙"关系,我们首先必须了解马尔库塞对现象学的接纳和批判。

一、胡塞尔的先验现象学及其局限

胡塞尔是现象学运动的奠基者,马尔库塞对此毫无异议。但是,他从一开始就正确地认识到:"现象学"这个术语所标识的不是某种"统一的"哲学运动,而是与胡塞尔的先验现象学不再有任何共同联系的各种不同哲学趋势的混合。不仅如此,甚至在胡塞尔本人那里,以《逻辑研究》在1913年的再版为界,现象学也经历了不同的发展阶段。在此之前,现象学最初发端于对实证主义的反抗。在《逻辑研究》第1版中,通过区分伴随所有判断的心理活动与这些判断所具有的意义,胡塞尔不仅攻击了把"心理主义"引入逻辑学的做法,而且通过承认"本质直观"

---

[*] 本文原载于《马克思主义与现实》2014 年第 3 期。
[①] Jugen Habermas, "Psychic Thermidor and the Rebirth of Rebellious Subjectivity", in *Marcuse: Critical Theory&the Promise of Utopia*, Bertin &Garvey Publishers, Inc, 1988, p. 5.

(eidetic intuition)突破性地扩大了直观的范围。在它原初的意图中,本质直观既和一种神秘的知识理论无关,也不关乎观念的形而上学领域的沉思。但是,在此之后,胡塞尔却一步步地把现象学转变为一种先验的本质(Ideas)科学。①

像当时许多对新康德主义感到厌倦的青年学生一样,马尔库塞在弗莱堡大学就读期间就参加了胡塞尔的讲座。在胡塞尔那里,马尔库塞发现了一个"新的开端",一个把哲学置于真正具体的基础之上的可能性。基于这种认识,马尔库塞在《论具体哲学》一文中甚至认为,"哲学分析的方法就是[回到事情本身的]现象学方法"②。但是,在承认胡塞尔现象学所具有的巨大理论解放作用的同时,马尔库塞也敏锐地意识到了胡塞尔现象学的限度。在胡塞尔的先验现象学中,现象学研究敞开的上述可能性不仅没有得到实现,而且被现象学还原的方法锁闭起来了。马尔库塞指出,凭借现象学还原,先验现象学的确赢获了一个全新的领域:一方面是意识流,另一方面是被这种意识所经验到的意向对象。在这个全新的领域中,通过对这个"纯粹意识"领域所做的描述性分析,先验现象学能够获得一切本质(意识的本质、意识行为的构造、意识经验之间的联系、意识对象的构造)的完善知识,并且能够保证所有这些知识具有"超时间的"有效性。但是,在以纯粹意识为定向的现象学还原中,先验现象学从一开始就彻底错失了此在的历史性现象。因此,要想真正把握"此在的历史性",现象学的哲学活动就必须放弃现象学还原,"一旦还原的加括号消失了,此在及其世界就会在其具体的历史中出现在我们面前"③。

举例来说,在现象学的还原中,我们可以在其给予性中把"工厂"④这个具体的历史存在者把握为知觉的对象。在排除一切超越的设定之后,我们研究这个意向对象在知觉中的构造,构造这种对象的意识行为序列,支配意向对象与意识行为之间关系的规律,意向对象显现出来的自明性层次。在此基础上,我们甚至能够阐明事物给予性(Dinggegebenheit)的本质规律以及颜色、广延等等的给予性。但是,在这种纯粹的理论行为中,我们实际上赢获的只不过是"事物本身的抽象结

---

① Herbert Marcuse:*Heideggerian Marxism*,the University of Nebraska Press,2005,pp. 157 – 158.
② 同上,第45页。
③ Herbert Marcuse:*Heideggerian Marxism*,the University of Nebraska Press,2005,p. 38.
④ 在早期文本中,马尔库塞曾两次提到"工厂"(*Heideggerian Marxism*,pp. 38 – 39,pp. 61 – 62)。正如海德格尔在其著名的"讲台经验"中所强调的一样,马尔库塞通过"工厂"的例子也是想说明,最原始的和最基本的东西不是纯粹的感性事物,而是有意义的东西(das Bedeutsame),即在特定的历史处境中与我们相遇的具体的历史存在者。

构和形式",即"那些永远都不会是'现实的'、永远也不会进入具体化语境的结构和形式"。① 因此,为了把握"现实的"工厂,我们就必须放弃现象学还原。

值得注意的是,马尔库塞对胡塞尔先验现象学的这种批判是一以贯之的。为了说明这点,我们可以进一步考察马尔库塞的两个文本:一个是写于批判理论时期的《论本质概念》,另一个是写于1965年的《科学与现象学》。

在前一个文本中,马尔库塞指出,现象学不是从先验哲学,而是从对实证主义的反抗开始的。但是,在本质理论成为胡塞尔哲学中心的地方,胡塞尔却用一种彻底的方式把现象学奠定在先验先天主义(transcendental apriorism)的基础之上。正是在这个方向上,胡塞尔与笛卡儿之间保持着一种内在的关系。严格说来,这种关系不仅仅是哲学史范围内的关系,而且是发达资产阶级的思想与它的开端的关系。在这个语境中,先验现象学本身代表着从笛卡儿开始的近代哲学思想方式的终结。从笛卡儿开始,这种思想方式的全部努力就在于把知识的绝对确定性、必然性和普遍有效性锚定在我思的基地之上。同样,胡塞尔与历史主义和相对主义斗争的目的也在于维护资产阶级理论的这一根本特征,为作为严格科学的哲学寻求最后的基础和确定性。但是,在胡塞尔那里,特别是在他的本质理论中,资产阶级理论的退位和向一个新阶段的转向已经是显而易见的了。在马尔库塞看来,通过现象学还原以及建立在此基础上的"本质与事实的区分"和"自由想象的变更",先验现象学的确打开了"一个向着新的变更开放的、无限多样的自由可能性的境域"。问题在于:现象学还原从一开始就切断了我思与世界、本质(理性思想)与事实(空间—时间的实在)之间的联系,因而"当我思和向它显现的本质成为现象学的对象时,它们和事实存在之间的批判张力也就不复存在了。……随着现象学的进展,在'回到事情本身'这个口号中似乎清晰可闻的理论激进性,日益暴露了它的寂静主义的、真正实证主义的特征"。②

在后一个文本中,马尔库塞准确、清晰地阐述了胡塞尔的最后一部著作《欧洲科学的危机和先验现象学》的基本主题。根据他的解释,这一主题可以概括为下述命题:"在它的方法和概念中,新科学本质上是非超越的",用胡塞尔本人的话来说就是,新科学"既没有改变生活世界的本质结构,也没有改变它本身具体的因果样式"。③ 在展开这一主题的过程中,胡塞尔不仅认识到了科学普遍性和合理性

---

① Herbert Marcuse: *Heideggerian Marxism*,第24页。
② Herbert Marcuse: *Negations*, Penguin University Books, 1972, pp. 55-61.
③ Herbert Marcuse, "On Science and Phenomenology", in *The Essential Frankfurt School Reader*, Urizen Books, 1978, p. 472.

中包含的拜物教和物化倾向,而且揭示了纯粹科学在其本质结构中与特定生活世界之间的隐秘联系。就此而言,"胡塞尔的分析超越了自身,或者说,它从纯粹理论的领域降到了不纯粹的前理论的实践领域。更确切地说,纯粹理论分析发现了它自身的内在不纯粹性,但只是为了从这种不纯粹的领域回返到先验现象学的纯粹理论领域,回到实践的、前理论的领域亦即生活世界的[先验]构造"①。约言之,生活世界理论在胡塞尔那里并不意味着突破先验现象学的框架,相反,它只是建立和完成先验现象学的另一种途径。只要我们对伽达默尔和施皮格伯格的相关研究有所了解,我们就不难发现马尔库塞这一评论的准确性。

二、舍勒的客观—形而上学现象学

根据马尔库塞的考察,1913 年乃是现象学运动中的一个"分水岭"。一方面,胡塞尔在此前后开始了向先验现象学的转向;另一方面,几乎与此同时,马克斯·舍勒却在《伦理学的形式主义与非形式的价值伦理学》中"以一种相对独立于胡塞尔的方式进入了现象学的方向"。② 毫无疑问,在舍勒哲学思想发展过程中,胡塞尔的现象学特别是其"本质直观的方法"确实有着关键性的影响,但舍勒的独创性贡献在于:他让现象学走上了一条与先验哲学完全不同的客观—形而上学的轨道。在此意义上,马尔库塞正确地指出,舍勒现象学的新颖之处绝对不能解释为先验方法的发展。相反,"对普遍的、必然的、客观的真理的明见性的情愫,达到'事情本身'的要求,以及紧随现象学而来的形而上学的复兴,都属于一个新的历史趋势"。③

作为一种新的历史趋势,舍勒现象学与胡塞尔现象学之间的关键分歧在于:舍勒对"回到事情本身"的现象学口号给予了一种实在论的解释。尽管舍勒承认所有被给予之物都以经验为基础,但是,与胡塞尔始终停留在纯粹意识的领域并将被给予之物(客体)的客观性理解为先验主体性的构造不同,舍勒则强调所有关于事物的经验都最终导向一个被给予之物。被给予之物不是先验主体性的构造,相反,人总是在自己的生命体验中通过"抗阻"经验无可置疑地揭示着被给予之物的特殊实在。因此,"有意义的地方在于:[舍勒的]现象学宣称认识判断的确定性、'意义'和真理不再存在于我思、'主体一方',而存在于'客体一方'。正是客

---

① Herbert Marcuse,"On Science and Phenomenology", in *The Essential Frankfurt School Reader*, Urizen Books,1978,第 467 – 468 页。
② Herbert Marcuse:*Heideggerian Marxism*,pp. 158 – 159.
③ Herbert Marcuse:*Negations*,p. 61.

体本身在此显现，它的本质也在某种程度上规定着指向它的认识行为。现象学的本质学说把我思的先验自由与先行给予的客观本质和本质的对象联系起来。在现象学的范围内，思想正是在这一点上为自己赋予了新的方向：引入质料本质论（material eidetics），在它那里，[由笛卡儿奠基、胡塞尔进一步加以发展的资产阶级特有的先验哲学的]整个观点都被改变了。"①

马尔库塞认为，舍勒"无疑是当代德国哲学中最丰富、最富活力的哲学家之一"，但是，他对现象学所做的客观—形而上学的改造也带来了两个严重后果：第一，伴随着舍勒对胡塞尔先验现象学的批判和改造，他完全取消了资产阶级先验哲学所特有的理性之批判自由和自律原则。结果，"在运用本质直观建立一种直观主义的形而上学的过程中，舍勒压制了[先验]现象学的批判和理性主义趋势。理性对形而上学实在（本质上是情感的和非理性的）的整体屈服为种族主义的意识形态铺平了道路"。②第二，舍勒虽然试图将历史世界引入现象学的分析，但是，这种富有意义的尝试最终并没有取得成功。"舍勒哲学对历史世界保持着一种开放的态度……但历史世界的引入也使他的哲学体系变化不定。舍勒在精神与生命、政治、经济领域的相互关系中来把握精神。在他的人类学中，精神最终只是生命有机体的一个稀薄的、较高级的层面。但是，舍勒所达到的哲学具体性在任何地方都没有触及人的现实的和物质的历史；它仍停留于一般人的形而上学的框架之内。"③用伽达默尔的话说："舍勒的著作，尤其是那些关于知识社会学和哲学人类学的著作，以鲜明的论点表明了本质和现实性之间的联结。然而，仅仅用一门关于现实性的哲学学科来补充现象学并不能满足哲学意识的要求。关于真理和现实性、精神和冲动、精神的软弱无力和难以控制的现实力量的二元论，提出了一个问题而没有解决这个问题。"④

三、海德格尔与现象学的转向

这个舍勒提出而没有解决的问题，即如何把历史世界纳入现象学分析的问题，最终在海德格尔那里得到了资产阶级哲学中所能达到的最为彻底的探讨。马尔库塞明确地指出："在海德格尔哲学中，通过一个突然的转向，现象学旨在重新赢获人的真实的事实性。……对于海德格尔来说，把握人的存在不是胡塞尔意义

---

① Herbert Marcuse: *Negations*, pp. 61–62.
② Herbert Marcuse: *Heideggerian Marxism*, p. 158.
③ Herbert Marcuse: *Heideggerian Marxism*, p. 159.
④ [德]伽达默尔：《哲学解释学》，夏镇平译，上海译文出版社2004年版，第136—137页。

上先验'自我'的纯粹意识问题,而是在其事实性中存在的具体的人的问题。因此,构成哲学基础的不是'我思'这个支配着从笛卡儿到黑格尔的整个哲学的纯粹抽象,而是在现实的历史中发现自身的现实的人。在这里,海德格尔把自己同胡塞尔区别开来;现象学成了以'生存论分析'著称的人的存在的'解释学'。海德格尔对人的存在及其存在方式的具体分析构成了这种新哲学的最富成效的路径之一。"①

与社会研究所的其他思想家相比,马尔库塞更多地接受了海德格尔及其哲学的影响。在读过《存在与时间》之后,他在1928年毅然决定回到弗莱堡与海德格尔一起工作。即便后来由于哲学和政治的分歧与海德格尔分道扬镳,马尔库塞也从未否定海德格尔及其哲学对他的影响。对于马尔库塞来说,海德格尔的《存在与时间》,特别是其中展开的此在的生存论—存在论分析,主要有两个方面的真实意义:

首先,这部著作的意义在于它所带来的新的哲学冲击。"什么是本真存在以及它究竟是如何可能的?"通过提出这个一切有生命力的哲学都必须回答的基础问题,哲学在《存在与时间》中重新找到了回到其原初必然性的道路。在这条道路上,哲学关注的不再是什么抽象的理念和原则,而是此在存在的真理及其实现。同时,在这种关注的过程中,哲学变成了一门真正的实践科学,即关于本真存在的可能性及其在本真行动中实现的科学。

其次,这部著作的决定性意义在于它对历史性问题的生存论—存在论解释。在"时间"这个新的源始的存在论视域中,海德格尔不仅找到了把历史性规定为此在的根本规定性的道路,而且决定性地阐明了此在的"本真的历史性生存"与"非本真的历史性生存"之间的关键区别。在海德格尔那里,本真的历史性生存并不是要从此在的日常存在及其公众性解释中脱身出来。恰恰相反,它的关键就在于对"当前的批判",并通过这种批判毫无幻想地占有当下不己的被抛境况以及由这种被抛境况所规定的生存可能性。正是"通过承认此在的历史被抛境况以及它在共同体的'天命'中的历史规定性和根植性,海德格尔将其[关于历史性的]彻底研究推进到了资产阶级哲学曾达到且能达到的最高点"②。

马尔库塞的上述评价显然兼有"肯定"和"否定"的双重含义。从肯定的方面看,海德格尔关于历史性问题的研究无疑是资产阶级哲学所能达到的最高点。从

---

① Herbert Marcuse: *Heideggerian Marxism*, pp. 159–160.

② Herbert Marcuse: *Heideggerian Marxism*, p. 15.

否定的方面看,由于没有超出资产阶级哲学的范围,海德格尔的研究仍然分有着"先验哲学"这一资产阶级特有哲学的弱点和不足。在这个方面,海德格尔研究的弱点不在于"断言此在和世界在存在的根基处是彼此相联的",而在于"不能超出这种断言,不能更进一步地发现此在和世界彼此相联的存在论基础。……这个最后的抽象使它不可能进展到历史性的物质内容"①。

根据马尔库塞的解释,作为被抛的在世之在,存在的并非是此在一般以及与它相关的世界性一般;相反,这里存在的总是在具体世界中的具体此在,与具体此在相关的也总是一个具体的世界。就其本质而言,此在向来就处在一个特定的历史环境中,而且从其一出生开始,就为这种具体的社会历史环境所规定。这种具体的社会历史环境,即马克思称之为"社会的自然和经济基础"的东西,构成了"历史性的物质内容"。因此,要想真正贯彻"允许对象本身来引导问题和方法,将对象完整地纳入视野"②的方法论要求,现象学就不能仅仅停留于展示对象的历史性,而必须始终把它的对象保持在最为严格的具体化之中。这就意味着,作为一种奠基于历史性的考察,现象学必须让具体的历史处境和它的具体的物质内容能够进入到现象学的分析之中。

但是,在海德格尔的一般此在(Dasein in general)现象学中,问题的这个维度恰恰是付诸阙如的。这种缺失带来了两个后果:第一,海德格尔虽然把"什么是本真存在以及它究竟是如何可能的"问题规定为哲学的基础问题,但是,他并不能回答"什么是具体的本真存在? 如果真有本真的存在,它如何具体地可能?"换句话说,由于缺乏对历史性的物质内容的分析,海德格尔从来没有具体地规定现今此在赢获本真存在的历史条件、具体可能性和限度。第二,海德格尔错误地把改变特定历史处境的激进行动与孤独此在的"先行决心"等同起来。在马尔库塞看来,既然现今此在的"非本真的存在"是由当前资本主义社会这个特定的历史处境决定的,那么,把现今此在从这种"非本真存在"中解放出来的唯一出路,只能是发动一场公开的、旨在彻底改变资本主义社会生存结构的激进行动。因此,在这个关键点上,我们必须毫无疑问地反对海德格尔,"海德格尔将决定性的决断重新指向孤独的此在,而不是将其引向[激进]行动的决断。这种决断的行动并不像以前那样仅仅是生存的一次'变更'(modification),而是重新塑造公共生活的全部领域"③。

---

① Herbert Marcuse: *Heideggerian Marxism*, p. 24.
② Herbert Marcuse: *Heideggerian Marxism*, p. 19.
③ Herbert Marcuse: *Heideggerian Marxism*, p. 16.

四、结语

综上所述,关于马尔库塞对现象学的接纳和批判,我们能得出两个结论:第一,现象学并不是一个统一的运动。立足于这个基本判断,马尔库塞不仅准确地指出了舍勒现象学与胡塞尔现象学之间的联系和区别,而且着重强调了海德格尔的一般此在现象学对胡塞尔先验现象学的突破。在这方面,海德格尔的最大功绩在于:经由一般此在的生存论—存在论分析,他解构了"我思"这个支配着从笛卡儿到黑格尔的整个近代哲学的纯粹抽象,从而在资产阶级哲学内部"为一种新的和'具体的'科学开辟了道路"。① 第二,与社会研究所的其他成员相比,马尔库塞显然更多地接受了海德格尔及其现象学的影响,但是,自1928年来到弗莱堡加入海德格尔圈子以来,马尔库塞就对海德格尔现象学持有一种批判的态度。② 这种批判归结为一点就是:海德格尔仅停留于对一般此在之历史性的生存论分析,而跳过了历史此在的物质内容,因此,在他那里,具体哲学最终仍是一种"先验哲学的变种"③、一种"虚假的具体"④。正是基于这种批判性的理解,马尔库塞在弗莱堡时期(1928—1933)才会不顾海德格尔的"告诫"而致力于让现象学向辩证法学习。为什么呢?因为海德格尔现象学的不足,恰恰是马克思主义辩证法的优势所在。"辩证方法的成果确切说来就是这种最终的具体化。因为在辩证法中生命攸关的东西是:在任何时候都公正地对待对象的特殊的、具体的历史处境。"⑤因此,马尔库塞认为,只有通过现象学与辩证法的对话,我们才可能找到一种"始终一贯的、最彻底的具体化方法",即辩证现象学。这也是马尔库塞接纳和批判现象学、特别是海德格尔现象学的全部目的之所在。

---

① Herbert Marcuse:*Heideggerian Marxism*,p. 11.
② 参见[德]魏格豪斯:《法兰克福学派:历史、理论及政治影响》上册,孟登迎等译,上海人民出版社2010年版,第131页。
③ Herbert Marcuse:*Heideggerian Marxism*,p. 176.
④ Herbert Marcuse:*Heideggerian Marxism*,p. 166.
⑤ Herbert Marcuse:*Heideggerian Marxism*,p. 20.

行动的没落*

——阿伦特论异化之源

吴兴华

传统社会进入现代社会后所发生的一个重要变化,就是人从社会整体当中摆脱出来而变成了独立的个人,个人不再积极地参与社会整体的活动,而是积极地为自己的生存发展而辛勤地劳动和工作,从而把社会行动当作对于个体的束缚,认为唯有劳动和工作才是人的本质性的实现。然而,阿伦特突破了世俗的思维方式,认为正是因为人与世界的分离,使得作为"世界性"的人放弃了行动而沉迷于劳动和工作之中,背离了自身的本质规定性,从而陷于异化①的状态之中而不能自拔。同样是探讨人的异化问题,马克思认为人的异化恰恰是劳动背离其本性,而其根源则在于经济变迁,而阿伦特则认为人的异化恰恰是由于人退出公共领域而躲进劳动的私人空间,而其根源在于人的境况的变迁,从而为人们在熟知的框架之外理解异化问题提供了一条新的思路。

一、行动:人之为人的根本

虽然阿伦特是政治思想的"局外人",②但学者的责任感促逼着她认真地注视和反思现代世界,尤其是生活于现代世界上的人类的命运。而《人的境况》一书就

---

* 本文原载于《华东师范大学学报》2014年第1期。
① 在《人的境况》一书中,阿伦特将异化理解成"世界异化",认为现代的"世界异化"体现为人的双重疏离:疏离世界和疏离地球。由于人的双重疏离是相互关联的,世界以及地球与人之间的最终关系依然要通过人自身的生存状况反映出来,因而本文所谈的异化主要聚焦于人自身异化。(参见 Hannah Arendt:《The Human Condition》,The University of Chicago Press 1958 年版,第6页。)
② [英]玛格丽特·卡诺凡:《阿伦特政治思想再释》,陈高华译,人民出版社 2012 年版,第1页。

是阿伦特思考现代人类命运的结晶,也是我们解开阿伦特异化思想的密钥。

在阿伦特看来,人与其他生命的不同在于人是一种具有开放性和复多性的存在,人的开放性和复多性决定了我们无法为人找到一个可定义的"本性",但我们却可以通过对那些永恒的一般人类能力分析来把握人的存在境况。因而,为了研究人的现实境况,在《人的境况》一书中,阿伦特将关注点放在对人类能力的分析上。在阿伦特看来,人类这些一般能力是出自人的境况,只要人类境况本身不改变,它们就不会丧失。这些出自人类境况的能力,不仅仅是人类的不同活动形式,而且它们还带有空间性,所以人可以在不同的经验活动场景中找到自身。既然人的现实活动形式是受人所处的境况决定的,那么,人的异化就必然与人的境况之间具有密切的关联。因而要想说明现代人处于异化状态之中,那么我们就需要了解人的应然存在状态,只有从实然存在状态与应然存在状态的对比中,人的异化才会清晰地呈现出来,所以要理解人的异化问题就必须要先考察人之为的应然存在状态。与马克思等诸多先贤一样,阿伦特在承认人的自然属性的同时,又把人看作一种社会性的存在,所以,人类要突破自然的束缚而进入社会之中。在阿伦特看来,人类进入社会的途径是活动,人正是通过活动进入社会,并在社会中展现其自我,所以活动构成了人之存在的全部。人类最根本的活动主要有三种:劳动(labor)、工作(work)和行动(action)。这三种活动之所以是根本性的,是"因为每一种活动形式都是相应于人在地球上被给定的生活的一种基本境况"①:劳动的处境是生命本身;工作的处境是人造的世界;行动的处境体现的是人的复数性。三种不同的处境又分别构成了人类生活的三大领域:私人领域、社会领域和公共领域。总而言之,三种活动当中蕴藏着人类的一切秘密。

人类首先是一个自然存在物,具有"饥则思食,寒则思衣"之类的生理需要。为了满足基本的生理需要,人类不得不从事繁重的体力劳动,"与身体的生物活动过程相适应的活动是劳动,而身体的生长、新陈代谢和最终的衰亡,产出和输入生命过程的必需品都有赖于劳动"。② 因而,劳动实际上是被生命所驱使,人通过劳动与生命融而为一,劳动的人之境况实际上就是自然生命本身。劳动犹如人的生殖一样,由人的生理需要所支配,纯属于一种自然生产过程。自然输入与产出的平衡就决定了劳动所生产的产品必须被迅速地消费,从而导致为了维持生产与消费的存续,也即生命的存续而不停地劳作。由于劳动是为了满足个体的身体需

---

① Hannah Arendt:《The Human Condition》,第7页。
② Hannah Arendt:《The Human Condition》,第7页。

要,"不关注共同世界以及复多个性之间的互动。劳动者'独自与身体在一起,面对赤裸裸的必然性以维持生命'"①,所以,劳动是纯粹私人性的活动,属于"私人领域"。

由于劳动将人局限于自身的自然需要,将人锁闭于私人领域之中,失去了与社会的交往,人不成其为人,"人在这个领域里不是作为一个真正的人,而只是作为人——类这个动物物种的一个样本。"②因而人为了成为人,人类的活动就必须向前发展,向上超越,超越"劳动"的结果就是"工作"。"工作"又称"制作",它脱离了劳动的自然性,为人们"提供了一个'人造'事物世界,它明显不同于所有的自然环境"③。工作活动本身及其成果都摆脱了人的生理循环,具有独立性和持久性,不再仅仅服务于一个人的自然生命,而是能为其他社会成员所享用,因而工作不再像劳动那样被锁闭在公共世界之外,它所生产的事物存在于所有人在场的世界,工作所创造的是一个社会领域,"工作的人之境况是世界性"。④尽管工作超越了个人性,但却对人类造成了巨大的压迫,因为"在制作活动内,存在着一种显然以世界本身为导向的目的等级",⑤这也就是说,在工作当中,人没有成为目的,而是被当成了商品生产的手段,从而与"人是目的"的现代呼求相矛盾,因而工作仍需向前发展。

按照阿伦特的理解,人类活动的最高层次就是行动。"行动"与"劳动"和"工作"不同,它"是仅有的在人们之间不需要以物或事为中介而直接进行的活动,相应于复数性的人之境况,即不是单个的人,而是人们,生活在地球上和栖息于世界"⑥。对应于人的复数性生存处境,行动揭示了人不是单个的存在,而是一种与他人共处的存在。在与他人的共处中,人展开了与他人的互动,开始从私人领域走向公共领域。由于公共领域对应的是人的复数性,而复数性"不仅是所有政治生活的必要条件,而且还是充分条件"⑦,所以,所谓公共领域就是一个政治⑧生活

---

① [英]玛格丽特·卡诺凡:《阿伦特政治思想再释》,陈高华译,第126页。
② Hannah Arendt:《The Human Condition》,第29页。
③ Hannah Arendt:《The Human Condition》,第7页。
④ Hannah Arendt:《The Human Condition》,第7页。
⑤ [英]玛格丽特·卡诺凡:《阿伦特政治思想再释》,陈高华译,第132页。
⑥ Hannah Arendt:《The Human Condition》,第7页。
⑦ Hannah Arendt:《The Human Condition》,第7页。
⑧ 阿伦特所强调的政治是一种苏格拉底式的作为"共享生活"的政治,而非一般意义上的政治。(参见王寅丽:《汉娜·阿伦特:在哲学与政治之间》,上海人民出版社2008年版,第14页。)

领域,人类通过行动进入公共领域也就是进入政治生活领域,从而借助行动,人也就由自然存在物、社会生物变成了一个政治存在物。既然政治性构成了人的存在的根本,那么人们通过行动进入公共政治领域之中,就是自我本质的展现和实现,因此,人类正是通过政治行动才真正摆脱了自然个体和社会团体的束缚,从私人领域和社会领域中走出来,进入到公共领域之中。所以,行动乃人之为人的根本,行动才真正构成人之应然状态。

二、劳动的解放

尽管劳动、工作和行动都是人的根本性活动,但在古代社会三者的地位却不同。由于古代社会将人定义为政治动物,在亚里士多德看来"人更是一种政治动物",因而作为政治活动的行动备受尊重并被列到人的活动等级秩序的最高位;而劳动和工作则受到限制,因为它们"都不拥有足够的尊严去构成完整意义上的生活(bios):一种自主的和真正属于人的生活方式"。① 现代社会却出现了一个新的变化:过去被鄙视的劳动开始取代行动而窃据高位,这也就是阿伦特所说的"劳动解放",即"劳动"对于"行动"的胜利,而这种胜利恰恰是人异化的结果。如果说在古代社会,人作为政治动物,"人之境况的所有方面在某种程度上都是与政治相关联的",②那么在现代社会中,人之境况的所有方面都开始与劳动相关联了。为什么会发生这种转变呢?

要想弄清这一转变发生的原因,还需要先了解现代之前的一次逆转,即沉思与行动的逆转。尽管在古希腊时代,参与政治是每个公民共同享有的最为重要的积极生活方式,每个公民都可以在城邦中自由地参与政治事务的谈论和决策,充分地表达自己的意见和主张,不过也有一些哲学家,像苏格拉底、柏拉图和亚里士多德等人就已经开始倡导一种新的生活形式——"沉思",柏拉图将"沉思生活"视为高于"积极生活",要求人们以沉思者的眼光来审视人类活动,从而就已经蕴藏着将人类从政治领域抽离出来的危险。后来这一认识又被基督教哲学推进了,像基督教中主张超脱世俗,追求一种永恒,其实就是要脱离现实的政治活动。正是这种转变导致行动在人的活动等级秩序中的地位发生了变化,从而慢慢从最高等级上滑落下来,不再受到人们的尊重。

前现代社会对于沉思的尊崇并没有能够持续很长时间。随着"天文望远镜"

---

① Hannah Arendt:《The Human Condition》,第 13 页。
② Hannah Arendt:《The Human Condition》,第 7 页。

的制造,人们认识到对于真理和知识的获得"仅能靠'行动',而不是沉思",因为"对于获得知识和接近真理来说,实在是没有什么比被动的观察和纯粹的沉思更不值得信任了"①。这样,人的活动的等级秩序又发生了一次倒转,而这次倒转的结果是"在积极生活内的几种活动中,制作和制造的活动——技艺人的特权,被提升到以前由沉思所占据的首要位置"②。不过,现代技术革命同样也没有让技艺人一直居于崇高的位置,因为现代功利主义的发展要求一切技术都服务于生命的需要,而不是自然生命的超越,从而使制作最终为劳动所取代,"科学革命给予积极生活的新地位,提升了既为古代的行动人也为古代的思想人最鄙视的活动——劳动"③。就这样,在现代社会中,劳动最终上升到了活动等级的最高层。

在现代社会中,劳动地位的空前高涨获得了思想观念与现实的双重支持。在思想观念上,基督教为劳动解放提供了重要的信念支持,因为"基督教对于生命神圣性的重视倾向于抹除古代对于积极生活内部所作的区分;倾向于将劳动、工作和行动视作是平等地服从于现世生活需要的活动。同时,这种抹除有助于劳动活动,或者说,任何对于维持生物过程来说必需的活动,摆脱了古代对它的部分轻视"④。由于在基督教的信仰中,已经抹平了各种活动间的等级差别:行动不再具有高贵血统,劳动也并非等而下之,从而为劳动的解放打开了方便之门。加之现代"主体性原则的确立、自我发现和自我确证的要求"使现代社会较之于古代社会有了重大的进步,但在阿伦特看来正是这种"不断加剧的主体主义"对政治构成了"最大威胁"⑤,因为随着主体性意识的膨胀,现代人为了凸显自我,而开始越来越将自己从周遭环境中超拔出来,这样就必然斩断了自我与世界之间的关联,失去与世界的关联,使现代人开始对政治漠不关心,最终退变成原子化的大众。在现实上,文艺复兴更是为劳动解放提供了社会依据。文艺复兴运动将批判的矛头指向中世纪宗教禁欲主义对于人的物质欲望的压制,肯定了人的物质需求,开启了"世俗文明"之门。在现代世俗文明中,财富成了人们追逐的目标,而劳动也因其创造物质财富的功能而赢得了人们的高度重视和肯定。

现代社会中劳动地位的提升,使得劳动者的价值也逐渐受到重视并取代了技艺人的价值,然而由于劳动属于私人领域,所以劳动的解放恰恰成了人的异化的

---

① Hannah Arendt:《The Human Condition》,第 2904 页。
② Hannah Arendt:《The Human Condition》,第 294 页。
③ [英]玛格丽特·卡诺凡:《阿伦特政治思想再释》,陈高华译,第 155 页。
④ Hannah Arendt:《The Human Condition》,第 316 页。
⑤ 王寅丽:《汉娜·阿伦特:在哲学与政治之间》,上海人民出版社 2008 年版,第 152 页。

结果。不仅如此,劳动的解放却又成了异化加深的根源,因为劳动的解放必然会导致公共领域的没落,"随着现代的发展和社会的兴起,在所有人类活动中,最具私人性的劳动已变成了公共性的并被允许建立它自己的公共领域。"①但这种公共性也只是一种兽群似的一体性,而并非真正的公共性。因此,当劳动成为一种支配性的生活方式时,也就意味着私人领域占领了公共领域。劳动动物的胜利虽然使得人的物质欲望得到了空前的满足,但它却给人类的生存带来了致命性的打击,因为它导致人类失去了人之为人的重要根基,从而使现代人陷入到无根的生存境况之中而不能自拔。劳动所要满足的是人类的生理需求,劳动动物的胜利实际上就是高度肯定了人类生理需求的合理性,人类需要通过一切手段来满足人类的生理需求,为了实现这一目标,发展经济成了现代社会的头等大事,一切问题的解决"唯有经济发展才能成功"②。然而问题是,经济的发展也未必完全是一件幸事,因为发展经济往往会使得经济利益迷住了人们的双眼,人们完全被劳动所牵制,而无视公共领域,无暇参与政治生活,"劳动社会的最后阶段即职业者社会,要求它的成员作为一种完全自动化的机能,就像个体生命真正已经融入了物种的整个生命过程。"③这样一来,那种赋予世界稳固性和永久性,给人以一种"在家"感的"行动"被劳动取代了,失去行动的劳动动物不再关注它的独一无二的身份,不再关注它自身物质财富之外的他物和他人,从而使人回到自然生命本身,最终沦落为一个只会劳动的劳动动物。

三、孤立的个体

劳动动物由于退避到私人领域而斩断了与外部世界的联系,开始过着一种"单子式"的生活,因此,劳动解放出来的人最终变成了孤独的个体。人毕竟是社会性存在,公共领域对于人类来说尤为重要。一方面,公共领域为我们展现自我独特性提供了一个场所。在这个场所中,我们通过行动和言说等形式将自己的独特性揭示出来,正是因为我们有所不同,所以我们才能进行交谈。另一方面,公共领域又为我们提供了身份确证和自我认同的场域。人们认识和确定自我身份地位的前提就是要生活在群体中,因为只有在群体中才有个体存在的身份和地位问题,所以,正是公共领域给了我们身份地位,使我们成为真正意义上的人,"一个人

---

① Hannah Arendt:《The Human Condition》,第 112 页。
② [英]玛格丽特·卡诺凡:《阿伦特政治思想再释》,陈高华译,第 235 页。
③ [英]玛格丽特·卡诺凡:《阿伦特政治思想再释》,陈高华译,第 156 页。

如果仅仅去过一种私人生活,如果像奴隶一样不被允许进入公共领域,如果像野蛮人一样不去建立这样一个领域,那么他就不能算是一个完完全全的人。"①然而劳动恰恰将自我闭锁在公共领域之外,把自我塑造成了孤立的个体,废弃了与他人进行互动的行动,从而失去了人之为人的根本,这样人也就不再是真正意义上的人,而这一切也随着劳动的解放而开始变为现实。

现代劳动的解放,是将现代社会变成了一个劳动者的社会,这就导致劳动在现代社会里发挥矛盾的功能:劳动在将个体锁闭在物质生命的私人领域里的同时,又将这些个体转变成现代大生产中的"社会化的人"。由于被锁闭在私人领域里的劳动者"对公民身份不感兴趣"②,也不关心公共领域的社会生活,这就导致在社会化大生产中,这些被"社会化"的孤立个体尽管可以在一起集体劳作,但他们形成的只是一种兽群似的一体性,劳动仅仅是复制着内在于每一个个体自我封闭的身体经验,因此,这种"社会化的人"实际上就是一个丧失了人的复数性而只具有统一性行为的物种。在阿伦特看来,这种没有了复数性的现代孤立个体极易沦为极权主义运动的大众成员,因为他们没有了个体的独特性,也丧失了政治参与意识,从而易于被别人操控。所以说,现代劳动的解放最终却是为极权主义"塑造"了理想的国民。因此,在阿伦特看来,现代孤立个体相对于传统社会中的公民并非是一种解放,反而是一种新的奴役,人完全成了极权主义社会大机器上的一个零部件。

作为社会大机器上的零件,现代人不仅丧失了肉体上的自由,同样丧失了思想上的自由。一旦人们没有了思想上的自由,不再进行思想,那么人就变成了名副其实的机械物。在阿伦特看来,人的行动依赖于判断,而判断是由思想决定的,如果一个人没有了思想也就失去了进行是非判断的能力,那么他就会成为只会服从命令的执行者。在纳粹极权主义体制中,现代孤立个体正是因为丧失了是非判断的能力,才被纳粹当作实现自己邪恶目的的工具,因此"极权主义意识形态的目标不是对于外部世界的改变,或者是使社会发生革命性的演变,而是要改变人性"③,也就是说,它要将人变成非人,变成没有思想的纯粹动物。由于道德依赖于思想作出的判断与选择,所以,思想的丧失就必然意味着伦理责任的放弃和道德的失效。因而在现代社会中,那种"决定社会行为的道德准则和指导良心的宗

---

① 哈贝马斯:《公共领域的结构转型》,曹卫东等译,学林出版社1999年版,第1页。
② [英]玛格丽特·卡诺凡:《阿伦特政治思想再释》,陈高华译,第129页。
③ Hannah Arendt:《The Origins of Totalitarianism, Cleveland: The World Publishing Company》,1958年版,第458页。

教诫命——'汝不可杀人!',实际上都消失了"①,大屠杀事件也因此而得以发生。

当然,思想是对现实的反思,"一切思想都是一种事后的思想(afterthought),即一种对某个事情或事件的反思"②。同样,阿伦特对于现代孤立个体伦理责任的思考就是源自于对耶路撒冷审判的反思。在亲临耶路撒冷审判之后,阿伦特以其哲学家的睿智和出色的分析技巧,揭示出人本来就是个伦理存在,"人的真正定义就在于他是能感受到责任的一种存在。"③然而,为何在现代孤立个体身上体现出的却是伦理责任意识的缺失?在阿伦特看来,20世纪真正的道德问题并不是起因于纳粹的行为,而是起因于那些随波逐流而不是出于确信而行动的人。她不同意康德的观点,认为愚蠢并非由邪恶的心灵所引起,而是由不能思考所引发的,"对于导致巨大的罪恶来说,邪恶心灵这种相对罕见的现象不是必需的"④,真正"最大的为恶者是那些人,他们因为从不思考所做的事情而从不记忆,而没有了记忆,就没有什么东西可以阻止他们"⑤。其实,当现代人由政治动物变成劳动动物的时候,他不但不再思想,而且也丧失了记忆。一旦人失去了思想和记忆,那么人就丧失了他的完整性,人不再是一个完整的人,只是一堆行尸走肉,他不再具有承担责任的能力。同时,当现代人将自己变成劳动动物的时候,实际上就已经退缩到自己的肉身之中,割断了与他人之间的关联性,没有他人的存在,也就不必对他人负责。因此,现代人作为孤立个体,其思想观念中是缺乏伦理上的责任感的。然而问题在于,人绝对不是个孤立的个体,而是一种社会存在,人必须生活于社会共同体之中,所以人类根本无法摆脱对于他人的责任,"我们自己承担我们完全是清白的事情的归结的责任,因为我们不是把自己生存作为孤独地生存着,是生存在自己的同胞们之间。"⑥既然责任无法解除,那么我们就必须勇敢地将责任承担起来,为了他人而行动。

---

① Hannah Arendt:《Eichman in Jeruselem: A Report on the Banality of Evil, revised and enlargededition》,New York:Viking1965年版,第295页。
② Hannah Arendt《Essay in Understanding 1930—1954》,ed. by Jerome Kohn, New York: Harcourt Brace 1994年版,第20页。
③ [德]恩斯特·卡西勒:《卢梭问题》,王春华译,译林出版社2009年版,第107—108页。
④ [美]汉娜·阿伦特:《责任与判断》,陈联营译,上海人民出版社2011年版,第134页。
⑤ [美]汉娜·阿伦特:《责任与判断》,陈联营译,上海人民出版社2011年版,第75页。
⑥ [美]汉娜·阿伦特等:《〈耶路撒冷的艾希曼〉——伦理的现代困境》,孙传钊编,吉林人民出版社,2003年版,第5页。

四、公共领域的凸显

从阿伦特对异化根源的探究到异化现象的揭示当中可以看出,其异化思想依从于其政治哲学的建构。这也就是说,对于人的政治生活的强调才是其哲学一贯的主题,劳动、工作、责任、科学等也都因与政治生活相关联而被赋予了特别的意义。

阿伦特和马克思都对现代社会人的异化现象进行了专门研究,也都将异化问题聚焦于"劳动",但二者在理论上却存在着巨大的差异。首先,在理论立足点上,马克思对于资本主义社会异化现象的揭露是立足于人的劳动本性。在马克思看来,人的本质在于劳动,如阿伦特所言马克思正是"把劳动提升为一种本质上创造性的活动,从而与整个西方传统决裂(在那个传统中,劳动代表着人的动物方面,而非人的方面)"①既然劳动是人的本性,那么在马克思眼中人的异化也就是劳动背离了自己的本性,所以说人的异化的本质是劳动的异化。因而,马克思是立足于对人的劳动本性的维护来揭露和批判资本主义社会经济制度对于人的剥削和压迫。不同于马克思对人的本性的理解,阿伦特认为劳动并不构成人的本性,而只是人类的一种能力,这种能力是受制于人的处境,因而人的处境才真正决定了人的现实存在。基于此种认识,阿伦特立足于对人之境况的分析来揭示现代社会人的异化现象,认为现代人的异化是人同自己生存的现实世界的疏离,即人逃离了给予自己本真存在的公共领域。其次,在异化根源的揭示上,马克思倾向于对工人自然生命和物质需求的关照,通过分析资本主义生产过程和经验,指出资本主义异化的根源在于资本主义的经济制度和生产机制。然而,在阿伦特看来,异化绝非停留于人的自我异化层面,而是人与客观物质世界的异化即人的双重疏离:疏离世界和疏离地球。疏离世界使我们丧失了稳定的人类世界,疏离地球则使我们日益与自然的地球相分离。阿伦特认为这种双重疏离背后蕴藏着深厚的社会思想和现实根源,而正是基督教的传统、现代个人主义的思想观念和世俗化社会对于物的追求从而导致人退出了给予自己生存根基的公共领域。最后,在异化克服的道路上,马克思将异化理解为劳动异化,因而使其异化思想仅局限于经济领域。既然是经济领域的异化,那么异化的克服就只能寄希望于社会经济制度的变革和社会生产力的发展。因此,在马克思看来,只有废除资本主

---

① Elisabeth Young-Bruehl,Hannah Arendt:《For Love of the World,New Haven》Yale University Press 1982 年版第 278 页。

义私有制,让人从资本主义的生产机制中摆脱出来,才能恢复人的自由劳动。在阿伦特看来,异化是人与世界的疏离,人将自己从公共领域退避到私人领域,从而导致行动的丧失。因而,要使作为"世界性"存在的人再回到世界之中,就必须要唤醒人们的公共参与意识,重建公共领域,而这一切惟有寄希望于行动的拯救。

从阿伦特与马克思异化思想的比较中,我们可以看出,阿伦特异化思想的核心是要凸显人的公共领域的重要性。因此,阿伦特从政治哲学角度思考异化,将异化归咎于公共政治领域的丧失,并希冀一种政治方案的解决,这种对于政治的强调就并非如大多数读者所认为的,阿伦特似乎要理想化希腊城邦而鄙视现代社会和蔑视现代经济的发展,开历史的倒车。实际上,她对于劳动的批判,也并非是要批判劳动和劳动者,其真实用意是对于现代性的批判,批判现代社会将一切都销蚀在物质财富的追求中,一切都禁锢在自我欲望的满足上,从而导致了对政治的冷漠,对公共领域的无视,最终促成了时代的灾难。所以说,这一切都集中在一个目标上,那就是阿伦特要指出公共领域对于人的重要性。阿伦特这种对于公共领域的强调是深刻的,它不仅敲响了不能漠视公共领域的警钟,而且更是促使我们去重新思考公共领域的价值。特别是在今天的市场经济大潮中,我们更应该警惕经济领域将侵占和吞没公共领域的危险。从这里我们就能明白"她为何坚持政治的至关重要性,它不是丰裕社会中无聊居民个人实现的一条可选择的道路,而是一个事关生死的问题"①。

正是公共领域思想的重要性,在《人的境况》一书出版之后,理论界开始掀起关于"公共领域"研究的热潮。在当今学术界,阿伦特的公共领域思想更是影响和启发了一大批思想家。当今的"亚里士多德主义者、现象学家、哈贝马斯主义者等各个领域的思想家,都可以在其中找到各自的灵感。"②可以说,正是阿伦特对于公共领域的强调,从而使得一大批思想家们开始去关注公共领域,关注自我与他者的关系问题。像哈贝马斯的公共领域思想和交往理论都是得益于阿伦特的思想;列维纳斯的"我为他者负责"的责任伦理尽管与阿伦特的异化思想没有一种"亲缘"关系,但它与阿伦特对现代公共领域的反思并非毫不相关;我们同样还可以从社会学家鲍曼关于大屠杀的思考中看到阿伦特异化思想的证实和发展……。

---

① [英]玛格丽特·卡诺凡:《阿伦特政治思想再释》,陈高华译,第281页。
② [美]塞瑞娜·潘淋:《阿伦特与现代性的挑战》,张云龙译,江苏人民出版社2012年版,(译者的话),第1页。

因此,尽管阿伦特的异化思想源起于对极权主义政治的反思,但其思想的光芒已经射穿了政治的围墙,洒落在科学、经济、文化等广阔的人类牧场上。从近年来人们对阿伦特思想的高度关注上,我们就能深切地感受到其思想的重要价值,特别是其公共领域思想更是需要我们深入地学习和反思。

文化消费的资本主义意识形态批判[*]

王 艳

当代,一方面,意识形态越来越多地以文化和文化消费的方式来表达自身,另一方面,文化和文化消费也更广泛地渗透着意识形态的诉求。

我国当代文化消费领域里存在着资本主义意识形态的渗透,它们表现为一方面文化消费不断弱化、淡化意识形态色彩,将其当作大众的、消费者的文化消费;另一方面,在文化消费中处处彰显资本主义的意识、话语权和生活方式,推崇资本主义的价值观念和人生向往以及生活理想等。

一、文化消费中的资本主义意识形态表现为价值中立

为了避免意识形态的话语,文化消费常常以价值中立的态度和方式来表述自己,具体说来,它主要以传媒方式向消费者渗透,同时文化产品的内容从深度向平面进军,其反思和审美的功能降到最低。

第一,当代文化消费张扬人的个体意义、生活的多元化和选择的个体性等。它鼓励人们从深度向平面发展,远离深刻的内心反省和对生命意义的追问以及对价值的要求和体验,从精神的深度走向平面,坚持感觉至上,扩张人的视觉和感官,颠覆了社会结构、语言结构、文化结构和消费方式。一般来说,当代文化消费都是直接在场,以强烈的视觉刺激和欲望诱惑造成对文化消费者的巨大冲击力。电影、电视、广播、网络等,一方面给消费者提供看见和想看见的事物的直观图像和画面,逼真、形象而快捷,促使观众产生消费的渴望,追求新奇的刺激和轰动的心理欲望;另一方面,视觉的直观性和网络的广泛自由性,将文化消费者拉进活动或事件中,譬如电视直播、采访等,网络发言、评论、投票等,使消费者丧失与对象

---

[*] 本文原载于《求索》2014 年第 1 期。

的间距,丧失视觉的回味和观照的耐心,从而促使消费者置身于光怪陆离的刺激和消费欲望之中。

第二,"仿像"的文化生产使消费者失去了主体性。当代文化生产是"仿像"的生产。艺术创造在后工业时期发生了天翻地覆的变化,文化生产表现为复制。本雅明提出的文化复制,指的是"文化工业"以机器工业生产的方式进行批量生产,譬如油画的印刷等,众多的"摹本"消解了"原本"的唯一性。文化工业引发艺术标准的倒塌,艺术观念的逆转。詹姆逊也由此认为,文化产品的普遍复制,造成原作的消失,艺术从创作转为复制,从真品走入"仿像",从独一无二成为众多的雷同。当代文化产品,包括电视、电影、摄影、唱片等,都表现出大规模生产的文化复制特征,是"仿像"的生产和再生产。世界裹挟在本文和仿像之中,亦真亦幻、亦实亦虚。一向真实、踏实的世界消失了,人们惊慌混乱,不假思索、不加选择地忙于用各种扑面而来的文化产品填充空虚的精神肚子。

文化产品的复制,一方面促进了文化迅速、快捷的广泛传播,促使更多的观众和消费者获得文化信息、了解文化发展的现状,进行文化消费和文化欣赏。另一方面,文化产品的复制,消蚀了文化创造的独一无二性和创新性,也改变了受众和消费者们的思维方式和生活方式,在面对电视机以及出现在电视上的信息,消费者失去了"他性",从反思者、批判者变为受众和接受者。电视画面是真实的,但却并非现实本身,只是现实的影像,这就是解构学家们所理解的从物到物象的过程。真实的事物已然隐退,物象端然展现在面前,观众和物象融合为一体,物我不分,主客消失,历史和现实也不复存在,留下的是零散的碎片的惊悚的镜头或画面记忆。至于作品的独一无二性和终极价值的可能性,更是远去的历史背影。人生活在各种文化复制产品之中,被各种人造的仿像所包围,丧失了思考和判断,在艺术和生活的同一中,丧失了主体性。

第三,文化消费使消费者失去了审美情趣。影视作品以真实的手法进行着仿像生产,再现真实。消费者包裹在非真实中失去了现实性,失去了与作品的距离感,成为被影视牵着鼻子走的观众。影视作品逼真高清的画面诱导消费者,激发他自觉地配合画面和影视产品商家的意图去认识、去参与、去行动。影视作品和现代技术紧密结合而来的画面,快速播放和转瞬即逝,使消费者目不暇接,来不及品位、审视和思考,人们在文化作品前的观照和交流的氛围消逝殆尽。就文化消费的积极意义而言,一方面可以将现代日常生活的片段或碎片呈现到影视作品中,让人们在微小事件中直观和感知,甚至震惊,认识到现实世界的动荡、生活的断裂、生命意义的重大。另一方面,影视作品的批量生产和消费的大众化,改变了传统意义上的文化艺术活动只有少数精英人士或贵族进行的高雅活动。普通人也能参与到电视的真人秀活动,能在书店买本画册来阅读,在网上搜索梵高的《向日葵》来欣赏等。而它的消极意义也显而易见,深度的艺术观照已经沦丧,艺术与生活无距离地同一,审丑甚至成为时尚。理想的失落和精神追求的堕落,带来了精神的贬值和疲乏,还有无休止的身体的欲望和对金钱的追逐等。

二、文化消费中的资本主义意识形态采用了欺骗性话语方式

英国文艺理论家特里·伊格尔顿分析了资本主义社会意识形态和大众文化之间的关系,批判了资本主义意识形态对大众文化的话语支配和权力操纵,并指出资本主义意识形态在文化艺术中以"公开的谎言"和"幸福的承诺"来欺骗大众。影视领域以缺少选择、消解对话的单向控制来诱导大众,而资本主义大众文化的标准化、模式化、商品化、单维化的后现代艺术的典型特征,是消费主义的狂热和视觉的感性崇拜。①

第一,文化消费宣传奢侈消费、追求欲望的满足和身体的释放。身体成为消费的重要商品,和美丽与色情被消费是不可分割的。在广告和大众媒体中身体常常不是一个有机整体,而是以某些部位、身段和肌肉,或者某种体态和"曲线"的面目被关注并得到市场的认可,如手模的手、车模的整体曲线感觉以及衣服模特的身体曲线等。身体与商品一样,身体讲究的主要不是其使用价值,而是其符号意义即社会地位。因此,身体的被关注不仅发生在女性身上,也同样发生在男性身上。这就是说,尽管在男权社会中女性具有作为消费品的功能,特别是女性身体的特殊作用,然而,商品的逻辑占领一切,男性的身体也同样成为商品和消费品。

第二,文化消费的虚拟性和符号性。电视在文化消费中起着重要的作用,我国看电视的观众遍及各阶层各地区,并且普通民众文化消费的主要形式就是看电视。而电视一定程度上放纵和夸张了商品的符号价值。人们购买商品已经超越了它本身所包含的使用价值和交换价值,更看重的是它的符号价值。当这些符号形象在电视节目中占据主导地位时,它们就进入了鲍德里亚所说的模拟世界,即电视广告、影视画面能够巧妙地把富有、美好、浪漫、爱情、科学等等符号"贴"到商品上。实际上,这些商品只不过是些普通的商品而已。然而,当这些普通的商品被包装得绚丽夺目、多姿多彩时,它就具有了特定的符号意义。电视媒介文化将

---

① 周宪:《世纪之交的文化景观——中国当代审美文化的多元透视》,上海远东出版社1998年版,第221-224页。

大量的符号生产展现在现实的视界,使得消费者无法辨认商品的本真面目,从而也就失去了对现实社会的认识能力和批判能力。电视观众被符号包围着,成为被符号操纵的机器,他们丧失了对现实的分析和理解能力,失去了对现实的批判性,同时作为人对现实的超越能力也逐渐退化,其结果就是屏幕上无所不在的、强有力、"比现实更加真实"的图象弥漫世界。人们渴求的生活往往就是"在电视上看到的生活"、屏幕上的生活,而现实生活相形见拙,看起来那么不真实、不完美,让人难以相信和接受。此外,只要现实的生活不象屏幕上的生活一样,它就将继续看起来不真实,不完美,缺乏吸引力。于是,仿像世界代替了真实世界。文化消费的虚拟性、符号性,使人们丧失了对现实的批判能力。

第三,文化消费的泛娱乐化特征十分明显。当代文化消费调动了人们的感官、本能,以此为基础来获得最大化商业利润,将商业逻辑运作深入到人的本能、欲望层次,借用人的快感来满足经济收益。在文化消费的主要形式之一即电视中,这种泛娱乐化特征表现特别明显。满足观众的娱乐、消遣需要不仅仅是文艺节目的特点,也成为所有其他电视节目的追求和努力方向。电视剧(包括历史剧)、新闻类节目也都表现出轻松、娱乐的风格,歌舞类、游戏类以及其他观众可以参与表演的节目,也都追求娱乐风格,轻松、幽默、搞笑无处不在,娱乐成为典型性特征。泛娱乐的背后实际上是商品和资本的逻辑在说话。

第四,文化消费中存在着直接抵触和诋毁社会主义现象。它们常常利用网络或者借助网络推手不择手段追逐利益的特点,在网络上散布一些消息,有的是放大我国社会生活中的小事,将一些偶尔发生的不正常的事件放大和夸大,有的则是以真相的面孔,发布根本不存在或者没发生过的的负面事件,以此激发广大民众的负面情绪,以期引起人民群众对社会主义国家和社会主义政权的不信任,造成极坏的影响。这意味着资本主义意识形态的渗透和破坏,不仅没有在全球化进程中缓和,而且还在不断改变方式和深化破坏力度。

三、文化消费中资本主义意识形态的实质

第一,弱化马克思主义意识形态。有人提出,在文化生活和社会生活中应该"弱化、淡化意识形态"。甚至有人认为,西方国家不讲意识形态,经济反而更加发达。这种看法既没有根据也十分天真。首先,西方发达国家的发达经济,是几百年来资本主义生产力发展的结果,既有殖民掠夺积累的财富,也有工业革命和科技革命的成果,而不是不讲意识形态的结果。其次,事实上资本主义国家一直都坚持意识形态理论的宣传。从早期的资本主义思想家宣扬的天赋人权、自由、平

等、博爱,到后来主张资本主义制度的永恒性,以及当代直接在政治、文化领域反对和力图消除马克思主义意识形态,都鲜明地反映了他们在大张旗鼓地宣传资本主义意识形态。美国总统里根十分坦率,"在两种不同的社会制度斗争中,最终的决定性因素不是核弹和火箭,而是意志和思想的较量",他直言不讳,"自由民主事业在向前挺进途中将把马克思列宁主义抛进历史的垃圾堆"①。弱化、淡化意识形态,实际上只是弱化、淡化了马克思主义意识形态,却任凭资本主义意识形态咄咄逼人,任意泛滥和肆意占领。

文化消费中弱化马克思主义意识形态,采用的手法就是主张和倡导远离意识形态,不讲意识形态。这样的主张得到了一些不明真相的人们的认同。它有一个潜在的前提,即马克思主义意识形态尤其社会主义时期的意识形态等同于政治和阶级斗争,尤其是武力和暴力的政治斗争和阶级斗争;讲社会主义意识形态就是搞斗争,进行人与人之间互相打倒的斗争,甚至是制造社会混乱。这种理解一方面是把社会主义意识形态历史上走过的弯路和出现的错误当作是社会主义意识形态的全部历史和内容;另一方面也是别有用心地宣传资产阶级的虚假民主、自由和全民平等,故意抹杀或忽略阶级利益的根本矛盾和本质。

第二,资产主义意识形态渗透十分明显。当今社会,意识形态领域不存在全民意识形态或意识形态消亡的局面。这个领域,这块阵地,不是马克思主义意识形态占有,就是资产阶级或其他阶级的意识形态理论来占有,不存在空场和虚空。在文化和文化消费领域里,资产阶级意识形态的表现手法是独特的,以弘扬多元化的意识形态为主要方法。这些资产阶级的意识形态思想主要有新自由主义、新保守主义、意识形态终结论和消费主义等。

新自由主义在继承了资产阶级古典自由主义经济理论的自由经营、自由贸易等思想的基础上,大力宣扬"三化",即自由化、私有化、市场化。而新保守主义最为鲜明的特征是"反国家主义",即反对国家干预社会经济生活。意识形态终结论的基本观点是意识形态已经走向了自我毁灭。他们或者主张"社会趋同论"和"科技治国论"可以终结意识形态,或者认为意识形态是知识分子的鸦片,使杰出的人才都失去判断和放弃常识,尤其还认定马克思主义虚假不真,正在走向消亡。丹尼尔·贝尔推动了意识形态终结论思想,提出西方社会已经不再是一个阶级社会,已经成为"大众社会";马克思主义作为意识形态的偏见正在瓦解,而统一的社

---

① 《加强意识形态工作大参考》编写组:《加强意识形态工作大参考》,红旗出版社2005年版,第148页。

会意识将取代意识形态。"社会主义或自由主义这些实际的词汇正在蜕变为仅仅是一个空洞的称谓而已。"①日本学者福山则认为,苏联东欧剧变已经证明社会主义和共产主义不再是人类社会发展的最高形态。随着冷战结束,西方的自由民主价值观在全球普及,西方的市场经济模式也在全球盛行,自由民主将成为人类意识形态进步的重点和人类统治的最后形态,从而构成"历史的终结",终结的是社会主义和共产主义的历史。而亨廷顿认为,随着冷战后意识形态冲突的结束,不同文明和文化之间的冲突将代替意识形态的冲突而成为国家之间的主要冲突,也就是说区别敌我的标志不再是意识形态的分裂和冲突,而是文化的区别和差异,"全球政治沿着文化线被重构"②。消费主义是一种崇尚和追求消费作为满足自我和人生目的的价值取向,以及在这种价值观念支配下的行为实践。③ 消费主义提倡消费是以符号为表征的意义系统,人们消费物或商品的时候,主要消费的是物所指称的社会符号意义,即财富、身份、高雅低俗之类的社会涵义。此外,人们通过消费实现自身的社会角色。人们消费的物,确定了人的身份地位;于是,消费赋予了人的身份地位等符号意义特征。"在人们抱着展示自己社会身份的心态而进行消费的时候,商品的身份价值或社会标志价值便得到了实现。"④

  这些多元化的意识形态思想对文化消费的不良影响主要有:首先,它们影响了人们的价值选择和信仰选择。如果你赞同新自由主义或者新保守主义等的基本观点和理论主张,那么你就会相应地反对社会主义意识形态思想。如果你信奉消费主义,你就自然顺应资本和商品的逻辑。其次,各种资本主义意识形态都提倡个人自由和享乐。它们承认个人的抽象自由,个人的爱好和品位顺理成章地成为文化消费中的主体个性化选择,掩盖了文化消费背后以阶级利益为基础的意识形态动机和目的。而个人追求享乐生活,包括崇尚感官快感,拒绝人文精神意义,看起来只是个人自由选择的偶然性,实际上消解了文化消费领域中存在的追求最大利润的商业逻辑。因此可以说,这些个人抽象自由和享乐思想,一方面影响了文化消费中消费者的文化性、思想性的追求,另一方面也掩盖了西方文化消费领

---

① 丹尼尔·贝尔:《意识形态的终结:五十年代政治观念衰微之考察》,张国清译,江苏人民出版社2001年版,第482页。
② 塞缪尔·亨廷顿:《文明冲突与世界秩序的重建》周琪等译,新华出版社2002年版,第129页。
③ 刘明君,郑来春,陈少岚:《多元文化冲突与主流意识形态建构》,中国社会科学出版社2008年版,第178页。
④ 尤卡·格罗瑙:《趣味社会学》,南京大学出版社2002年版,第5页。

域中的资本主义意识形态,蒙蔽大众安心顺命于资本逻辑的支配,维护现有资本主义体系。再次,它们倡导文化全球化。它们倡导文化全球化是全人类的共同价值和共同意识,宣扬超地域、超民族、超国家意识的全球主义观念要空前普及。西方发达国家不断向发展中国家特别是社会主义国家实施文化渗透,一方面鼓吹文化多元化来消解其他民族国家尤其社会主义国家国内占统治地位的马克思主义意识形态,另一方面又鼓吹资本主义意识形态,强迫全球其他国家接受自己的价值观,其实质是西方基督教文明和西方文化的全球化,是资本主义文化和意识形态要全球普及。发达资本主义国家在冷战结束后采取了温和的手法,把一种所谓"优越的"文化灌输给其他国家的人民,使他们自愿臣服在这种文化的统治之下,促使他们接受西方的政治经济模式和价值观念,心甘情愿地进行精神改造,从而实现资本主义文化渗透的目的。最后,资本主义意识形态思想在文化作品中将社会矛盾、意识形态矛盾归结为文化差异、心理差异等问题,抹去或忽略阶级利益的对立和冲突,甚至嘲弄社会主义意识形态思想。譬如电影《热天午后》,讲述一个名叫桑里的男人和他的同伴抢劫纽约一家银行,大量警察赶来并包围了现场;不少同情桑里的人在一旁围观;记者们也前来凑热闹。影片表述失业工人桑里抢劫的动机是为了资助同性恋情人接受变性手术,忽略他在社会中被排斥、无法生存的经济和社会处境。

这些反映资产阶级利益和维护资产阶级统治的诸多意识形态思想,都在文化消费领域中有反映,有的甚至在某些作品中得到热情的阐发,同时它们也不断和马克思主义、社会主义意识形态思想作斗争。文化消费领域表现出字面上或拒绝或消解或逃避意识形态话语形式,实际上任何时候都没有离开意识形态的争论,也没有离开意识形态控制权的争夺。它们的实质是强权的资产阶级及其代言人抗拒社会主义意识形态对文化消费的影响和意义,宣传、倡导和强化资本主义意识形态思想,以确保资产阶级利益和继续资产阶级统治。

四、文化消费中社会主义意识形态的引导

面对文化消费中资本主义意识形态的渗透,我们所要做的只有一件事,推动社会主义意识形态建设,确保马克思主义的理想、信念和价值观等在文化消费领域得到体现和弘扬。

第一,在文化消费中树立以人为本的核心价值观念。人的发展是文化消费发展的根本动力,人是文化消费的主体,没有人的发展和创造,没有以人为本,那么文化消费的发展是不可能的。如果文化消费不坚持以人为本,那么它就很容易走

上歧途,最终也无法获得存在和发展。以人为本在文化消费中就是确立人的主体地位。它要求文化消费要尊重人的文化消费权利,真正使人成为文化消费的主体和社会的主人,也就是要求文化作品和文化服务真正体现出"人成为自己的社会结合的主人",人能够自由地掌握自己的命运,自由地支配和控制他周围的生活条件,完全自由地创造自己的文化历史。当代,人们在物质生活需求上得到满足之后,对精神文化需求提出了更高要求,要求在文化消费中实现人的文化主体地位,体现人的创造性,因而,这些自然成了文化消费领域的主题①。只有实现了人在文化消费中的主体地位和主体价值,文化消费才能得到真正的发展。那些只为了满足自己私利,追求最大化经济利益的文化消费品应该少进入和不进入文化消费市场,只有尊重人民群众的文化消费权利,弘扬人的主体精神,文化消费才能蒸蒸日上。

第二,在文化消费中培育人文精神。马克思主义的人文精神内涵十分丰富,包括人的全面自由发展和公平正义的理念等。人的全面自由发展是马克思主义人文精神中最根本的观念。人的全面自由发展,意味着人由片面发展到全面的发展,表现为人的能力和各种关系的全面发展,也意味着人的活动领域由单面到多面的发展,人将从狭隘的个人转变为世界历史的个人,正如马克思所指出的,"每一个单个人的解放的程度是与历史完全转变为世界历史的程度一致的","各个人的世界历史性的存在,也就是与世界历史直接地相联系的各个人的存在","地域性的个人"必定为"世界历史性的、经验上普遍的个人所代替"。人的全面发展,意味着"人以一种全面的方式,也就是说,作为一个总体的人,占有自己的全面的本质"②。更具体地说,就是人的个体的一切器官功能都体现人的本质,都成为了人的一种自我享受。

公平正义的理念,在马克思那里看来,之所以出现阶级斗争,很重要的原因是存在着社会不公正;而人类之所以要走向共产主义社会,很重要的原因是这个社会是一个能够实现社会公平正义的社会。培育文化消费中的马克思主义公平正义理念,要做到,一是强调人格平等,要求尊重人,主张人的价值的尊贵性,反对不把人当人看的物化思想。二是强调机会平等,重视每个人都有与他人同等的获取幸福和发展机会的权利。这些权利一方面包含资产阶级所说的平等权利,另一方

---

① 陆自荣,潘攀:《象征性规制:文化整合的实质》,湖南科技大学学报(社科版)2012年第1期。
② 《马克思恩格斯选集》(第1卷),人民出版社1995年版。

面超越了那种因资本带来的机会不均等的权利。三是强调贡献和收获在理论和实践上的对称。既反对只讲贡献不能索取的做法,也反对只讲获得而不为社会服务的行为。四是强调发展方式的公平。在马克思看来,资本主义社会中一些人的发展是以牺牲其他另一些人为代价的不公平的发展,应当倡导一种使每个人的发展都要以他人的发展为条件的共同、公平发展的方式。

第三,培育文化消费中的批判精神。所谓批判精神是一种独立的怀疑精神,它立足于实践或历史的境遇,对观念、事物以及人们的行为进行分析和解剖,从而发现问题,并寻找解决问题的合理途径①。批判精神作为马克思主义哲学的一种原则和立场,它并非否定一切,而是辩证的否定,是扬弃与继承的统一。正如侯惠勤教授所指出的,"马克思主义的批判精神是建立在科学精神基础之上的。它的批判不在于为人们寻找某种心灵的抚慰,而是最终使批判的对象革命化。马克思主义在科学实践观的基础上,把对现存世界的批判和超越落实到现实实践的平台上,落实到从实际出发、正确反映世界真实可能性的前提上,落实到对现存世界一切有价值成果的吸取和发展的层面上。"②

---

① 黄纪针:《多元文化背景下文化认同危机与对策》,《江西社会科学》,2013 年第 5 期。
② 侯惠勤:《马克思的意识形态批判与当代中国》,中国社会科学出版社 2010 年版,第 473 页。

第三编 03
马克思主义中国化研究

论马克思主义大众化中的信仰培育*
——一种基于西方诠释学的考察

彭启福

如何实现和推进马克思主义的大众化,关键在于让马克思主义走进广大人民群众的生活,转化为人民群众的实践,这就需要用马克思主义理论掌握广大人民群众。理论只有掌握群众,才能转化为实践的力量。在这层意义上,理解和信仰就成为能否顺利实现和推进马克思主义大众化的两个重要节点。如何看待和处理理解、信仰及其与解释的相互关系问题呢?本文试图通过对圣经诠释学和精神诠释学的批判性思考,为正确处理理解和信仰的关系提供某种启示。

一、圣经诠释学:基于信仰的理解

西方诠释学的起源与神话和宗教息息相关。早期西方诠释学的诠释方法受到神话思维方式的重要影响,理解和解释问题与宗教信仰问题密切关联。圣经诠释学作为诠释《圣经》的特殊技艺,基本目的就是要通过对《圣经》的诠释,帮助基督教徒达到对《圣经》的正确理解。伽达默尔在《古典诠释学和哲学诠释学》一文中指出:"(诠释学)能理解和解释那种对我们封闭的东西——陌生的话语或他人未曾说出的信念","并且总是包含着一种规范的职能:解释者并非只理解它的技术,而且也把规范——神的或人的规则——表达出来。"①也就是说,在神或上帝的旨意中蕴含着命令的意味,要求理解者去遵守和服从,而诠释则必须把这层意味传达出来。由此可见,在一定意义上,圣经诠释学充当了基督教会维护和坚定

---

* 本文原载于《江淮论坛》2013 年第 1 期。
① 伽达默尔:《诠释学Ⅱ:真理与方法—补充与索引》,洪汉鼎,译,商务印书馆 2007 年版,第 110、111 页。

教徒宗教信仰、引导和规范教徒行为的重要工具。

按照伽达默尔的说法,"古代诠释学的核心是寓意解释问题"①。这种寓意式解释方法早在智者派时代即已流行,在教父时代特别是在中世纪的圣经诠释学中得到了进一步发展,只是伴随着宗教改革运动的兴起才逐渐遭到批评与唾弃。

在圣经诠释学看来,《圣经》这类神圣文本中的语言符号总是有着双重意义:历史性的文字意义和神秘性的精神意义。② 因此,他们主张在语文学方法之外还应该采用寓意式解释方法。因为语文学方法最多只能够达到对文字表面意义的理解,而文字背后隐含的神秘性的精神意义则只有借助寓意式解释方法才能得到把握。对于宗教生活而言,这种神秘性的精神意义具有更为重要的意义。早期基督教释经学家克雷芒就认为,福音的奥秘是超越任何经文表面意义的,解释圣经就必须透过经文去寻找背后的隐秘意义。比如,他以寓意式解释方法来诠释《圣经·旧约·箴言》中"要喜悦你幼年所娶的妻……不要常常亲近外女"一句,认为其中的"外女"实际所指乃是"俗世文化",该句的真实意蕴是"教我们固然可以使用俗世文化,但不得与之常常同在"③。由此可见,在寓意式解经方法中,经文的意蕴已经超越了它本有的一般语义,被赋予某些语义之外的象征意义。这种寓意式解经方法被后来的新教神学家塞姆勒批评为"让《圣经》的文本静默,以添加自己的教义"④。

非常值得注意的是,在圣经诠释学那里,理解和解释的正确性和合理性并不纯然是由知识来保障的。丰富的语文学知识和历史学知识只能保障我们通达文字的表面意义,而更为重要和根本的保障来自信仰,只有信仰才能导引我们通达文字背后隐秘的精神意义。有着"早期基督教会最有影响的神学家"之美誉的奥利金,受到古希腊哲学精神的熏陶,比其他许多神学家更加注重理性与知识的重要性,即便如此也不能"认为奥利金是将理性置于信仰之上的基督教的哲学家。无论如何,与知识、理性相比,他其实更为强调信仰的优先性"⑤。依据拉丁文译者鲁菲努对奥利金《论首要原理》一书的概括,奥利金强调了对"圣父""圣子""圣

---

① 伽达默尔:《诠释学Ⅱ:真理与方法—补充与索引》,洪汉鼎,译,商务印书馆2007年版,第112页。
② 洪汉鼎:《诠释学——它的历史和当代发展》,人民出版社2001年版,第52–53页。
③ 杨慧林:《圣言·人言——神学诠释学》,上海译文出版社2002.年版,第17页。
④ 杨慧林:《圣言·人言——神学诠释学》,上海译文出版社,2002年版,第42页。
⑤ 潘德荣:《信仰与知识:奥利金诠释方法论探析》,华东师范大学学报2008年第6期。

灵"的信仰之意义,并将之立为信仰的主要原则。① 可以说,在基督教传统中,信仰的地位始终高于理性和知识;在圣经诠释学中,信仰也成为整个理解的基石。圣经诠释学家们基于信仰,孜孜不倦地揭示《圣经》的微言大义;基督教徒们也基于信仰才能理解和领悟《圣经》文字背后隐秘的精神意义。中世纪经院哲学家安瑟伦提倡"信仰寻求理解",还有人主张"信仰……使人正当地使用理性"②。也就是说,不仅理解依赖信仰,而且反过来,信仰也要寻求理解的支持。这表明理性对于信仰的重要性逐渐得到重视。从总体上看,圣经诠释学家们在理性、知识与信仰的关系上普遍主张信仰是第一位的,而理性和知识是为信仰服务的。

二、精神诠释学:基于理解的认同

德国神学家和诠释学家施莱尔马赫创立了一般诠释学,这不仅突破了神学的羁绊,使西方诠释学从狭隘的宗教领地拓展到宽阔的世俗领地,而且也给西方诠释学的发展带来了新的生机,开启了通向当代精神诠释学的道路。哲学家和诠释学家狄尔泰则将探究视角完全转向人类精神现象本身,力图把诠释学奠定为精神科学的方法论基础,西方诠释学由此演化为一种精神诠释学。其后,在海德格尔的引领下,伽达默尔实现了从理解方法论到理解本体论的转向,其哲学诠释学依然归属于精神诠释学。

与古代圣经诠释学相比,现代精神诠释学实现了两大转变:一,在理解和解释的关系之处理上,关注重心从"解释"问题转移到"理解"问题,在某种意义上,"解释学"已经演变为"理解学";二,在理解与信仰的关系之处理上,从"理解基于信仰"转向了"信仰基于理解",真正摆脱了宗教神学的羁绊,与精神科学结盟。

在圣经诠释学那里,普通民众对《圣经》的理解和领悟不是通过直接阅读的方式来实现,而是通过教会的"解释",教会对《圣经》的权威性解释成为普通教徒理解和领悟《圣经》的必要条件。这种将"解释"凌驾于"理解"之上的诠释学理念,带着明显的古希腊神话印记。依据古希腊神话,宙斯及其他神祇的神谕对于凡俗之人而言是无法直接理解的,只有通过信使神赫尔默斯的"解释",神祇们的意旨才能够为人所知晓,并进而为人所遵从。无论在基督教神学还是在古希腊神话中,都存在一个重要的理念:神人有别,神或者上帝高高在上,凡俗众生则匍匐在地;理解神的口谕或上帝话语的目的是为了更好地遵从。巴伯认为,在基督教神

---

① 潘德荣:《信仰与知识:奥利金诠释方法论探析》,华东师范大学学报2008年第6期。
② 杨慧林:《圣言·人言——神学诠释学》,上海译文出版社,2002年版,第42页。

学的思想体系中,"《圣经》仅仅是一个要素,教义只有经过教会的解释,才被认为是具有权威性的"①。可见,赫尔默斯或基督教会的"解释"成为凡俗之人理解"神的口谕"或作为上帝之话语的《圣经》之不可或缺的条件和中介,"解释"也就顺理成章地成为圣经诠释学关注的重心。

在精神诠释学中,宗教世界中的"神—人"关系已经被世俗世界中的"人—人"关系所取代,理解和解释的对象已经不是"神的口谕"或"上帝的话语",而是世俗文本即凡俗之人的话语和作品。在这里,言说者或写作者与其理解者、解释者同属人的世界,彼此之间没有天然的鸿沟。言说,不再意味着发布指令;理解,也不再以服从为目的。人与人之间的精神性沟通取代人对神的无条件服从成为精神诠释学中理解的基本取向。无论是狄尔泰的体验诠释学对把握作者原意的痴迷,还是伽达默尔的哲学诠释学对开启文本意义的执着,本质上看,都不主张理解基于服从或理解导致服从,而是强调理解在于沟通。同样值得注意的是,在精神诠释学中,由于"神—人"关系已经转化为"人—人"关系,理解者与言说者或写作者共属人的社会,尽管彼此之间存在着世俗的差别,使得误解成为经常的现象,但从本质上来说,理解是能够实现的。所不同的是,狄尔泰的体验诠释学把作为理解对象的文本看成作者生命体验之表达,主张读者可以通过"重新体验"的方式来理解作者所表达的主观精神;伽达默尔的哲学诠释学则主张将理解者自身的诠释学情境置入理解过程,借助与文本的对话来开启文本的崭新意义。虽然在理解目标的设定上,体验诠释学与哲学诠释学有着重大区别,但是对各自主张的理解目标之实现的可能性,两者都予以肯定。在精神诠释学中,文本已经丧失神秘性和神圣性,它本质上不过是与读者同类的凡俗之人的作品,社会生活的共同性和相通性使得文本的作者与读者之间不再具有不可逾越的鸿沟。所以,赫尔默斯式的解释并不成为理解他人主观精神的必备条件和唯一通道,理解并不一定要诉诸他人的解释才能达成。在某种意义上看,倾听或者阅读他人的解释实际上开启了另一次新的理解活动。由此可见,文本的世俗化转向,必然使得读者本身的理解取代赫尔默斯式的解释成为诠释学关注的焦点,精神诠释学本质上也可以视作"理解学"。

西方诠释学发展中出现的文本世俗化转向,不是一个孤立的和偶然的事件,它实际上是西方近代人文主义和理性主义勃兴的产物。肇始于意大利的欧洲文艺复兴运动高举"人文主义"的大旗,将人们的视线从上帝所在的天上世界拉回到

---

① 巴伯:《科学与宗教》,阮炜,等,译,四川人民出版社1993年版,第24页。

凡人生活的地上世界,人的生活本身被置于聚光灯下。诚如克利斯特勒所指出的:"人文主义者并不站在自己的立场上来反对宗教和神学;毋宁说,它创造了大量的与神学和宗教共存的世俗学问、文学和思想。"①与中世纪经院哲学相比,人文主义造成了一个显著区别:从理性对宗教的依附转向了理性的自足发展。由培根和笛卡尔分别开创的英国经验论传统和大陆唯理论传统,从不同的维度上张扬了理性主义,而"知识就是力量"和"我思故我在"等命题则成为理性主义最具代表性的心声。英国哲学家罗素曾经指出,欧洲近代"有两点最重要,即教会的威信衰落下去,科学的威信逐步上升",而"科学的威信……不是统治的威信,而是理智上的威信,所以是一种和教会威信大不相同的东西。否认它的人并不遭到什么惩罚,承认它的人也决不为从现实利益出发的任何道理所左右。它在本质上求理性裁断,全凭这点取胜"。②科学理性的张扬和宗教影响的衰退,推进了西方诠释学的去神话化和科学化进程。无论是施莱尔马赫对心理学移情方法的引入,还是伯艾克对语文学方法的固守,抑或是狄尔泰将诠释学奠立为精神科学方法论基础的努力,都是科学理性对诠释学的深度影响之体现,也是诠释学的去神话化和科学化进程之体现。伽达默尔的哲学诠释学对诠释学之实践哲学维度的彰显,则从另外一个角度即实践理性或实践智慧的角度张扬了理性。

理性的张扬最终造成了诠释学对理性与信仰关系的重置,也造成了文本认同的根基性改变。在圣经诠释学视域中,信仰不是基于理性的理解,而是出自宗教的情感,信仰高于理性,理性服务于信仰。读者对《圣经》文本中的神迹或神意的认同,不是在对《圣经》文本加以理解之后的事情,而是在理解之前就已经确定了。有论者指出:"基督教基要主义教派,认为信仰之基本要义是绝对相信圣经之记载。包括神迹、处女怀孕、基督复活等记载,都不能有所怀疑而另作解释。"③这种认同乃是一种情感的皈依,而非理智的认同,在宗教生活中,情感的皈依压倒了理智的认同。近代西方理性主义的勃兴,使人类理智的重要性不断凸显,与此相应,信仰逐步失去至高无上的地位,在某种意义上,信仰不再被认为是完全属于情感的事情,它亦诉诸理智。如果说宗教信仰依然带有强烈的情感意味的话,那么,它同时也在努力寻求理性的支持,而科学信仰则完全奠定在理性的根基之上。伴随

---

① 叶秀山,王树人,总主编,《西方哲学史·中世纪哲学》(学术版第三卷),黄裕生,主编,凤凰出版社、江苏人民出版社 2004. 年版,第 69 页。
② [英]罗素:《西方哲学史》(下卷),何兆武,李约瑟,译,商务印书馆 1983 年版,第 3、4 页。
③ [美]特雷西:《诠释学·宗教·希望——多元性与含混性》,冯川,译,上海三联书店,1998 年版,脚注①,第 60 页。

着自身的去神话化和科学化历程,西方诠释学也重置了理解与信仰的关系。在精神诠释学中,理解并不依赖信仰,相反,它为理性的信仰奠基。对于文本,精神诠释学不再无条件认同,而是表现出批判的态度,倾向于基于理解的认同。伽达默尔曾经谈到:"人的权威最终不是基于某种服从或抛弃理性的行动,而是基于某种承认和认可的行动……权威依赖于承认,因而依赖于一种理性本身的行动,理性知觉到它自己的局限性,因而承认他人具有更好的见解。……权威根本就与服从毫无直接关系,而是与认可有关系。"①虽然施莱尔马赫和狄尔泰主张诠释学需要努力追寻文本作者原意,但这并不意味着他们主张无条件地认同文本及其作者。实际上,在他们的理论中,我们必须区分"理解"与"认同":认同不是发生在理解之前,甚至也不是发生在理解之中,而是发生在理解之后;理解乃是走向对文本及其作者的认同的必要通道,但理解本身还不是认同,理解甚至有可能导致对文本的批判与否弃。心理移情方法中对读者自身立场的放弃是一种"临时性"的要求,是为把握作者原意而采用的"权宜之计",一旦把握作者原意,读者就必须返回到自身的立场,展开对文本及其作者的"批判",决定对其主张的取舍。对于主张在理解过程中坚守读者自身立场的伽达默尔来说,无条件地认同文本更是一种无法容忍的非法要求。无论是在理解之前、之中,抑或之后,读者始终不必要也不可能放弃自身的立场。在伽达默尔看来,让读者站在作者的立场去把握作者原意的主张乃是"历史主义的天真的假定"②,是一种无法在现实中实现的天方夜谭,他认为,理解本质上乃是一种"视域融合"。所以,在伽达默尔的哲学诠释学中,理解更不等于对文本的无条件认同。

总体而言,精神诠释学视域中的"信仰",已经从宗教性的情感皈依,转化为科学性的理性认同,这种认同不应该是无条件的,而是必须建立在对文本的理解这一坚实基础上的,即是说,在精神诠释学看来,信仰必须是基于理解的认同。

三、马克思主义大众化:基于理解的信仰

原生态马克思主义是在西方文化的沃土中生长出来的一朵奇葩,对整个人类社会的发展具有普遍指导意义。但是,这种指导绝不是以简单搬用原生态马克思主义的方式实现的,我们必须让马克思主义的种子在中国文化的土壤中生根发芽,结出中国化马克思主义的硕果。在这层意义上看,当代中国视域中的马克思

---

① [德]伽达默尔:《诠释学Ⅰ:真理与方法》,洪汉鼎,译,商务印书馆2007年版,第380页。
② 严平,编选,《伽达默尔集》,邓安庆,等,译,上海远东出版社1997年版,第46页。

主义大众化乃是与马克思主义中国化相统一的文化根植于文化培育过程。

文化,本质上是人的生产生活过程及其成果,更确切地说,是人的有信仰的生产生活过程及其成果。作为文化根植的马克思主义大众化,其核心要义乃是要让马克思主义成为广大人民群众生活的核心价值理念,成为广大人民群众的基本信仰,真正融入当代中国人的日常生活,也即要使原生态马克思主义在中国人的实际生活中生根发芽,长成中国化马克思主义的参天大树,使马克思主义成为中国本土文化的重要组成部分。

如何使马克思主义真正融入当代中国普通民众的日常生活,使之成为中国本土文化的一个重要成分呢?

首先,圣经诠释学倡导的"理解基于信仰"的模式并不适合马克思主义大众化的要求,但它对解释在理解过程中的作用之重视却非常值得借鉴。诚然,马克思主义理论不是"神谕",而是"人言",但对于许多普通中国民众来说,以西方文化面目出现的原生态马克思主义理论并非是浅显易懂的,时间距离、文化距离横亘在原生态马克思主义与当代中国普通民众之间,造成了对原生态马克思主义理论理解和把握上的诸多障碍。因此,在马克思主义大众化的历程中,解释者及其解释就扮演着非常重要的角色。正确的、合理的解释,有助于普通中国民众对原生态及继生态马克思主义理论的理解和把握,而错误的、非法的解释则容易误导普通民众对马克思主义理论的理解和把握。在对马克思主义的解释过程中,解释者必须有一个清醒的认识:一方面,"解释"包含创作,但不能完全等同于原创,它必须忠实于原作;另一方面,解释的威力来自原作,解释永远不能替代原作,更不能高于原作。解释者对马克思主义的解释,乃是要架构一座帮助普通民众通往马克思主义理论的"解释之桥"。这座"解释之桥"的根本目的,是便捷而准确地让普通民众能够顺利到达理论的彼岸,把握到马克思主义的真谛。因此,"解释之桥"的架构者不能偏离这个根本目的,不能沉湎于追求"解释之桥"本身的富丽堂皇和宏伟壮观,致使普通民众的理解之行止于"解释之桥"而无从到达彼岸。与此相应,普通民众不能只满足于通过他人的解释去间接地理解马克思主义,间接理解难免受制于他人架构的"解释之桥",其可靠性不能完全由自己把握,因此,普通民众也必须努力提高自己的理论水平和理论领悟力,尽可能实现对马克思主义的直接理解。

其次,精神诠释学对理解与信仰关系的颠覆,有助于我们思考马克思主义大众化中理解与信仰的关系之定位问题。在精神诠释学中,理解关系从"人—神"关系转向了"人—人"关系,作为"人言"的理解对象失去了"神谕"所具有的神秘性和绝对权威性,信仰不再被认为是理解的前提和先导,相反,理解成为信仰赖以确立的根基。马克思主义不是一种宗教,而是一种科学的理论,它要让自己被广大人民群众所接受并奠立为其基本信仰,不可能走宗教式的情感皈依之路,也就是说,圣经诠释学所倡导的"理解基于信仰""信仰高于理性"的主张,并不适用于马克思主义大众化的过程。马克思主义理论不需要借助神化自身的方式来增强其光环,其权威性来自自身所具有的内在说服力,即来自其理性的真理之光。因此,批判性的理解不但不会减弱马克思主义理论的影响力,反而能够促进其发展。马克思主义信仰的确立,必须诉诸人的理性,寻求理性的支持;对马克思主义的认同和信仰,不应该是盲从,而应该是基于理解的认同与信仰。确立基于理解的信仰乃是马克思主义大众化的题中应有之义。当然,这不是说非得彻底斩断马克思主义与普通民众之间的情感关联,相反,保持和加强这种情感关联有助于确立和巩固普通民众对马克思主义的信仰。理性与情感的双重诉求,能极大地促进马克思主义的大众化。

再次,施莱尔马赫和狄尔泰式的精神诠释学强化了作者语境还原和置入式的心理体验,在理解作者原意中具有重要作用,这启示我们在马克思主义大众化的历程中,应该注意对作者原初语境的营造,以增强普通民众的心理体验,使之更容易理解和接受马克思主义。无论是原生态马克思主义,还是作为其后续发展形式的列宁主义、毛泽东思想,都有其赖以产生的原初语境。由于历史疏远化的作用,这种作者原初语境已经与现实拉开了距离,成为一种历史语境。作者原初语境的疏远化和陌生化事实上已成为当今中国的普通民众理解和掌握原生态及继生态马克思主义的不利因素。要克服这种不利影响,就必须注意对作者原初语境的营造。作者原初语境作为一种历史语境,从物理学的意义上说已经一去不复返了,但这并不意味着对作者原初语境的营造就成为无稽之谈。我们仍然有可能借助历史研究的方式,在一定程度上主观地重建作者原初语境,以了解马克思主义的本真面目。同时,在马克思主义大众化的历程中,还必须注意以历史教育与艺术创作等方式,重现马克思主义产生和发展的历史语境,使普通民众能够以直观的方式进入营造出来的这种历史语境,强化普通民众对马克思主义的心理体验和情感关联,以培育起普通民众对马克思主义的基本信仰。

最后,伽达默尔式的精神诠释学不仅实现了诠释学的本体论转向,而且实现了诠释学的实践哲学转向,开启了理论哲学与实践哲学相统一的诠释学新维度。依据伽达默尔的哲学诠释学,科学所仰仗的归纳逻辑和演绎逻辑在精神科学领域中暴露出其本有的局限性,无论是借助归纳法将个别性提升为一般性,还是借助演绎法用一般性去把握个别性,都无法满足理解的根本要求,人们需要借助实践理性(实践智慧)才能达到对人类精神的真正理解。他强调,理解的根本任务是要开启文本的新意义,为此就需要理解者在文本所代表的普遍性(一般性)和理解者所代表的特殊性(个别性)之间进行必要的、合理的中介。所以,理解者对任何文本的理解都应该基于自身具体的诠释学境况。理解的具体化由此成为理论与实践衔接的重要中介。① 在马克思主义大众化的历程中,我们不能满足于对马克思主义理论的简单灌输与机械套用,不能满足于教条式地掌握马克思主义的只言片语或各种文本,而应该致力于把马克思主义内化于普通民众的实际生活。为此,马克思主义理论的研究者和宣传家们不能高高在上、远离普通民众的生活,必须深入群众实际生活,展开对普通民众实际生活的研究和反思。从诠释学的视角看,当今中国普通民众的实际生活乃是马克思主义所面临的具体诠释学情境,将马克思主义理论应用于普通民众的实际生活这种具体的诠释学情境来展开实践哲学意义上的理解,是马克思主义大众化的必由之路。只有在与普通民众实际生活的紧密关联中,马克思主义本有的人文关怀维度才可能得到充分的彰显;只有在与普通民众实际生活的紧密关联中,马克思主义才可能被确立为普通民众的信仰并得到巩固;只有在与普通民众实际生活的紧密关联中,马克思主义才可能得到不断的推进和发展。

---

① 彭启福:《理解的具体化:从理论到实践的必要中介》,光明日报理论版,2010-2-23(11)。

正确认识和处理马克思主义大众化的几个关系*

王先俊

自从中共十七大提出"当代马克思主义大众化"这一概念,特别是十七届四中全会第一次将"马克思主义中国化、时代化、大众化"并提以后,学术界兴起了马克思主义大众化研究的热潮,对于马克思主义中国化、时代化、大众化之间的关系也进行了深入的探讨,取得了不少成果。实际上,不断推进马克思主义大众化,不仅要科学分析和正确把握以上三化,之间的关系,还要正确认识和处理马克思主义大众化与马克思主义科学化、马克思主义大众化与马克思主义通俗化、马克思主义大众化与知识分子大众化、马克思主义大众化与学术研究专业化、马克思主义大众化与大众群体多样化之间的关系。本文在借鉴已有相关研究成果的基础上,采用"史论结合"的方法,重点就如何认识和处理上述几个关系谈点看法,希望以此进一步推动马克思主义大众化研究。

一、马克思主义大众化与马克思主义科学化

马克思主义要实现大众化,首先要保证马克思主义科学化,这是马克思主义大众化的基本前提。马克思主义是不是科学?对此,马克思主义经典作家已经做出了明确的回答。这里所讲的马克思主义科学化,并不是怀疑马克思主义是不是科学真理,而是强调要科学地理解马克思主义、以科学的态度对待马克思主义。

从《共产党宣言》发表到现在,马克思主义光照人间已经有160多年了,期间一直存在着对马克思主义的理解和态度问题。在马克思主义发展史上,对待马克思主义的错误倾向主要有三种:一是实用主义和教条主义。实用主义就是"为我所用",要么把某个要素从它赖以存在的马克思主义整体中剥离出来、割裂开来、

---

* 本文原载于《马克思主义研究》2013年第7期。

孤立起来、予以夸大；要么将马克思恩格斯在某一特定场合、特定条件下所得出的具体结论搬到另一特定场合和另一特定条件下；要么干脆挂着马克思主义的招牌，贩卖非马克思主义甚至是反马克思主义的私货。教条主义主要是把马克思主义经典作家在特定条件下的"个别具体结论"神圣化、绝对化。如毛泽东所指出的，教条主义者"只会片面地引用马克思恩格斯、列宁、斯大林的个别词句，而不会运用他们的立场、观点和方法"①，他们往往"把马克思列宁主义书本上的某些个别字句看作现成的灵丹圣药，似乎只要得了它，就可以不费气力地包医百病"②。这种实用主义和教条主义曾经给国际共产主义运动造成过致命的伤害。二是肢解马克思主义。列宁说："马克思的观点极其彻底而严整，这是马克思的对手也承认的。"③可是，在马克思主义发展史上，肢解马克思主义的情况比比皆是。这种错误倾向的突出例证，就是制造所谓"恩格斯反对马克思""青年马克思反对老年马克思""马克思反对马克思主义"等谬论。同时，还有人把马克思主义归结为只注重经济分析的经济决定论以及只注重"人"的人道主义，如第二国际的所谓"正统马克思主义"者和一些西方马克思主义者。这些人所秉持的共同的思想理论基础是唯心主义哲学解释学。在这种哲学解释学看来，世界上根本不存在什么马克思主义，存在的只是对马克思主义的不同解释。由于不同解释者具有不同的政治倾向、历史条件、现实需要和文化背景，所以他们对马克思主义的解释也必然是多元的，从而在根本上否定了马克思主义文本自身所蕴涵的客观价值。本来，马克思主义哲学、政治经济学和科学社会主义是内在统一的理论体系，可是在很长时间里，我们却把哲学、政治经济学和科学社会主义人为地肢解开来，并各立门户，各自为战。以上做法的结果是，一个原本确定的完整的马克思主义被"肢解"为"多元"的马克思主义，一个原本是内在统一的理论体系被"肢解"得支离破碎、面目全非。这种做法的实质，如亮思在《评肢解马克思主义的几种形式》一文中所言："马克思主义作为工人阶级的世界观方法论，作为工人阶级打碎旧世界建设新世界的理论指南，它是完整的有机的科学的思想体系。因此，割裂这个体系，肢解马克思主义，便成为一些人反对马克思主义的一种形式。"④三是消解马克思主义。这种错误倾向的出发点是怀疑论。自20世纪90年代以来，随着苏联解体、东欧剧变、特别是资本主义社会出现的一系列新变化，有些人认为马克思恩格斯、

---

① 《毛泽东选集》第3卷，人民出版社，1991年版，第797页。
② 《毛泽东选集》第3卷，人民出版社，1991年版，第820页。
③ 《列宁专题文集·论马克思主义》，人民出版社2009年版，第7页。
④ 亮思：《评肢解马克思主义的几种形式》，《真理的追求》2007年第4期。

列宁是近代思想家,不是当代思想家,因而怀疑马克思主义的现实性,说马克思主义已经过时了、不能解决当下的问题、没有生命力了;有些人从苏联共产党的演变,从东欧一批社会主义国家的改旗易帜,认为社会主义"失败了"。总之,他们以历史虚无主义的态度对待马克思主义,提出社会主义"失败论"、马克思主义"过时论"、共产主义"渺茫论"①。其实,世界社会主义运动暂时处于低潮,并不等于社会主义的失败;马克思主义的个别结论与当代世界的发展变化不相适应,并不等于马克思主义已经"过时";马克思所预言的资本主义的丧钟至今尚未敲响,也并不意味着共产主义的"渺茫"。

马克思主义是科学,作为科学,马克思主义是打不倒的。问题的关键是,要以科学的态度对待马克思主义。要完整准确地理解马克思主义。列宁指出:"只有不可救药的书呆子,才会单靠引证马克思关于另一历史时代的某一论述,来解决当前发生的独特而复杂的问题。"②毛泽东也指出:"马克思主义者不是算命先生,未来的发展变化,只应该也只能说出个大的方向,不应该也不可能机械地规定时日。"③邓小平说:"绝不能要求马克思为解决他去世之后上百年、几百年所产生的问题提供现成答案。列宁同样也不能承担他去世以后五十年、一百年所产生的问题提供现成答案的任务。真正的马克思列宁主义者必须根据现在的情况,认识、继承和发展马克思主义。""不以新的思想、观点去继承、发展马克思主义,不是真正的马克思主义者。"④只有这种对待马克思主义的态度才是唯一正确的态度,也只有用这样正确的态度对待马克思主义,马克思主义科学化才有可靠的保证。

二、马克思主义大众化与马克思主义通俗化

马克思主义大众化离不开马克思主义通俗化。马克思主义通俗化,就是赋予马克思主义的理论内容以大众文化的表现形式,用生动活泼的语言和实例,使理论化抽象为具体、化繁琐为简要、变晦涩为清晰、变死板为生动,使之适合于人民大众的口味。用毛泽东的话说,就是"代之以新鲜活泼的、为中国老百姓所喜闻乐

---

① 参见韩庆祥等:《论马克思主义的整体性》,《哲学研究》2012 年第 8,9 期;张艳涛:《怎样科学对待马克思主义》,《马克思主义研究》2012 年第 5 期;亮思:《评肢解马克思主义的几种形式》,《真理的追求》2007 年第 4 期。
② 《列宁专题文集·论马克思主义》,人民出版社 2009 年版,第 299 页。
③ 《毛泽东选集》第 1 卷,人民出版社 1991 年版,第 106 页。
④ 《邓小平文选》第 3 卷,人民出版社 1993 年版,第 291 - 292 页。

见的中国作风和中国气派"①。理论的晦涩难懂不是马克思主义的本性,通俗化才是马克思主义的优点。列宁非常重视马克思主义的通俗化,他曾直接用一个简洁的公式来强调"通俗化"的重要性,认为:"最高限度的马克思主义＝最高限度的通俗和简单明了","最高限度的马克思主义＝最高限度的通俗化。"②马克思主义在中国传播和发展的历程充分表明了理论通俗化的作用。在民主革命时期,毛泽东用"枪杆子里面出政权""农村包围城市,武装夺取政权""打土豪,分田地"等通俗易懂、直白明了的语言,阐述了中国革命的道路,激励亿万工农大众紧跟共产党闹革命;用"星星之火,可以燎原"揭示了中国革命的前途,鼓舞了革命处于低潮期的干部群众;用"实事求是"来概括党的思想路线,等等。"山沟里的马克思主义"用朴素的语言表达出来,为工农大众所理解和掌握,转化成强大的"物质力量",取得了革命的成功。在改革开放新时期,从邓小平提出"小康社会"这一充满民族化、通俗化的现代化目标,到"三个代表"重要思想言简意赅、朗朗上口的通俗表达,再到"以人为本""和谐社会"这一充满传统文化意蕴的科学概念,中国特色社会主义理论体系以其科学化、系统化、通俗化的内在品性,获得了人民群众的广泛认同和强烈共鸣,激发起他们建设中国特色社会主义的积极性和创造性。

马克思主义哲学通俗化是马克思主义在中国通俗化的一个典范。在马克思主义理论中,哲学是最抽象和难懂的,所以,毛泽东对哲学的通俗化也最为关注。他曾多次强调,要"让哲学从哲学家的课堂上和书本里解放出来,变为群众手里的尖锐武器"③,"辩证法应该从哲学家的圈子走到广大人民群众中间去"④。怎样让哲学从哲学家的课堂上和书本里解放出来,通俗化是必由之路。1936年10月,毛泽东在给叶剑英、刘鼎的电文中说:"要买一批通俗的社会科学自然科学及哲学书","要经过选择真正是通俗的而有价值的"⑤。他还高度评价艾思奇《大众哲学》的社会价值,盛赞这本书胜过10万雄兵。新中国成立后,鉴于当时哲学通俗化不够的情况,毛泽东致信李达说:"关于辩证唯物论的通俗宣传,过去做得太少了,而这是广大工作干部和青年学生的迫切需要,希望你多多写些文章。"⑥这些无疑反映了毛泽东对哲学通俗化的高度重视,而他所著的《矛盾论》、《实践论》、

---

① 《毛泽东选集》第2卷,人民出版社1991年版,第534页。
② 《列宁全集》第36卷,人民出版社1959年版,第467,468页。
③ 《毛泽东文集》第8卷,人民出版社1999年版,第323页。
④ 《毛泽东文集》第7卷,人民出版社1999年版,第332页。
⑤ 《毛泽东书信选集》,人民出版社1983年版,第80页。
⑥ 《毛泽东书信选集》,人民出版社1983年版,第407页。

《人的正确思想是从哪里来的?》等文章,也是其哲学通俗化的代表作。在哲学通俗化的过程中,知识分子也做出了突出贡献。艾思奇的《大众哲学》就是哲学通俗化的成功范例。该书一扫以往哲学语言艰深玄奥的色彩,用通俗易懂的方式,大众喜闻乐见的语言,结合大众熟悉的历史故事,身边的实际,深入浅出地阐明深刻的道理,连每篇的题目和小标题都十分注意通俗化。《大众哲学》这本通俗哲学著作在大众中曾产生了广泛影响。解放前,就印行了32版,供不应求。1979年又印行了35万册,仍旧销售一空①。李公朴在该书第一版序言中称赞说:"这本书是用最通俗的笔法,日常谈话的体裁,融化专门的理论,使大众的读者不必费很大的气力就能够接受。这种写法,在目前出版界还是仅有的贡献。""这里的哲学,已经算是一般人可以懂得的哲学,而不是专门家书斋里的私有物了。"②当时还有一批知识分子著书立说推进哲学通俗化,如柳提的《街头讲话》、李达的《唯物史观解说》、陈唯实的《通俗辩证法讲话》、胡绳的《哲学漫谈》、韩树英的《通俗哲学》等。通过哲学的通俗化,推动了马克思主义大众化。

通俗化并不是庸俗化,庸俗化是通俗化的"敌人",是对马克思主义大众化危害最为严重的一种错误倾向。早在1935年,艾思奇就提出:"最坏的例子,是以为通俗即等于庸俗","迎合俗流思想的作品,与通俗文全然是两样东西。……把黑格尔的论理学拿来添头添脚的解释一套,不见得就成为通俗文。"③鲁迅也指出:"若文艺设法俯就,就很容易流为迎合大众,媚悦大众。迎合和媚悦,是不会于大众有益的。"④将马克思主义庸俗化往往是由对马克思主义的"曲解"所致,即对马克思主义做出了错误的理解和阐释,同时也与把"普及"变成了"降低"有关,"在思想上迎合大众,在语言上迁就大众,在形式上以运用旧形式为满足",也会把通俗变成庸俗。所以,在马克思主义通俗化过程中要有效避免马克思主义的庸俗化,首先必须对马克思主义有一个正确的理解,"不是把科学的硬理论凑上一个头,接上一支脚,使它披上软而有趣的衣裳就行了"⑤。

三、马克思主义大众化与知识分子大众化

马克思主义大众化有两个基本要素:马克思主义和社会大众。二者的真正结

---

① 参见郭建宁:《马克思主义哲学中国化的当代视野》,人民出版社2006年版,第22-24页。
② 《艾思奇全书》第1卷,人民出版社2006年版,第589-590页。
③ 《艾思奇全书》第1卷,人民出版社2006年版,第363-364页。
④ 文振庭编:《文艺大众化问题讨论资料》,上海文艺出版社1987年版,第17页。
⑤ 《艾思奇全书》第1卷,人民出版社2006年版,第363页。

合才是实现马克思主义大众化的标志。然而,马克思主义与社会大众并不是直接贯通的。也就是说,马克思主义不可能"天然"地大众化,社会大众也不可能"天然"地马克思主义化。当然,这只是问题的一个方面,另一方面,马克思主义作为无产阶级社会大众的世界观和方法论,其产生和发展实际上一刻也没有离开过无产阶级社会大众的生动实践。马克思主义与社会大众这种"天然"的联系,为实现其"大众化"提供了可能性的前提。同时,从无产阶级社会大众的角度看,无论他们怎样组织起来开展同"压迫者"的斗争,也不可能自发地产生马克思主义,而无产阶级社会大众自身也不可能自动成为马克思主义者。因此,无产阶级社会大众要在社会斗争和生产实践中求得自身和全人类的解放,实现由"自在阶级"向"自为阶级"的转变,掌握马克思主义科学理论并以这一理论为指导,是一个基本前提。就是说,无产阶级社会大众自身也有一种需要,一种对马克思主义理论武装的渴求。把马克思主义大众化的可能性转变为现实,满足无产阶级社会大众的理论渴求,必须有一个桥梁和纽带把"马克思主义"与"社会大众"贯通起来,这个"桥梁"和"纽带"主要是知识分子。当然,也不是所有的知识分子都能够担当如此重任。知识分子要真正成为马克思主义大众化的桥梁和纽带,首先必须实现其自身的"大众化",走与社会大众相结合的道路。

如果知识分子仅仅满足于自己掌握马克思主义,而不与社会大众发生联系,不仅违背了马克思主义自身的实践本性和内在要求,而且也产生不了马克思所期盼的"物质的力量",这样的马克思主义充其量只是"书斋里"的学问。在中国,"五四"以来的无产阶级知识分子有着优良的"大众化"传统。对于十月革命的胜利,李大钊认定,这是"庶民"的胜利,"劳工"的胜利,今后的世界会变成劳工的世界。1920年,他在《知识阶级的胜利》一文中又说,"知识阶级"与"劳工阶级"应该携手合作,"知识阶级作民众的先驱,民众作知识阶级的后盾"①。毛泽东强调:"知识分子如果不与工农民众相结合,则一事无成。"为此,他号召全国的青年和文化界"把自己的工作和工农民众结合起来,到工农民众中去"②。他还认为:"看一个青年是不是革命的,拿什么做标准呢?拿什么去辨别他呢?只有一个标准,这就是看他愿意不愿意、并且实行不实行和广大的工农群众结合在一块。愿意并且实行和工农结合的,是革命的,否则就是不革命的,或者是反革命的。"③五四以

---

① 《李大钊文集》第3卷,人民出版社1999年版,第170页。
② 《毛泽东选集》第2卷,人民出版社1991年版,第560页。
③ 《毛泽东选集》第2卷,人民出版社1991年版,第566页。

后,中国大多数知识分子脱掉长衫,走进工厂,深入农村,宣传马克思主义,发动人民闹革命,正是上述思想的生动体现。知识分子大众化,最根本的是要在思想深处认同工农大众,感情上与工农大众融为一体,打成一片。如果知识分子没有对工农大众的深厚情感,知识分子的大众化便不可能。对此,毛泽东曾做过很好的诊释,他说:"什么叫大众化呢? 就是我们的文艺工作者的思想感情和工农大众的思想感情打成一片。""要打成一片,就应当认真学习群众的语言","把自己的感情来一个变化,来一番改造。没有这个变化,没有这个改造,什么事情都是做不好的,都是格格不入的"①。与社会大众只有在思想上认同,感情上相通,知识分子大众化才有可靠的精神基础。另外,知识分子大众化,同样需要知识分子切实运用大众化的科学方法,做好马克思主义的民族化、具体化、通俗化、生活化等工作,切切实实地架起马克思主义同社会大众之间的桥梁。

当然,实现马克思主义大众化仅仅是知识分子大众化还不行,知识分子还必须马克思主义化,也就是要学习、理解、接受和信奉马克思主义。如果知识分子不真懂、真信、真爱、真用马克思主义,担当实现马克思主义大众化的重任则无可能。所以,在分析了知识分子大众化之后,我们仍需废点笔墨以阐释知识分子马克思主义化的问题。毛泽东曾经指出:"在中国的民主革命运动中,知识分子是首先觉悟的成分。辛亥革命和五四运动都明显地表现了这一点,而五四运动时期的知识分子则比辛亥革命时期的知识分子更广大和更觉悟。"②知识分子确实是"首先觉悟的成分",在中国民主革命实践中是这样,在介绍和传播马克思主义时也是这样。要强调的是,为什么在中国讲马克思主义是"国民党在先",而当时却没有把马克思主义"输送"到更大范围的知识分子和社会大众中去? 也就是没有实现马克思主义大众化呢? 原因很多,但有一条是根本性的,即当时一些知识分子并没有真懂、真信、真爱、真用马克思主义。"五四运动时期的知识分子则比辛亥革命时期的知识分子更广大和更觉悟",其中一个突出的表现就是当时形成了一批真正的早期马克思主义者,按照毛泽东的话说,"五四运动时期虽然还没有中国共产党,但是已经有了大批的赞成俄国革命的具有初步共产主义思想的知识分子"③。他们译原著、组社团、办刊物、写文章,尽力扩大马克思主义的宣传阵地,深入工厂、农村、学校,传播马克思主义,推动马克思主义与中国工人运动的结合,实现马

---

① 《毛泽东选集》第2卷,人民出版社1991年版,第851-852页。
② 《毛泽东选集》第2卷,人民出版社1991年版,第559页。
③ 《毛泽东选集》第2卷,人民出版社1991年版,第699-700页。

克思主义的大众化。在学习和传播马克思主义过程中,一大批知识分子先后走上了无产阶级革命道路,成为真正的马克思主义者,不仅直接为中国共产党的成立作了组织上的准备,更为此后永续推进马克思主义大众化提供了主体条件。

四、马克思主义大众化与学术研究专业化

讲马克思主义通俗化并不意味着要削弱马克思主义的学理性和学术性。当下有些人总有这样一种思维定势,即把马克思主义大众化、通俗化同学术研究专业化对立起来,一讲马克思主义大众化和通俗化,就自然地批评起"书斋里的学问"和"书斋里的学者",似乎马克思主义之所以没有大众化,根本原因在于从事马克思主义学术研究的人写出的文章和著作不够通俗。实际上这种认识并不公允。

马克思主义是无产阶级革命的学说,它不是在书斋里进行纯学术研究的产物。毛泽东在延安时讲过一段话,马克思的马克思主义不是在学校里学来的,"他在学校里并没有学马克思主义,学的是唯心论",是资本家的道理,是黑格尔、费尔巴哈那一套。但是,他出了校门,在德国、法国等处看书、看事,所看的事,有无产阶级和资产阶级打仗,有法国资产阶级革命、巴黎公社革命,还有英国劳工运动,这样就搞了一个马克思主义出来①。但是,马克思主义还是科学学说,是由一系列概念、判断、命题、原理构成的知识体系。因为马克思主义既是"革命学说",又是"科学学说",所以列宁称赞马克思主义的创始人马克思恩格斯同时具有"革命家"和"学者"的双重品质。因为是"革命学说",不是在书斋里创造出来的,所以创造马克思主义的人需要有"革命家"的品质,因为是"科学学说",所以又要求创造马克思主义的人具有"学者"的品质,像马克思一样抽出时间"退入书房",潜心学问。实际上,马克思恩格斯一辈子都在进行科学研究。恩格斯称马克思是伟大的科学家。恩格斯也是如此,他不仅研究社会科学,而且在自然科学领域也有很高造诣。他曾用8年的时间从事自然科学研究,他的自然科学水平尤其是科学哲学水平是同时代的许多自然科学家所无法企及的。列宁不仅系统研究了俄国的社会历史特点,研究了马克思恩格斯的学说,而且研究了19世纪与20世纪之交自然科学特别是物理学发展的新成果。从马克思主义产生和发展的角度看,"退入书房"专门从事科学研究是其内在的必然的要求。

马克思主义大众化必须以马克思主义的科学性作为支撑,以马克思主义科学化为引领。所以,从马克思主义大众化的角度看,马克思主义在实现大众化的过

---

① 《毛泽东文集》第2卷,人民出版社1993年版,第183页。

程中,也必然需要一部分人潜心从事科学研究。马克思主义要想掌握群众,实现大众化,就必须彻底,必须"说服人",而要使理论"彻底"和"说服人",从而抓住事物的本质,揭示马克思主义的科学本性,对理论本身进行认真系统的研究必不可少。马克思主义大众化的过程,还是一个发挥和扩大马克思主义影响力的过程。马克思主义的影响力主要有两个方面:一是意识形态或政治上的影响力,一是学术上的影响力。① 所谓"学术",按照《辞海》里的解释,是指"较为专门、有系统的学问"②。由这种"较为专门、有系统的学问"而产生出的学术影响力是国家文化软实力的重要组成部分。相对于意识形态或政治上的影响力来说,学术影响力居于更为基础的位置,而要增强马克思主义的学术影响力,就必须高度重视和加强马克思主义的学术研究。可喜的是,近年来国家非常重视马克思主义的学术研究,启动了马克思主义研究和建设工程,向中国知识界提出了建立中国社会科学体系和学术话语体系的更高要求,这些都有力地推动了当代中国马克思主义学术研究的开展。

总之,我们不能以马克思主义大众化、通俗化来排斥马克思主义学术研究的专业化,二者之间不是一个此消彼长、互相对立的关系,而是一个彼此联系、相互促进的关系。马克思主义的学者们一定要走出"书斋",紧跟时代和实践的发展,紧贴人民群众的火热生活,在理论宣传和普及中,直面经济社会发展所带来的新情况新问题,并对这些新情况新问题做出正确的回答。但是,"学者"们的联系实际同实际工作者的联系实际并不相同。书斋是学者的工作场所,他们在这里研究和写作,就如同工人在车间里做工。取消了书斋,取消了书斋里的学者,实际上也就等于取消了学术研究。当前缺乏的是真正能沉下心来从事马克思主义学术研究的人。如果我们的马克思主义学者们坐不下来,没有时间读书,而以变成社会活动家为荣,那就没有了马克思主义的学术,也就谈不到马克思主义的大众化了。③ 这种看法是很有见地和针对性的。理论自觉和理论自信离不开学术本身的自觉和自信。在当下学术界所呈现的一片"浮躁"之气中,倡言学术自觉和自信,倡导学者"退入书房"专心从事学术研究,甘于寂寞、甘于清贫、甘于做"书斋中的学者"都要求学者"走出书房",走向社会大众同等重要和紧迫。

---

① 参见刘建军:《关于当代马克思主义大众化的若干问题》,《思想理论教育》2008 年第 7 期。
② 《辞海》(缩印本),上海辞书出版社 1989 年版,第 1269 页。
③ 参见刘建军:《关于当代马克思主义大众化的若干问题》,《思想理论教育》2008 年第 7 期。

五、马克思主义大众化与大众群体多样化

在当代中国,马克思主义大众化迫切需要解决的问题之一是,提高马克思主义宣传教育的实效性。而要提高实效性,又必须解决"针对性"。要根据不同的对象选择不同的内容,采取不同的方式和方法进行大众化。应当看到,马克思主义大众化已经取得了显著的成就。近年来有针对性地组织编写出版的《理论热点面对面》系列丛书,《六个为什么》《七个怎么看》《辩证看务实办》等一大批有分量的通俗理论读物,在推进马克思主义大众化的过程中更是起到了非常明显的作用。但是,我们以为,在"实效性"尤其是"针对性"等方面仍然存在一些问题。如何解决这些问题,正确认识和处理好马克思主义大众化同大众群体多样化的关系是一个重要方面。

历史上,延安时期和新中国成立初期是马克思主义大众化两个比较好的时期。它们的共同经验是,我们党在马克思主义宣传和普及过程中非常注意大众群体的多样化,并有针对性地依据不同群体的现状和需要,采取不同的方式、方法推进大众化。比如在延安时期,当时大众群体主要是三类人员:即没有多少文化的农民和战士、"文化人群体"、广大党员干部。针对第一种类型的群体,马克思主义大众化主要从启蒙教育抓起。边区党和政府开展了行之有效的社会教育,"在各村、各乡小学校内或小学校外,建立民革室、救亡室、俱乐部一类的文化教育活动中心","开办各种群众学校、夜校、识字班,组织各种识字组、大众黑板、读报、演讲、娱乐、体育、壁报、戏剧等一切适合群众需要及为群众所喜欢参加的活动"[①],力求在扫除文盲的同时,实现马克思主义在群众中的广泛传播。对于"文化人群体",主要是通过参加革命实践和开展马克思主义教育,努力使其在实际斗争中转变思想观念,在与工农民众的结合中转变阶级立场,在整风学习中提升马克思主义水平。对党员干部,主要是开展各种各样的干部教育。新中国成立初期,中国共产党成为执政党,马克思主义大众化的任务更为繁重。当时的大众群体除了工人农民、知识分子、党员干部外,还有工商业者、学生等等。对此,党和政府根据不同类型人员也采取了不同方式,有针对性地推进马克思主义大众化。对工人农民、党员干部,党和政府继承了延安时期的一些经验,继续开展各种各样的宣传教育活动和整风整党活动;对知识分子则是开展了思想改造运动;对工商业者,则结

---

① 参见李斌:《马克思主义大众化的历史实践与当代启示——以延安时期为考察对象》,《西安社会科学》2009 年第 4 期。

合"三反""五反"运动、工商业社会主义改造运动等,进行爱国爱党爱社会主义教育;对青年学生特别是大学生,则在高校设立马列主义理论课。这些有针对性的措施,有力地保证了马克思主义大众化的效果,使马克思主义成为当时绝大多数中国人的"共同语言"①。

改革开放以来,随着经济体制转轨和现代化建设进程的推进,中国的社会阶级阶层发生了"结构性"的改变,原来的"两个阶级一个阶层"(工人阶级、农民阶级和知识分子阶层)的阶级阶层结构有了很大变化。当今中国社会阶级阶层结构更加细化和复杂是不争的事实,不同阶级阶层的职业背景、思想文化水平、工资收入水平、社会政治地位等均有较大的不同,他们的政治信仰、文化水平、精神需求和对马克思主义的认知程度也有明显的差异。在这种情况下,实现马克思主义大众化,更加需要注意大众群体的"多样化"和"针对性"。既要继承党在延安时期和新中国成立初期推进马克思主义大众化的经验,又要根据改革开放以来社会阶级阶层的多样化,针对不同类型、不同群体、不同个体的不同要求,形成具有鲜明的层次性、体现完整的大众性的"大众化"发展路径。

党的十八大提出:"要深入开展社会主义核心价值体系学习教育,用社会主义核心价值体系引领社会思潮、凝聚社会共识。推进马克思主义中国化时代化大众化,坚持不懈用中国特色社会主义理论体系武装全党、教育人民。"②也就是说,马克思主义大众化仍是当前思想理论战线的重大任务,正确认识和处理上述"五个关系",无疑会有益于我们完成十八大提出的"武装全党、教育人民"的战略任务,不断推进当代中国的马克思主义大众化。

---

① 《毛泽东文集》第7卷,人民出版社1999年版,第273页。
② 胡锦涛:《坚定不移沿着中国特色社会主义道路前进为全面建成小康社会而奋斗》,人民出版社2012年版,第31页。

延安时期的教育推进马克思主义大众化的历史经验[*]

李祥兴

延安时期,中共创建了大量的各种层次的教育机构、开展了形式多样的社会教育,堪称教育史上的典范。这些教育机构和场所不仅是培养技术人才的摇篮,更是传输马克思主义的阵地,成功地推进了马克思主义大众化。今天用马克思主义大众化视野重新审视这段历史、总结其经验,对推进当代马克思主义大众化无疑具有理论和实践的双重价值。

一、始终围绕党的中心任务展开马克思主义大众化,避免空洞的说教

"理论只要说服人,就能掌握群众;而理论只要彻底,就能说服人。"[①]所谓彻底,就是抓住事物的根本,亦即解决现实问题。延安时期,中共利用教育阵地宣传研究马克思主义、推进马克思主义大众化的第一条基本经验就是始终围绕党的中心任务而展开,以解决实际问题为导向。

"人们的社会存在决定人们的思想。而代表先进阶级的正确思想,一旦被群众掌握就会变成改造社会、改造世界的物质力量。"[②]这是马克思主义关于社会意识和社会存在的关系中国化的阐释,要使马克思主义的理论真正成为改造世界的物质力量,马克思主义理论就必须关注现实问题。然而,马克思主义不可能为各门具体的学科提供具体的答案,只能提供方法论的指导。因此,具体到大众化上,表现为用中国化的马克思主义及其方法论来研究分析和解决中国面临的实际问

---

[*] 本文原载于《当代世界与社会主义》2014 年第 4 期。
[①] 《马克思恩格斯选集》第 2 版第 1 卷,第 9 页。
[②] 《毛泽东文集》第 8 卷,人民出版社 1999 年版,第 320 页。

题。因为真正的"哲学"是时代的精华，必然要迎接时代的挑战，回答时代提出的课题。就延安时期来说，由于时代的主题是革命与战争，具体到中国而言首要的任务就是要说清如何才能争取抗战的胜利，如何才能实现国家的独立、人民的解放等一系列基本问题。这就是说，中国化的马克思主义必须为回答时代课题，或者说给人民群众解答时代课题提供必要的理论武器。

抗战时期以毛泽东为代表的中国共产党人把马克思主义理论与中国具体实际相结合创立了中国化的马克思主义，这一理论为解答时代课题提供了可靠的答案。但是，这只是解决当时中国所面临的时代课题的一方面，问题的另一方面是如何将这种解决中国问题的方案转化成为千百万人民大众的具体实践，用学术化的语言表达即用理论武装群众，这就是伟大的抗战在马克思主义大众化领域具体的任务，其重要性在于它是发动群众参战热忱和生产热忱的一个重要武器。陆定一曾经说过，"我们所要解决的任务越繁重，越是要得到更大的效率，就越是要发动群众的积极性主动性，越是要加强我们的宣传鼓动工作"①。

抗战时期围绕这一中心任务，党制定了相应的宣传教育的方针政策，明确了"党的宣传鼓动工作的任务是宣传马列主义的理论，党的纲领与主张，党的战略与策略，在思想意识上动员全民族与全国人民为革命在一定阶段内的彻底胜利而奋斗"②，以提高和普及人民大众的抗日知识技能和民族自尊心为中心。在教育领域确立了教育为长期战争服务的方针，即以抗战建国为根本目标，围绕这一目标教育应作自我调整适合抗战的需要。对于教育来说，主要作如下几个方面的调整：第一，对原有的教育体系内的学制适当缩短，剔除与抗战没有直接联系的相关课程，大力发展抗战急需的课程，教授学生抗战必须的知识。第二，发展民众教育。国防教育是动员群众起来参加民族自卫战争的一种手段，必须运用各种方法来组织群众，使全国人民团结一致抗敌，群众动员得越加充分，民众的团结越有保障，抗战胜利的可能性也就越大。第三，大力发展干部教育，培养抗战建国所需的各种干部，改变目前干部稀缺的局面。第四，"办理义务的小学教育，以民族精神教育新后代"③，伟大的抗战必须有伟大的抗战教育运动与之相配合。基于这样的目标，抗战时期马克思主义大众化的任务是为抗战服务，为抗战作舆论准备。正因为这样，抗战时期的马克思主义大众化不是一般意义上的宣传马列主义的理

---

① 《中国共产党宣传工作文献选编（1937—1949）》，学习出版社1996年版，第39页。
② 《张闻天文集》第3卷，中共党史出版社1994年版，第150页。
③ 中央档案馆编：《中共中央文件选集》第11册，中共中央党校出版社1991年版，第616页。

论原则,而是宣传上述理论并教民众运用这些理论原则去解决时代的课题。

二、以中国化的马克思主义为马克思主义大众化重点,使之富有时代特色

如果说始终围绕党的中心任务而展开是马克思主义大众化目标指向的"的",那么中国化的马克思主义则是用来解决这些问题的"矢",其自然也就成为大众化的重点。

中共六届六中全会确立了"全党从事组织人民的抗日武装斗争的方针,批驳了把战胜日本帝国主义的希望寄托于国民党军队及把人民的民运寄托于国民党反动派统治下的合法运动等错误思想"①,并指出了中国的抗战必须依靠共产党领导下的人民大众。与此同时,在这次全会上毛泽东说:"洋八股必须废止,空洞抽象的调头必须少唱,教条主义必须休息,而代之以新鲜活泼的、为中国老百姓所喜闻乐见的中国作风和中国气派。把国际主义的内容和民族形式分离起来,是一点也不懂国际主义的人们的做法,我们则要把二者紧密地结合起来。"②大家往往把这段文字看成是关于马克思主义中国化的经典论述。其实不然,在这里毛泽东不仅阐释了推进马克思主义中国化对于中国革命胜利的重要性,同样也指出了马克思主义中国化的理论成果必须借助大众化的形式才能真正转变为大众的马克思主义,才能发挥实际效力。实际上,这里还蕴含着马克思主义中国化和大众化的这样一层关系,即马克思主义中国化是大众化的前提,中国化为大众化提供内容,大众化为中国化提供载体。

之所以确立中国化的马克思主义为马克思主义大众化的重点内容,是由这一理论自身的属性和中国的实际情况决定的。马克思主义是关于人类社会发展的一般规律的科学,是放之四海皆准的真理,但它在不同时代、不同国家的实践必然有不同的形式。列宁说:"我们认为,对于俄国社会党人来说,尤其需要独立地探讨马克思的理论,因为它所提供的只是总的指导原理,而这些原理的运用具体地说,在英国不同于法国,在法国不同于德国,在德国又不同于俄国。"③列宁的这段话揭示的是马克思主义的一个最基本的原则,即在运用马克思主义基本原理时一切要从实际出发,考虑客观实际的差异性。这符合马克思主义一贯倡导的普遍与特殊、一般与个别的原则,也正是马克思主义的生命力之所在。中国共产党人在

---

① 《毛泽东选集》第 2 卷,人民出版社 1991 年版,第 519 页。
② 《毛泽东选集》第 2 卷,人民出版社 1991 年版,第 534 页。
③ 《列宁选集》第 3 版第 1 卷,第 274—275 页。

运用马克思主义的基本原理解决中国问题的时候同样也要遵循这一基本原则,即要把握"结合"这一精神实质,把马克思主义变成适合中国革命建设所需的主义,须知"只有和民族的特点相结合,经过一定的民族形式,才有用处"①。

具体到中国而言,马克思主义中国化至少有以下几个方面的结合:第一,马克思主义必须同中国革命的实际相结合。近代中国所处的革命环境既不同于欧洲的情况,也不同于俄国的情况,没有现成固定的模式可以遵循,只有独立自主地探讨革命的道路才有出路,特别是抗战使得中国的革命形势更加复杂多变,这对中国党来说是一大挑战。第二,马克思主义必须同中国的传统文化相结合。从文化思想的角度来说,马克思主义是一种外来的文化,与中国传统文化相比较而言是一种异质文化,这种异质的文化要在中国生根发芽、开花结果,必须同中国的文化融为一体才会有生命力。恩格斯曾经说过:就革命纲领来说各个国家工人阶级的纲领所依据的基本原理和原则没有本质的区别,但是要把这一原则真正贯彻到各个国家时,这些国家的工人阶级政党就不得不考虑其文化历史条件的差异性,采取适合本国文化历史的具体形式。就这一纲领在美国的运用来说"毫无疑问……它必须完全脱掉外国服装。它必须成为彻底美国化的党。它不能期待美国人向自己靠拢"②。恩格斯在这里说得再明白不过了,马克思主义只有与一国的文化历史传统相结合才能在该国生根发芽,否则始终只能作为一种外来的文化在那里漂流,更不可能结出美丽诱人的果实。第三,马克思主义还必须采用中国化的理论形式。马克思主义虽然是反映人类社会和自然界发展规律的科学,揭示的是一般的规律,但是各个民族由于各种历史和现实的原因对规律性的认识把握的方式是多元化的,这反映在人们描述规律的概念、范畴和逻辑推理及语言表达习惯等方面。"马克思主义诞生在西方,它具有鲜明的西方文化传统特色,它所使用的概念工具、构筑体系的方法和原则、研究分析问题的思维方式等,无不体现出西方文化传统的特色。"③黑格尔与J·H·沃斯有这样一段对话:"路德让圣经说德语,您让荷马说德语,这是对一个民族所做的最大贡献。因为一个民族除非用自己的语言来习知那最优秀的东西,否则这东西就不会真正成为它的财富。"④对西方的文明成果应当积极学习和吸收,但不能机械照搬,否则"很难在中国民众中普及和推

---

① 《毛泽东选集》第2卷,人民出版社1991年版,第707页。
② 《马克思恩格斯全集》第2版第21卷,第383—392页。
③ 何一成:《马克思主义中国化专题研究》,湖南人民出版社2005年版,第85页。
④ 黑格尔:《黑格尔通信百封》,上海人民出版社1981年版,第202页。

广,只有同优秀文化传统结合起来才能获得新的生命"①。刘少奇在《论党》的报告中向全党阐明了这一思想。他说,我们共产党人要依据中国不同发展的历史阶段及每个发展阶段所面临的不同政治、经济、文化条件,对马克思主义加以发展,并运用中华民族特有的思维方式和表现形式把这一理论展现出来,使之更加适合中国的历史环境,适合中国国情的特殊性,唯有如此,马克思主义才能真正"成为中国无产阶级群众与全体劳动人民群众战斗的武器"。②

总而言之,只有经历了这种结合的马克思主义才是中国所需要的马克思主义,才是能解答时代课题的马克思主义,才是易为中国人接受的马克思主义。中国的先进分子从选择和接受马克思主义作为拯救近代中国的那一刻起,就认定其是能"救世界之危机而崛起之第三新文明"。因而,马克思主义大众化重点即为这种结合的马克思主义。

三、深入细致地做好分众化工作,使马克思主义大众化更具针对性

明确马克思主义大众化的"矢"与"的"还远远不够,只有耐心细致地做好分众化工作才有可能看清"的",才有可能用"矢"准确地射中"的"。延安时期,中共利用教育这块阵地推进马克思主义大众化的另一条基本经验就是做好分众化工作,使之更具针对性。

从传播学的视野来看,受众由于受社会、经济、文化、心理等各种因素的制约和影响,从而有千差万别的特点,可以划分为不同的类型,这些不同类型的受众既有共同的一般的特性,又有各自的不同个性特征。马克思主义大众化的受众是活生生的人,也是千差万别的。在横向上看,其思想有先进与落后、正确与错误之分。从纵向来看,有少年、青年、中年或觉悟程度、成熟程度的高低层次。分众化就是要从实际出发,依据教育对象不同的认识水平,区别对待,因材施教,分层进行教育;既鼓励先进,又照顾多数,将先进性要求与广泛性要求有机结合起来。

首先,延安时期的教育遵循了马克思主义一贯坚持的分众化思想。早在1900年列宁就提出,"对于先进个人,我们应该竭尽全力使他们的队伍不断扩大,使他们崇高的精神需求充分得到满足,从他们的队伍中间产生俄国社会民主工党的领导人物;对于广大的中等水平的个人,要求提高他们的水平,并且从他们之间培养出先进工人;而对水平较低的工人进行鼓动,则应充分发挥每个鼓动员个人的特

---

① 何一成:《马克思主义中国化专题研究》,湖南人民出版社2005年版,第85页。
② 《刘少奇选集》上卷,人民出版社1981年版,第336页。

长,全面地照顾地区职业及其他方面的特点"①。延安时期毛泽东曾批评宣传工作者在做宣传工作时千人一面,不分对象。他举例说道:"几年前,他在延安城墙上看到一个标语里面把工人的工写成了'㐅'字,把人字写成了'ᄊ'字。写标语的人显然没有考虑到标语是写给普通的老百姓看的,更没有考虑到延安这个地方普通老百姓文化水平普遍不高这一现实情况。他之所以这样写恐怕是不想老百姓看得懂,否则很难说得通。"②因此,作宣传工作的同志要想取得较好的效果,就必须考虑到宣传对象自身的特点,在自己做准备工作时要多想一想自己的文章、演说、谈话的对象是谁。最好在事前深入地进行调查研究,做到心中有数、有备无患,否则,就会无果而终。

其次,在实际的教育过程中充分考虑了教育对象觉悟程度和理解水平的差异性而提出不同的要求。马克思主义认为,人的思想形成与发展是在社会实践的基础上自身社会生活条件与主观内部因素相互作用的结果。由于人们的社会生活条件和所受的教育不同,文化知识素养和身心发展状况不同,尤其是主观努力程度不同,因此,其思想觉悟和认识水平就显现出巨大的差异性。以抗大第四期学员为例,四期学员五千人,来自全国各地,他们的成分包含当时现有的一切阶层,有工农的子弟,也有地主资本家的儿女。他们的职业无所不包、无所不有,甚至有国民党的党员、官员。因此,"抗大虽然实施划一的教育,要求每一个学员都能够达到一定的训练标准。然而并不是机械的要求划一,而是根据个人的特点和优点有针对性的教育。抗大所要求的标准是最低限度的资格,以此为基础,个人还可以发挥自己特殊的才能。"③正如邓小平指出的:"我们当然希望所有的人都通过自己的努力获得进步,但是毕竟每个人的努力有程度上的差别,这种差别即使到了理想的共产主义社会依然会有。因此,尽管人们都付出了努力,但是我们还是要看到个人在成长过程中所表现出来的才能和品德的差异性,由此对他们提出不同的要求,尽可能使每个人按不同的条件向社会主义和共产主义的总目标前进。"④

再次,延安时期的教育还关注了方法的不同。在马克思主义大众化的过程中除了依据对象不同选择不同的内容,还要依据接受者的思想实际和接受能力选择

---

① 《列宁全集》第2版第5卷,第234—236页。
② 《毛泽东选集》第3卷,人民出版社1991年版,第836页。
③ 陕西师范大学教育研究所:《陕甘宁边区教育资料(高等教育和干部学校教育部分)》(上),教育科学出版社1981年版,第138页。
④ 《邓小平文选》第2卷,第836页。

不同的方式和方法。列宁曾经说过,为把科学社会主义学说传播到广大工人群众中去,我们应当首先集中力量在无产阶级的先进阶层中进行工作,同时要努力教育和引导先进工人,使这些工人在同无产阶级中比较落后的阶层接近时,把社会主义思想及俄国无产阶级的政治任务也带给这些阶层。这就是说,在宣传教育时,必须对客体对象做出适当的分层,尽量利用先进帮助后进、以先进带动后进,使其共同前进,获得发展。所以,毛泽东也指出:"我们凭借先进骨干去提高中间分子,争取落后分子","无论是执行战争、生产、教育(包括整风)等中心任务,或是执行检查工作、审查干部和其他工作,除采取一般号召和个别指导相结合的方法以外,都须采取领导骨干和广大群众相结合的方法。"①这就是说,在马克思主义大众化的过程中要分清层次,讲究方法,不能搞一刀切,尤其要注重先进分子的典型示范和带头作用。

四、注重综合运用多种传播载体和平台,使马克思主义大众化富有活力

如果说看清马克思主义大众化的"的"是实现马克思主义大众化的必要条件,那么可以说,综合运用多种传播载体和搭建各种交流平台则是保证"矢"顺利到达彼岸的充分保证。

传播载体和平台是沟通传播主客体的桥梁和纽带,是信息传输的大道。各类传播载体都有自己的特点、优势和不足,但在不同的时期、不同的历史条件下,这些载体的特点、表现形式及优势发挥又有所不同。为克服这些不同的传播方式的局限,发挥其优势,从传播心理学的角度来看,采用综合传播手段不失为一个较好的策略。"所谓综合传播就是将传播内容转换成声音、光的或其他符号,通过两种以上的感觉器官作用于大脑的传播。综合传播又可以划分为组合式综合传播与艺术化的综合传播。组合式综合传播由各种单一的传播手段构成,在这种传播模式中缺乏任何一种传播类型,影响不大。艺术化的综合传播是对传播内容进行艺术化加工,使传播内容具体化为具有审美价值的艺术作品。"②

具体说来,组合式传播的优点是:"由于这种传播是各种单一传播的简单组合,因此,它能扬单一传播之长,避单一传播之短。"③譬如,延安时期,中共为了提高边区军民通过大生产运动克服眼前特大困难的信心,于 1943 年 11 月在延安组

---

① 《毛泽东选集》第 3 卷,人民出版社 1991 年版,第 898 页。
② 林之达:《传播心理学新探》,北京大学出版,第 66 页。
③ 林之达:《传播心理学新探》,北京大学出版,第 72 页。

织了一次规模空前的生产展览,运用了将近百余个展览室,展出六千多件展品,还有图表和照片近两千张。展览会的展品形象、生动、具体,使受传者对展品内容一目了然,无需像报纸那样由第三者去描述后再由受传者根据其描述来了解传播内容,既省时、省力又减少了受传者对第三者描述、理解上的失真、走样。该展览会还配有文字介绍,引导受传者深入了解展品背后蕴含的更深的价值。另外,展览会使用了两种以上的传播方式使受传者对展览会的印象更加深刻。艺术化的综合传播的优点是:"由于进行了艺术加工,巧妙地将传播目的、动机隐藏在人们喜欢品尝的故事情节中,把传播观点溶化在活生生的社会生活艺术图景当中,让受传者在津津有味的满足审美需要的过程中,不知不觉地受到传播内容的感染,做到随风潜入夜,达到润物细无声的传播效果。"①延安时期的秧歌剧运用了这种艺术手法,同样是围绕大生产这一中心问题,譬如,由丁玲主持的"中国文艺协会"所属的"锄头剧社"、由陕甘宁边区文化协会组织的"民众剧团"和延安文艺团体,纷纷下乡,巡回演出《兄妹开荒》《十二把镰刀》《二流子变英雄》等十几个剧目,激励着千百万群众生产的积极性,在大生产运动中发挥了巨大的动员、鼓舞和教育作用。至于选择的依据,韦伯·施拉姆有一个传播获选的或然率公式,选择的或然率=报偿的保证/费力的程度。② 这就是说,要依据实际的情况来决定选择哪一种传播方式。

从以上分析来看,单一运用某种传播载体的效果远远不如综合运用各种传播载体。当然这并非绝对的,而是对大多情况的一种分析。延安时期的传播载体和平台很多,诸如声音传播、直观传播、文字传播等多种传播媒体和手段及其综合形式。

五、在同其他社会思潮斗争中赢得主动,充分发挥马克思主义的引导力

马克思主义大众化不是在风平浪静的环境中进行的实验,而是在百舸争流的社会思潮中比争高下,在同其他社会思潮的斗争中赢得主动,充分发挥马克思主义的引导力是延安时期中共利用教育阵地推进马克思主义大众化的又一条基本经验。

辞书对社会思潮的解释是,在一定历史时期内,反映一定阶段、一定阶层的利益和要求的一种思想倾向。由于社会是立体的,可以划分为若干阶级阶层,因而在一个时期内在某一社会内部往往存在几股不同的社会思潮。这些不同的社会思潮之间相互激荡、相互斗争乃至相互影响,演绎并构成一个时代丰富的思想画

---

① 林之达:《传播心理学新探》,北京大学出版,第72页。
② 林之达:《传播心理学新探》,北京大学出版,第73页。

面。当然,时代思潮归根到底是由一定时期的社会经济环境决定的,抗战时期也是如此。抗战的浪潮冲击着中国的每一个角落,也把不同的阶级卷入到这场洪流当中。这些不同的阶级阶层在抗战问题上表达了自己的意见和见解,表明自己的立场和观点。对于中国共产党来说,在思想战线上的任务就是引领这些时代思潮,使之为抗战的大局服务。毛泽东曾经指出,"掌握思想领导是掌握一切领导的第一位"①。

抗战时期的社会思潮主要有:汪记伪三民主义、假三民主义、战国策派的思想和"中国的法西斯主义"思想等。

伪三民主义主要是利用孙中山三民主义的纰漏和不完善的地方,借孙中山的三民主义的革命招牌为自己服务,其流派五花八门。而以共产党和国民党左派人士为代表的人士则高举革命的三民主义为抗日救国奋斗,由此产生了三民主义之争,这场争论在抗战期间达到高峰。尤其是这种争论还为日本帝国主义所利用,提出"与其消灭国民党,毋宁改造国民党",把"抗日溶共"的国民党改造成"亲日反共"的国民党,将"三民主义"修正为与"建设大东亚新秩序"相一致的主义。伪三民主义一出台,就受到中共和一切正直国民党人士的批判,当时张闻天就发表了《拥护真三民主义,反对假三民主义》一文对这股思潮进行了批判。

假三民主义主要是指以叶青为代表的,以国民党蒋介石为后盾支持的,打着三民主义招牌的,以反共为主旨的所谓三民主义。其主要观点是:"一、歪曲孙中山的革命学说,编造伪三民主义。在民族问题上,把日本侵略中国的原因归结于中国的不统一,统一中国要用武力消灭共产党;在民权上,把民主与抗战、民主与军事对立起来,主张对民众实行统制;在民生上,认为中国不是半封建社会,而是资本主义社会,没有必要平均地权,实现耕者有其田。二、借三民主义排斥和反对马克思主义。认为马克思的社会主义不含有民族、民权、民生三民主义,马克思主义是欧洲社会发展的产物,仅仅适合欧洲,对中国来说是舶来品,与中华民族没有关系。三、借三民主义,宣扬法西斯主义。假三民主义者公开鼓吹一个党、一个主义和一个领袖。"②对假三民主义,中共以《解放日报》《共产党人》《新华日报》《解放》《中国青年》《中国文化》等刊物为阵地,组织专家、学者进行了系统批判。

战国策派是20世纪40年代在大后方出现的一个宣扬法西斯主义的反动文化团体,其成员多为教授、学者,代表人物有林同济、何永桔等。这个政治派别的

---

① 《毛泽东选集》第2卷,人民出版社1991年版,第435页。
② 张静如主编:《中国共产党思想史》,青岛出版社1991年版,第271-275页。

主要观点是:"一宣扬战国时代的重演,鼓吹大政治的政治观;二鼓吹权力意志,超人主义和英雄史观。"①其核心内容与假三民主义基本一致,就是反共、极力维护国民党的一党专政和独裁统治。虽然这个政治派别的人数不多,但其政治观点与其他形形色色的反马克思主义社会思潮汇集一流势必会对马克思主义造成一定的冲击。基于此,党的一些理论工作者和进步的学者对他们进行了严肃的批判。

中国的法西斯主义是指以蒋介石个人名义发表的《中国之命运》一书的世界观、伦理观和政治主张。其主要观点是:"一继续鼓吹一个党、一个主义、一个领袖,这也是其核心内容;二宣扬力行哲学,对三民主义、国民党无限崇拜,无限忠诚,做到杀身成仁,舍生取义;三鼓吹复古主义,提倡封建伦理道德;四重申其建国方略、原则和程序,核心是排除异己,消除异党。"②该书出版后,被列为各界的必读书目和学校的教材,影响较大,尤其是对青年毒害较深。该书的直接矛头是针对中国共产党和马克思主义,并为新的反共高潮作舆论准备。因此,中共中央非常重视对中国法西斯主义的批判,主要从以下几个方面进行:"一通过延安《解放日报》发表一系列社论,密切结合抗战实际,揭露和批判以《中国之命运》为代表的中国法西斯主义;二组织理论工作者撰写文章,从不同的方面,对《中国之命运》进行理论批;三中共中央领导人通过讲话、报告和文章批判《中国之命运》。"③值得一提的是,代表中国共产党对《中国之命运》进行批判的《评〈中国之命运〉》发表的当天,中央宣传部作出指示:"《评〈中国之命运〉》在《解放日报》上发表,并广播两次。各地收到后,除在当地报纸上发表外,应立即印成小册子(校对勿错),使党政军民干部一切能读者每人得一本(陕甘宁边区印一万七千本),并公开发卖。一切干部均须细读,加以讨论。一切学校定为必修之教本。南方局应设法在重庆、桂林等地密印密发。华中局应在上海密印密发。其他各根据地应散发到沦陷区人民中去。一切地方应注意散发到国民党军队中去。应乘此机会作一次对党内党外的广大宣传,切勿放过此种机会。"④

通过对上述社会思潮的批判,使人民认识了马克思主义,扩大了其影响力,也促使中国共产党人进一步运用马克思主义为指导,回答在反法西斯主义胜利的前夜,中国将走向何方的问题。

---

① 张静如主编:《中国共产党思想史》,青岛出版社1991年版,第285—286页。
② 张静如主编:《中国共产党思想史》,青岛出版社1991年版,第289—292页。
③ 张静如主编:《中国共产党思想史》,青岛出版社1991年版,第293—295页。
④ 中央档案馆编:《中共中央文件选集》第14册,中共中央党校出版社1992年版,第79页。

民主革命时期马克思主义中国化中的论争及其启示*

高正礼

一、民主革命时期马克思主义中国化中的论争

民主革命时期,马克思主义中国化中的论争错综复杂。因中国早期马克思主义者和中国共产党人是马克思主义中国化的主导者,也是论争的主体。因此,根据中共历史发展的进程,论争可分为五个历史阶段。

1. 创建一个什么样的政党——中共创立中的论争

在中国共产党创立过程中,以李大钊为代表的中国早期马克思主义者同以胡适为代表的资产阶级改良派,就解决中国问题是否需要确定一个主义指导、是否需要"根本改造"的社会革命等产生了争论,史称"问题与主义"之争。同时,各种外来主义和学说在中国杂然纷呈,既遥相呼应,又激烈争鸣。其中,科学社会主义、无政府主义、基尔特社会主义和民主社会主义等社会主义思潮既同种种非社会主义思潮进行斗争,又就解决中国问题应采用何种社会主义展开了争论,史称"社会主义之争"。论争围绕中国有没有劳资对抗、是否需要社会革命、能否跳过资本主义发展阶段、革命应走议会道路还是十月革命道路等议题展开。

"五四"时期,一些先进知识分子通过自我鉴别、同志间探讨、团体内辩论等途径对各种主义进行比较分析进而选择了改造中国的主义。如1920年,在法国的蔡和森和周恩来"对各种主义综合审谛","对于一切主义开始推求比较"[①],最后坚信走科学社会主义指引的道路。同年秋,蔡和森、李富春等勤工俭学学生在法

---

* 本文原载于《马克思主义研究》2013年第1期。
① 《周恩来书信选集》,中央文献出版社1988年版,第41页。

国蒙达尼开会三天,"经过热烈的辩论,大多数社员赞成以信仰马克思主义和实行俄国式的社会革命为工学世界社的宗旨。"①1921年元旦,长沙新民学会接连讨论三天,最后经表决,多数会员赞同采用布尔什维克主义达到"改造中国与世界"的目的。②

中国早期马克思主义者在同种种非马克思主义者展开论争的同时,其内部又就所要建立的政党实行地方分权制还是中央集权制、排斥还是联合其他革命政党、独立还是听命于共产国际、党员能否到旧政府做官等问题发生"建党之争"。

中共创立中的论争经历了从是否需要主义指导,到采用何种社会主义作指导,再到建立一个什么样的社会主义政党的发展过程,从中共党史、马克思主义中国化的视阈看,可归结为"创建一个什么样的政党"之争。论争促进了马克思主义在中国的研究和传播,推动了先进知识分子选择马克思主义和中国共产党的创建。

2. 掀起一场什么样的革命——国民革命中的论争

国民革命时期,中国共产党人和廖仲恺、宋庆龄等国民党左派同以邹鲁、冯自由等国民党老右派展开了坚决斗争,双方就国民党需不需要联俄容共、共产党员加入国民党旨在革命还是利用国民党、国民党是否党内有派、国共合作促进还是阻碍了国民革命、共产党员应否以党团形式在国民党内活动等问题展开了论争。

服从共产国际指示,中国共产党经过1922年杭州西湖特别会议和1923年党的"三大"激烈的争论决定同国民党实行党内合作。然而,党内分歧一直存在。从1925年秋到1927年夏,陈独秀等多次提议共产党员退出国民党,由共产党单独或同国民党通过党外合作开展国民革命,但都受到共产国际和多数中国共产党人的反对。1926年,中共四届三中全会批评"这种观点是完全不对的"③;共产国际在《真理报》上发表文章予以批评,并派维经斯基来华制止,斯大林也说:"共产党应该离弃国民党的这种主张,乃是错误的。"④1927年夏,中共党内和共产国际内部再次就此发生争论,托洛茨基、特伦等赞同陈独秀的意见,主张中共独立领导工农暴动。而斯大林、布哈林等坚决反对,强调:"共产国际执行委员会最坚决地反对

---

① 李维汉:《回忆与研究》(上),中共党史资料出版社1986年版,18页。
② 《中共党史参考资料》第1册,中国人民解放军政治学院1979年版,第514页。
③ 《建党以来重要文献选编》第3册,中央文献出版社2011年,第275-276页。
④ 《共产国际有关中国革命的文献资料》(1919-1928)第1辑,中国社会科学出版社1981年版,第292页。

那种退出国民党的要求,反对那根本上必然弄到退出国民党的态度。"①

孙中山逝世后,国民党新老右派反共分裂活动日趋猖獗,尤其是戴季陶主义的出笼为右派的反动提供了理论依据。中国共产党人同戴季陶主义者围绕三民主义的哲学基础是传统道统还是唯物史观、国民革命是否需要阶级斗争、是否需要通过确立"共信"建立一个纯粹的国民党等问题展开了论争。

与此同时,中国共产党人以《向导》和《中国青年》为阵地,同李璜、曾琦等代表的国家主义派展开了论战。据不完全统计,从1924年初至1927年2月,仅《中国青年》发表的批驳国家主义的文章就达七十多篇②。双方争论的焦点有:国家是否具有阶级性、中国革命是否需要阶级斗争、中国能否立即反对帝国主义等。

在国民革命中,以毛泽东、瞿秋白和陈独秀、彭述之为代表的中国共产党人分别就国民革命的性质、领导权、依靠力量和前途等问题产生了激烈的论争,论争中提出了无产阶级"取得革命领导权,是中国革命胜利的先决条件"、革命"胜利的前途,不能不超出资产阶级性的范围,而过渡于非资本主义的发展"③、"农民问题乃国民革命的中心问题"④等思想。由于以陈独秀为首的中共中央长期在上海,革命的中心先是在广州,后是在武汉,中共党内的争论又集中表现在:先是"广东和中央的对立",后来"转移到武汉和中央的争论"⑤。

国民革命中的论争突出地表现为国共关系之争,实质上是"掀起一场什么样的革命"之争。论争在一定阶段维系了国共合作,探讨了新民主主义革命的基本问题,但同时又阻碍了国民革命的深入发展。

3. 选择一条什么样的道路——土地革命中的论争

从1927–1937年,在中国共产党、共产国际和联共(布)内部,以及国民党改组派、国统区的思想文化界等之间,就中国社会性质、革命形势和性质等持续了10年争论。社会各界"在刻苦的研究,分析,论辩中"⑥得出了中国是半殖民地半封建社会的结论。这期间,以陈独秀为代表的少数人对中国革命形势持悲观态度,而瞿秋白、李立三、王明"左"倾机会主义者对革命形势估计过高,二者都混淆了民主革命与社会主义革命的界限,认为中国革命是社会主义革命,或主张毕民主革

---

① 《共产国际与中国革命资料选辑》(1925–1927),人民出版社1985年版,第427页。
② 沙健孙主编:《中国共产党史稿》第2卷,中央文献出版社2006年版,第269页。
③ 《瞿秋白文集》(政治理论编)第4卷,人民出版社1993年版,第517、486页。
④ 《毛泽东文集》第1卷,人民出版社1993年版,第37页。
⑤ 《中共党史报告选集》,中共中央党校出版社1982年版,第240页。
⑥ 何干之:《中国社会性质问题论战》,上海书店1937年版,第1页。

命和社会主义革命于一役。以毛泽东为代表的中国共产党人在反对"左"、右倾机会主义的斗争中,得出了中国革命长期处于低潮、革命性质仍然是民主革命的结论。

在土地革命战争时期,共产国际和中共党内就中国革命的重心在城市还是乡村、是否需要建立农村根据地、实行什么样的土地革命路线、党指挥枪还是枪指挥党、扩大还是深入游击战争等问题发生了持续争论。共产国际和"左"倾机会主义统治下的中共中央坚持"城市中心论",指责工农武装割据"完全反映着农民意识,在政治上表现出来机会主义的错误"①。毛泽东、周恩来等中国共产党人在总结实践经验和批判教条主义的基础上,提出了农村包围城市、武装夺取政权的新革命道路理论。

同时,共产国际、中共党内围绕中共在白区工作路线是进攻还是退守、是否反对国民党反动派解散和改组黄色工会、如何处理工人经济斗争与政治斗争的关系等产生了论争。刘少奇、李铁夫等在总结白区工作经验教训、反对教条主义的基础上,就党在白区工作的形势、策略和对待黄色工会的态度等提出了独创性主张,成为党在白区工作的正确代表。

土地革命战争中的论争突出地表现为中国革命基本问题之争,论争围绕"选择一条什么样的(革命)道路"而展开,论争推动了中国特色民主革命道路的探索,促进了中国化的马克思主义——毛泽东思想的形成。

4.争取一个什么样的命运——抗日战争中的论争

全面抗战爆发前后,国内外各界人士对中日战争的形势、进程和前途等众说纷纭。国民党蒋介石集团奉行消极防御、速战速和的战略,对战争前景持不自信且依赖英美的态度,武汉、广州沦陷后,又转向消极、持久战略;汪精卫集团大肆鼓吹"战必败""再战必亡"论调;包括少数红军将领在内的一部分人一度有轻敌倾向,甚至持"速胜论";一些人士不甘失败,但面对日寇侵略,"各自逃难""非常失望",对国家前途感到迷茫。② 毛泽东、张闻天等通过对中日两国国情的分析,提出了抗战是持久战、最后胜利属于中国的观点。

抗战时期,国共两党、民主党派和无党派人士等就中国应实行片面还是全面抗战路线、抗战时期能否发展民主、独立自主与争取外援的关系、抗日游击战争的地位、抗战胜利后建立一个什么样的国家等问题展开了持续论争和斗争。这期

---

① 《建党以来重要文献选编》第7册,中央文献出版社2011年版,第276页。
② 李洲庭,阎秉华:《梁漱溟先生年谱》,广西师范大学出版社2003年版,第139页。

间,毛泽东、朱德等系统阐述了全面抗战的政治路线、人民战争的军事路线、"抗日与民主互为条件……民主是抗日的保证"①、"争取外援而不依赖外援"②等思想;针对轻视甚至污蔑游击战争是"沉睡在中世纪的""农民底战术"③等论调,指出八路军应发挥"能起决定作用"的"拿手好戏","这就是真正独立自主的山地游击战(不是运动战)"④等战略战术思想。针对国民党顽固派抗战之初妄图融(溶)共,抗战相持阶段限共反共;王明右倾机会主义迁就国民党;中间势力对国民党寄予过高期望,认为只有"统一一切思想,意志,政见,集中一切人力物力财力智力于中央,且掌握于最高领袖之下……方能胜敌图功",甚至号召各党派"支持国民党政治主张而自愿解散组织"⑤等。以毛泽东为代表的中国共产党人经过艰苦斗争,制止了国民党顽固派的反共摩擦,纠正了王明右倾机会主义,说服教育了中间势力,牢牢把握了党对人民的抗日领导权,并推动新民主主义革命理论走向成熟。抗战后期,各党派就抗战胜利后的建国目标展开了激烈的论争。国民党坚持一党专政,中共和民主党派主张组织联合政府。蒋介石公开宣称:"不接受组织联合政府的主张,党派会议等于分赃会议,组织联合政府无异于推翻政府。"⑥蒋介石的《中国之命运》和毛泽东的《两个中国之命运》是论争的一个缩影。

在中国抗日战争的相持阶段,中共领导人在学习研究党的历史、整顿党风过程中,就若干历史问题,尤其是土地革命战争后期是否犯有"左"倾路线错误、抗战初期是否存在右倾机会主义、抗战中能否争取民主等问题产生了争论。在深入研讨的基础上,1945年4月,中国共产党六届七中全会审议并通过了《关于若干历史问题的决议》,标志着全党对重大历史问题的认识经过学习、争论达到统一。

抗战中的论争极为复杂,但基本上是围绕着如何争取抗战胜利、抗战胜利后建立一个什么样的国家而展开的,因此,论争的主题是"争取一个什么样的(国家)命运"。

5. 建立一个什么样的国家——解放战争中的论争

解放战争初期,中国共产党同苏共、民主党派和无党派人士之间就战后国际

---

① 《毛泽东选集》第1卷,人民出版社1991年版,第274页。
② 《朱德选集》,人民出版社1983年版,第155页。
③ 叶青:《抗战中的问题》,抗战出版社1940年版,第71–72页。
④ 《毛泽东军事文集》第2卷,军事科学出版社、中央文献出版社1993年版,第53页。
⑤ 张军民:《中国民主党派史(新民主主义时期)》,黑龙江人民出版社2006年版,第202、203页。
⑥ 《周恩来年谱(1898–1949)》(修订本),中央文献出版社1998年版,第617页。

形势是否有利于中国革命、中国内战的责任是国民党还是共产党、制止中国内战的根本途径是中共放弃还是壮大人民武装、中国革命是否会导致中华民族"灭亡"①等问题产生了争论。期间,中国各种政治力量就中国应建立一个什么样的国家而奔走呼号,中共和多数民主党派一度主张建立一个以国民党为主导的多党派联合政府,而国民党顽固坚持一党专政。

1947年秋,随着人民解放战争的进展和国内外形势的嬗变,中国共产党改变建国方略,提出了"打倒蒋介石,解放全中国"的口号,决定推翻国民党反动统治,建立人民当家作主的新民主主义共和国。可是,一些民主党派和无党派人士仍幻想在中国建立资产阶级共和国,争论直到1949年6月毛泽东发表《论人民民主专政》和10月新中国成立才告终。此外,其他政治主张的论争也在进行中。国民党反动派妄图以"和谈"换取喘息之机,国际上有人希望中国"划江而治",一些人士提出对反动派实行"仁政"②,反对将革命进行到底,中共党内也存在仅满足于蒋介石下台的错误认识③。以毛泽东为代表的中国共产党人,力排众议,对各种错误言论予以批驳和劝说,坚持将革命进行到底。

解放战争时期的论争紧紧围绕"建立一个什么样的国家"而展开,论争传播了新民主主义革命理论,使人民共和国方案深入人心。

二、民主革命时期马克思主义中国化中论争的特征

纵观民主革命时期马克思主义中国化中的论争,可窥隐含其中的一些特征。主要是以下几点。

1. 论争紧紧围绕"什么是中国革命,怎样革命"而展开

近代中国社会性质和主要矛盾决定了人民的首要任务是争取民族独立和人民解放,因而"什么是中国革命,怎样革命"成为首要的理论问题,也是各革命阶级、政党等政治生活的主题。民主革命时期,马克思主义中国化中的论争不计其数,论争的主体、论点等各不相同。但是,马克思主义的阶级斗争学说和无产阶级专政理论等是否适合中国、中国是否需要彻底革命、革命成功后建立一个什么样的国家等论争贯穿始终。这期间,关于创建一个什么样的政党、掀起一场什么样的革命、选择一条什么样的革命道路、争取一个什么样的命运和建立一个什么样

---

① 《在历史巨人身边——师哲回忆录》(修订本),中央文献出版社1995年版,第308页。
② 李洲庭,阎秉华:《梁漱溟先生年谱》,广西师范大学出版社2003年版,第223页。
③ 《建党以来重要文献选编》第24册,中央文献出版社2011年版,第453页。

的国家等论争,都是中国革命基本问题之争,归纳起来都是"什么是中国革命,怎样革命"之争。

2. 论争的焦点体现了历史与逻辑的统一

民主革命时期,马克思主义中国化中论争的历史发展过程与中国马克思主义者理论创新进程高度一致,体现了历史与逻辑的统一。例如,中共创立时期,"问题与主义"之争是否需要主义之争;接着发生的"社会主义之争",进展为采用哪种社会主义之争;再接着发生的建党原则之争,发展为建立一个什么样的马克思主义政党之争。论争主题先后承继,环环相扣。再如,国民革命中发生了共产党是否需要掌握革命武装、是否需要发动土地革命等之争,而这些问题到土地革命战争时期,在中共、共产国际和联共(布)内基本上不再成为争论的问题,争论的焦点进一步发展为如何领导工农革命、武装革命走什么样的道路等之争。

3. 论争的理论创新进程同毛泽东思想的形成和发展相一致

毛泽东是马克思主义中国化的典范,他关于中国革命问题的代表性著作是新民主主义革命理论的集中体现,而这些著作大多数是在批评党内外种种错误思潮和倾向的过程中写成的。以人民出版社 1991 年版《毛泽东选集》第 1、2 卷为例,其中 2/3 以上文稿的题注都明确地说,文稿是毛泽东为反对和批判党内外种种错误思潮和倾向而写的,是争论和斗争的结果。这些题注当然体现了革命时期的阶级斗争思维、中国共产党的历史是两条路线斗争史等观点的影响,但是,它也可以从一个侧面说明,毛泽东思想的形成和发展充满着论争。《关于建国以来党的若干历史问题的决议》也说,毛泽东思想是在同种种"错误倾向作斗争并深刻总结这方面的历史经验的过程中逐步形成和发展起来的"①。

4. 论争经历了主要从中共党外转向党内,又由党内转向党外的过程

从主题、主体和参与者来看,论争经历了主要由党外转向党内,又由党内转向党外的过程。中国共产党创建过程中的论争主要是马克思主义者同非马克思主义者的论争。国民革命时期的论争主要是中国共产党人同国民党新老右派、国家主义派等的论争。进入到土地革命战争时期,论争主要发生在革命阵营内部,包括共产国际、联共(布)和赤色职工国际等,尤其是在中共党内。抗日战争时期,虽然中共党内发生了反对王明右倾机会主义、关于若干历史问题等论争,但论争主要转向中国共产党人同国民党、青年党、反动文人、部分中间人士等之间。解放战

---

① 《关于建国以来党的若干历史问题的决议注释本》(修订),人民出版社 1985 年版,第 47 页。

争时期,中共党内论争很少,论争主要是中国共产党人同其他党派、人士等关于建立一个什么样的国家、是否将革命进行到底等之争。

5. 论争主要同资产阶级展开,尤其是在处理国共两党关系中走过

近代中国国情的特殊性决定了中共领导的新民主主义革命基本上是在处理同资产阶级的关系,尤其是在处理同国民党的关系中走过的。马克思主义中国化中的论争也是如此。中共创立时期"问题与主义"、社会主义之争;国民革命时期中国共产党人反对国民党新老右派、国家主义派的斗争;抗战时期国共关于抗战领导权、建国方案等争论;解放战争时期国共两党在重庆谈判、政治协商会议上的斗争,中国共产党人反对中间路线的斗争,等等,这些论争和斗争归根结底都是无产阶级同资产阶级之间的论争和斗争,且多是处理国共两党关系的论争和斗争。

三、民主革命时期马克思主义中国化中论争的启示

民主革命时期,马克思主义中国化中的论争既对中共、中国革命的发展等起过推动作用,也留下了深刻教训。

1. 论争是马克思主义中国化的动力之一,应鼓励和引导平等的论争

如前述及,民主革命时期,马克思主义中国化中的论争起到了传播马克思主义、创建中共、推动中国革命理论创新等作用,成为马克思主义中国化的动力之一。从人类思想发展史看,论争容易引起人们的关注,易于扩大影响,传播思想;论争促使人们深入思考,催生新思想;论争的结论来自严密推论和辩解,更加严谨科学。可见,遵循"百花齐放,百家争鸣"的方针,积极引导平等、说理的论争,有利于马克思主义中国化、时代化和大众化。而回避论争,害怕论争,禁止论争都是不可取的。

2. 需努力构建处理内部论争的机制

民主革命时期,中共在处理党内论争方面有过一些成功的作法。如土地革命战争时期,红四军党内就党与军队、前委与军委关系等争执不下时,陈毅赴上海向中共中央汇报工作并在中央的指示下解决了红四军党内的论争;抗战时期,因王明有共产国际派遣回国传达和执行所谓新策略的背景,中共中央决定派任弼时赴莫斯科向共产国际报告中国抗战的情况,在争取共产国际的理解和支持下,中共六届六中全会顺利地纠正了王明右倾机会主义错误;在延安整风中,鉴于中共高级干部对党的若干历史问题存在严重的认识分歧,中共中央决定组织高级干部学习研究中共历史,在此基础上逐渐统一了认识,并由中央全会通过"历史决议"将其确定下来,等等。这些好的做法积累了正确处理党内分歧和论争的宝贵经验,

值得认真总结和汲取。

然而,民主革命时期,中共因没有解决好党内论争的机制,处理论争也留下了很多教训。譬如:陈独秀家长制作风严重,往往听不进甚至不许他人提反对意见,使党内分歧和争论无法妥善解决,他同李汉俊的关系因建党原则之争而恶化,他压制毛泽东发表《湖南农民运动考察报告》、当众撕毁任弼时向中央所提交的意见书等;1927年4月,中共五大就革命若干问题连续争论几天毫无结果;1929年5—9月,在红四军党委的一系列会议上,同样发生接连争论数日而无结论的现象。这些给中共和中国革命事业造成严重的不良后果。

从历史的角度看,马克思主义中国化中的论争是一把双刃剑,既推进了马克思主义中国化,也给中共、中国革命和建设事业等带来危害。民主革命时期,中共没有充分的条件构建正确处理党内论争的机制。在稳固执政60多年的条件下,我们党应在这方面做些探索。

3. 克服对待马克思主义的形式主义和虚无主义态度

民主革命时期,中国共产党人、中国的马克思主义者在论争中坚持学习研究马克思主义,并运用马克思主义基本原理分析中国革命的具体实际,从而在理论与实践相结合的过程中提高了自身理论修养、驳斥了非马克思主义者的歪曲和污蔑、克服了革命阵营内部的错误倾向、催生了马克思主义中国化的理论成果的产生。

当今中国存在的两种倾向须引起重视:一是对待马克思主义的形式主义态度。一些党政干部只是口头高喊以马克思主义为指导,但对马克思主义、中国化的马克思主义缺乏基本的理解和把握,根本谈不上真正信仰和践行,一些学者仅仅把马克思主义研究和教学当作职业,当作谋生、牟利的工具,自身将信将疑,甚至拜神信佛。二是妄加批评马克思主义的态度。一些人对马克思主义知之甚少,甚至根本就不懂,却对马克思主义妄加批判,高校思政课、党政机关和企事业单位的理论学习活动越来越缺乏活力和吸引力。因此,如何对待马克思主义仍是一个重大的理论和现实问题,需要认真研究和积极应对。

总之,民主革命时期,在马克思主义中国化进程中发生了系列论争,论争有着鲜明的主题和特点,深入研究其作用、特点和教训,对于我们在社会主义现代化建设历史新时期继续推进马克思主义中国化具有重要借鉴价值。

马克思主义中国化视域下的非马克思主义者探论*

张正光

从逻辑意义上看,非马克思主义者是与马克思主义者的相对概念,其外延非常宽泛,既包括反马克思主义的人,也包括既不反对马克思主义,却也不赞成马克思主义的人,甚至还包括披着马克思主义外衣却干着反马克思主义事的人(但此类人不在本文讨论范围之列)。从一般意义上来说,马克思主义中国化理所应当地是马克思主义者的事业,而与非马克思主义者应该没有任何正相关的关系,但是,纵观马克思主义中国化发展史,马克思主义者固然是当然的主体,但是,纵观马克思主义中国化发展史,不管是马克思主义在中国的初传,还是马克思主义中国化命题最终在中国的确立,非马克思主义者在这个过程中始终扮演着不可或缺的角色。他们或自觉或不自觉地参与到马克思主义中国化的传播和争论中来,主观或客观地促使着马克思主义在中国的传播。真理往往越辩越明。事实上很多人正是在马克思主义者与非马克思主义者的论争中认识到马克思主义的真理性,从而和自己的过去决裂,义无反顾地站到马克思主义旗帜下的。"马克思主义中国化"命题的提出是20世纪20～30年代"中国化"思潮的逻辑反映。

一、非马克思主义者对马克思主义在中国的早期传播起到了"历史的不自觉的作用"

作为近代"西学东渐"大潮中的思潮之一的马克思及其学说,早在1899年即

---

* 本文原载于《现代哲学》2013年第7期。

传入中国①,其后,资产阶级改良派和革命派代表人物梁启超、马君武、朱执信、孙中山等都开始关注并加入到马克思主义在中国的介绍工作中来。梁启超在《进化论革命者颉德之学说》中简要介绍了马克思的思想:"麦喀士谓今日社会之弊,在多数人之弱者为少数之强者所压服"②。马君武在1903年发表的《社会主义与进化论比较》论及马克思的学说:"马克司者,以唯物论解历史学之人也。马氏尝谓:阶级竞争,为历史之钥"③。马君武在文末还附注了马克思的一些著作,如《哲学的贫困》《共产党宣言》《政治经济学批判》和《资本论》等。朱执信是这一时期宣传马克思主义的杰出代表。他在1906年发表《德意志社会革命家小传》一文,文中他首先介绍了马克思(马尔克)和恩格斯(嫣及尔)的生平。"马尔克者,名卡尔,氏马尔克,生于德利尔。父为辩护士,笃于教宗。马尔克少始学,慕卢梭之为人。长修历史及哲学,始冀为大学祭酒。……初马尔克在巴黎,与非力特力嫣及尔相友善。嫣及尔者,父业商,少从事焉。习知其利苦,乃发愤欲有以济之,以是深研有得。既交马尔克,学益进。马尔克既去法,嫣及尔亦从之北游,因相与播其学说于比律悉之日报间,言共产主义者群宗之。万国共产同盟会遂推使草檄,布诸世,是为《共产主义宣言》。马尔克之事功,此役为最。"④"一千八百八十三年,马尔克卒于伦敦。后数年,嫣及尔亦卒。"⑤他还说:"马尔克之他述作固甚多,常与嫣及尔共著,学者宝贵之"⑥。这样就比较客观地介绍了马克思恩格斯作为科学社会主义的创始人和他们之间的战友关系,以及他们在国际共产主义运动中的地位和作用。在这篇文章中,朱执信第一次介绍了《共产党宣言》的写作背景、中心思想和历史意义。他摘译并解释了《共产党宣言》的十大纲领,并指出马克思主义与空想社会主义有本质区别:"前乎马尔克,言社会主义而攻击资本者亦大有人。然能言其毒害之所由来,与谋所以去之之道者,盖未有闻也。故空言无所裨。……夫马尔克之为《共产主义宣言》也,异于是。……马尔克又以为当时学者畏葸退缩,且前且却,遂架空论而远实行,宜其目的之无从达也。苟悉力以从事焉,则

---

① 目前学界对于马克思及其学说在中国最早出现有两种观点:一是认为1898年夏上海出版的《泰西民法志》最早介绍了马克思;一是认为1899年上海广学会主办的《万国公报》最早介绍了马克思及其学说。本文采信第二种说法。
② 姜义华:《社会主义学说在中国的初期传播》,复旦大学出版社1984年版,第51页。
③ 姜义华:《社会主义学说在中国的初期传播》,第70页。
④ 《朱执信集》上卷,中华书局1979年版,第10—11页。
⑤ 《朱执信集》上卷,第17页。
⑥ 姜义华编:《社会主义学说在中国的初期传播》,第357页。

共产之事易耳。"①在同年6月发表的《论社会革命当与政治革命并行》一文中,朱执信指出,社会主义"顾自马尔克以来,学说皆变,渐趋实行,世称科学的社会主义"②。朱执信还对马克思的阶级斗争学说和《资本论》作了介绍,指出:"马尔克之意,以为阶级争斗,自历史来,其胜若败必有所基。……故其宣言曰:'自草昧混沌而降,至于吾今有生,所谓史者,何一非阶级争斗之陈迹乎。'"③在译出关于无产阶级革命的十项要求和措施后指出"马尔克素欲以阶级争斗为手段,而捄此蚩蚩将为饿莩之齐氓,观于此十者,其意亦可概见。……马尔克既草《共产主义宣言》,万国共产同盟会奉以为金科玉律,故颂美马尔克,诟病马尔克者,咸是焉归。"④对于马克思的劳动价值论、剩余价值论和无产阶级贫困化理论,朱执信认为:"马尔克之谓资本基于掠夺,以论今之资本,真无毫发之不当也。……马尔克以为:资本家者,掠夺者也。其行,盗贼也。其所得者,一出于浚削劳动者以自肥尔","马尔克此论,为社会学者所共尊,至今不衰"⑤。孙中山对社会主义十分向往,对其的论述也较多。他说:"所询社会主义,乃弟所极思不能须臾忘者"。⑥ 他认为马克思的学说对社会主义运动有很大影响:"厥后有德国麦克司者出,苦心孤诣,研究资本问题,垂三十年之久,著为《资本论》一书,发阐真理,不遗余力,而无条例之学说,遂成为有系统之学理。研究社会主义者,咸知所本,不复专迎合一般粗浅激烈之言论矣。"⑦此外,国民党人像胡汉民、戴季陶、徐苏中、沈仲九、陈炯明、林云陔等,无政府主义者像刘师复、李石曾、吴稚晖、张静江以及政客江亢虎等都曾经对马克思及其学说作过不同程度的介绍。

应该说,资产阶级维新派和革命派对马克思及其学说在中国的传播是有贡献的,他们的努力毕竟让中国人知道了西方还有一个马克思的学说。但是,由于阶级和时代的局限性,这批早期的马克思主义的传播者并没有真正理解马克思主义的真谛,对马克思主义的解释有较大的偶然性、主观性和随意性,他们把马克思主义同形形色色的社会主义混杂在一起,没有划清与它们的界限;由于马克思及其学说的传播尚停留在一个非常狭小的范围内,因而谈不上有什么社会影响;更由

---

① 《朱执信集》上卷,第11—12页。
② 《朱执信集》上卷,第55页。
③ 《朱执信集》上卷,第11页。
④ 《朱执信集》上卷,第14—16页。
⑤ 《朱执信集》上卷,第16—17页。
⑥ 《孙中山全集》第1卷,中华书局1981年版,第228页。
⑦ 《孙中山全集》第2卷,中华书局1982年版,第506页。

于他们对于马克思及其学说的介绍不是出于信仰,也没有把这种"主义"同改造中国的实际结合起来,所以,正如毛泽东后来所说:"以前有人如梁启超、朱执信,也曾提过一下马克思主义。……朱执信是国民党员,这样看来,讲马克思主义倒还是国民党在先",但是直到十月革命前,"在中国并没有人真正知道马克思主义的共产主义"①。

马克思主义真正为中国人所了解是在俄国十月革命胜利之后。毛泽东曾说:"十月革命一声炮响,给我们送来了马克思列宁主义。十月革命帮助了全世界的也帮助了中国的先进分子,用无产阶级的宇宙观作为观察国家命运的工具,重新考虑自己的问题。"②近代以来,中国各社会阶级、阶层的所有探索和抗争都是围绕探寻国家的出路而展开的,因此,所谓文化之争、思潮之争实际上是与当时的政治生活紧密联系在一起的,实质上都是中国出路之争。从当时情况看,不论是复古、西化还是中西调和,都牵涉到中国往哪个方向发展的问题。只是无政府主义、保守主义也好,自由主义、三民主义也罢,这些林林总总的思潮、主义都没能帮助中国人找到自己的道路。俄国依靠马克思主义赢得革命胜利的活生生的例子给痛苦、彷徨但又不失探索之志的中国先进分子树立了一个样板。他们开始研究俄国革命和俄国社会,并渐次介绍马克思主义了。在经过五四运动的洗礼后,一批激进的知识分子开始转向马克思主义。他们在同各种非马克思主义、反马克思主义的论战中,帮助更多的知识分子分清了马克思主义与无政府主义、改良社会主义等的界限,并吸引他们汇聚到马克思主义旗帜下。

二、非马克思主义者关于"中国化"论题的展开对中国共产党人提出"马克思主义中国化"命题有启迪意义

不可否认,中国共产党是马克思主义中国化的探索和实现的主体,党的早期成员李大钊、陈独秀、瞿秋白、蔡和森、毛泽东、周恩来和刘仁静等都提出要用马克思主义基本原理分析中国社会实际问题,但是,认识到要把马克思主义基本原理与中国实际相结合,并不等于就能实现结合。没有经验积累,不进行调查研究,是解决不了问题的。事实也证明,"马克思主义中国化"命题的提出,经过了一个长期的酝酿过程,是中国共产党成立以后多年探索和思考的产物。在这个过程中,非马克思主义者关于"中国化"问题的讨论,给了中国共产党人一定的启发,为马

---

① 《毛泽东文集》第3卷,人民出版社1996年版,第209页。
② 《毛泽东选集》第4卷,人民出版社1991年版,第1471页。

克思主义者接过"中国化"大旗进而提出马克思主义中国化创设了思想文化环境。可以肯定地说,毛泽东在1938年之所以能提出"马克思主义中国化"的命题,一方面固然是对全党17年斗争实践经验的总结,与其个人经历认识有关,但另一方面也与社会上的中国化思潮有关。

继鲁振祥先生写成《"马克思主义中国化"解读史中若干问题考察》一文,就"马克思主义中国化"概念的酝酿、提出和使用过程作实证性说明后,著名党史学家张静如先生发表了《关于中国化》一文,就中国化概念的提出和使用过程也作了实证性的说明,他认为:"近代以来,西方的学说、思想逐渐传入中国,人们在学习、效法的过程中,慢慢就发现,西方国家的很多说法、做法在中国不那么管用。这就不能不引起人们的思考,是不是由于国家的情况不同,再好的说法和做法也不能照搬。大致可以这样说,到'五四'前后,在中国思想界中人们已形成共识,即无论引进外国的何种学说,都要力求与中国的实际情况结合。随后,'中国化'的概念也就被提出来。"①张先生的判断应该说是极恰当的,当中国的先进分子在搬用西方理论、主义和学说以期改变国运的尝试屡遭失败后,他们开始重新审视自己的国度,把西方的科学、技术、教育和文化等同中国国情结合起来的认识渐趋清晰。在目睹第一次世界大战后欧洲的破败景象后,曾经讴歌维多利亚的西方文明的梁启超开始重新审视中西文化的价值。他在《欧游心影录》一文中对中西文化的态度有个大转弯,提出我们国家有一个绝大的责任,即"拿西洋的文明来扩充我的文明,又拿我的文明去补助西洋的文明,叫他化合起来成一种新文明"②。这种"中西互补论"包含了对西方文明的批判性审视,代表着中国近代思想界的思想转向。1921年7月17日,《民国日报》副刊《觉悟》刊登郑太朴的文章《论中国式的安那其主义答光亮》。文章说:"中国式的无政府主义,意思就是说,按照中国的社会情形,人民性情而酌定的无政府;不是贸贸然把西洋那个无政府学者底办法胡乱装上;因为地理历史既各不同,断不能囫囵吞枣的"。"总括一句,我所认定的'中国式的无政府主义'是'本无政府原理,参酌中国底社会情形人民性格而成的'。"这里的"中国式"与"中国化"虽非同一概念,但意思很相近。也就是说,中国的无政府主义者在引进无政府主义的时候,就已经开始意识到同中国的实际结合起来的重要性。1922年商务印书馆出版的中国基督教教育调查会编的《中国基督教教育事业》中说:"要使教会学校更有效率,更加基督化,更加中国化"。这里没有解释

---

① 张静如:《关于中国化》,《党史研究与教学》,2006年第5期。
② 梁启超:《欧游心影录》,《时事新报》,1920年3月25日。

"中国化"是什么意思,但却是比较早地明确地使用了"中国化"这个概念。1924年舒新城在《中华教育界》第8期上发表《论道尔顿制精神答余家菊》一文,提出:"此时我们所当急于预备者,不在专读外国书籍,多取外国材料,而在用科学的方法,切实研究中国的情形,以求出适当之教育方法","使中国的教育中国化"。1927年庄泽宣在其著作《如何使新教育中国化》中说:"现在中国的教育不是中国国有的,是从西洋日本贩来的,所以不免有不合于中国的国情与需要的地方。如何能使新教育中国化,这是一件很大的问题,很复杂的问题"。"我以为要把新教育中国化,至少要合于下列四个条件:一,合于中国的国民经济力;二,合于中国的社会状况;三,能发扬中国民族的特点;四,能改良中国人的恶根性。"1931年2月,孙本文在中国社会学社第一次年会上发表的题为《中国社会学之过去现在及将来》的演讲中说:"采用欧美社会学上之方法,根据欧美社会学家精密有效的学理,整理中国固有的社会思想和社会制度,并根据全国社会实际状况,综合而成有系统有组织的中国化的社会学",是"今后之急务"。1933年3月陈序经在《独立评论》第43号发表《教育的中国化和现代化》说:"新教育的中国化,的确是数年来一般教育家的时兴的口号,而且是国内一种很普遍的思想。"从这些文章中可以看出,"教育中国化"成为当时的一个热门话题。与此同时,"科学中国化"的思潮也在弥漫。1926年1月《自然界》创刊号上登的发刊词《发刊旨趣》就曾提出要实现"科学的中国化""科学的本土化"。文章认为,虽然近代以来,我们学习西方的科学"风行一时",但"总觉得这种科学,仍然是西洋的,不是我们中国的。"因为,"第一,科学上的理论和事实,须用本国的文字语言为适切的说明;第二,科学上的理论和事实须用我国民所习见的现象和固有的经验来说明他;第三,还须回转来用科学的理论和事实,来说明我国民所习见的现象和固有的经验。这种工作,我们替他立一个名称,谓之'科学的中国化'"①其后,张其昀、张江树、翁文灏等积极倡导"民族之科学化"和"科学之国语化",推动了科学中国化运动。1937年,作为辩证唯物主义的信奉者的张申府也提出"科学中国化"的主张。他指出:"在推广科学上,更应特别注意科学法(算数的经验主义),科学精神,科学态度,科学脾气。还应使科学成为中国的。不但要中国科学化,同时也要科学中国化。使中国对科学有其极特殊的贡献,使科学在中国有其特殊的特色。"②1935年1月10日王新生等十教授联合发表《中国本位的文化建设宣言》,文中明确指出,吸收欧、美的文

---

① 《发刊旨趣》,《自然界》(创刊号),1926年1月。
② 张申府:《什么是新启蒙运动》,生活书店1939年版,第89页。

化是必要而且应该的,但吸收的标准"当决定于现代中国的需要"①。同年6月熊梦飞在《谈"中国本位文化建设之闲天"》一文中把"中西文化动向一致之条件下,保留中国民族特征,加以中国民族创化,成为一种新文化"②作为"中国现代化的四大原则"之一。

　　需要突出强调的是,到抗战时期,中国化思潮已经成为一个极其广泛而复杂的社会现象。不仅共产党在讲,国民党在讲,还有其他人士也在讲,且大体上呈现出三个不同的路向:其一是三民主义儒学化,其二是新儒学,其三是马克思主义中国化。三民主义儒学化,也即"西方思想的中国化",是以蒋介石、戴季陶、陶希圣、叶青等国民党领导人及其御用文人所鼓吹的代表大地主大资产阶级的官方理论体系。新儒学是抗战时期以贺麟、冯友兰等为代表的新儒家为拯救儒家道统,主张从西学中汲取一些养料,通过"儒化""华化""中国化"西洋文化,形成的新心学、新理学、新唯识论等理论体系。马克思主义中国化是以毛泽东为代表的中国共产党人通过对正反两个方面的经验的总结,认识到马克思主义要在中国发挥革命指导作用,就必须与中国具体国情相结合,通过一定的民族形式,实现马克思主义的"民族化""中国化"。应该说,外来思想文化在移植到本国时发生"民族化""本土化"是各民族文化交流中的普遍规律。"中国化"思潮的出现也正是这一规律的表现。三民主义儒学化、新儒学、马克思主义中国化都试图实现外来文化与中国传统文化的结合,但在实践中却有不同的归宿。三民主义儒学化追求的"民族性"实质是宣扬和恢复封建独裁文化,抵消马克思主义的影响,维护国民党的一党专政。由于它违背近代中国社会文化的发展趋势,必然要被抛弃。新儒学力图开辟一条既不同于国民党的三民主义儒学化,又有异于共产党的马克思主义中国化的文化救国的新路径,但由于其固守"中学",在理论上模糊了传统文化中的精华和糟粕;在实践中导致诸多封建观念的沉渣泛起,因此在当时也不得人心。只有马克思主义中国化,因其一方面坚持了科学的世界观、方法论,另一方面又与中国实际"正确的相结合",得到了广泛的认同和支持。

　　随着新启蒙运动的开展,"中国化"思潮在马克思主义者中引起了热烈回应。瞿秋白或许是较早提到"中国化"的马克思主义者之一。早在1933年4月发表的《〈鲁迅杂感选集〉序言》中就用到了"中国化"的概念。他说:"自从西洋发明了

---

① 王新生等:《中国本位的文化建设宣言》,《文化建设》第1卷第4期,1935年1月10日。
② 熊梦飞:《谈"中国本位文化建设"》与文中的《谈"中国本位文化建设之闲天"》,《文化建设月刊》第1卷第9期,1935年6月10日。

法西斯主义,他们那里也开始中国化了。"在新启蒙运动中,陈伯达、艾思奇、陈唯实、何干之等通过反思中国知识界的现状,纷纷在科学、文化领域提出了旨在强调中国特色、弘扬民族传统、培养"民族自觉和自信"①的"中国化"的主张,1936年陈唯实在《通俗辩证法讲话》一书中提出要进行辩证法的"中国化"。他说:"对于唯物辩证法,最要紧的,是熟能生巧,能把它具体化、实用化,多用例子或问题来证明它。同时语言要中国化、通俗化,使听者明白才有意义。"②到1938年,"中国化"已经成为马克思主义者学习、研究和吸收"世界新的文化"的基本立场。这一年,马克思主义理论工作者张如心、艾思奇、潘梓年、嵇文甫、李初梨、柳湜、陈伯达和胡绳等发表了大量文章,系统阐述了马克思主义哲学、文艺理论、史学理论和教育理论等中国化的思想。"马克思主义中国化"命题已经呼之欲出。

综上,我们大概可以这样说了,即马克思主义者关于"中国化"的探讨和论证除了基于中国革命现实发展的需要、党自身不断成熟及其理论自觉外,还受到了非马克思主义者关于"中国化"呼声的影响。

三、非马克思主义者在马克思主义中国化进程中的争论、辩驳甚至诋毁逾益坚定了马克思主义者的信念,客观上有助于推动马克思主义中国化的历史进程

1938年10月,毛泽东在党的六届六中全会上正式提出"马克思主义中国化"命题后,在引起马克思主义者高度关注的同时,也在非马克思主义者中间引起了强烈反响。他们中间有些人表示理解和支持,有些人表示质疑,也有些人表示反对。这些支持、质疑或反对的声音,主要是围绕什么是马克思主义中国化、要不要马克思主义中国化以及如何实现马克思主义中国化等问题展开的。马克思主义中国化正是在不断突破党自身认识的局限性的基础上,在团结、争取同情者和支持者的实践中,在克服、战胜质疑和诋毁声中艰难前行的。

如前所述,"中国化"论题最早是由非马克思主义者提出的,他们或主张教育中国化、或主张科学中国化,但不管他们主张什么中国化,都已经表明他们对于外来文化和中国文化开始有了一个比较客观的认识,即外来文化也并非就是金科玉律,它要想在中国发挥些作用,就必须中国化,否则很难有效用。由于这些非马克思主义者对于马克思主义的认识和态度的不同,他们对于马克思主义中国化的认

---

① 张申府:《五四纪念与新启蒙运动》,《认识月刊》(创刊号),1937年6月。
② 陈唯实:《通俗辩证法讲话》,上海新东方出版社1936年版,第7页。

知也不一样,有些人抱同情甚至是支持的态度,如张申府等;有些人则抱敌视的态度,如叶青、戴季陶等。

1939年2月,哲学家张申府发表《论中国化》一文,他开篇即大段引用了毛泽东关于马克思主义中国化的论述,并指出这一段话的"意思完全是对的。不但是对的,而且值得欢喜赞叹",象征着"中国最近思想见解上的一大进步"①。他从五个方面阐述了之所以赞同毛泽东观点的原因:(1)我们总相信,改革中国是为的中国,因此,许多外来的东西,用在中国就应该中国化,而且如其发生效力,也必然地会中国化;(2)这一段话的意思与新启蒙运动的一个要求完全相同,即"打倒孔家店,纠出孔夫子";(3)我们主张中国科学化,科学中国化;(4)新启蒙运动主张新知识新思想的普及,科学的通俗化,学问的大众化,而要通俗化、大众化,当然必须先中国化、本国化、本土化,这也是新启蒙运动纲领之一"自觉与自信"的一个表示;(5)我们都主张学问的人化,而在中国说人化,当然要先中国化。他认为:"中国近年有些人有一种只读外来东西不读本国东西或不重视本国东西的风气",这种状况应当加以纠正,"中国社会是中国社会。意思就是中国社会并不是西洋社会。解说社会的理论,用在中国上便也应该中国化。"②基于这样的深刻认识,张申府致力于把马克思的唯物辩证法、罗素的解析法与中国传统的哲学三者相融合,构建"合孔子、罗素、列宁而一之的新体系"③。此外,其他非马克思主义者虽没有像张申府这样盛赞毛泽东马克思主义中国化的主张,但他们各自的探索,如熊十力把中国的儒、释、道与西洋哲学直觉论融合成新唯识论,冯友兰把宋明理学与西洋的实在论融合成新理学,他们在探索中西哲学的融合中创立具有中国民族特色的新哲学,无疑与学术中国化的发展趋向是并行不悖的。他们对于马克思主义中国化有相当的包容性。

但是,马克思主义中国化的提出也引起了一些非马克思主义者,尤其是反马克思主义者的恐慌,如叶青、戴季陶、陶希圣之流,他们对马克思主义中国化进行质疑、歪曲、诋毁甚至否定,妄图与马克思主义者争夺中国化的话语权。为此,蒋介石在1943年炮制出了《中国之命运》一书,大肆鼓吹"一个党,一个主义,一个领袖",成为国民党的精神毒药。在此之前,叶青、毛起俊、桂馨、伯劳、荫庭等已经发表文章对马克思主义中国化的动机、内涵和实质进行质疑、歪曲,以期达到否定马

---

① 张申府:《论中国化》,《战时文化》第2卷第2期,1939年2月20日。
② 张申府:《论中国化》,《战时文化》第2卷第2期,1939年2月20日。
③ 《张申府文集》第3卷,湖北人民出版社2005年版,第434页。

克思主义中国化的目的。1939年毛起俊发表《马克思主义中国化问题》一文,对马克思主义中国化进行质疑和否定。他认为,由于中国的社会环境不同于俄国,所以"列宁主义只能行之于俄国,而不能行之于中国"。接着,他分别从辩证唯物论、阶级斗争史观、剩余价值论和政治见解等四个方面论证"马克思主义本身上的缺陷",并认为这是"马克思主义一经传入各地或经过时代变迁,即不免改变其内容"的首要原因。他还对马克思主义中国化的实质表示怀疑,他认为"中国人所信奉之马克思主义并非真正的马克思主义,而是列宁主义",因此,中国不需要这样的"马克思主义"。"如果真正要使马克思主义中国化,那末,一、应以唯生的理论代替唯物的理论;二、应以民族斗争的理论替代阶级斗争的理论;三、应以民族主义的理论替代国际主义的理论;四、应以建立民族国家的理论替代无产阶级专政的理论。但这已经不是马克思的共产主义,而是孙中山先生的三民主义,但其实,亦必如此而后所谓'马克思主义中国化'始能名副其实,不然者,只是以马克思主义化中国,而不是将马克思主义中国化。"①桂馨、伯劳也认为作为外来文化的马克思主义不适合中国:"我们中国有中国的国情,所以就有我们中国一贯的历史正统思想。唯有继承这个正统思想所学术创造的学术、文化,才为中国所需要,才能解决中国的社会问题,才能反映出中国历史的背景,才是中国历史的发展法则。不容外来的不适合国情和加重社会纷乱的所谓学术、思想、文化来渗透,来割断我们历史的发展和毁灭我们一贯的道统。"他们鼓吹"三民主义能博采其他主义的优良,而无其缺点,而其对共产主义,亦能博采其优良";"三民主义,已集中外古今学术、思想、文化之大成,取舍得宜,成为解决中国社会问题的最高理想,是中国革命实践的产物,惟一的准绳。"②荫庭则撰文明确指出,马克思主义中国化只是中共的一种策略,是"中共党徒们,被人家围剿出走,只有喘息的功夫,没有还手的力量的时候,他们为的收拾残余,扩充力量,散布到各阶层,深入到各团体,便不得不因时,因地,因人,因势,而制宜。希望能以其表面上的温情主义,来遂行其以欺骗达成任务的企图。这就是'马克思主义中国化'的理由"③。

歪曲和诋毁马克思主义中国化最烈的当数由原中共叛徒而一变为国民党御用文人的叶青。他先后发表了《论学术中国化》、《马克思主义中国化问题》等文章歪曲和攻击马克思主义中国化。与其他反对者不同的是,叶青仗着曾经披过

---

① 毛起俊:《马克思主义中国化问题》,《时代精神》,1939年第1期。
② 桂馨、伯劳:《所谓"学术中国化"的剖析》,《大路月刊》,1941年第5期。
③ 荫庭:《由"马克思中国化"说到"马克思化中国"》,《北华月刊》,1941年第2期。

"马克思主义"的外衣,以一副深谙马克思主义理论的姿态讲话。他说,他也是主张马克思主义中国化的。"所谓中国化底中国,乃是形式,因此它所化的对象必须具有内容。化是一种内容由某一形式变成另一形式的意思。所以'马克思主义中国化'云云,是很对的。"那么,"什么叫做中国化呢?中国化是说欧洲乃至世界各国底学术思想到中国来要变其形态而成为中国底学术思想。这在哲学、社会科学和艺术等方面,特别要如此"。"化是带有改作和创造之性质的。理解、精通、继承、宣传、应用、发挥……都不是化,当然也都不是中国化了。"他进一步指出:"中国化是一般的或外国的学术思想变为特殊的中国的学术思想的意思。它必须变其形式,有如一个新东西,中国的东西,与原来的不同。这才叫做中国化",否则"唯物辩证法仍旧是唯物辩证法,丝毫没有中国化"。据此,他"理直气壮"地说:"我们便承认中国化。我们所责难的,只是中国化论者不懂中国化而已。"并进一步得出"毛泽东底中国化始终只有两个意思:具体地说,即依照中国特点去应用马克思主义;生动地、通俗地,用中国写作方法去宣传马克思主义。这样,马克思主义还是马克思主义,并没有中国化。所以毛泽东虽然倡导中国化,却不懂中国化应作何解。"①"他们解决的只是马克思主义在中国的'运用问题'、'写作问题'和'马克思主义的通俗化和大众化'"②。叶青在否定马克思主义中国化后,话锋一转指出:"孙先生虽没有讲中国化二个字,却在实际上是中国化底开始者、实行者和成功者。他完成了欧美政治思想、经济思想、社会思想之中国化。进一步说,三民主义适合中国,便于全中国需要的一切社会科学说来,有原则作用和方法作用。"③

很显然,叶青之流的本意在于从根本上取消马克思主义,否定马克思主义中国化,否定自抗战以来中国共产党把马克思主义基本原理同中国革命实际相结合的创造性成果。因此,这种言论一出现,立即遭到了马克思主义者的驳斥。艾思奇、陈伯达、范文澜和吕振羽等发表大量文章回应和批驳反马克思主义者的种种刁难,揭露了他们的真面目,澄清了认识,教育了大众。从这个意义上来说,正是在同非马克思主义者关于"马克思主义中国化"的动机、内涵、实质等一系列基本问题的质疑与辩驳的论争中,"马克思主义中国化"的内涵逐渐丰富,马克思主义中国化的进程得以向纵深推进。

---

① 叶青:《论学术中国化》,《时代精神》创刊号,1939年7月6日。
② 叶青:《马克思主义中国化问题》,原载《中央周刊》(第3卷第3、4期合刊),1941年5月29日。转引自钟离蒙、杨凤麟主编:《中国现代哲学史资料汇编》(第3集第1册),沈阳出版社1982年版,第218页。
③ 叶青:《论学术中国化》,《时代精神》创刊号,1939年7月6日。

抗战时期党的理论工作者与毛泽东的理论互动*

张正光

抗战时期是我们党的理论成熟,特别是毛泽东思想成熟的重要时期。毛泽东思想是全党集体智慧的结晶,其中也包含着党的理论工作者的智慧与贡献。抗战时期,党的理论工作者和毛泽东之间形成了一种良性的理论互动关系:一方面党的理论工作者在理论研究和创造上接受毛泽东的指导和引领;另一方面,他们的理论创新成果也给毛泽东提供了有益借鉴和启示。党的理论工作者与毛泽东在理论研究和创新上相互影响、相得益彰,成就了理论创新史上的一段佳话。研究抗战时期党的理论工作者与毛泽东的理论互动,对于深入理解和把握党的理论工作者与党的领袖间的理论互彰,持续推进马克思主义中国化时代化大众化具有重要的理论与实践价值。

一、毛泽东对党的理论工作者理论创新活动的指导和引领

抗战时期,为满足培养干部的需要,中共中央开始从国统区,特别是从沦陷区抽调大批文化人到延安,认为他们在那里的"作用更大些"。随着大批党的理论工作者聚集延安,毛泽东加强了与这些理论工作者的交往和学术交流。这种近距离的交往和交流为毛泽东指导党的理论工作者的理论创新活动提供了前所未有的便利。党的理论工作者在毛泽东的指导下,"受到了很大教育,政治上和思想上有了较大提高"①,特别是毛泽东提出的"马克思主义中国化"命题,对党的理论工作者产生了广泛而深远的影响。

1. 毛泽东号召全党包括党的理论工作者学习马恩列斯的理论。他指出:"一

---

* 本文原载于《中共党史研究》2014 年第 4 期。
① 《艾思奇全书》第 1 卷序言,人民出版社 2006 年版,第 5 页。

切有相当研究能力的共产党员,都要研究马克思、恩格斯、列宁、斯大林的理论",因为指导一个伟大革命运动的政党,如果没有革命理论,"要取得胜利是不可能的",为此,他号召"来一个全党的学习竞赛"①。1940年6月21日,毛泽东在延安新哲学会第一届年会上的讲话中再一次强调了加强理论学习的重要性,他说:"理论这件事是很重要的,中国革命有了许多年,但理论活动仍很落后,这是大缺憾。要指导革命如不提高革命理论,革命胜利是不可能的。过去我们注意的太不够,今后应加紧理论研究。"②正是在毛泽东的号召和影响下,延安,主要是在党的理论工作者中间掀起了学马列、用马列的热潮。

2. 毛泽东积极推动党的理论工作者学习、研究哲学,并以之为分析中国的"工具"。延安时期,毛泽东不仅自己带头学哲学,而且积极组织、推动全党学哲学、用哲学③。1937年,毛泽东在抗大讲授辩证唯物论时指出:"要使辩证法唯物论思潮在中国深入与发展下去,并确定地指导中国革命向着彻底胜利之途,便必须同各种现存的反动哲学做斗争,在全国思想战线上树立批判的旗帜,并因而清算中国古代的哲学遗产,才能达到目的。"④在毛泽东的倡导下,1938年9月底延安新哲学会成立,参会的有艾思奇、陈伯达、何干之和周扬等二三百人,规模空前。据不完全统计,这一时期,延安成立了包括延安新哲学会、中国古代哲学研究会和自然辩证法讨论会等在内的近10个哲学研究会(学习小组)。研习哲学成为全党的风尚,而在各研究会(学习小组)中,党的理论工作者是骨干。在学习中,毛泽东非常注重对理论工作者哲学研究的引导。1937年10月,他致信艾思奇对其《哲学与生活》一书中"差别不是矛盾"的观点提出了质疑⑤。陈伯达到延安后,先后发表了《老子的哲学思想》《孔子的哲学思想》《墨子的哲学思想》等文章。毛泽东在阅读《孔子的哲学思想》一文后,致信张闻天并请转达他的商榷意见,阐明了自己

---

① 《毛泽东选集》第2卷,人民出版社1991年版,第532—533页。
② 江湘:《延安新哲学会举行第一届年会》,《新中华报》1940年6月28日。
③ 美国学者费正清认为:"毛泽东在延安所进行的哲学研究的目的,并不仅仅在于为中国建立起一个民族主义的政党,而是要使马克思主义能够在中国得以应用。"参见费正清著,李向前译:《毛泽东思想和马克思主义的中国化》,《国外中共党史研究动态》1993年第6期。
④ 毛泽东:《辩证唯物论讲授提纲》,《抗日军政大学》1938年第1卷。
⑤ 毛泽东认为艾思奇的"根本道理是对的,但'差别不是矛盾'的说法不对。应说一切差别的东西在一定条件下都是矛盾",并举例说明"差别是世上一切事物,在一定条件下都是矛盾,故差别就是矛盾:这就是所谓具体的矛盾。"参见《毛泽东书信选集》,第130—132页。

关于"正名"和"中庸"思想的观点①。应该说,毛泽东在这封回信中关于"正名"和"中庸"的论述既唯物又辩证,比陈伯达更客观、全面,给了陈伯达极大的指导。在看了《墨子的哲学思想》一文后,毛泽东致信陈伯达:"这是你的一大功劳,在中国找出赫拉克利特来了"②。

3. 毛泽东指导党的理论工作者确立科学的史学研究指导思想和研究方法。(1)必须重视历史研究,特别是近代史研究。毛泽东认为,一个指导伟大革命运动的政党,如果"没有历史知识,没有对于实际运动的深刻的了解,要取得胜利是不可能的"③。因此,"对于近百年的中国史,应聚集人才,分工合作地去做,克服无组织的状态"④。"从孔夫子到孙中山,我们应当给以总结,承继这一份珍贵的遗产"⑤。(2)必须"用马克思主义的方法给以批判的总结"⑥。早在建党之前,毛泽东即在给蔡和森的信中称"唯物史观是吾党哲学的根据"。1940年9月,毛泽东阅读范文澜"关于中国经学简史"的讲演提纲后,评价其"用马克思主义清算经学这是头一次",认为这项工作"继续下去"对于清算大地主大资产阶级猖獗的复古反动"必有大的影响"⑦。毛泽东还强调,对于农民战争和农民起义史也必须用新的历史观来研究。(3)必须服从和服务于抗战大局。毛泽东认为历史研究要为现实服务、为抗战服务,并鼓励史学工作者做这方面的努力。1939年1月,他在看了何干之来信中关于研究民族史的打算后,充分肯定了何干之研究民族史的态度,并给予指导。他说:"如能在你的书中证明民族抵抗与民族投降两条路线的谁对谁错,而把南北朝,南宋,明末,清末一班民族投降主义者痛斥一番,把那些民族抵抗主义者赞扬一番,对于当前抗日战争是有帮助的。"⑧(4)必须用历史主义的方法分析历史人物以及已有的学术成果。毛泽东把马克思主义研究问题的方法概括为"实事求是"。他指出历史研究一定不能"离开具体历史"⑨语境,否则就是"非历史的看法"⑩,就会犯"左"的或右的错误。毛泽东的这些史学研究思想,为

---

① 参见《毛泽东书信选集》,第130—132页。
② 《毛泽东书信选集》,第127页。
③ 《毛泽东选集》第2卷,第533页。
④ 《毛泽东选集》第3卷,人民出版社1991年版,第802页。
⑤ 《毛泽东选集》第2卷,第534页。
⑥ 《毛泽东选集》第2卷,第533页。
⑦ 《毛泽东书信选集》,第149页。
⑧ 《毛泽东书信选集》,第123页。
⑨ 《毛泽东选集》第1卷,人民出版社1991年版,第296页。
⑩ 《毛泽东文集》第3卷,人民出版社1996年版,第84页。

延安的史学工作者指明了史学研究基本原则,增强了他们运用唯物史观的自觉性。1941年8月,叶蠖生在《抗战以来的历史学》一文中得出结论:关于历史科学方法中国化方面,"辩证唯物主义成为历史科学的指导方法,唯物史观学派渐走向主导的地位……从总方向上看历史学是进步了……毛泽东同志的每句指示被引作研究的根据"①。德国学者罗梅君也说:延安史家的著作"往往紧跟毛泽东的历史理论和有关历史的问题的论断"②。

4. 毛泽东为党的理论工作者指明了文艺创作和理论研究的方向。毛泽东认为:"'五四'以来,这支文化军队就在中国形成,帮助了中国革命,使中国的封建文化和适应帝国主义侵略的买办文化的地盘逐渐缩小,其力量逐渐削弱。"③但是,直到1936年,在苏维埃成立后相当长的一段时间里,"在文艺创作方面,我们干得很少"。为此,他在中国文艺协会成立大会上号召广大文艺工作者"要从文的方面去说服那些不愿停止内战者,从文的方面去宣传教育全国民众团结抗日",要"发扬苏维埃的工农大众文艺,发扬民族革命战争的抗日文艺","这是你们伟大的光荣任务"④。1939年6月,毛泽东在看了萧三的诗稿后回信说:"大作看了,感觉在战斗,现在需要战斗的作品,现在的生活也全部是战斗,盼望你更多作些。"⑤如何才能实现文艺的战斗性呢？毛泽东指出:"一定的文化(当作观念形态的文化)是一定社会的政治和经济的反映"⑥。针对文艺界存在的"唯心论、教条主义、空想、空谈、轻视实践、脱离群众等等的缺点"⑦,他明确要求:(1)文艺必须从现实的革命事业和政治任务出发,而不是"从定义出发"⑧。(2)文艺必须是"为人民大众的,首先是为工农兵的,为工农兵而创作,为工农兵所利用的"⑨。文艺为工农兵服务必须处理好普及与提高的关系、文艺与生活的关系、文艺的革命内容与民族形式的关系。(3)文艺是从属于政治的,"但又反转来给予伟大的影响于政治";

---

① 叶蠖生:《抗战以来的历史学》,《中国文化》1941年8月第3卷第2、3期合刊。
② 〔德〕罗梅君著,孙立新译:《政治与科学之间的历史编纂——30和40年代中国马克思主义历史学的形成》,山东教育出版社1997年版,第158页。
③ 《毛泽东选集》第3卷,第847页。
④ 《毛泽东文集》第1卷,人民出版社1993年版,第461—462页。
⑤ 《毛泽东书信选集》,第139页。
⑥ 《毛泽东选集》第2卷,第663页。
⑦ 《毛泽东选集》第3卷,第875页。
⑧ 《毛泽东选集》第3卷,第853页。
⑨ 《毛泽东选集》第3卷,第863页。

文艺的政治性和真实性可以"完全一致";①"我们的要求则是政治和艺术的统一,内容和形式的统一,革命的政治内容和尽可能完美的艺术形式的统一……因此,我们既反对政治观点错误的艺术品,也反对只有正确的政治观点而没有艺术力量的所谓'标语口号式'的倾向"。不过,他又指出,"现在更成为问题的,我认为还是在政治方面"。② 毛泽东关于文艺和政治的关系的论述既体现了辩证性,也体现了现实针对性。通过《在延安文艺座谈会上的讲话》,毛泽东领导主持了文艺界的整风运动。1942年6月,丁玲发表《关于立场问题我见》一文指出:"共产党员的作家,马克思主义者的作家,只有无产阶级的立场,党的立场,中央的立场。""我们的方法是现实主义的方法,联系的发展的看问题。"③

5. 毛泽东关于中国式马克思主义话语体系的重建以及以工农为师的思想,也对党的理论工作者产生了重大影响,促使他们走上了与工农群众相结合的道路。针对党内一度出现的教条主义,毛泽东一方面肯定马克思主义理论对中国革命的普遍指导意义,但同时更强调中国革命实践对于人的认识的重要性。他指出,一个只接受了"书本上的知识"的人还很难"算得一个完全的知识分子",因为他们"还没有参加任何实际活动,还没有把自己学得的知识应用到生活的任何部门里去"④。那么,怎样才能成为名副其实的知识分子呢?毛泽东认为:"唯一的办法就是使他们参加到实际工作中去,变为实际工作者,使从事理论工作的人去研究重要的实际问题"⑤,要"以工农的思想为思想,以工农的习惯为习惯",进行"脱胎换骨"的自我改造与被改造⑥。他告诫知识分子:"如果不和工农民众相结合,则将一事无成"⑦。毛泽东把是否同工农大众相结合当作判断知识分子革命性的唯一标准。在毛泽东的影响下,党的理论工作者纷纷表示,要"把艺术家的身份丢掉","以一个工作者的身份真正参加实际工作",⑧要"放下读书人的臭架子,好好跟群众当个小学生"⑨。"到农村去,到工厂去"成为一时风潮。丁玲停止了一切

---

① 《毛泽东选集》第3卷,第866—867页。
② 《毛泽东选集》第2卷,第869—870页。
③ 丁玲:《关于立场问题我见》,《谷雨》1942年6月第1卷第5期。转引中国社会科学院文学研究所总纂:《中国文学史料全编》现代卷58,知识产权出版社2010年版,第163页。
④ 《毛泽东选集》第3卷,第816页。
⑤ 《毛泽东选集》第3卷,第816页。
⑥ 《毛泽东文集》第2卷,人民出版社1991年版,第430页。
⑦ 《毛泽东选集》第2卷,第559页。
⑧ 林默涵:《打破旧观念》,《解放日报》1942年12月4日。
⑨ 羽阳:《学习语言》,《解放日报》1942年12月9日。

文学创作,"又像上前线一样,打背包,裹绑腿,到柳林同老乡一起纺线"①。延安各文艺团体也纷纷行动起来,举办各种活动,积极贯彻延安文艺座谈会精神。如延安文化俱乐部搭建街头艺术台,举办"街头画报""街头诗""街头小说"等大型墙报,使文学家们的艺术创作直接面向广大群众;鲁艺、边艺、部艺、平剧院、民众剧团、西北文工团、联政宣传队等也纷纷奔赴农村与前线。

二、党的理论工作者的理论创新对毛泽东理论创新的启迪与促进

抗战时期,党的理论工作者对于马克思主义哲学、史学以及军事理论中国化的学理性阐释,给予毛泽东重要的思想启迪。毛泽东的部分著作本身就是他和党的理论工作者共同智慧的结晶。

1. 党的理论工作者的马克思主义哲学理论创新,为毛泽东哲学思想的成熟提供了有益启示。延安时期,毛泽东几乎读遍了当时可以读到的哲学著作,并吸收其中的有益思想和观点。1936年10月党中央甫定陕北之际,毛泽东即致函叶剑英、刘鼎,嘱托他们购买一批"社会科学、自然科学及哲学书",并点名要购买艾思奇的《大众哲学》和柳湜的《街头讲话》②。延安时期,毛泽东既读过不少马恩列斯的著作,也读了不少苏联和中国学者的著作。③ 毛泽东不仅阅读这些哲学著作,而且写了大量的批注。如他在阅读《辩证法唯物论教程》时,先后用毛笔、黑铅笔在书眉和空白的地方写下了近1.2万字的批注,并从头到尾作了圈点和勾画。对《大众哲学》《思想方法论》《哲学与生活》和《辩证唯物论与历史唯物论》(上册)等都做了批注。这些批注既有评价性的,也有运用书中的基本原理结合中国革命实际进行阐发的,其中有些内容直接构成毛泽东理论创新的基本元素。

在党的理论工作者中,艾思奇的哲学著述对毛泽东哲学思想的形成和发展影响最大。艾思奇关于认识发展过程的理论以及认识论与辩证法的关系的阐述,对毛泽东《实践论》中关于人类认识的总规律、总公式的概括产生了直接影响。艾思奇在《大众哲学》和《哲学与生活》等著作中,对于矛盾统一律的根本地位、事物变动"内因与外因""差别与矛盾"的关系等问题的研究和论述,对毛泽东《矛盾论》中关于"差异就是矛盾""对立统一法则是唯物辩证法的最根本法则"的观点以及"外因是变化的条件,内因是变化的根据,外因通过内因起作用"的观点的形成和

---

① 转引朱鸿召:《丁玲到延安后的思想波澜》,《炎黄春秋》1999年第7期。
② 《毛泽东书信选集》,第68页。
③ 参见《毛泽东哲学批注集》目录,中央文献出版1988年版。

发展,也起到了重要启示作用。此外,艾思奇关于思想方法论的论述对毛泽东也有启示。毛泽东在读《思想方法论》一书时虽然只作了35个字的简要批注①,但他却接受了书中一个非常重要的概念,即"思想方法论"。"思想方法"成为毛泽东在整风运动中使用频率最高的词之一。正是因为受艾思奇著作的影响较大,毛泽东才多次说从艾思奇的著作中"得益很多"②。这绝非谦辞。

2. 党的理论工作者的马克思主义史学理论创新对毛泽东新民主主义革命理论的形成有重要启示作用。新民主主义革命理论的形成是毛泽东思想成熟的主要标志。毛泽东对这个理论形成的贡献是最大的,但是何干之等史学家对中国社会性质和中国"新的民主革命"等问题的分析促进了毛泽东对这些问题的认识。如,(1)关于近代中国半殖民地半封建社会性质的思想。作为中国革命运动的领导者,毛泽东在1925年冬分析国民党右派分离的原因时,第一次使用了"半殖民地中国"③一词。1926年9月发表的《国民革命与农民运动》认为,中国半殖民地革命的最大对象是"乡村宗法封建阶级(地主阶级)"④。1938年3月,他在抗日军政大学的演讲中,专门阐述了半殖民地半封建理论的意义和价值。他说:"我们研究中国的结果,是一个半殖民地半封建的社会,这是一条规律,是一个总的最本质的规律,所以我们要用这个规律去观察一切事物。""我们认识了中国是半封建性的社会,那末,革命的任务就是反封建,改造封建,以封建的对头——民主来对抗";"我们懂得了中国社会还有半殖民地的性质,那末就要反帝。"⑤可以看出,在这篇讲话中,毛泽东不仅完整地使用了半殖民地半封建的概念,而且对这一概念的阐发超过了以往任何论述。同年11月,毛泽东在《战争和战略问题》中又对这一概念进行了强调。1939年12月发表的《中国革命和中国共产党》是毛泽东半殖民地半封建理论体系最终形成的标志。"半殖民地半封建"成为毛泽东这一时期经常使用的概念⑥,并逐渐为党内高层接受,成为全党制定路线方针政策的基本出发点,构成了毛泽东新民主主义革命理论的理论基石。不过,应当指出的是,毛泽东"半殖民地半封建"概念的提出得益于当时理论界关于中国社会性质、中国社

---

① 参见《毛泽东哲学批注集》,第451页。
② 《毛泽东书信选集》,第102页。
③ 《毛泽东文集》第1卷,第24页。
④ 《毛泽东文集》第1卷,第37页。
⑤ 转引《毛泽东延安时期文稿两篇》(1938年3月—1941年10月),《党的文献》2002年第3期。
⑥ 据笔者检索《毛泽东选集》第2卷统计,毛泽东在1938年3月至1939年12月间使用"半殖民地半封建"或类似概念达13次之多。

会史和中国农村性质等问题的争论,特别是何干之的理论探索。早在 20 年代,尤其是大革命失败后,理论界就中国社会性质等问题展开了激烈争论,在共产国际的帮助下,党的六大决议案认定中国的地位是半殖民地,经济政治制度是半封建制度,但并没有提出半殖民地半封建的完整概念。其后"新思潮派"在李立三的领导下对中国社会性质进行了专业性的研讨。他们大量使用半殖民地和半封建的提法,其观点也在向半殖民地半封建的理论靠近。几乎与此同时,张闻天、王学文、吴亮平和陈伯达等人对这个问题也进行了探讨。但是,真正对这一问题进行自觉系统地论证的是何干之。他在 1934 年到 1937 年间先后发表了《中国经济读本》《中国过去、现在和未来》以及《中国社会经济结构》等著作,系统论证了中国社会半殖民地半封建的性质,特别是在《中国过去、现在和未来》一书中第一次正式完整提出中国是"半殖民地半封建社会"的观点。何干之的研究成果对毛泽东产生了直接影响。① (2)关于中国的革命是"新的民主革命"及革命分"两着"进行的思想。半殖民地半封建中国的革命性质如何,应该怎样进行革命? 这是中国共产党人不得不回答的问题。党的历史上,由于对中国革命性质认识不清,曾先后出现了"二次革命论"和"一次革命论"的思想,给中国革命造成了巨大的损失。1936 年,何干之在分析中国现阶段革命的性质是"过渡到社会主义的新的民主革命"的基础上明确提出中国革命应分"两着"进行,将来过渡到社会主义等观点。"毫无疑问,何干之的这一观点,在中国共产党形成完整的新民主主义理论体系的过程中起着有益的探索作用"②。此外,张仲实、陈伯达、王学文和吕振羽等理论工作者关于这一类问题的研究成果对毛泽东阐明中国的民族革命问题也有很大启发。

3. 党的理论工作者为毛泽东创新马克思主义军事理论做出了贡献。抗战时期,毛泽东写出了一系列军事理论著作。《论持久战》是其中的光辉典范。《论持久战》固然是毛泽东个人洞悉抗日战争发展规律的伟大成果,但其中也凝结了何干之、何思敬等人的智慧。其一,何干之在 1936 年前就提出了"持久性"抗战和建

---

① 这一观点学界存有争论。参见李红岩:《半殖民地半封建理论的来龙去脉》,《新华文摘》2004 年第 9 期;陈金龙:《"半殖民地半封建"概念形成过程考析》,《近代史研究》1996 年第 4 期;陶季邑:《关于"半殖民地半封建"概念的首次使用问题》,《近代史研究》1998 年第 6 期;周兴樑:《关于近代中国"两半"社会性质总理论的由来》,《历史教学》2005 年第 2 期。

② 中共上海市委党史资料征集委员会主编:《三十年代中国社会性质论战》,知识出版社 1987 年版,第 103 页。

立"人民抗敌统一战线"的观点①;其二,《论持久战》是毛泽东在参加克劳塞维茨《战争论》研讨会,听完何思敬的讲课后(也许在学习中)开始写的。"何老在帮助毛主席理解克氏这部难读的书,是有一定贡献的,是间接在毛主席写《论持久战》这部光辉著作中出了一点力。"②

4.党的理论工作者对"中国化"的倡导及理论论证给了毛泽东深刻启迪。学界普遍认为,"马克思主义中国化"命题是毛泽东在1938年10月党的六届六中全会上提出来的。毛泽东之所以提出"马克思主义中国化"命题,一方面固然是源于他对中国革命道路的正确把握,对党的历史经验的科学总结,对发展马克思主义理论的高度自觉;另一方面也与当时学术界,尤其是党的理论工作者倡导的"中国化"思潮是分不开的。早在1937年,"从贤"即提出"文化运动中国化"的口号,倡导"要使我们的文化运动充分中国化"③。李初梨认为在马列主义具体化与通俗化方面,过去十年虽有进步,但"仍然不够",还必须"提高文化水平,使马列主义更具体化中国化"④。何干之勉励陕北公学学生把"理论武装"和实践武装结合起来,实现理论的中国化和大众化,使理论成为实践的指针⑤。艾思奇提出要振作哲学空气的主张,他认为要使哲学"适应这激变的抗战形势的力量","现在需要来一个哲学研究的中国化、现实化的运动"⑥。柳湜提出:"我们欢迎古今中外一切人类的劳动的经验的结晶的世界文化,但我们同时提出我们要融化它,要中国化它"⑦。陈伯达也指出:"中国新哲学者,大部分(即使倾向是很好的)关于哲学的写作中,也还没有很好地和现实的政治结合起来,没有很好地用活生生的中国政治实例来阐释辩证法,使唯物辩证法在中国问题中具体化起来,更充实起来。"因此,要"大量地介绍新哲学到中国来,并应用新哲学到中国各方面的具体问题上去"⑧。党的理论工作者对"中国化"的研究和倡导极大地影响了深受教条主义之苦并对教条主义深恶痛绝的毛泽东,他在深刻总结"两次胜利、两次失败"经验教

---

① 刘炼:《何干之的革命一生和史学思想》,《史学史研究》1982年第1期。
② 《中共党史人物传》第44卷,陕西人民出版社1990年版,第201页。
③ 从贤:《现阶段的文化运动》,《解放》第23期,1937年11月。
④ 李初梨:《十年来新文化运动的检讨》,《解放》第24期,1937年11月。
⑤ 何干之:《理论的中国化和大众化》,《陕北公学开学纪念特刊》,1937年11月。
⑥ 《艾思奇全书》第2卷,人民出版社2006年版,第491页。
⑦ 柳湜:《延安以来文化运动的发展》,《战时文化》1938年5月创刊号。
⑧ 陈伯达:《哲学的国防动员》,《读书生活》1936年9月第4卷第9期。

训的基础上,以一个政治家的敏锐接过了"中国化"这一反对教条主义的有力武器①。

5. 党的理论工作者直接参与了毛泽东的理论著述。据毛泽东身边的工作人员回忆,除一些技术性文件外,毛泽东的著述绝大多数都是"亲自执笔,一般不用秘书代劳"②。但是翻阅《毛泽东选集》,可以看到《中国革命和中国共产党》这部对推动中国革命事业的发展起了重要作用的著作就是"由毛泽东和其他几个在延安的同志合作写作的一个课本"③。该书在新中国成立前即出版了约110版次,成为当时影响最大的政治、历史类书籍之一。毛泽东在写《新民主主义论》时,除如上文所述吸收了何干之等人的一些理论观点外,还在1940年1月21日和23日连续两次写信给周扬说:"文章虽算写好了,但还待汇集意见加以最后修改……请加审阅、指正、批示"④。此外,毛泽东还致信吴玉章请他也对文章进行"阅正、指示"⑤。可见,《新民主主义论》虽不能说是集体智慧的结晶,但至少是参考了其他人的意见。

三、党的理论工作者对毛泽东思想的研究和宣传

"毛泽东思想"这一概念之所以产生,是因为作为马克思主义在中国革命中的运用和发展的毛泽东思想在事实上已经存在。但是,"毛泽东思想"作为一个科学概念的提出,是经过一段较长时间的酝酿过程的。继1938年10月向全党提出实现"马克思主义中国化"的历史任务后,毛泽东在《〈共产党人〉发刊词》中第一次完整地提出了"马克思列宁主义的理论和中国革命的实践之统一"的思想原则,并

---

① 毛泽东"马克思主义中国化"命题的来源学界有争议。参见〔美〕雷蒙德·怀利(Raymond Wylie)著,林育川译:《毛泽东、陈伯达和"马克思主义中国化"(1936—1938)》,《现代哲学》2006年第6期;董标:《延安新哲学会:立意高远的思想机器》,《现代哲学》2008年第3期。笔者认为,该命题不是源于某一个人,而是当时党的领袖顺应革命形势的需要与知识界推动"中国化"合力的结果。

② 叶永烈:《陈伯达传》,作家出版社1993年版,第134页。

③ 《毛泽东选集》第2卷,第621页。页下注:"第一章《中国社会》,是其他几个同志起草,经过毛泽东修改的。"但哪几个同志参与了第一章的起草,目前学界有争议,参见张静如:《中国共产党思想史》,青岛出版社1991年版,第230页;叶永烈:《陈伯达传》,作家出版社1993年版,第134页;张希贤等编著:《毛泽东在延安》,警官教育出版社1993年版,第17页。

④ 刘益涛:《十年纪事1937年—1947年毛泽东在延安》,中共党史出版社2007年版,第127页。

⑤ 《毛泽东书信选集》,第146页。

开始撰写一系列著作,从哲学、政治、经济、思想文化、军事等方面,对中国革命经验进行系统的理论概括和总结。对此,党的理论工作者和党内一些领导人感觉到,需要对这个革命理论给以适当的命名和正确的评价。党内研究宣传毛泽东及其对马克思主义理论的贡献渐成风潮,而理论工作者始终挺立潮头。

1940年7月,杨松在论及"马克思主义中国化"的成绩时就说到了毛泽东的理论贡献。他说:"关于建立新的人民的革命军队和军事战略战术的学说,中国共产党以毛泽东同志为首,发挥了和具体化了马克思、恩格斯、列宁、斯大林关于战争和军事的学说(如像毛泽东同志在十年内战中战略和战术的发挥,在目前抗战中所著的《论持久战》和《论新阶段》)"①。1941年初,张仲实以"实甫"名义在《解放》周刊上发表文章指出,以毛泽东同志为首的中国共产党在自己20年来的革命斗争中,不仅已经准确地把握了创造性的马列主义,不仅已经学会了娴熟而正确地把马列主义学说应用于中国的环境,而且"已经给马列主义底'总宝库'提供了好多新的贡献,添加了许多新的珍贵东西。毛泽东同志底《论持久战》、《论新阶段》、《新民主主义论》等著作,是中国的最优秀的真正马列主义的作品"②。同年,艾思奇、和培元也分别撰文称颂以毛泽东为首的党的领导人对马克思主义理论的创造。艾思奇认为:"毛泽东同志的《论持久战》、《论新阶段》、《新民主主义论》,以及毛泽东同志及朱德同志的关于游击战争问题的著作,就是马克思主义中国化和辩证法唯物论应用的最大的历史收获"③。和培元认为,毛泽东1937年在抗大的哲学讲授提纲"指示着新哲学中国化的正确道路","以毛泽东同志为首的党的领袖的各种著作与言论,不但忠实地继承了马克思、列宁、斯大林的学说,实际上已经进了一步的更充实了发展了马克思、列宁、斯大林的学说"④。综合分析这些言论,我们可以发现,尽管党的理论工作者已经认识到毛泽东及其理论对于马克思主义的独创性及对中国革命的指导意义,但总体还是把他放在党的领导集体中加以研究和认识的。

较早地把毛泽东及其理论贡献作高于党的其他领导人进行单独研究的是张如心。依据现有史料,一般可以认定张如心是党内使用"毛泽东同志的思想"概念

---

① 杨松:《关于马列主义中国化的问题》,《中国文化》1940年7月第1卷,第5期。
② 实甫:《掌握创造性的马克思主义——为纪念列宁逝世十七周年而作》,《解放》第123期,1941年1月。
③ 《艾思奇全书》第3卷,人民出版社2006年版,第251页。
④ 和培元:《论新哲学的特性与新哲学的中国化》,《中国文化》第3卷第2、3期合刊,1941年8月。

的第一人。1941年3月,张如心在《论布尔什维克的教育家》一文中首次使用了"毛泽东同志的思想"的概念。此后,他又接连发表《在毛泽东同志的旗帜下前进》《论创造性学习》《理论与实践的统一,干部修养问题之一》和《学习和掌握毛泽东的理论和策略》等文章对毛泽东思想进行了比较系统的研究、阐述和宣传,他认为,"毛泽东同志的理论"是中国的马列主义。"毛泽东主义"绝不是叶青等人污蔑的"中国农民主义""太平天国洪秀全的再版",而是"20世纪的中国无产阶级的理论和策略,是中国民族解放社会解放的科学武器"①。张如心"毛泽东同志的思想"的提法就是"毛泽东思想"的最初雏形,为党的其他领导人正式提出并接受"毛泽东思想"提供了重要参照②。1943年,陈伯达在《谈调查研究》一文中认为,中国共产党的思想,是毛泽东的思想,是中国化的马克思列宁主义。果林认为,毛泽东的《农村调查》及两个简短序言和"跋"中发展了马克思主义。同年7月,王稼祥正式第一次使用了"毛泽东思想"这个概念。他在系统阐述毛泽东革命道路的正确性后指出:"毛泽东思想就是中国的马克思列宁主义,中国的布尔什维主义,中国的共产主义。"③此后,党内一些文件和其他领导人的讲话里都开始频繁地使用这一概念,并做进一步阐发④。中共七大正式把马克思主义基本理论与中国革命实践结合起来的理论命名为"毛泽东思想",并确立为全党的行动指南。

党的理论工作者不仅为"毛泽东思想"概念的提出做出了贡献,而且为推动毛泽东思想在全党指导地位的确立发挥了重要作用。

1. 在宣传党的领导人时,把毛泽东放到更加突出的位置。毛泽东在党和军队

---

① 张如心:《学习和掌握毛泽东的理论和策略》,《解放日报》1942年2月18—19日。
② 自1941年起,党的其他领导人陈云、李维汉、王稼祥、朱德、刘少奇、周恩来等也开始认识到研究、评价毛泽东及其理论的必要性和重要性。他们先后发表文章和谈话,对毛泽东及其思想理论作高度评价。
③ 王稼祥:《中国共产党与中国民族的解放道路》,《解放日报》1943年7月8日。
④ 党的七大前,党内对毛泽东思想的表述还不统一。如1942年7月1日,邓拓在《纪念"七一",全党学习掌握毛泽东主义》一文中提出"毛泽东主义"的概念。1943年7月4日,刘少奇在《清算党内的孟什维主义思想》一文中用的是"毛泽东同志的思想"和"毛泽东同志的思想体系";7月16日,周恩来在回延安的欢迎会的演说中用的是"毛泽东同志的路线";12月4日和25日,邓小平在北方局整风会议的讲话中明确使用了"毛泽东思想"。1944年1月10日,中央在给晋察冀分局干部扩大会议的指示中提的还是"毛泽东同志的思想";之后,彭真在中央党校第一部整风学习与审干的总结中用了"毛主席的中国化的马列主义的思想";罗荣桓在《学习毛泽东的思想》中同时用了"毛泽东同志的思想"和"毛泽东思想"两个概念,等等。1945年3月21日,刘少奇在六届七中讨论准备提交七大的党章草案时说"以毛泽东思想贯穿党章,这是一个前所未有的历史特点",七大以后,"毛泽东思想"成为正式的表述。

中的领导地位是历史形成的。早在中央根据地时期,党内就形成了关于毛泽东有杰出的军事才干的共识,但是后来囿于教条主义的错误认识,认为山沟沟里出不了马克思主义,毛泽东被剥夺了在红军中的领导权。教条主义者的掌权直接导致了土地革命战争的失败。虽然遵义会议重新确立了毛泽东在党和军队中的实际领导地位,但是较早系统研究和宣传毛泽东的则是党的理论工作者。1941 年,张如心发表了一系列宣传毛泽东的文章。他认为毛泽东不仅是"我党最好的领袖、最好的理论家、战略家,而且他同时又是我党最优秀的马列主义宣传家、鼓励家、教育家"①,是"中国最好的创造性的马克思、列宁主义者",是创造性马克思主义在中国发展的"最主要最典型的代表";同时,他还认为相比较于毛泽东的杰出贡献而言,党内对他的宣传还是不够的,因为全党"对于我党领袖毛泽东同志的许多优良品质,工作作风,待人接物的绍介,则很少注意,甚至到现在我党还没有一本毛泽东传"②。艾思奇也发表《〈中国之命运〉——极端唯心论的愚民哲学》一文,在批判蒋介石极端唯心论哲学的同时,高度赞扬了毛泽东在"革命建国"中的作用,认为只有中国共产党人把马克思列宁主义的辩证法唯物论和历史唯物论应用到中国后,才完全克服了孙中山先生的旧民主主义启蒙哲学对中国社会中国革命认识上的唯心论的弱点;只有中国共产党人把马克思列宁主义的普遍真理与中国革命的具体实践相结合,才真正掌握了适合中国国情的理论知识,才能坚持抗战到今天,并在各根据地建立了真正的新的三民主义的中国,而"这一切事业和思想,都和中国共产党的领袖——毛泽东同志的名字分不开。到了今天,铁的事实已经证明,只有毛泽东同志根据中国的实际情况发展了和具体化了的辩证法唯物论与历史唯物论,才是能够把中国之命运引到光明前途去的科学的哲学,才是人民的革命哲学"③。

2. 在宣传创造性的马克思主义理论时,更加突出毛泽东个人的理论贡献。在把马克思主义理论与中国革命实际相结合的过程中,中国共产党人进行了不懈的理论创新。毛泽东无疑是其中最杰出的代表。这一时期,毛泽东创作了大量的理论著作,完成了由一个革命"实干家"到"理论家"的转变。党的理论工作者敏锐地把握了毛泽东理论对中国革命的重大指导意义,纷纷撰文研究和宣传毛泽东的理论,凸显了毛泽东在党内理论家中的杰出地位。1940 年 6 月,何思敬在延安新

---

① 张如心:《论布尔什维克的教育家》,《共产党人》第 16 期,1941 年 3 月。
② 张如心:《理论与实践的统一:干部修养问题之一》,《共产党人》第 19 期,1941 年 8 月。
③ 《艾思奇全书》第 3 卷,第 433 页。

哲学会第一届年会的开幕词中指出:毛泽东的《论持久战》《论新阶段》和《新民主主义论》等著作是"中华民族抗战建国的纲领性文献"。艾思奇发表《论中国的特性》等系列文章,盛赞毛泽东的《论持久战》《论新阶段》《新民主主义论》等著作是抗战以来马克思主义辩证法唯物论的实际应用和马克思主义中国化取得的丰富成果,是"辉煌的范例"和"最大的历史收获"①。张如心也高度评价毛泽东的《论持久战》《论新阶段》和《新民主主义论》等文章,认为它们"更是天才卓绝的创造性马克思主义的作品","是马列主义中国化的典型著作","毛泽东同志的讲演和著作便是马列主义中国化的最好的体现"②,"毛泽东同志的理论和策略正是马列主义理论和策略在殖民地半殖民地半封建社会中的运用和发展,毛泽东同志的理论是中国的马克思列宁主义"③。他旗帜鲜明地指出:"为了使马列主义中国化的事业能够完满地解决,我个人认为,全党干部必须很好的学习毛泽东同志的精神和研究他的著作……不努力研究和掌握毛泽东同志的古典著作,就不能正确了解中国问题,也就不能成为中国创造性的马列主义者。"④我们党的教育人才要"研究毛泽东同志如何运用马列主义基本原则到中国环境中来,如何发展创造性的马克思主义"⑤。

3. 在宣传中国化的马克思主义理论时,更加注重对毛泽东的理论体系的研究和构建。延安时期,党的理论工作者对毛泽东及其理论不只是作一般的研究和宣传,而是更加注重对毛泽东的思想理论体系展开梳理和研究,为毛泽东思想的体系化、科学化作了初步的探索。1941年4月,张如心立足毛泽东"在中国问题上发展马克思主义的几个显著的例证",在《在毛泽东同志的旗帜下前进》一文中,从中国社会性质、阶级关系及中国民族民主革命的性质问题,民族统一战线问题,新民主主义政权问题,革命军队和根据地建设以及革命战争的战略战术等方面初步阐述了毛泽东的思想体系。通过分析,他指出,毛泽东之所以能够达到这种成功,最重要的是因为他能够真正唯物地具体地理解我国的情形,真正掌握创造性马克思主义的灵魂——唯物辩证法。⑥ 在《学习和掌握毛泽东的理论和策略》一文中,张如心进一步从历史和逻辑相统一的层面论证了毛泽东的理论和策略的系统性和

---

① 《艾思奇全书》第3卷,第251、252页。
② 张如心:《论布尔什维克的教育家》,《共产党人》第16期,1941年3月。
③ 张如心:《学习和掌握毛泽东的理论和策略》,《解放日报》1942年2月18、19日。
④ 张如心:《理论与实践的统一:干部修养问题之一》,《共产党人》第19期,1941年8月。
⑤ 张如心:《论布尔什维克的教育家》,《共产党人》第16期,1941年3月。
⑥ 参见张如心:《在毛泽东同志的旗帜下前进》,《解放》第127期,1941年4月。

完整性。他根据《联共(布)党史》对列宁主义的分析框架,把毛泽东的理论和策略也概括为思想路线、政治路线和军事路线3个组成部分,认为毛泽东的《辩证法唯物论(讲授提纲)》及党中央的《关于调查研究的决定》等是中国共产党的"思想方法论基础";毛泽东的《新民主主义论》是"政治科学基础";《中国革命战争的战略问题》《论持久战》等是"军事科学基础";《〈共产党人〉发刊词》是党的"战略和策略基础",并指出,"这三个部分内在有机的统一便构成毛泽东的理论和策略底体系","有它严密的科学性及内在的一贯性完整性"。而这个理论和策略体系就是中国的"马克思列宁主义"。① 张如心的这一探索有力地推动了全党对毛泽东思想由一般性宣传到注重其内在关系研究的转向,对全党探索和构建毛泽东思想的理论体系富有启示和开创性意义。

在党的理论工作者研究宣传毛泽东及其理论创新成果的同时,党和军队的领导人张闻天、刘少奇、王明、朱德、周恩来、王稼祥、博古、陈毅和邓小平等更是在领导中国革命实践中认识到毛泽东及其思想的正确性。他们都先后发表文章或讲话阐述、宣传毛泽东思想。如张闻天在党的六届六中全会上代表中央作的报告中指出:"我们有克服困难的优良条件,这就是……中央的极高的威信,中央主要领导者毛泽东同志的极高威信。"王明也在发言中肯定毛泽东是"我党的最著名领袖",全党必须"团结在中央和毛同志的周围"②。朱德、陈毅在建党21周年之际,先后发表文章,称颂毛泽东对中国革命的贡献,并对毛泽东创立的思想体系进行概括。

中共七大通过的《关于修改党章的报告》把毛泽东思想概括为九个方面的内容,即:"关于现代世界情况及中国国情的分析,关于新民主主义的理论和政策,关于解放农民的理论与政策,关于革命统一战线的理论与政策,关于革命战争的理论与政策,关于革命根据地的理论与政策,关于建设新民主主义共和国的理论与政策,关于建设党的理论与政策,关于文化的理论与政策等"。并指出,这些理论和政策,"是中国民族智慧的最高表现和理论上的最高概括"。"毛泽东思想,就是马克思列宁主义的理论与中国革命的实践之统一的思想,就是中国的共产主义,中国的马克思主义。"③七大通过的《党章》明确规定:"中国共产党,以马克思列宁主义的理论与中国革命的实践之统一的思想——毛泽东思想,作为自己一切工作

---

① 张如心:《学习和掌握毛泽东的理论和策略》,《解放日报》1942年2月18—19日。
② 《中共中央文件选集》第10册,中共中央党校出版社1985年版,第634、658、680页。
③ 《刘少奇选集》上卷,人民出版1981年版,第334—335页。

的指针,反对任何教条主义的或经验主义的偏向。"①

七大以后,党的理论工作者继续发表文章进一步深入研究和宣传毛泽东思想,在全党乃至全国掀起学习和宣传毛泽东思想的高潮,为中国人民革命的胜利奠定了坚实的思想基础。

四、抗战时期党的理论工作者与毛泽东理论互动的当代启示

抗战时期,党的理论工作者与毛泽东之间的理论互动为中国化马克思主义——毛泽东思想的形成、发展及其在党内指导地位的确立发挥了不可替代的历史作用。这一理论互动说明,在党的理论创新进程中,党的领袖的作用是主要的,它规制了理论创新的方式和方向,甚至预设了理论创新的成果,但理论创新又不是党的领袖个人所得而私的东西,它还需要借助党的理论工作者的创造性努力,以实现理论化、系统化和大众化。抗战时期党的理论工作者与毛泽东的理论互动为当前推进马克思主义中国化时代化大众化提供了历史借鉴。

第一,党的领袖一般都具有特殊的品质和社会地位,更善于用敏锐的眼光观察历史发展,把握时代主题,对马克思主义理论的理解和基本国情的把握更准确,更有理论创新的精神,他们能够在借鉴和吸收全党、全社会理论智慧及总结革命、建设和改革实践经验的基础上,创造出一系列中国化马克思主义的文献,建构较为完整的中国化马克思主义的理论体系。党的领袖在马克思主义中国化中始终发挥着主导作用。中国化马克思主义理论体系是由毛泽东等党的第一代领袖群体建构和诠释,并由邓小平、江泽民、胡锦涛等党的历届领袖群体接力创新的成果。

综观中国化马克思主义理论创新发展史可以发现,每一个重大理论观点的提出和每一次巨大理论跃升,其首创者或完成者都是党的领袖。为什么会是这样呢?其关键点在于:其一,党的领袖领导中国革命、建设和改革的伟大实践,处于统揽全局的地位,各方面的信息都在他这里汇集、碰撞、聚化,便于他透过纷繁复杂的表象把握矛盾的实质,揭示社会发展的历史规律。其二,党的领袖通常都是马克思主义理论学习的典范,有深厚的马克思主义理论功底、强烈的理论自觉和理论创新意识。1941年毛泽东在读西洛可夫、爱森堡等《辩证法唯物论教程》时发出的"中国的斗争如此伟大丰富,却不出理论家"②的感慨,就是理论自觉和理

---

① 《中共中央文件选编》第15册,中共中央党校出版社1991年版,第115页。
② 《毛泽东哲学批注集》,第445页。

论创新意识的直接表现。其三,党的领袖对于理论创新的预期成果有明确的认识,有能力引导理论创新实践活动以正确的方式,朝科学的结论迈进。其四,党的领袖能够团结和带领一批杰出的理论工作者协同工作,并对理论工作者的学习、研究和宣传工作给予及时指导和必要支持。抗战时期,毛泽东始终处于领导中国社会变革实践的核心地位。这使得他有条件深入分析中国国情,揭示中国半殖民地半封建的社会性质,科学回答中国革命的性质、对象、任务、动力和前途等一系列重大问题,并提出新民主主义革命理论;在总结党领导中国革命经验,特别是揭示教条主义危害的基础上,旗帜鲜明地向全党提出了实现"马克思主义中国化"的历史任务;团结和影响一批杰出的党的理论工作者,并为他们学习、研究、宣传和创新马克思主义指明方向。毛泽东思想从概念的生成到理论的体系化,从理论工作者的个人认识到全党指导思想地位的确立,从新民主主义革命理论到社会主义改造理论,毛泽东始终发挥着无可替代的主导作用,也正因为如此,马克思主义在中国运用和发展的第一个理论成果才以毛泽东的名字命名。改革开放以来,邓小平、江泽民、胡锦涛等党的领袖,科学判断时代主题及时代潮流的变化,在全面系统总结世界各国发展经验教训、借鉴和吸收人类社会创造的一切文明成果和继承前人的基础上,坚持解放思想、实事求是、与时俱进、求真务实的思想理论原则,通过实践创新和理论创新,先后提出了"有中国特色社会主义""三个代表"和"科学发展观"等全新的马克思主义概念,分别形成了邓小平理论、"三个代表"重要思想和科学发展观等一系列重大理论创新成果。党的十七大把这一系列重大理论创新成果统称为中国特色社会主义理论体系。中国化马克思主义理论体系的建构及其丰富发展,既体现了中国共产党在理论上的不断成熟,又体现了党的领袖在理论创新上的自觉自信。

第二,党的理论工作者的理论研究可以促进、丰富和完善党的领袖的理论研究,使党的领袖的理论创新成果更加学理化、系统化;党的领袖的理论创新成果也有待于党的理论工作者向大众宣传、阐释,使之化为大众的思想武器。无论是毛泽东思想,还是中国特色社会主义理论体系,它们的形成和发展过程都凝聚了党的理论工作者的智慧和心血。

如前所述,延安时期,党的理论工作者在毛泽东和党中央的指导下积极开展马克思主义理论学习、研究和宣传工作,他们的研究成果对于毛泽东形成关于中国革命问题的科学认识、毛泽东思想的学理化、系统化、大众化都发挥了重要作用。改革开放以来,党的理论工作者根据中国特色社会主义建设伟大实践的需要,利用自身的优势,在政治、经济、文化、教育等各个领域进行积极的理论创新。

有些理论研究和理论创新受到党的领袖的高度重视和支持,直接推动了中国思想解放的历史进程,如1978年南京大学青年教师胡福明撰写的《实践是检验真理的唯一标准》一文就受到了邓小平等老一辈革命家的支持,对于破除"两个凡是"和教条主义,促进思想解放发挥了积极作用。有些理论工作者在学术研究中倡导和使用的新概念,如"社会主义初级阶段""商品经济""社会主义市场经济""政治文明""以人为本"和"和谐社会"等为党的领袖所吸纳,融入中国化马克思主义文本之中。还有些党的理论工作者直接参与了马克思主义中国化的文本建构,如胡乔木、郑必坚、龚育之等党的理论工作者参与了《关于建国以来党的若干历史问题的决议》的起草工作。被邓小平称作"政治经济学的初稿"的《中共中央关于经济体制改革的决定》在起草的过程中,就吸纳了来自中央党校、中国社科院等多家单位的理论工作者,凝聚了他们的智慧。十二大以来,党的历次代表大会的报告、中共中央的重要决议或决定,也都是在党中央的领导和组织下,由党的理论工作者主要担纲完成的。近年来,一些杰出的党的理论工作者被邀请到中南海给中央政治局委员开办专题讲座,就中国乃至世界经济社会发展的某一专题问题同党的领袖进行共同研讨。此外,党的理论工作者还是当代中国马克思主义重大理论创新成果研究、宣传教育活动主力军,是实现当代中国马克思主义大众化的重要力量。可以说,党的理论工作者的理论创新,已经成为马克思主义中国化的有机组成部分,他们的理论创新成果对于当代中国马克思主义理论的形成、发展和完善发挥了积极作用。

第三,党的理论工作者与党的领袖的理论互动共存于马克思主义中国化的历史全过程,两者相得益彰。一部马克思主义中国化史就是一部马克思主义理论创新史。在此过程中,党的领袖与党的理论工作者围绕一个共同的理论创新目标,相互影响、相互补充、相互促进,形成一种吐故纳新、健康发展的理论生成机制。这种理论生成机制是中国共产党理论创新过程中所独有的。

党的领袖基于研判国情的基础上提出理论创新的方向、核心概念或具体任务(有时这些概念直接来自于党的理论工作者),引导党的理论工作者的研究路向。党的理论工作者则凭借相对丰富的马克思主义理论知识,对这些理论创新方向、核心概念或任务要求展开深入研究,使之学理化、完善化和体系化。抗战时期,毛泽东提出"马克思主义中国化"的命题,党的理论工作者从马克思主义中国化的内涵、必要性可能性、基本原则、基本路径和理论成果等方面论证了马克思主义中国化的合科学性与合规律性等。改革开放之初,邓小平提出"有中国特色社会主义"的概念,党的理论工作者通过研究,形成了中国特色社会主义理论体系的框架结构。此后,无论是江泽民提出"三个代表"重要思想,还是胡锦涛提出"科学发展观",都在党的理论工作者中掀起了研究热潮,而党的理论工作者的研究成果又进一步丰富和充实了"三个代表"重要思想和科学发展观的理论体系。当前,党的理论工作者正就习近平总书记的系列重要讲话展开研究,这些研究成果必将使之进一步学理化和体系化,为中国特色社会主义理论体系宝库增添新的理论成果。

此外,党的领袖重视马克思主义理论创新研究,创设良好的学术研究氛围,支持、鼓励和指导党的理论工作者进行理论创新,把繁荣发展哲学社会科学作为一项长期的战略任务及实施马克思主义理论研究和建设工程等,为形成党的领袖与党的理论工作者良性学术互动机制提供了必要条件。

邓小平"争论"和"不争论"思想研究*

高正礼

邓小平在改革开放的新时期,既有允许、倡导"争论"的思想,也有主张"不争论"的思想。长期以来,学术界对邓小平"不争论"思想展开了深入研究,而对其"争论"思想或者不知或者予以回避。同时,学术界存在着把邓小平"不争论"思想绝对化、把邓小平"争论"与"不争论"思想关系庸俗化的倾向。研究邓小平"争论"与"不争论"思想及其内在关系,对于深化中国特色社会主义理论体系研究具有积极的理论价值和现实意义。

解读邓小平"争论"与"不争论"思想的偏向

1992年春,邓小平在"南方谈话"中强调:"不搞争论,是我的一个发明。不争论,是为了争取时间干。一争论就复杂了,把时间都争掉了,什么也干不成。"①

20多年来,学术界和广大民众对"不争论"思想,尤其是"南方谈话"中的"不搞争论"思想给予了高度评价。然而,学术界、思想界对该课题研究在取得重大成就的同时,也存在着将其绝对化、片面化的倾向。主要表现在:

第一,偏重研究邓小平"不争论"思想,回避和淡化邓小平"争论"思想 通过对中国期刊网、中国知网、万方数据、中国重要报纸全文数据库等检索,1979～2011年,专门研究邓小平"不争论"思想的期刊论文共78篇,会议论文1篇,报纸发表的1篇论文同期刊论文重复。其中,少量论文论及邓小平"争论"思想;尚没有一篇论文专题研究邓小平"争论"思想;研究邓小平生平和思想的著作,基本情况同上。其实,如果以"辩论""争论""争辩"作为关键词检索《邓小平文选》、《邓

---

* 本文原载于《当代中国史研究》2013年第1期。
① 《邓小平文选》第3卷,人民出版社1993年版,第374页。

小平年谱(1975~1997)》和《邓小平年谱(1904~1974)》,排除重复后统计显示,邓小平约在36处谈到"辩论"、"争论"和"争辩",其中多数支持、赞同争论,少数反对、批评争论。例如,1957年4月,邓小平说:"只有搞'百花齐放,百家争鸣',各种意见表达出来,进行争辩,才能真正发展马克思主义,发展辩证唯物主义。"①1977年8月,邓小平又说:"我们现在不同意见的争论、讨论不是太多了,而是太少了。"②可见,长期以来,邓小平是主张、允许"争论"的,研究邓小平"不争论"思想,不应忽视、回避、淡化邓小平"争论"思想。

第二,误认为邓小平"南方谈话"才提出"不争论"思想　众多论著提出,"不争论"思想是邓小平1992年春"在视察南方的重要谈话中提出"的。③其实不然,邓小平早就提出了"不争论"思想,并且长期以来一直坚持这一思想。比如,1956年底至1957年初,由于受苏共二十大否定斯大林、波兹兰事件和匈牙利事件等影响,中国部分地区发生了少数学生罢课、工人罢工和农民闹退社等现象,有人要求搞自由辩论、大批判等形式的大民主。1957年4月,邓小平就此指出:"现在有的地方不是不讲闹事吗?有些人不是讲大民主吗?有些青年总觉得大民主解决问题。我们是不赞成搞大民主的。"④1979年6月,在五届全国人大二次会议期间,中共安徽省委书记万里向邓小平汇报说,安徽农村一些地方已经搞起了包产到户生产责任制,但有人反对。邓小平告诉万里:"不要争论,你就这么干下去就行了,就实事求是干下去。"⑤后来,邓小平在众多场合不断强调"不争论"。

第三,将邓小平"不争论"思想的历史地位提得过高　邓小平"不争论"思想对于统一全党全国各族人民的认识和行动、把我国改革开放推向一个新的历史阶段等发挥了巨大作用。但是,有学者把邓小平"不争论"思想提升为"改革开放的一项基本政策"⑥、"党领导社会主义现代化建设的一个根本指导思想和基本的领

---

① 《邓小平文选》第1卷,人民出版社1994年版,第272页。
② 《邓小平文选》第2卷,人民出版社1994年版,第57页。
③ 贺朝霞:《邓小平"不争论"主张的哲学解读》,《安庆师范学院学报(社会科学版)》2007年第6期;杨述刚:《邓小平"不争论"思想是"实践检验标准"的特定表述》,《四川省委机关党校学报》2009年第2期;朱映雪、郭文亮:《邓小平"不争论"思想的当代诠释》,《前沿》2009年第1期。
④ 《邓小平文选》第1卷,人民出版社1994年版,第273页。
⑤ 《邓小平年谱(1975~1997)》上卷,中央文献出版社2005年版,第531页。
⑥ 刘毅强:《邓小平"不争论"思想探析》,《理论学刊》2008年第1期。

导方法"①等等，笔者认为这些论断将邓小平"不争论"思想的历史地位提得过高，况且把领导人的某一思想、言论直接上升为党和国家的"基本政策"、"指导思想"等，提法本身也欠妥。众多论著从马克思主义实践论、认识论、唯物论等各方面对邓小平"不争论"思想做诠释，这无可厚非，但反过来把"争论"说成一无是处也欠妥。

第四，对邓小平"争论"与"不争论"思想关系的解读含混，甚至庸俗化　学术界、思想界部分论著已经认识到，邓小平既有"不争论"思想，也有"争论"思想，尤其是1992年春"南方谈话"强调"不搞争论"有着特殊的背景和特定的内涵，因此不能将其绝对化。但是，究竟如何理解邓小平"争论"与"不争论"思想的关系，现有的解读都比较含混，一些论著赋予邓小平领导艺术的灵活性、策略性等解释②，难以令人信服。

邓小平倡导和主张的争论

纵观邓小平的思想和实践，他倡导和主张的争论主要有：

重大路线方针和原则的争论：邓小平认为在重大方针和原则问题上必须敢于争论。众所周知，1978年真理标准问题之争是在邓小平的鼎力支持下才冲破"凡是"派的压制而得以全面展开，进而推动了党的实事求是思想路线的重新确立。邓小平对此多次高度称赞说："这个争论很有必要，意义很大……是个政治问题，是个关系到党和国家的前途和命运的问题。"③改革开放以后，针对资产阶级自由化思潮，邓小平不断强调要旗帜鲜明地加以批判，指出："某些人所谓的改革，应该换个名字，叫作自由化，即资本主义化……我们讲的改革与他们不同，这个问题还要继续争论的。"④

不同工作意见的争论：民主集中制原则是党和政府、各人民团体等遵循的基本组织原则，这个原则本身就包含了经过讨论、争论最后达成统一的意思。在民主集中制原则下，党、国家、人民团体等召开的各种会议是广大党员和群众行使民主权利的重要场所和途径。1956年9月，邓小平在中共八大上说："必须健全党的

---

① 刘家声：《"不搞争论"是邓小平同志在领导工作思路上的"一个发明"》，《理论导报》1994年第9期。
② 初丽华：《"不搞争论"是邓小平领导艺术的一个重要特色》，《河南社会科学》1994年第6期；张建军：《邓小平"不搞争论"之策略思想探微》，《毛泽东思想研究》1994年第4期。
③ 《邓小平文选》第2卷，人民出版社1994年版，第143页。
④ 《邓小平文选》第3卷，人民出版社1993年版，第297页。

和国家的民主生活……使党和国家的各种会议,特别是各级党的代表大会和人民代表大会,成为充分反映群众意见、开展批评和争论的讲坛",坚决反对"以集体领导的外表掩盖个人专断的实质的办法","一切提到会议上的问题,都必须经过讨论,允许提出异议。如果在讨论中发现重大的意见分歧,而这种分歧并不属于需要立即解决的紧急问题,就应该适当地延长讨论……而不应该仓促地进行表决,或者生硬地作出结论……只有这样,党内的民主生活才能获得真实的保证"。①1978年12月,邓小平在听取徐向前、韦国清等汇报中共中央军委座谈会的情况时指出:"会议可以延长,让大家把话讲完。对有不同看法的问题,可以辩论,把问题讲清楚。然后把问题集中起来,由军委研究解决。"②1979年10月,邓小平在一次研究经济工作的会议上又指出:"大家对经济问题的看法不一致,这是很自然的……这次会议大家要充分地把矛盾摆出来。我主张采取辩论的方法,面对面,不要背靠背,好好辩论辩论。真理就是辩出来的。"③

学术问题的争论:"百花齐放,百家争鸣"是我国繁荣和发展社会主义文化的指导方针。邓小平一直坚持这一方针。1957年4月,邓小平说:"不搞'百花齐放,百家争鸣',思想要僵死起来,马克思主义要衰退,只有搞'百花齐放,百家争鸣',各种意见表达出来,进行争辩,才能真正发展马克思主义,发展辩证唯物主义。"④1962年2月,他又说:"至于理论上、学术上的问题,那是另外一回事,那是不论什么时候都可以自由讨论的。"⑤1977年8月,刚刚复出的邓小平在科学和教育工作座谈会上专门讲到"学风问题",指出:"讨论当中可能会出来一些错误的意见,也不可怕。我们要坚持百家争鸣的方针,允许争论。不同学派之间要互相尊重,取长补短。要提倡学术交流。"⑥20世纪80年代初,我国思想界、理论界发生了关于人道主义和异化问题的争论,邓小平指示要"写有分量的文章,马克思主义者要出来说话","文艺、理论界可组织自由参加性质的座谈,允许辩论,不打棍子"。⑦

---

① 《邓小平文选》第1卷,人民出版社1994年版,第223-224、231页。
② 《邓小平年谱(1975~1997)》上卷,中央文献出版社2005年版,第459页。
③ 《邓小平文选》第2卷,人民出版社1994年版,第201页。
④ 《邓小平文选》第1卷,人民出版社1994年版,第272页。
⑤ 《邓小平文选》第1卷,人民出版社1994年版,第308页。
⑥ 《邓小平文选》第2卷,人民出版社1994年版,第57页。
⑦ 《邓小平年谱(1975~1997)》下卷,中央文献出版社2005年版,第938、953页。

邓小平反对和批评的争论

纵观邓小平的思想和实践,他反对和批评的争论主要有:

群众性、政治运动式的争论:如前述及,1957年年初,针对一些人提出要搞自由主义、群众运动性的"大民主",邓小平明确表示反对。经过新中国成立后几十年尤其是"文化大革命"十年的实践洗礼,邓小平更加坚定地反对搞群众性、政治运动式的争论。1980年1月,他指出:"'四大',即大鸣、大放、大字报、大辩论,这是载在宪法上的。现在把历史的经验总结一下,不能不承认,这个'四大'的做法,作为一个整体来看,从来没有产生积极的作用。应该让群众有充分的权利和机会,表达他们对领导的负责的批评和积极的建议,但是'大鸣大放'这些做法显然不适宜于达到这个目的。"[①]后来,全国人大接受中共中央的提议,五届全国人大三次会议通过了关于修改宪法第四十五条的决议,取消了"四大"。1985年夏,邓小平在批评资产阶级自由化时再次强调:资产阶级自由化"搞的这一套无非是大鸣、大放、大字报,出非法刊物,实际上是一种动乱,是'文化大革命'遗留下来的做法","不能让这股风刮起来","再不能那样干了"。[②] 之后,他又多次强调这一思想。

具体的方针政策、改革举措之争:当包括"两个凡是"在内的"左"倾思想阻挠党的实事求是思想路线的恢复、资产阶级自由化思潮干扰改革开放正确航向时,邓小平坚决明确地支持思想路线、政治路线等问题的争论。但是,当党的正确思想路线、政治路线确立后,他坚决明确地反对就建设中国特色社会主义的一些具体方针政策进行无休止地、无原则地争论,也不赞成就探索性、实验性的改革举措进行争论。例如针对创办特区、发展市场经济、实行公有制企业经营方式改革等问题,邓小平一再强调,不要进行无谓争论,要敢于实验,大胆地试,大胆地闯。

不同国家政党间意识形态之争:在国际共产主义运动史上,共产国际对包括中国共产党在内的世界众多国家共产党的诞生、成长给予了大力的指导和无私的援助,但苏联共产党在此期间也发生了以大党、老子党自居,干涉他国共产党内政等现象。新中国成立后,由于种种原因,中共同以苏共为首的一些国家共产党之间就国际共产主义运动总路线、斯大林评价等问题展开了激烈的争论,并由意识形态之争发展到政党关系、国家关系濒临破裂的局面,留下了深刻的教训。鉴于此,改革开放以后,邓小平一再强调各国政党之间不要搞意识形态的争论,要以完

---

① 《邓小平文选》第2卷,人民出版社1994年版,第257页。
② 《邓小平文选》第3卷,人民出版社1993年版,第123—124页。

全平等、互不干涉内政等四项原则处理政党关系。1980年5月,他会见意大利共产党总书记贝林格时说:"我们两党之间过去的争论一风吹了"①,不要再搞争论。1984年3月,邓小平在同胡乔木、邓力群谈到中共与外国党思想理论上的分歧时指出:"他们的理论、思想观点,我们不替他们宣传。他们自己宣传什么,主张什么,我们不作评论,不同他们争论。"②1989年5月,邓小平会见来访的戈尔巴乔夫,回顾中苏两党的争论说:"我算是那场争论的当事人之一,扮演了不是无足轻重的角色。经过二十多年的实践,回过头来看,双方都讲了许多空话",过去的事"不要求回答,也不要辩论,可以各讲各的"。③

空泛的、不合时宜的争论:邓小平支持学术争鸣,也注重从理论上探明社会主义建设的重大路线、方针和原则问题,但反对空泛的争论,特别是反对各级党员干部、人民群众囿于争论而不敢改革创新,甚至动摇以经济建设为中心的基本路线而深陷争论。所以,他强调:中国特色社会主义建设的很多问题,"不是写文章、辩论就可以消除的"④,而要靠真抓实干,作出成效,坚持通过发展解决前进中的问题。另外,邓小平虽然说过学术问题什么时候都可以自由讨论,但那也是就一般情况而言,且限定在学术领域内,而在特定的历史关头,尤其是一些人妄图借学术讨论之名干扰现代化建设的大局时,他要求理论问题的讨论应服从稳定大局。1989年6月,邓小平强调:"如果在这个时候开展一个什么理论问题的讨论,比如对市场、计划等问题的讨论,提出这类问题,不但不利于稳定,还会误事。"⑤

简短的结论

通过对邓小平"争论"和"不争论"思想的梳理和归纳,可以得出以下启示:

第一,对邓小平"争论"和"不争论"思想研究要持全面客观的态度。当年林彪鼓吹学习毛泽东思想只要学好"老五篇"即可,把毛泽东思想庸俗化。"文化大革命"期间,红卫兵推行实用主义,各自根据需要对毛泽东语录断章取义,搞派别斗争和大辩论,导致严重混乱局面。这些都是没有全面、客观对待毛泽东思想的结果。对邓小平理论的研究,尤其是对"争论"和"不争论"思想的研究也应持全面客观的态度,要作整体性、系统性研究,不能因为需要推动改革开放就把邓小平

---

① 《邓小平文选》第2卷,人民出版社1994年版,第319页。
② 《邓小平年谱(1975~1997)》下卷,中央文献出版社2005年版,第966页。
③ 《邓小平文选》第3卷,人民出版社1993年版,第291-292页。
④ 《邓小平文选》第3卷,人民出版社1993年版,第300页。
⑤ 《邓小平文选》第3卷,人民出版社1993年版,第312页。

"争论"思想抬出来,也不能因为需要维护社会稳定就过分抬高邓小平"不争论"思想的地位。

第二,必须结合历史背景和话语情境解读。邓小平"争论"和"不争论"思想回顾历史,邓小平发表主张争论和反对争论的讲话,都有特定的历史背景和话语情境,且有明显的针对性。因此,只有紧紧结合当时的历史背景和话语情境,才能全面理解和正确把握邓小平"争论"和"不争论"思想,否则在该问题上必然出现绝对化、片面化倾向,甚至得出邓小平言论自相矛盾、只许自己争论不让别人争辩等错误认识。

第三,如何运用和发展邓小平"争论"和"不争论"思想显得尤为紧迫。当前,中国正处在利益关系多元化、社会矛盾凸显的改革攻坚阶段,学术界深化邓小平"争论"与"不争论"思想的理论研究十分必要,如何运用邓小平"争论"与"不争论"思想指导改革开放的伟大实践显得更为紧迫。在和平、发展、合作成为时代潮流的当今世界,在全国各族人民聚精会神搞建设、一心一意谋发展的当今中国,绝不允许出现无谓的、空洞的、抽象的"争鸣"干扰建设和发展中国特色社会主义的大好局面,也不能搞群众性政治批评运动,更不允许"只让错误的东西放,不让马克思主义争"[1]的情况发生。社会矛盾和人们的认识分歧是客观存在的,有序的、平等的、心平气和的研讨和争论是发扬民主、统一认识的重要途径;隐瞒、回避矛盾和争论,甚至压制民主,轻易就把不同意见说成噪音、杂音,进而导致决策失误、侵害民众利益事件频发,其危害是严重的。

第四,"争论"和"不争论"都要有制度保障和约束。邓小平高度重视党和国家的制度建设,认为制度问题"更带有根本性、全局性、稳定性和长期性","制度好可以使坏人无法任意横行,制度不好可以使好人无法充分做好事,甚至会走向反面"[2]。1980年1月,邓小平曾就党内的争论说过:这样那样的问题在党内"可以讨论,但是,在什么范围讨论,用什么形式讨论,要合乎党的原则,遵守党的决定"。[3] 其实,不仅仅是党内争论,在建设社会主义法治国家和实施依法治国的今天,哪些问题可以、应该争论,哪些问题不能、不需争论,争论又应该采取什么形式、在什么范围内展开,等等,都应纳入制度化轨道,既要有制度保障,又要受制度约束。

---

[1] 《邓小平文选》第3卷,人民出版社1993年版,第47页。
[2] 《邓小平文选》第2卷,人民出版社1994年版,第333页。
[3] 《邓小平文选》第2卷,人民出版社1994年版,第272页。

综上所述,学术界、思想界存在着对邓小平"争论"和"不争论"思想认识的绝对化、片面化倾向,邓小平"争论"和"不争论"思想长期并行不悖,各自有着特定的内涵和针对性,深化对其理论研究很必要,实践中正确运用和发展更为重要。

第四编 04
思想政治教育

"思想分析"基本问题论纲[*]

王习胜

20世纪80年代初期,为了拓展当代哲学的生存空间,弥补心理咨询技术不能消解求助者思想症结的缺憾,在承继先贤哲学咨商传统的基础上,西方学者开始了回归哲学践行本性以化解人们思想困惑的探索活动,并迅速得到多个发达国家和地区的学者响应。2000年前后,台湾学界开始关注这场哲学践行思潮并加入探究行列。近几年,大陆学者凭借"后发优势",以更为宽广的学科视域、更为显然的解题目的,明确提出了以"解惑、去苦"为诉求的"思想分析"新概念。"思想分析"是人文理论与关怀实践在当代的新发展,是融贯多学科思想资源和方法技术的新课题,要顺利地开展这个课题的研究,有必要对其对象与阈限等基本问题予以揭示和说明。

一、"思想分析"的对象与阈限

针对"人自身"的问题而开展的分析活动主要有三个领域,一是人的肌体,二是人的心理,三是人的思想。人的肌体是医学分析的对象,医生的职责是分析病患者肌体的病因,在"对症下药"的前提下,医治的成效主要看药物和器械,医药的质量和器械的水平往往决定了疗效的好坏;人的心理是从自然哲学中分化出来的科学心理学的分析对象,心理医生是将实验科学的心理学理论应用于常人的情结和情绪的分析之中,心理医生的职责是分析来访者心理障碍的成因,给出疗慰情结的方案,但是,即便是在"对症下药"的前提下,心理治疗的成效的也只有一部分是来自器械和药物,而另一部分则来自于治疗师对求助者情绪的抚慰和情结的开解;人的思想是思想工作者的分析对象。从事思想工作的人,主要有思想理论研

---

[*] 本文原载于《安徽师范大学学报(人文社会科学版)》2013年第5期。

究者、社会关系调解者、思想教育工作者,以及从事信仰维护和传播的宗教人士等,思想症结的成因繁杂,药物和器械在思想治疗中近乎失效,所谓解铃还需系铃人,"心病"只能用"心"医。去除"心病"的成效主要看开解的方法是否得当,开解的道理能否得到共识,解脱痛苦和纠结的思路是否具有启发性。思想开解的复杂性和灵活性,使得"思想分析"远不如"医学分析"和"心理分析"那样具有规范的操作程序,可以掌控的治疗效果。

从分析"人自身"问题而形成的三个领域来看,人的肌体、心理和思想之间具有基础和升华的层级关系,肌体是心理和思想的物质载体,心理方面的情绪和情结与肌体健康与否关系紧密,但心理问题却又不能等同于肌体问题;同样,心理是思想的基础,思想是心理的升华,思想问题同样不能还原为心理问题。"思想"依存于肌体和心理,又居于肌体和心理之上,它的阈界在哪里?有人把"思想"看作是"意识""心智""精神""观念"的同义词,这种语义的"思想"是与"物质"相对应的概念;有人把"思想"看成是理性思维的结晶,是知识体系,这种语义的"思想"是与感性认识相对应的概念。

笔者认为,"思想分析"所谓的思想问题主要是指观念层面的问题,是基于某种评准而对人或事形成的相对稳定的看法。这里,"看法"是结果的呈现,"评准"才是一个关键性概念,它是形成对人和事不同看法的逻辑基点和评价标准,是形成"看法"的机制之所在。在归根结底的意义上说,以"看法"形式出现的思想问题就是世界观、人生观和价值观的问题。有的学者主张,思想分析应以世界观的诠释作为分析重点,因为每个人在解释他们的世界时有其固定的方式,不仅透过信念和想法,还从他们"存有的整全途径"来理解世界,因此,思想分析不仅以协助案主说明他们生活方式之世界观的这种模式作为目标,同时它的目标还在于"探究对他们每天对于自身及真实概念的不同态度,以便说明从他们的行为、情绪、偏好或期望等所表达出来的世界观"①。我以为,思想分析所直接面对的并不是世界观问题,而是价值观问题。虽然案主的思想困惑大多是在对人和事的认识中造成的,但这种认识首先是以是非、对错、好坏的评价形式出现的,是在评价中遭遇不同信念的冲突而形成的,因此,它首先要面对的是价值观念问题,然后才是关于人生价值或意义的人生观问题,最后才会涉及到对"世界"的根本看法问题。"价

---

① Ran. Lahav:《"A Conceptual Framework for Philosophical Counceling: Worldview Interpretion"》,Eassys on Philosophical Counceling. Lanham: University Press of America,1995 年版,第 20 – 22 页。

值观"是处于思想分析"评准"的核心地位的。

价值是分层次的,是可以排序的,以观念形态出现的价值观也包含着层级和序列等丰富的内容,思想的困扰主要来自于价值信念的不确定性而带来的取向迷茫,或者是所持价值信念不能划分层级和序列导致的观念混乱,或者是同一层级和序列乃至不同层级和序列之间的价值冲突导致取舍的无所适从,这是思想困惑和精神痛苦的直接根源,尔后才会间接地反映到对人生的意义和对世界的看法之上,而不是反之。

至此,"思想分析"的对象是人的"思想",虽然思想、心理与肌体是不可分割的整体,"知、情、意、信、行"内在统一,但"思想分析"所面临的问题不同于借助器械和药物去解决的肌体和心理问题,它是通过思想的交流去分析人们的价值取向、人生信念乃至世界观念的问题,同时,又不去追究思想症结者的情绪、情感、情结,意志力和倾向性,实践行为和品质等问题,它仅仅是通过思想的交流去寻找问题的症结,在思想观念中寻求可能的开解路径,从而在观念认识的层面化解思想的症结。思想问题"这种病的根源是可疑的信念、价值观和假设"①,思想分析的对象范围只能框定在观念的阈界之中。

二、"思想分析"的内涵与特征

台湾学者曾对与"思想分析"近似的"哲学咨商"作过这样的界定:"一个受过训练的哲学人藉由哲学的方式,如借助哲学经典/文本、哲学概念、哲学理论、哲学家或哲学方法,帮助个体克服他/她个人所可能面临的成长障碍,以达到个人能力的最适当发展的过程。"②皮特·拉伯(Peter B. Raabe)认为,思想分析是用来帮助案主确认并厘清隐藏的假设或情绪,讨论生活中关于意义与价值的问题,关于某种特殊状态下做"对"事情的问题,做出满意的决定及最佳选择问题,是帮助当事人找到"过其想过的生活"艺术,因此,思想分析主要是厘清角色与责任,用不同的观点来检视问题、判断性地检验当事人支持的信念及其与生活之间的关系的哲学实践活动。③ 笔者认为,思想问题本质上是观念问题,或者说是"灵魂"问题,虽然

---

① Peter B. Raabe:《Healing Words: Philosophy in the Treatment of Mental Illness》,《哲学与文化》2010 年第 1 期。
② 潘小慧:《哲学咨商的意义与价值:以"对话"为核心的探讨》,《哲学与文化》,2004 年第 1 期。
③ Peter. B. Raabe:《Philosophical counceling:Theory and Practice》,Lodon《Praeger》2001 年第 8 期。

它是"由于欠缺考虑所造成的,但也可以因为深思而治愈"①的问题,它所涉及的范围却不仅仅是"哲学"的问题——哲学人、哲学方式和哲学理论,而是要涉及到心理学、文学、历史等学科资源,以及具有类比性的个案情境与个体经验等。

因此,思想分析的直接对象是包含着症结的思想;思想分析需要运用合理追问、解析预设、澄清概念、分清层次等逻辑分析方法帮助案主清理思想症结,却又不是依据逻辑分析规程进行的简单程序操作;思想分析过程中需要释放案主过激的情绪,以便在心绪平静的心理环境下思考问题及其出路,却又不仅仅是情绪的宣泄。思想分析是思想的交流和触动,是以智慧的方式与固有的观念对话,帮助案主尽可能避免情绪、情结和情感的困扰,从而正确认知造成思想困惑的事情、事理和事态,感悟具有类比性的个体开解思想症结的变通方式,从而修正生存信念,超越价值冲突,消解思想困惑,寻求幸福快乐、正向积极的生存意义,解除其症结思想带来的精神痛苦。

"思想分析"是对价值迷乱、意义丧失、抉择冲突等造成的精神苦恼的反思和检视,是对"心灵"进行的理性养护。作为理论与实践密切关联、多学科资源和方法融贯交叉的一个新领域,"思想分析"具有如下特征:

其一,它是目的与方法的统一。思想分析的目的是要解决思想困惑,而要解决思想困惑,方法就显得特别重要,但这里的方法显然是为解惑的目的服务的。很多思想症结的生成与认知方式不当相关,不当的认知方式形成了不当的观念,而不当的观念经过经验的确认而固化,在新情况、新问题前面,观念不能匹配和适应环境,就会产生不能消解思想症结。因此,要帮助案主消解思想困惑,尤其是在开展思想分析工作之初,我们必须特别重视选择和创造恰当的分析方法。只有方法恰当,才能揭示案主思想症结的真正成因,才能收到事半功倍的分析之效。"好"的思想分析方法是实现消解案主思想症结之目的的"船"与"桥"。②

其二,它是普遍性与特殊性的统一。这里的普遍性是指人生之公理,特殊性是指个体的具体问题。虽然每一个体的思想问题都是具体的,都有自己的历史与逻辑,但从思想问题的"顶层"上看,都必然涉及价值观、人生观和世界观的问题。就人生观的层面看,涉及到生命的时空假设——生命是有限的还是永恒的;人性的价值定位——是注重于现世的功名利禄还是看重于未来的永恒意义,以及生命

---

① 潘小慧:《哲学咨商的意义与价值:以"对话"为核心的探讨》,《哲学与文化》,2004 年第 1 期。

② 毛泽东:《毛泽东选集》第一卷,人民出版社 1991 年版,第 139 页。

的尊严和品格——是见风使舵、苟且偷生还是具有独立性、志气、操守和境界,如此等等。以此可见,思想分析是人生的普遍性与个体生活境况的特殊性的统一。

其三,它是工具性与价值性的统一。思想分析要借助逻辑分析方法、心理咨询技术,这些方法和技术是手段性的、工具性的,没有这些手段和工具,道理就不能说清楚,症结不能被清理,思路就得不到明晰,思想分析就不能实现目的,所以,思想分析在操作方法上具有工具性。但是,思想分析并不仅仅是为了清理而清理,为了明晰而明晰,它的目的是要解决被分析对象的思想困惑,消除人们由于症结思想而引发的精神痛苦,"去苦"是带有意义和价值的追求。正如一位从事思想分析实践工作的学者所指认的,"带着人生困惑或不知所措的人来到咨商师面前,或许一开始的问题是在问:不清楚什么是自己想要的? 或者是处在一种难以抉择的情境。不过,对话经过一段时间,当事人终究会触及内在潜藏的道德信念或价值观,会触及'我想要成为什么样的人?''什么是我心目中卓越的理想?''什么是我想要的成功或幸福?'"①这些问题的探究,必然涉及到道德信念或价值观问题,需要有人生意义和价值观的引导。因此,思想分析并不宣称"价值中立",更不回避人生意义和价值导引的目的性问题。

其四,它是务虚与务实的统一。思想观念问题是"虚"的问题,它与个体主观的感知紧紧相联,既无法精确测量思想症结的深度,也无法测得消解之后的痊愈程度,但它又是"实实在在"的客观问题。思想的困惑和精神的痛苦是人们会真真切切地感受到的,而且它关涉到"痛苦的人"如何能够活得好甚至是活得下去的问题。如果说社会实践层面的"务实"就是做事,那么,思想分析层面的"务虚"则是在"做人","就好像'为捕蝇瓶中的苍蝇指示出口'"②,为思想症结者进行观念开解,使其做一个思想愉快、精神快乐、能够感知幸福的人。

其五,它是主动性与主导性的统一。思想困惑与肌体疾病和心理障碍不同,虽然肌体治疗和心理治疗也需要案主的积极配合,但在案主不配合的情况下也仍然可以强行干预。思想困惑的人如果不愿意接受"分析",不具有寻求分析的主动性,"思想分析"就难以强行干预。同样,如果思想分析仅仅只是分析,不能帮助案主寻找解惑的路径,积极引导案主走出思想困境,分析师不具有主导性,同样不能充分发挥出思想分析的应有功用。

肌体治疗的目的在于康复身体,心理咨询的目的在于理顺情绪,它们都可以

---

① 尤淑如:《作为伦理实践的哲学咨商》,《哲学与文化》,2010年第1期。
② J. M. 黑顿:《维特根斯坦与心理分析》,蔡伟鼎,译,城邦文化出版,2002年版,第18页。

借助器械和药物,而且可以保持"价值中立"。思想分析的目的在于澄清认知,导引案主追求正向积极的人生,这种特殊的"治疗"活动既不能借助外在的器械和药物,又不能回避价值和意义问题,这便是"思想分析"的独特性之所在。

三、"思想分析"的路径与资源

思想分析的根本路径是"对话",通过对话了解案主的思想为何所困及其症结所在,通过对话实现分析师与案主之间的思想交流和碰撞,启发案主认识思想症结的成因,实现症结观念的格式塔转换,从而颖悟到开解问题的出路。

在"对话"这一根本路径之下,我们可以从不同角度对"思想分析"的进路予以区分。从过程的角度看,思想分析的主要环节是检视(examining)、分析(analyzing)、综合(syntheszing)、思辨(speculating)、规范(prescribing)和评估(evaluating)。中外学界就思想分析的过程和环节提出了多种具体的方法和技术。比如,马利诺夫(L. marinoff)提出了"宁静法":首先,辨析问题之所在;其次,反思由这种问题所引发的情绪;再次,列出并评估解决问题的选择性方案;最后,总体地思考由问题到解决方案之间的一致性,为付诸行动做好准备。拉伯提出了思想分析的四阶段方法:首先,营造适合于无压力的对话和分析的环境;其次,分析问题的性质,寻求解决问题的方法;再次,在解决问题的方法找到之后要形成解决问题的意向性;最后,不再沉溺于过去的痛苦之中,从当下思想困苦中超脱出来。黎建球提出了 CISA 方法①,即通过觉察自我、他人及其相互关系而发现"问题背后的问题",通过头绪清理而看透问题的根本性质,通过思维的活泼化而实现观念的转换,通过自我超越和自我实现达到困顿的消解。阿肯巴赫(Gerd. Achenbach)主张超越方法的方法,即在协助当事人扩大视域、了解自己状况的前提下,不刻意设定立场和固定的程式化步骤,而应该随机制宜。这些方法都可以看作是做"思想分析"的程序或环节,遵循这些环节,我们便可知道如何"做"思想分析。

从技能层面看,思想分析主要运用两种技能性进路,一是哲学分析方法,二是经验类比方法。哲学分析方法主要用来剖析事情、分析事理和预测事态,其中,特别需要运用逻辑的方法和技术,比如,澄清概念、分清层次、清理矛盾、分析预设、合理追问、合情推理等方法和技术,以便于分析案主由于不当的认知方式而造成的错解和误读。经验类比其实是一种整体性思维方式,有的学者称之为故事化方法,是通过与被分析者类似的情况和情境,说明类比对象开解思想困惑的信念和

---

① 黎建球:《C. I. S. A 理论的实践与应用》,《哲学与文化》,2007 年第 1 期。

方法,引导案主进行比照和仿效,以期化解其思想症结。

从内容层面看,思想分析也有很多种进路,比如,柯亨(Elliot Cohen)在其《新理性疗法》一书中所指认的,可以采取分离式认知进路(seprate Knowledge),着重在逻辑分析之下找到外在和否定非理性原则所控制的情绪和行为;也可以采取关联式认知进路(connected Knowledge),通过同理和共知的认识来克服"世界以我为中心"而陷入的思想困境,通过关心他人而获得困境的消解等。① 潘小慧提出了"生态学的进路",②即以"当事人"为分析取向,将案主视为一个完整的人,"将对方视为知情意与时间性是不可分割与化约的整体,又有其复杂的社会处境与历史文化脉络,进而在处境与脉络的层层限制之下,仍然可以追求其自主的知情意与时间性上的自由,跳出单一急迫的某个具体问题"③,通过关注案主生命的整体态度,帮助案主检查并发展他们在世界中的整体位置或态度等。

从问题切入的角度看,"思想分析"有三种切入进路:其一是以当事人为中心,只做澄清工作,不做价值判断和抉择倾向性指示,不承担任何分析之外的责任和后果,是一种抉择后果与"分析师"无关型的进路;其二是主体间性的分析进路,是在厘清当事人的思想症结的同时,双方相互表达各自的价值信念和意义主张,在平等互信的对话交流中,协作探究开解问题的出路。其三是主客型分析进路,将案主或当事人作为接受导引的对象,分析师充当教育者、牧师或法官的角色。这种分析进路因其具有"教化"和"灌输"意味可能会遭到很多人的反对和抵触,但不能否认,对于缺乏主见或难以抉择者,它也是开解案主思想症结所不可或缺的进路之一。

不论是过程进路、技能进路、内容进路还是切入进路,在思想分析中都各有其用。我们要清楚的是思想分析尚处探索阶段,任何分析方法和技术的发明都特别重要,它们是有效开展这项工作的"抓手"所在。当然,我们也不能对方法和技术产生盲目崇拜,方法和技术毕竟要为思想分析的目的服务,所以,笔者更倾向于阿肯巴赫的主张,真正"好"的思想分析方法应该是适用于案主的因时、因地、因事而制宜的方法,应该注重的是方法的适应性和适用性,而不应该刻意追求方法或古

---

① Elliot Cohen:《The New Rational Theory: Thinking you way to serenity, Success, and Profound Happiness》Lanham: Rowmand and Littlefield Publishers, 2007 年版。
② 潘小慧:《哲学咨商的意义与价值:以"对话"为核心的探讨》,《哲学与文化》,2004 年第 1 期。
③ 翁开诚:《叙说、反映与实践:教学、助人与研究的一体之道》,《哲学与文化》,2011 年第 7 期。

板地遵循某些分析技术和套路。

方法和技术只是手段和工具,思想资源才是有效分析的内容。之所以说思想分析是一个融贯多学科资源和方法的交叉性新课题,是因为哲学、心理学、历史和文学等人文性学科中都富含开解思想症结的资源。

就哲学而言,西方学者在意义治疗或人文治疗中,就特别注重存在主义的人生观和价值观,以及苏格拉底的精神助产术方法。中国学者则注重于挖掘儒释道文化传统中的人与自然、自我与社会、现世与未来等"天人合一""道法自然""仁爱"之心等人生观和价值观的资源。其中,哲学家的名言、哲学家传记中的轶闻、哲学家化解思辨难题的案例,以及著名哲学命题中所蕴涵的哲理等都可以被引用或发挥,用来开解人们的思想困惑。哲学素有"爱智慧"和"时代精神之精华"的美誉,哲学思想是人类智慧的结晶。哲学家们在穷物尽理方面的思考和解答,对思想症结的化解无疑具有"顶层"意义的参考价值。就文学而言,小说、戏剧、诗歌等能够引发人们情感共鸣和价值认同的文学作品,它们对不同人物和事件的参悟和解读,对开解当事人思想症结也有帮助。就历史而言,它是一面镜子,可以以史为鉴①,关照现实,反思当下的生存状态,有助于案主更深刻地思考或省察其现实生活中所面临的困惑问题,转换对现世生存的信念和生活态度,理所当然地是开解其思想症结的优质资源。

人文学科的重要价值就是能够为人们提供一个安顿心灵、消愁去苦的精神家园。因此,所有的人文学科都是思想分析所不能无视的资源,离开了它们,思想分析就难以给出开解思想的合理的或自圆其说的理由。

当然,人与人之间更具有类比性。实现生活中的人,的确存在贫富、贵贱的差异,但人人都有喜怒哀乐,"家家都有一本难念的经",人生的轨迹和生活道理是相通的,"以故事来取代其他的比喻",在相似的情境中,他人是如何处理自我、他人和人际关系的,是如何取舍抉择的,"将自己与他人的生命经验,通过故事化的过程"②,说出"共感、共是与共在",这对案主也是具有参照仿效价值的。

---

① 比如,桐城县志记载有康熙年间礼部尚书张英宽解家人思想症结的逸事:张英在桐城的家人与吴姓邻居因宅居地界发生纠纷,家人飞书京城,让张英出面为家撑腰。张英却回信:千里传书只为墙,让他三尺又何妨。万里长城今犹在,不见当年秦始皇。家人见信,为争地界而引发的思想症结得到消解,主动将墙退让三尺。吴氏深为感动也退让三尺,为后世留下了"六尺巷"遗迹。这个历史案例对类似事件是具有开解借鉴意义的。

② 翁开诚:《叙说、反映与实践:教学、助人与研究的一体之道》,《哲学与文化》,2011年第7期。

四、"思想分析"的学科意义与实践价值

"思想分析"的学科意义主要体现在三个方面:其一,对哲学学科的意义。思想分析有利于将书斋化和知识体系化的哲学回归到它的实践本性上,让哲学走出玄幻之宫,为常人服务,将"爱智慧""求真道"的哲学转化为人类的生存智慧,反思人生的终极意义,确立人生的现实生存准则,化解世俗生存中的困境和困惑。这既可以使世俗常人深受哲学之益,也可以扩大哲学的生存空间,蓬勃哲学的生命力。其二,对思想政治教育学科的意义。思想政治教育具有科学性和意识形态性,泛意识形态化背景下的思想政治教育将"社会"取向提到最高地位,社会本位的世界观、人生观和价值观的教育,忽略了世俗个体的生存境况和生活烦恼,使得思想政治教育逐渐远离了鲜活个体的生活实际,成为"假大空"的代名词。"思想分析"并不回避价值导引,但更着重于个体的生存实际,坚持"以人文本",体现人文关怀,它的目的不是要培育社会精英,而是引导众人成为幸福的人,经过"思想分析"转化后的"思想政治教育"才真正能够成为人们真心喜爱、终身受益的"观念的科学"的学科。其三,对心理学科的意义。极端地说,医学是把"人"作为"动物"标本看待,解剖手术、药理分析、器械试验等是医学治疗所必不可少的方式和手段;心理学由神秘的颅相学转变为现代科学,是从实验心理学开始的,在一定程度上也是把"人"作为实验对象对待的,大脑机能、感知状况、各项指标分析等是其工作的前提和基础,在心理学家那里,存在"心理障碍的人"只是活着的"物",而不是富有整全精神和生存意义的"人"。现代心理咨询已关注到对求助者个体生存意义的导引,可以说,它是在向富含人文精神的"思想分析"靠近,换句话说,在心理咨询领域发展"思想分析",可以使心理咨询更具有人文属性而不是纯粹的实验科学的平台。

开展"思想分析"活动不仅有拓展学科应用领域的理论意义,还具有广泛而且深刻的实践价值。有学者认为,21世纪人类所面临的最普遍和最严重的问题可能不再是为了"活得更舒适"的物质问题,也不是科技进步不够迅速的问题,而是随着物质财富的增长和科技文明的进步所带来的与自我认知、人际冲突、伦理困境、价值多元、意义丧失等相关的思想观念问题。这些问题的解决,不可能也不应该依靠医疗器械和化学药物,"没有任何一种药物(即使是"百忧解"prozac 也无济于事)可以帮助我们找到自我、达成目标或做正确的事"[①],相比之下,"思想分析"倒

---

① 潘小慧:《哲学咨商的意义与价值:以"对话"为核心的探讨》,《哲学与文化》,2004年第1期。

是大有用武之地。通过思想症结的分析,剖析症结生成的根由,消解症结思想带来的精神痛苦,这种实践活动的意义可以在两个方面得到充分体现:对于个体而言,能够帮助案主建立起一套自觉维护的价值体系,在面对复杂的人伦关系和社会境况时,可以通权达变地主动应对,从而提升其生存的境界,统整与安顿其心灵,在真切地感知现世幸福的同时,又对未来充满希冀,这样的人生将是充满正向积极性的乐观人生;对于社会而言,"思想分析"有助于化解不应有的社会冲突,增强社会生活的包容度,促进社会和谐,便于营造正向积极的社会风尚。

"思想咨商"及其中国式问题论要*

王习胜

"思想咨商"是针对有症结的思想开展的"咨商"关怀活动。由于思想的主体不同、语境不同、对象不同,"思想"的"症结"难免各具情态、千差万别;但是,思想的主体总是生存和生活在特定的社会境况之中,总要面对社会历史与特定时代的思想"世界"及其问题,这就使得千姿百态的"思想症结"必然具有某种程度的相通性甚至共同性。在中国社会语境中生成的"思想症结"必然带有中国政治、经济、文化和社会等诸多特色,而要有效地开展中国式"思想咨商"活动,开解具有中国特色的思想症结问题,首先必须弄清它的理论基础,然后才能较好地实现其目标预设。

一、"思想咨商"概念的生成背景及其与相关概念的区辨

"思想咨商"是笔者近年提出的新概念。之所以提出这个新概念,是出于对思想政治教育学科发展问题的考量,同时亦受相关领域一些好的做法的启发。

首先是基于对思想政治教育实效性和有效性的考量。2014年是思想政治教育学科设立30周年,不能否认思想政治教育学科建设者为中国社会的"思想政治教育"所作出的巨大贡献,更不能否认曾经居于我党工作"中心环节"甚至是"生命线"地位的思想政治教育工作的巨大作用,但是,我们又确实不能否认,当下思想政治教育工作在实效性和有效性方面远远没有达到尽如人意的程度。如何提升思想政治教育的实效性和有效性问题,是有良知的学者孜孜以求的课题。鉴于传统思想政治教育主要是从社会和国家的需要出发,着眼于对受教育者的世界观、人生观和价值观的"宏观"教育和教化,因其远离了"我"的具体问题而受到

---

* 本文原载于《安徽师范大学学报(人文社会科学版)》2014年第2期。

"我"的隔膜和冷遇，笔者多年来一直在思考如何从"我"的具体的、现实的问题出发，进行"微观"的思想政治教育活动。而要进行"微观"思想政治教育活动，就不能从书本给定的具有普遍性的"文本问题"出发，而要从个体鲜活的、具体的、现实的问题出发；就不能按照思想政治教育原理的"知识路径"演绎思想政治教育方面的认识论问题，而要有切实的、有效的剖析和解决"我"的思想问题的方法和技术，而且这样的方法和技术必须有一个不同于以往思想政治教育知识体系中的概念，需要有一个新的、响亮的名称。

其次是受南京大学潘天群教授提出的"思想分析"概念的启发。笔者首次听到潘天群提出"思想分析"的概念，是 2010 年 11 月在西南财经大学召开的"2010 年中国逻辑通识教育论坛"会议上。潘先生是借小组发言汇报人的机会，从逻辑通识教育角度提出了"思想分析"概念，申明了进行"思想分析"的必要性。作为参会人员，笔者感兴趣的不是如何从"思想分析"角度进行逻辑通识教育问题，而是"思想分析"这个概念有可能较好地表达我所追求的"微观"思想政治教育实践活动，如果将这个概念引入思想政治教育领域，无疑是这个领域中的一个全新的名称。

再次是受心理咨询、哲学实践等活动的启发。近年来，高校进行的大学生心理健康教育活动如火如荼，深受大学生的欢迎，也确实解决了不少大学生的心理问题，为维护大学生心理健康发挥了重要作用。可能是考虑到"心理咨询"的重要作用及其良好影响，在思想政治教育界，有的学者甚至把"心理教育"也纳入到"思想政治教育"范畴之中。姑且不论这种纳入是否科学，但就心理健康教育这种状况来看确实值得思想政治教育者反思。为什么有"心理问题"者不请自来，主动寻求"心理咨询师"的帮助，而有"思想问题"者却对"思想政治教育工作者"敬而远之？与此同时，20 世纪 80 年代，国际哲学界兴起了"哲学实践"（philosophical practice）①活动，旨在回到苏格拉底的哲学精神，让哲学回归生活，为常人的日常生活服务。这种哲学思潮兴起之后，不仅达到了诸多同行的认可，而且也确实受到了"常人"们的欢迎。哲学素有"无用"之名，尚且能够为常人的日常生活服务，那么专事于人们思想问题的"思想政治教育"为何不受"常人"待见呢？这里除了

---

① 与"哲学实践"相似的还有其他名称，诸如，"哲学探询"（Philosophical Inquiry）、"哲学顾问"（Philosophical Mentoring）、"哲学指导"（Philosophical Guidance）、"哲学辅导"（Philosophical Coaching）、"哲学交心"（Philosophical Encounter）、"哲学交谈"（Philosophical Consultation），台湾学者称之为"哲学咨商"（Philosophical Counseling）。参见欧阳谦：《哲学咨询：一种返本开新的实践哲学》，《安徽大学学报：哲学社会科学版》，2012 年第 4 期。

"心理咨询"和"哲学实践"在问题的出发点上不同于传统的思想政治教育之外，还有一个重要的原因就是心理咨询和哲学实践已经发明和发展出一套相对有效的方法和技术。

如果我们将思想政治教育的出发点作"哥白尼式"转换①，即由"宏观"的社会和国家的需要，转换到"微观"的"我"的消解思想困惑和精神痛苦的需要，同时汲取相关领域的方法和技术，就有可能实现提升现代思想政治教育实效性和有效性的目标。这种"微观"思想政治教育实践探索活动，便是"思想咨商"概念的提出背景。

为什么不将"思想咨商"直接称之为"思想分析""心理咨询""哲学咨商""哲学实践""哲学践行"呢？

之所以不称之为"思想分析"，一方面是因为"思想分析"的外延不能涵盖"思想咨商"。潘天群教授理解的"思想分析"是逻辑视域的，是用逻辑技术和分析哲学工具分析"思想问题"的。② 受"做哲学"和对"现代逻辑"成果进行践应用的目标预设的限制，潘先生对思想观念中的"意义与价值"问题不感兴趣，明确指出：在"思想分析"中拒斥"价值引导"乃至"人文关怀"。在笔者看来逻辑技术和分析哲学工具的确有利于思想"症结"的澄清，但仅有逻辑技术和分析哲学工具并不能完全澄清思想症结，因为有些思想症结并不仅仅是"逻辑认知"问题，而是信念和信仰的"意义与价值"的取向问题。诚如康德所看到的，在信念和信仰领域，分析理性工具往往是无能为力的，它是感性经验的地盘，也是非理性之"信"的地盘。而以消解思想症结、去除精神痛苦为旨要的"思想咨商"不可能不在人文关怀的范畴进行，不可能拒斥思想观念中意义与价值问题，本质上，它要解决或改变恰恰就是思想观念或对意义与价值的认识和取向问题。另一方面是因为"思想分析"与"思想咨商"在工作原则上不相容。"思想分析"严格遵循"价值中立"原则；而"思想咨商"工作的重点就是通过生命的意义和生活的价值之"总开关"——人生价值观的"顶层设计"之导引，是通过价值观的认知和认同而化解案主在日常琐事中造成的思想症结。可见"思想分析"只是"思想咨商"过程中的一个环节。笔者在引进

---

① 这里受益于康德《纯粹理性批判》的研究思路，但需要特别说明的是：这种转换不是对传统思想政治教育的价值取向——"从社会和国家需要出发"的彻底否定，而是一种互补和发展。

② 潘天群：《分析何以能够治疗：思想分析的方法论》，《安徽师范大学学报：人文社会科学版》，2011年第3期。

"思想分析"①这个概念不久之后就发现了二者的不相容性,故而提出"思想咨商"新概念而舍弃"思想分析"概念。

有些学者认为"思想咨商"应该隶属于"心理咨询",是心理咨询的一个新分支或新领域,其实不然。虽然"思想咨商"与"心理咨询"都要通过"对话"的方式进行,甚至在某些环节上可以互用技术手段,但二者之间却存在着本质性的差异。首先,二者要解决的问题不同。心理咨询要解决的是心理问题,思想咨商要解决的思想观念问题。笔者曾经指出,心理问题总是可以追溯到其思想根源的,但思想问题却不一定可以回溯到心理根源②。其次,二者的工作原则不同。心理咨询要坚守"价值中立"原则,思想咨商恰恰要进行价值观引导,离开了"价值"和"意义","思想咨商"便失去了它的立足点和灵魂。再次,二者的理论基础不同。心理咨询的理论基础是作为经验自然科学的心理学,是把来访者当作心理机体看待,思想咨商的理论基础是作为人文社会科学的思想政治教育学,是把案主当作意义整体看待。最后,二者的目标预设不同。心理咨询的工作目标是增强求助者的社会适应性,思想咨商的工作目标是增强案主的意义感和幸福感。因此,"思想咨商"不但不是"心理咨询"的新分支或新领域,而且是现代心理咨询在"超越自我"之后所要追求的发展方向和努力目标。现代心理咨询业的发展趋势也印证了我们的判断,即:"现代心理治疗日益超出经验科学的范围,开始把哲学、文化传统对人的价值取向及生命意义的指引功能引介到心理治疗中。"③

至于不把"思想咨商"命名为"哲学咨商""哲学实践""哲学践行",是因为这些"哲学"实践活动的本意并不是要消解人们的思想症结及其精神痛苦,而是要解决现代哲学越来越玄思和书斋化而陷入应用领域越来越狭窄的生存空间问题④。当代哲学之所以走咨商、实践、践行之路,目的在于:让哲学走出书斋和文本,走近大众,走入常人的生活世界,通过"接地气"而摆脱现代哲学越来越"无人气"的窘境,以争取更为广阔的生存发展空间。说白了,"哲学咨商""哲学实践""哲学践

---

① 笔者曾撰有《"思想分析"基本问题论纲》一文,并与美国埃利奥特·柯亨《逻辑治疗的形而上学假设》、潘天群《分析何以能够治疗:思想分析方法》、丁晓军《基于奎因信念网的思想分析进路》等文,以"思想分析研究"为栏目名,刊发于《安徽师范大学学报》(人文社会科学版)2013年第5期。
② 王习胜:《"思想分析"基本问题论纲》,《安徽师范大学学报:人文社会科学版》,2013年第5期。
③ 刘美红:《先秦儒学对"怨"的诊断与治疗》,中山大学出版社2010年版,第14页。
④ 欧阳谦:《哲学咨询:一种返本开新的实践哲学》,《安徽大学学报:哲学社会科学版》,2012年第4期。

行"的根本目的就是为了"哲学"自身的生存,而不是为了世俗常人的思想"问题",帮助世俗常人解决思想问题只是其换取现代哲学再焕生机的平台和手段。

此外,不把"思想咨商"称之为"思想教育",是因为"思想教育"带有很强的主导性和干预性,体现的是传统思想政治教育主客体教育模式,现代思想政治教育并不否认思想教育必须具有的主导性和干预性,但更为看中的是主体间性教育模式,强调在人格平等的基础进行对话,在对话中开悟和引导。"咨商"的主要路径和手段就是"对话","对话"并不否认引导性,但更为强调的平等性。所以,"思想咨商"更能反映这种新的思想政治教育理念及其方法和技术的内涵特质。

二、"思想咨商"中国式的主要语义及其问题指向

在方法和技术层面,思想咨商具有工具理性的性质,但它又不是纯粹的技术活动,而是承载着生命的意义以及生存与生活的价值指向,关涉到人生的信念和信仰问题,带有浓厚的价值理性色彩。这就使得我们在面对不同的思想咨商对象时,不仅要考虑其方法和技术的应用问题,更考虑不同对象所承继的历史文化传统及其价值取向的差异。就中国情况而言,在中国社会语境中开展"思想咨商"活动,必然要考虑其"中国式"问题。所谓思想咨商的"中国式"主要是指潜藏于中国案主思想症结中的中国心理、中国思维、中国方法、中国价值和中国判断等要素构成的中国特质"常数项"①。

关于中国心理。在悠久的历史发展中,中国社会形成了怎样的特殊心理,不乏学者从自然地理条件、血缘宗法关系、经济运行方式、政治社会结构以及传统文化氛围等方面进行指认和归纳。按照冯友兰的说法,传统中国是一个大陆国家,大陆国家的民众大多数是农民,是通过农业来维持生存,而"农民的生活方式容易倾向于顺乎自然……在原始的纯真中容易满足"②。这种"顺应"和"自足"的心理可能是中华民族特有的心理之一。同时,"农民依靠土地生活,而土地是无法挪动的"③,这就为传统中国血缘宗法的"家邦"社会结构奠定了基础,而血缘宗法的社会结构必然造成一种"差序格局"④,人一出生就生活在上下尊卑有序的社会之"网"中,所谓"庶人工商""各有分亲""皆有等衰"(《左传·桓公二年》)。这就使得"中国人在社会生活中潜意识地自觉寻找和依赖这样的'差序格局',并习惯和

---

① 余德慧:《转向临终者主体样态:临终启悟的可能》,《哲学与文化》,2012 年第 12 期。
② 冯友兰:《中国哲学简史》,赵复三,译,新世界出版社 2004 年版,第 26 页。
③ 冯友兰:《中国哲学简史》,赵复三,译,新世界出版社 2004 年版,第 21 页。
④ 费孝通:《乡土中国生育制度》,北京大学出版社 1998 年版,第 26 页。

需要在这样的人际'网'中获得安全感、心理支持和社会支持"①。甚至对于大部分中国人而言,"至少'内隐地'坚持着一种倾向,即没有关系,就没有自我。"②这种倾向性所表达的心理特质是:人与人之间关系要相互依赖、谦让、顺同、压抑、忍耐,那种"不入类"的独立人格、"出风头"的个人价值难以获得认同。

关于中国思维。这里所谓的中国思维主要是指思维方式,"思维方式是在历史时空中通过反复选择和不断运用而定型化的比较稳定的意识形态和观念"③,它当之无愧地是一个民族特征的"常数项"。在思想方式中,最为特殊的是生成"概念"的方式,有国外学者指出,概念的生成主要有两种思维路径,一是来自直觉,二是来自假定,"来自直觉的概念指向某个事物,它的完整的意义可以立即从某个事物领会到……由假设得出的概念,它的完整的意义是根据一个假设,用演绎法推演出来,从而认定的。"④汤一介认为,"就思维方式说,中国传统哲学似乎更注意事物之间的联系,事物多面性的统一,而西方古代哲学更注意事物的区别,解析事物的各个侧面。"⑤一般而言,"在连续审视中已予区分的概念,由它衍生出还未区分的概念和分辨的概念基本上都是农民的概念",中国哲学的语言之所以"是提示性的而并不明晰",是"因为它不代表用理性演绎得出的概念"⑥。对中国思维方式不乏有直觉思维、象征思维、综合思维等不同特征的指认,但注重"联系"和"统一"可能的是人们所公认的中国思维方式的特质。

关于中国方法。方法与方式密不可分,以至于很多人将二者混淆使用。中国思维方式所体现的认识方法主要有这样几个特点:其一是讲求对立统一、相互转化的素朴辩证方法;其二是注重直觉与经验的感性认知方法;其三是唯上、唯尊、唯古的经学方法;其四是"以己度人"的主体意向性思维方法,中国传统的思想方法是倾向于对问题做笼而统之的"整体的解决"。⑦ 中医"头痛医脚""辨正施治"的诊治思维可谓是中国方法的典型代表。

---

① 李敏:《中国人的典型社会心理特征与心理咨询本土化》,《学理论》,2011 年第 31 期。
② 张力:《中国人社会心理特征与自我观有关》,《中国社会科学报》,2011 年 9 月 8 日第 12 页。
③ 王中江:《近代中国思维方式演变的一个思考》,《中国社会科学院院报》,2015 年 4 月 21 日,第 3 页。
④ 冯友兰:《中国哲学简史》,赵复三,译,新世界出版社 2004 年版,第 24 页。
⑤ 汤一介:《中国传统文化中的儒道释》,中国和平出版社 1998 年版,第 292 页。
⑥ 冯友兰:《中国哲学简史》,赵复三,译,新世界出版社 2004 年版,第 24-25 页。
⑦ 杨蔚:《中国传统价值观与传统思维方式相关性探析》,《理论学习与探索》,2001 年第 1 期。

关于中国价值。中国心理、中国思维和中国方法虽然带有浓厚的"中国式"特质，但并不说明中国人在价值取向是单一性的，相反，中国价值取向却是多元的。从传统的角度看，"主要包括四个要素，一曰道德，二曰功利，三曰权力，四曰自然。儒家尚道德，墨家重功利，法家以权力法治为目标，道家以自然无为为理想。"①虽然汉以后，儒术独尊，但道、释乃至墨、法学说也并未完全退出中国人的价值世界，相反，在宋明理学阶段这些不同学说得到了较好融合，使得儒学在义利观方面所倡导精英文化受到道、释价值取向的高度浸染，形成了精英与世俗、入世与出世的多重价值取向的杂合局面。既便如此，我们仍然不难把捏到中国价值的总体取向，那就是以伦理原则作为评判人事的根本尺度。

关于中国判断。伦理追求的目标是"善"，伦理原则成为中国价值的尺度，待人接物的判断标准就不会仅仅是事实的真假问题，而主要是价值的合理性问题。人际关系问题、权威等级问题、家族利益和个人声誉或面子问题都会参与到对事情的是非、对错的评判之中，在这错综复杂的关系平衡中，"中国古人梦寐以求的价值目标就是达到某种和谐的境界"②。追求和谐肯定要执其两端取其中，"中庸之道"便成为价值追求及其评判的基本法则，所以，中国判断不是基于真假的实事判断，而主要是基于善恶的价值判断。

当然，当代中国受到全球化的冲击，一些显然的特质正在发生潜在变化，但是无论如何也不能否认历史文化传统的积淀及其影响，也正是这些积淀和影响，中国才成其为"中国"而不是其他民族和国家。

允准上述，我们就不难发现，"思想咨商"中国式所要面对的问题，即在面对中国案主时，其思想症结是带有中国特质的，因而在消解其思想困惑及其精神痛苦时，其重心并不在于如何把事实弄清楚，把概念说明白；不在于逻辑是否严紧，手段是否独特和精到，而在于思想咨商师所开解和引导的价值观念能否为案主所理解和认同。因为中国案主更为看重的不是事情的本相与真理，而是对问题的认识和处理是否合情合理，这其中就参合着大量的中国传统的感性元素而非西方理性的知识论因素，这也是西方思想咨商师面对中国式问题时所难以理解的。

三、中国式"思想咨商"的理论基础及其目标预设

"思想咨商"是一种思想层面的人文关怀实践活动。实践是与理论相对应言

---

① 赵馥洁:《中国传统价值观的内在冲突及其现代意义》,《理论导刊》,1991年第1期。
② 郑晓江,钟向东:《对中国传统价值观的思考》,《学术月刊》,1986年第3期。

的,但并不是与理论相对立而言的,相反,实践是需要理论的指导和支撑的,所谓"没有理论的实践是盲目的"。"思想咨商"这种实践活动同样需要有理论的指导和支撑。在笔者看来,在中国社会语境中开展思想咨商活动,应该以如下理论为其基础。

其一是马克思主义理论。马克思主义理论的创始人对历史之谜的解答,对"资本生成悖论"①的消解,对"资本主义发展悖论"②的消解,等等,既揭示了人类历史发展的一般规律,指出了开解异化劳动和人的异化的困境之路,也揭示了资本主义必然灭亡、社会主义必然胜利,指出了人走向自我解放之途。马克思所描绘的人类社会高度发展的生活场景——"吸烟、饮酒、吃饭等等在那里已经不再是联合的手段,不再是联系的手段。交往、联合以及仍然以交往为目的的叙谈,对他们来说是充分的;人与人之间的兄弟情谊在他们那里不是空话,而是真情,并且他们那由于劳动而变得坚实的形象向我们放射出人类崇高精神之光"③,向我们传递的是这样的信息,即生活在这种场景下的人们,其思想是顺畅的,心理是健康的,生活的烦恼和纠结是可以得到较好化解的。马克思及其后续者开创和发展的马克思主义理论,建立了新的世界观、人生观和价值观体系,为开解人的发展困境指出了新的道路和方向,开辟出一条不同于乌托邦幻想和宗教神秘世界的人类终极关怀之路。在中国社会语境中开展思想咨商活动中,马克思主义理论是其不可或缺的理论基础。

其二是思想政治教育理论。从学科层面说,"思想政治教育"是马克思主义理论六个二级学科之一,它是直接面对和解决人们的思想实际问题的。作为一门二级学科,思想政治教育的功能和作用就是将马克思主义基本理论转化为实际应用的平台。思想政治教育是基于人们思想道德发展规律而开展的思想教育实践活

---

① 资本生成悖论是指"资本不能从流通中产生,又不能不从流通中产生。它必须既在流通中又不在流通中产生。"这是困扰马克思之前的经济学家的悖论。笔者认为,马克思和恩格斯正是通过消解资本生成悖论而揭开了剩余价值的秘密。参见王习胜:《"资本生成悖论"消解的逻辑学启示》,《新乡学院学报(社会科学版)》,2008年第4期。

② 资本主义发展悖论是指"在促成人的解放的同时造成了人的物化,在促成人的独立的同时造成了人的孤立。"(参见侯惠勤:,马克思的意识形态批判与当代中国》,中国社会科学出版社2010年版,第14页。)笔者认为,资本主义发展悖论是马克思意识形态批判的着力点,消解资本主义发展悖论必然导致社会主义,从而为社会主义意识形态的合法性提供了思想基础。参见王习胜:《资本主义发展悖论与马克思的意识形态批判》,《安徽师范大学学报:人文社会科学版》,2012年第5期。

③ 马克思:《1844年经济学哲学手稿》,中央编译局,译,人民出版社2000年版,第129页。

动,经过30年发展的思想政治教育基本理论及其方法,无疑是我们开展"思想咨商"活动的学科基础之所在。

其三是优秀的中国传统文化理论。中国语境中的思想症结带有中国特质,这种特质主要来自于传统文化的影响。以现代眼光看传统文化所承载的价值观,有很多是积极的,尤其是那种以天下为己任的担当意识及其价值取向,诸如,"苟利国家生死以,岂因祸福避趋之""天下兴亡,匹夫有责""先天下之忧而忧,后天下之乐而乐""鞠躬尽瘁,死而后已"等,一直为世人所颂扬,但是,也有极端功利和自私的价值取向,诸如,"人为财死,鸟为食亡""各人自扫门前雪,休管他人瓦上霜""当面有成人之美,背后有杀人之刀"等,由此形成了中国传社会世俗文化和精英文化两大层面,我们在开解中国案主的思想症结时,固然要熟知其精英文化及其价值取向,也要了解其世俗文化及其价值取向,如此才能把握中国特质的思想症结之所在,才能有针对性地进行意义和价值的开解和导引。其四是符合中国国情、对开解中国案主思想症结具有启发性的西方理论。黑格尔曾经说过:"哲学史所昭示给我们的,是一系列的高尚的心灵,是许多理性思维的英雄们的展览,他们凭借理性的力量深入事物、自然和心灵的本质——深入上帝的本质,并且为我们赢得最高的珍宝,理性知识的珍宝。"①西方哲学家乃至其所有的思想家依据西方历史文化传统及其价值导给出的理性知识的珍宝,对我们思考世界观、人生观和价值观问题是有启发价值的,特别是苏格拉底、柏拉图、亚里士多德、康德、黑格尔等大家的思想,不仅是西方的也是世界的,其思想之精华是我们建构中国式思想咨商理论必须要充分关注和吸收的。

这里需要特别说明的是,虽然中外思想史上并不缺乏"思想咨商"案例及其活动,但是,把"思想咨商"作为一种专门的思想关怀实践活动并加以研究却是现代人的事情。为此,西方学者也在试图建构适合于其国情的思想咨商的理论基础,比如,美国学者娄·马里诺夫(Lou Marinoff)在其名著《柏拉图灵丹》一书的第四部分"附加资源"中,就列举了苏格拉底、柏拉图、亚里士多德、奥古斯丁、边沁、柏格森、贝克莱、康德、黑格尔,包括中国的老子、庄子、孔子以及释迦牟尼等60多位思想家②。在其后继出版的《大问题:智慧改变人生的8个途径》中,他还以"思想

---

① 黑格尔:《哲学史讲演录》第一卷,贺麟、王太庆,译,商务印书馆1959年版,第7页。
② 娄·马里诺夫:《柏拉图灵丹:将永远的智慧应用于日常问题》,郭先上,译,云南人民出版社2002年版,第271-301页。

大碰撞"①为题，列举了有益于哲学咨询的多达98位思想家。在他看来，这些思想家及其思想是开展"哲学实践"的理论基础。而台湾学者在建构"哲学咨商"的理论基础时，是以士林哲学为基础，从西方思想史（如胡塞尔的现象学）、中国思想史（如儒学经典）以及宗教思想史中撷取思想精华作为其方法论资源。笔者认为，既然是中国式的"思想咨商"，应该构建适合于中国国情和世情的理论基础。如上所列的四个方面理论，如果能够很好地结合起来，是能够实现这样的理论诉求的，即在理论的宏观意义之下审视微观事件及其导致的症结，在必然性认识之中理解偶然性事件带来的灾难与机遇，在价值理性之下把握工具理性的价值和意义。

在这样的理论基础上，我们的思想咨商活动要达成怎样的目标呢？笔者以为，这里的目标可以分解为两个方面，一是从案主的诉求角度看，二是从咨商的诉求角度看。

首先，就案主的诉求看。"思想咨商"是一项新的人文关怀实践活动，人们对它还不够了解，难以列举案主的普遍诉求，我们不妨看看前去进行心理咨询者的心理及其需求。有学者依据心理咨询的实例将其归纳为四种情况：其一是受到挫折而痛苦者，他们需要得到的是心理的安慰；其二是有烦恼和隐衷者，他们需要的倾吐渲泄以便减轻心理负担和内心的压抑；其三是在生活中遇到各种现实困难者，他们需要得到咨商师的指点，获得具体的解决办法；其四是面临两难选择困境者，他们需要得到的是定夺性或者是倾向性的建议。②

从事"咨商"的工作者发现，在中国社会语境中，思想症结者、心理困惑者对"主意""办法"及"高见"的需求量极大，他们往往将"咨商师"看作某些方面的权威，有较强的依赖和崇拜心理。如果中国咨商师严格执行西方咨商界的执业原则，即严格遵循价值中立的"非指导性"原则——只对案主提出的具有选择性的问题作客观分析，不作任何指导性评判，③这种做法在中国是不受案主欢迎的。在一般案主看来，这样的"咨商师"或者是无能，或者是在推卸责任。由此，我们不难从案主的角度推断出这样的目标预设：开展中国式"思想咨商"活动，应该帮助案主分析思想症结之所在，引导案主转换认知方式，从不同的角度和层面审视导致思想症结的问题，尽可能从生命的意义和生存与生活的价值层面给出指导性的意见，引导案主从具体事件的困扰和纠结中走出来，以乐观的心态认识生活世界的

---

① 鲁·马利诺夫：《大问题：智慧改变人生的8个途径》，王迎春，译，辽宁教育出版社2005年版，第345-382页。
② 上官子木：《心理咨询在中国》，《社会》，1995年第6期。
③ 上官子木：《心理咨询在中国》，《社会》，1995年第6期。

不幸与幸福。

其次,从"咨商"的诉求来看。我们之所以要进行咨商活动,首先是要提升思想政治教育的实效性和有效性。因而,思想政治教育的根本目标便是思想咨商的宏观目标,即提高受教育者认识世界和改造世界的能力,在改造客观世界的同时改造主观世界,从而促进人的自由全面发展。在这个宏观目标之下,思想咨商应该以应对案主需要设置具体目标,就是要增强案主对社会生活、困难和挫折的适应性,要提升其生存和生活的思想道德境界,促进人际和谐,为社会的良序发展提供正能量。

当然,"思想咨商"只是思想层面的人文关怀活动,它只能指导案主"怎么想问题"和"怎么看问题",并不能代替案主直接"去解决"具体的实践问题。因此,受社会客观条件以及案主自身素养和能力的制约,思想咨商究竟能够在多大程度上实现其预设目标,要视具体情况而定,既不能否认它的价值,也不宜过于夸大它的功能。

思想咨商的示例与理路*

——基于思想政治教育人文关怀的视角

王习胜

思想政治教育践行"以人为本"的理念需要有恰当的方法甚至是技术的支撑，否则，这种良好的理念就会止于口号、悬于愿景而得不到切实践行。方法和技术是解决"怎么办"、"如何做"的途径问题。以"思想症结"为对象、以"解惑、去苦"为旨向的"思想咨商"活动，既有明确的工作目的指向，也有可操作的方法和技术，可以在"思想观念"的维度、在方法和技术的层面实现思想政治教育践行"以人为本"理念的诉求。"思想咨商"的做法或理路值得学界关注和探究。

一、践行"以人为本"理念需要有方法和技术的支撑

广义上讲，任何社会都有"思想政治教育"，因为任何社会都需要对"自然"的个体的人进行"社会化"使之成为"社会人"，成为统治阶级倡导的生存意义以及它所支持的社会关系中的人。"社会化"的过程就是广义的"思想政治教育"过程，换句话说，就是对"自然"个人进行主流意识形态所主张的政治合法性及其核心价值观等方面的教导和培育的过程。狭义地说，"思想政治教育"是在马克思主义指导下、在中国共产党思想政治工作经验基础上创立的、具有中国社会主义特色的一门新兴的人文学科。毋庸讳言，狭义的思想政治教育也要承担对"自然"的个体的人进行"社会化"的任务，要对"自然"的个体的人进行主流意识形态及其核心价值观的认同教育。当然，对"自然"的个体的人进行"社会化"教育是有性质之别的。资本主义国家的思想政治教育是对他们的政治合法性及其核心价值观的合理性进行辩护和教化，我们的思想政治教育是在马克思主义真理性的前提

---

* 本文原载于《贵州师范大学学报》（社会科学版）2014年第2期。

下为中国特色社会主义的政治合法性及其核心价值观的合理性进行辩护和教育,马克思主义的真理性为我们进行狭义的"思想政治教育"的正确性提供了前提性的保障。

应该承认,不论何种类型的"社会化",都必然要从社会发展的整体性、普遍性出发,而不是从个体发展的特殊性、具体性出发,因此,传统的思想政治教育大多是以"社会本位"为基本理念,从社会的物质生产需要、政治斗争需要、社会发展需要等出发,强调个人对社会整体利益的认同和服从。的确,社会与个人之间并不是不可调和的对立关系,社会整体发展得越好,越是有利于个体的成长和发展;社会发展境况是个体成长和发展的外在条件。但是,如果过于强调个体对社会整体利益的服从和奉献,轻视甚至忽视个体的特殊情感及其正当的利益主张,这种只关注人的共性而忽视人的个性的"宏观"思想政治教育,因为与个体自身的特殊需要过于"隔膜"而不能深入作为"自然性存在"的个人的心灵,最终将演变为一种"无人"的思想政治教育,这里的"无人"不是指"无"抽象的、整体的、类的"人",而是"无"具体的、现实的、活生生的"人"。这样的思想政治教育难免会陷入低效的甚至是无效的困境。

现在的问题是:任何社会,进而我们这样的社会,意识形态领域的冲突甚至是斗争情况异常复杂的,社会的良序运行又必需要有强有力的"意义系统"维系,因而,承担对"自然"的个体的人进行"社会化"教育任务的思想政治教育是不可或缺的,然而,以"社会本位"为出发点的思想政治教育又难以取得理想的教育效果,完成其应然的历史使命。解决这种悖论的办法只能是对思想政治教育的理念进行"哥白尼式革命":不是直接从社会发展的整体需要出发,而是从受教育者个体的成长和发展的需要出发,通过尊重、关心和帮助个体的"自然人",促成其健康顺利地成长为社会发展所需要的"社会人"。这就是要将思想政治教育的基本理念由"社会本位"转向"以人为本"。

有学者认为,思想政治教育"理念层面的以人为本,突出和强调的是一种价值取向和方法论原则","而不是一种实践模式……不是可以加以模式化、程序化应用的实践做法和操作程序。"[①]这种认识在总体上是正确的,因为理念往往代表着某种价值取向,而且在更为深入的层面,还会蕴涵或预示某些方法论原则。但是,这种认识却又忽视了一个重要问题,那就是,任何理念的实现都离不开具体的、实

---

① 白显良:《把握思想政治教育人文关怀的几个维度》,《思想理论教育》,2010年第5期,第27—33页。

实在在的"实践做法和操作程序",没有"实践做法和操作程序",不论多么好的理念都只能止于口号、悬于愿景,不可能取得实效,获得实现。当然,我们并不赞成将践行"以人为本"理念的任何"实践做法和操作程序"都作"模式化、程序化"的机械处理。在自然科学领域,"模式化、程序化"的工作方式有利于规范化和标准化,有利于提升工作的效率。但是,"思想观念"领域的工作有其特殊性,它是"做人的工作,做群众的工作,涉及人们的思想、观念、意识等领域,也就是人们的精神生活。"①精神生活领域的问题极其复杂,远不是"模式化、程序化"的工作方式所能完成的任务,它需要具体问题具体分析,需要针对不同对象,以及不同对象的不同问题,运用不同的方法甚至是技术去引导和化解。方法和技术是"过河"所必需的"桥"或"船","不解决桥或船的问题,过河就是一句空话。不解决方法问题,任务也只是瞎说一顿"。② 同样的道理,思想政治教育要实现其"以人为本"的理念和诉求,离不开有效的以人"为本"的"实践做法和操作程序",进而也就离不开有针对性的方法甚至是技术。

思想政治教育践行"以人为本"理念有多种维度和层面,比如,在生活上照顾,在感情上慰藉,在心理上疏导,在观念上引导,在发展上帮助,等等,但是,就"思想政治教育"之"教育"层面而言,很难面面俱到,思想政治教育之"教育"的重心是在"思想观念"层面进行引导,这种引导是从受教育者个体的"思想观念问题"出发,帮助其分析问题的症结,引导其正确地对待自己、他人和社会,正确地对待困难、挫折和荣誉,从而达到理清认识、疏通症结、畅快心情的诉求。这种特别关注和致力于分析和解决受教育者思想困惑或症结的工作,就是我们所关注的思想政治教育人文关怀视域中的"思想咨商"问题,是一种独特的践行思想政治教育"以人为本"理念的方法和技术。

二、践行"以人为本"理念的几个"思想咨商"案例

"思想咨商"究竟咨商什么?又是怎样咨商的?"思想咨商"如何能够体现思想政治教育以人为本理念的?这是关注和探究"思想咨商"活动首先要回答的问题,而要回答这些问题,仅仅从理论上来阐释又显得过于抽象和思辨,所以,我们选择了几个具有代表性的实例作为问题解答的支点。

案例1:一位刚刚毕业的大学生有如下诉述:毕业后因为无所事事,感觉挺无

---

① 《江泽民文选》(第3卷),人民出版社2006年版,第76页。
② 《毛泽东选集》(第一卷),人民出版社1991年版,第139页。

聊。我有个同学信基督,也因为毕业后很孤独,所以她每周都出去聚会。同样因为无聊,我后来也跟她去了几次,去参加他们的聚会,参加聚会的大多数都是大学生。只是有一次,在聚会后,有人说,你还没有做决志祷告吧?当时看他很热情、很诚恳的样子,虽然我不知道什么是决志祷告,却不好意思拒绝这位朋友的好意和热情,所以就稀里糊涂地跟着做了。后来有人告诉我,做了决志祷告就必须信主了,不然的话就会受到上帝惩罚的……天啊!我当时只是觉得好玩才去的,我根本就不信什么基督教……现在感觉自己好无助、好自责,真的不知道怎么办才好,这事在心里憋了好久了,都快受不住了,谁能救救我……

案例2:一位温柔而靓丽的在读硕士生哭诉:自己的父亲经过多年打拼,中年的他已经是拥有几家建材公司的老板。自己的母亲在家操持杂务,因为家境宽裕,几乎每天晚饭后都外出打麻将娱乐。自己是在读硕士生,与一位高中时的同学相爱多年,已经到了谈婚论嫁的阶段。在外人看来,这是一个温馨而幸福的家庭。然而,最近因为一些事情让全家人极为痛苦,她最后不得不离家出走:因为她母亲几乎每天都是做好晚餐后便出去打麻将,她的父亲常常一人喝酒,直到醉态。她的父亲人值中年,手握财富,寂寞的他终于有了外遇。这位女硕士发现了父亲的秘密,觉得此事对她母亲不公平,于是,她一方面将此事告诉了她的母亲,另一方面找到其父情人斥责。父母为此闹矛盾,要离婚;其父情人与其父关系闹僵;而她自己,因为所爱的对象家里太穷,买不起婚房,父母又逼着分手……一家人都极为痛苦,她自己则选择了离家出走。

案例3:一位年迈又患有严重抑郁症的全科医生,他的妻子在两年前去世了,而他爱她胜过世上的一切。他无法接受妻子的死亡而痛苦之极。这位老医生知道自己很痛苦,所以他不断去看医生,能看的医生都看过了,情况却并没有什么改观,因为思念,他几乎陷入了绝望。

对于案例1,不乏有"高人"支招。有的说"在中国信仰是自由的,宪法规定:你有信仰宗教的自由,也有不信仰宗教的自由……没有人可以强迫你,别担心了!"如果那位大学毕业生真的那么相信法律,坚信无神论,就不会被上帝"烦得"想死了。有人说,"耶稣是人类最好的朋友……如果你还不认识他,他是不会责怪你的。"问题是别人明确地告诉他:"做决志祷告后就必须信主了",而决志祷告已经做了,就算耶稣是人类最好的朋友,你不认识他,但他却是全能全知的,保不全他不认知你呀?谁敢保证他那双犀利的眼睛无时无刻不在盯着你呢?当然,也有人这样说,"这位朋友,你担心上帝会惩罚你,就说明你已经承认有神的了,既然神真的存在,你就应该相信他。你现在面临的是自由的问题,'难道我非要信耶稣不可吗？不信就不行吗？'其实这个问题是有答案的，只要明白神是否真的存在，如果确定神真的存在，你就应该相信神。"其实，这是废话。因为这位大学生在心里是不信神的，如果信神哪里还有纠结得想死的那份烦恼呢？"思想咨商师"是这样告知那位大学生的：你不知道什么是"决志祷告"，所以，你即便做了"决志祷告"也不可能真正入教"皈依"。其实，决志祷告有时也被简称为"决志"，而决志是个现代词，也是个专有名词，指的是"拿定主意、决心怎样"的意思。对那些决心信教的人而言，决志就是坚信耶稣存在，而且承认耶稣基督就是自己的救主。从这个词义看，拿定主意、下定决心是最根本的，就是从基督教教义角度看，"因信称义"也是最主要的，口中念念有词要"将一生交在你的手中"的祷告，只是"仪文形式"，形式是次要的。你现在所做的不过是一种"仪文形式"，因为你在心里"根本就不信什么基督"。既然你心里根本就不信什么基督，也就没有真正进入基督教。既然没有入教，又怎么会遭到教徒们供奉为救主的上帝的惩罚呢？所以，随意祷告一次的你因为根本没有真正"决志"，也就大可不必为那次随意的"仪文形式"痛苦得想自杀了。

对于案例2，思想咨商师（以下简称"咨商师"）在听完那位在读硕士生（以下简称"她"）的诉述后有这样一些对话：

咨商师：你为什么要将你的父亲有外遇的事情告诉你的母亲？

她：我应该告诉她，我认为我的母亲不应该被隐瞒。

咨商师：你怎么理解"应该"。

她："应该"是一种义务。

咨商师：履行"义务"就是行善？你在行善？

她：是的。

咨商师：你做成善事了吗？

她：我告诉了我母亲事情的真相，但父母闹离婚却不是我所希望的。

咨商师：也就是说，你履行了"应该"的义务，却并没有得到善果？

她：是的。

咨商师：你是在做事与愿违的事情？

她：是的。

咨商师：也就是说，你不应该将事情的真相那么直接地告诉你的母亲？

她：是的。

咨商师：除了直接将事情的真相告诉你的母亲之外，还可以有其他的路径？

她：是的。

咨商师：你没有去考虑其他的路径？

她：是的。

……

通过这样的追问和商讨，那位硕士生认识到了问题的症结所在。后来她主动与其父亲沟通，她父亲告诉她，他日复一日地辛苦赚钱，妻女只把他当成了"提款机"，女儿在学校有导师关心，有同学交往，有爱情滋润；妻子心思在麻将上，每天做好饭菜犹如按时"喂牲口"，而他在生意场上打拼的辛苦和喜悦无人分享，所以才出现关心他的第三者，女儿认识到了她与母亲对父亲情感需求的疏忽而内疚，消除了父女之间的误解和矛盾；随着父女之间矛盾的化解，在父女共同努力下，母亲的思想也出现了转变，认识到自己对家人陪护时间不够；随着父母和子女之间的宽容度的增加，父母对她的婚事非理性干预也逐渐变得理性开明起来，情感波折后的家庭又重新找回了温馨。

案例3的情况是：那位年迈又患有严重抑郁症的全科医生，后来来到了擅长意义治疗的维克多·弗兰克尔那里。弗兰克尔只是向他提出了这样一个问题："医生，如果你先她而去，而你太太在你死后还活着，那会怎么样啊？""啊？"他说，"那她可就受苦了，她怎么受得了啊！"弗兰克尔马上说："你看，医生，她免除了这样的痛苦，你替代了她的痛苦——当然，代价是你现在还活着，并且陷入了深深的痛苦中。"那位老医生没有再说什么，摇了摇头，嘟噜着什么，悄然离开了。一段时间之后，当弗兰克尔再见到这位老者时，他的精神状态已经大为改观。①

三、"思想咨商"的基本理路

思想政治教育人文关怀视野中的"思想咨商"，不是要对思想政治教育的根本任务或历史使命进行解构或颠覆，而是要切实践行"以人为本"的理念，是要通过对特殊的、具体的、个体的思想问题的化解，以实现对受教育者的人文关怀，真正落实"以人为本"。究竟如何进行思想咨商呢？前文虽然给出了几个典型的案例，但其在操作层面的程序性方面并不明晰。

"思想咨商"及其方法或技术并不是我们凭空臆造的，我们在借鉴国际学界普遍做法的基础上创造的。20世纪80年代国际学界兴起了"哲学实践"运动，哲学实践的探索者们在汲取苏格拉底方法精髓的基础上，总结出多种哲学咨询或哲学践行的方法和技术，诸如，美国学者马里诺夫的"宁静法"、阿肯巴赫的"超越方法

---

① 维克多·弗兰克尔：《活出生命的意义》，吕娜，译，华夏出版社2010年版，第139–140页。

的方法"、加拿大学者拉比的"四阶段法"、台湾学者黎建球的 CISA 法,以及心理咨询中的认知疗法、理性情绪行为疗法,等等,在充分吸收这些方法和技术精髓的基础上,结合思想政治教育学科的特点及其目的和任务,笔者概括出了思想咨商的"七步法"。

首先,倾听。思想咨商不同于心理干预,也不同于强制防疫,它不是咨商师一厢情愿的事情,需要案主的积极配合。所谓案主的配合,就是需要案主主动而且真实地述说困惑思想的问题,否则,咨商师"难为无米之炊"。倾听,就是要让案主尽可能地把心中的纠结、郁闷、烦恼等表达出来。

其次,叫停自动思维。有些案主在述说时往往会情不自禁地、一股脑地将"所有"相干或不相干的事情都陈述出来,而且会将自己的烦恼、纠结、郁闷等进行不由自主地归因,强化自己所持的固定观念或信念,巩固自己已进入"死胡同"的认知错误,所以,咨商师要在基本明了造成案主思想症结的情因之后及时地叫停案主的自动思维。这样做也有利于阻止某些案主无休止地将不相干的事情扯到一起而浪费有限的咨商时间,提高咨商的效率。

其三,问题化。所谓问题化,就是要从案主陈述的诸多信息中发现或概括出问题的症结之所在。这里的问题症结,不是具体的事件问题,而是"问题背后的问题",是对造成案主思想困惑的人或事所持有的观念、信念、价值倾向的问题。比如,前文所述的案例1,涉及该大学毕业生的"宗教观"问题。案例2则涉及那位硕士生对家庭生活中"真"与"善"的认知层次问题,究竟是揭示事情的"真"相重要,还是维护家庭和谐的"善"行更重要。案例3则涉及案主的"生命的意义"问题,人究竟怎样活着才有意义? 很多人把事业的成功和成就看作是人生的意义所在,有人则把爱人和被人爱作为人生的意义所在,而弗兰克尔则提出了第三种人生意义的标准,那就是忍受不可避免的苦难。① 弗兰克尔正是抓住了人生意义的核心问题,才让那位老医生从痛苦的思念中找到了好好活下去的"意义",从而打开了他的心结。"问题化"也显现出思想咨商与心理咨询之间所存在的质的区别,它不追究案主的心理疾病史或心理阴影,不分析案主心理障碍,而是追问造成案主思想症结的观念、信念、价值观等思想观念问题。如果说身体是心理的基础、心理是思想的基础,那么,"思想观念"对人的"知、情、意、信、行"而言是具有"顶层设计"地位的。

其四,逻辑分析。这里的逻辑是广义的,不仅仅是指研究推理有效性的形式

---

① 维克多·弗兰克尔:《活出生命的意义》,吕娜,译,华夏出版社2010年版,第137—138页。

逻辑,还包括揭示事理的辩证思维。以形式逻辑为工具的逻辑分析,主要是分析案主的陈述中哪些概念是含混的、哪些问题的层次是混淆的、哪些陈述之间是自相矛盾的①,等等;以辩证思维或辩证逻辑为工具或方法的逻辑分析,主要是分析造成案主思想困惑的认知状况及其获取方式,哪些是由不当的思维方式(形而上学方式)或偏狭的观念所导致的,等等。

其五,化解认知症结。用形式逻辑澄清概念、分清层次、揭示预设、清理矛盾,让案主的认知清晰起来;用辩证思维纠正其偏狭的认知方式及其观念,让案主的认知整全起来。

其六,意义指引。在明晰认知、全面认识问题症结的基础上,借助具有类似经验个案材料,或哲学史、思想史、传统文化等思想资源,对案主进行意义指导或价值引领,帮助案主修正生存信念,超越价值冲突,寻求正向积极的生存意义。②

其七,思想开解。化解案主思想困惑,消解案主精神痛苦。让案主思想通顺起来,精神振作起来,成为一个能够坦然面对挫折和荣誉、贫穷和富裕的人,一个能够接纳现实、感知幸福的人,一个能够对社会有用的人。

四、余论

在思想政治教育领域引入"思想咨商"方法,目的是要将思想政治教育以人为本的理念真正落实下来,在肯定和支持以历史规律为基础、以社会发展为目的的宏观思想政治教育的前提下,将思想政治教育与个体的、活生生的"人"之生存意义结合起来,在常人的日常生活层面进行微观思想政治教育。即便如此,仍然要对"思想咨商"的功能和价值有一个正确的判断。

一方面,要看到这种方法的创新及其作用。其实,思想政治教育并不缺乏方法,"思想政治教育方法论"就是专以探讨思想政治教育的认识方法、实施方法、评估方法甚至是研究方法的,这些方法论的理论也是在思想政治教育实践基础上总结和概括出来的,都有其存在的合理性,但是,思想政治教育的实效性之所以有待提升,从方法层面说,至少说明过去的那些方法存在缺陷,有改进的必要。"思想咨商"吸收了心理咨询、哲学咨询等方法精华,具有个体性和针对性,从实际情况看,它能够较好地适应新情况、解决新问题,具有推广价值,也具有一定的开解人

---

① 潘天群:《逻辑学视域中的思想分析技术》《南京大学学报(哲学·人文科学·社会科学版)》,2013 年第 1 期,第 141 – 147 页。
② 王习胜:《"思想分析"基本问题论纲》,《安徽师范大学学报(人文社会科学版)》,2013 年第 5 期,第 529 – 530 页。

们思想症结的作用。

另一方面,也要看到这种方法的局限性。"思想"问题涉及"知、情、意、信"等诸多因素,极其复杂,不同个体的知识库和信念网是不同的,这就对从事思想咨商者提出了更高的要求,不仅要求其有丰富的学科知识和人生阅历,还要求其有正确的信念和信仰,乐观的人生态度,敏锐的思维,较高的分析和解决问题的能力等。再者,案主的思想是会随着条件情境的变化而变化的,有些案主可能这个问题解决了,新的问题又产生了,这就增加了"思想咨商"效果评价的难度。因此,揭示思想咨商的规律性、提升思想咨商的效果是需要我们继续努力的工作。

思想政治教育学的文明样式与研究范式析论*

——关涉思想政治教育学科建设的一个学理前提

钱广荣

概念内涵的统一是一切科学研究的学理前提,不统一就不可能进行任何有益于科学研究的对话①,关涉一门学科之"学"的原理或基本理论研究的基本概念更是如此。思想政治教育学的文明样式与研究范式,是思想政治教育学科建设中的两个基本概念,反映该学科两个不同的重要领域,厘清两者的内涵与边界以保持各自内涵的规定性,并在此基础上探讨两者之间的内在逻辑关系,是思想政治教育学研究的学理基础,也是推动思想政治教育学科建设发展的学理前提。但是,近些年来,一些探讨思想政治教育学研究范式及范式转换的文论,多没有作这样的区分,有的甚至将两者混为一谈。如"思想政治教育范式""思想政治教育学范式""人学范式"等,所指实则分别是"思想政治教育(文明)样式""思想政治教育学(文明)样式""人学(文明)样式",而并不是(研究)范式。这种基本概念的学理性混淆,既妨碍人们正确理解和把握当代中国思想政治教育学的应有文明样式,也不利于拓展和深入对思想政治教育学研究范式的有益探讨。因此,在学理上对思想政治教育学(并非思想政治教育)的文明样式与研究范式进行比较性分析和论述,是有必要的。

一、思想政治教育学作为一种文明样式

文明是指社会及其文化的进步状态或开化程度,是相对于野蛮和愚昧而言

---

* 本文原载于《思想教育研究》2013年第9期。
① 赵康太、李英华:《中国传统思想政治教育理论史》(张耀灿之"序"),华中师范大学出版社2006年1月。

的。文明样式,指的是文明的个性,即某种文明区别于别的文明特有的性状或性征。它是一种具体的历史的范畴,不同的文明有不同的样式,同一种文明在不同的历史时代也有不同的样式。思想政治教育学界很少有人使用"文明样式"概念,本文使用这一概念意在醒目对应"研究范式",以便于展现立意。

在历史唯物主义看来,任何思想理论体系作为一种观念文化都根源于一定社会的经济关系并受"竖立其上"的整个上层建筑的深刻影响,又以其独特的方式发挥"反作用"。这决定了每一种思想理论体系都必然是历史范畴,同时也是国情和民族范畴,有其反映一定历史时代特征的具体的本质属性、建构机理、结构模型、范畴体系、价值取向或功能属性。我们称这种独特的性状或性征为一定思想理论体系的文明样式(笔者曾在一些文章中发表过此类看法)。思想政治教育学作为特定时代的一种思想理论体系的观念文化,无疑也具有需要运用唯物史观方法论原则来认知和把握的独特性状或性征,存在需要探讨其文明样式的问题。

思想政治教育学作为一种文明样式,归根到底是一定社会的经济关系的产物,并受"竖立其上"的政治、法律和文化等基本制度的深刻影响,属于一定社会观念上层建筑的组成部分,具有意识形态属性,同时又表现出民族和时代的国情特征,这是思想政治教育学的本质属性之所在。有学者指出:思想政治教育是自从产生阶级以来就存在于不同社会形态、不同国度的一种社会实践活动,但是不同国家和民族、同一国家和民族的不同历史时代的思想政治教育是不一样的,甚至存在根本性的差别,而当代中国的思想政治教育与资本主义社会的思想政治教育更是不可同日而语、相提并论。① 此乃真知灼见。既然如此,思想政治教育学作为反映思想政治教育的观念文化和理论形态,其文明样式无疑也就存在阶级、民族和时代的国情差别。作如是观,是正确理解和把握思想政治教育学文明样式的方法论前提和基本原则。

正因如此,自古以来世界各国都没有把构建"放之四海而皆准"的超国情超时代的"元理论型"的思想政治教育基本理论,当作自己理论思维的推进目标和主要任务。在我国,"思想政治教育学"本质上应被视为中国特色社会主义理论体系的组成部分,抑或可直接称之为"中国特色社会主义思想政治教育学",体现当代中国特色与气魄本是其必须具备的理论品质和文明样式。我们若是尝试创建"放之四海而皆准"的"元理论型"的思想政治教育学,既无必要,也无可能。即使最终被

---

① 赵康太,李英华:《中国传统思想政治教育理论史》(张耀灿之"序"),华中师范大学出版社2006年1月。

"创建"起来,也会毁损甚至抽走当代中国思想政治教育学应具有的理论品质。

在一定的社会里,"治者"及其"士阶层"依据政治、法律和文化基本制度相适应于经济社会建设及人的发展进步的客观要求,在承接传统的基础上,对自然而然产生于"一定社会的生产和交换关系"基础之上并自发流行的思想和价值观念进行"理论加工",由此而创建思想道德和政治教育的原理或基本理论,并据此设计和实际指导思想道德和政治教育的实践,这就是思想政治教育学的建构机理。这种建构机理,使得思想政治教育学的理论体系,在任何历史时代都必然具有与世俗社会自发流行的思想观念和经验行为"相左"的价值取向和功能属性。因此,在唯物史观的视野里,思想政治教育学的建构机理不能被直观地解读为:有什么样的"生产和交换的经济关系"就"自然而然"地搭建什么样的思想政治教育学。

如在中国封建社会,自发产生于小农经济关系基础之上的思想观念(伦理观念)是"各人自扫门前雪,休管他人瓦上霜"的小农私有观念;它在"仓廪实"和"衣食足"的情况下,会使人们"知礼节"和"知荣辱"。但是,它的社会属性缺乏"大一统"的政治特质,与封建国家管理和社会建设的整体需要并不相适应。孔子创建的仁学伦理文化提倡"推己及人"和"为政以德",其范畴体系及价值取向与小生产者的自私自利意识是"相左"的,故而在西汉初年被统治者推崇到"独尊"的地位,成为中国封建社会的主流思想道德和政治文化。儒学文化的历史命运与其独具的这种文明样式和学说品质是直接相关的。中国历史上,尽管如同并无以"伦理学"命名的道德原理或基本理论一样,也没有形成"思想政治教育学",但是关于道德和政治教育的思想理论或学说主张精深博大、自成体系,因而有其独特的文明样式是毋庸置疑的。这与儒学之"思想政治教育学"的建构机理直接相关。

再如在资本主义社会,在私有制经济基础之上自发形成的思想观念和行为习惯,本是自发地尊崇"人对人是狼"和"人与人是战争关系"的思想观念和价值取向。这使得后来与之"相左"的"合理利己主义"、人道主义及推崇博爱精神的宗教信仰盛行,从而使得西方"思想政治教育学"体系基本结构的形成呈现历史必然之势。从这个角度看,个人主义的社会历史观和价值原则在西方社会实现与时俱进,能够展现某种科学性和进步意义,正是其作为一种文明样式的建构机理使然。不难理解,资本主义社会"思想政治教育学"原理或基本理论的实质内涵可以如是一言以蔽之:把尊重个人价值与尊重社会规则统一起来。相对于漠视个人尊严和价值的封建社会的"思想政治教育学"而言,这无疑是重大的历史进步。

这种辩证演绎的历史逻辑表明,以私有制为基础的社会从来没有直接、公开推行以个人(私人)为本位和中心的思想道德和政治观念。相反,总是以不同样式的"思想政治教育学"要求和引导人们关注他人和国家民族的利益,直至赋予后者以至高无上的神圣地位。因此,理解和把握思想政治教育学文明样式的建构机理,不可直观地使用形式逻辑或"线性逻辑"来推导,误以为一个社会实行什么样的经济制度就必然要直接建构什么样的思想政治教育学、实施什么样的思想政治教育,而要运用唯物史观的辩证逻辑,将思想政治教育学看成是反映现实社会的基本矛盾和发展规律,亦即反映政治、法律和文化基本制度等上层建筑适应经济社会建设发展客观要求的产物。由此看来,对如今社会上流行的那种为了发展市场经济就必须淡化以至取消为人民服务和集体主义教育的看法,思想政治教育学不仅不可采信,而且还应当运用唯物史观给予"原理"式的正面回应。

考察思想政治教育学作为一种文明样式的结构,首先要将其与思想政治教育实践联系起来,将两者看成是一种有着内在逻辑联系的整体,确立思想政治教育学体系的建设、发展离不开思想政治教育实践的整体性结构观念。这就涉及到思想政治教育学体系基本理论的价值取向或功能属性问题,亦即"我们为什么要研究和创建思想政治教育学"的"出发点问题"。从目前思想政治教育学研究的旨趣看,笔者以为,有必要指出人的知行活动有时会"忘本"的这种"悖论现象":路走远了、走宽了,反而会出现"迷茫",渐渐淡忘初衷——我们究竟为什么要创建思想政治教育学。在这种情况下,确立"出发点问题"的史学意识或许是十分必要的。

20世纪80年代中期以来,一些拓荒的先驱者为改造和优化不能适应改革开放时代发展要求的思想政治教育实务,孜孜以求地创建我国思想政治教育学体系,很短时间内取得巨大成果,为创建思想政治教育学科作出了奠基性的贡献。这种学科盛事的出现,从根本上来说是以往热衷于思想政治教育实务的人们立足于思想政治教育新实践的结果。其间的经验,值得我们传承并发扬光大。然而毋庸讳言,近些年来,我们的思想政治教育学体系的基本理论研究和建设,在客观反映中国特色社会主义的规律、适应思想政治教育实践的需要等方面存在的差距,不是在缩小,而是在日益加大。其突出表现就是:一方面,思想政治教育实践面临需要运用"原理"来解读的问题和困惑越来越多;另一方面,投身原理研究的人给予应有关注的学术兴趣却越来越淡,因而给思想政治教育实务工作"原理在远离"的印象越来越深。可否视这种"原理在远离"现象为思想政治教育学作为一种文明样式发展的逻辑方向?这是当前思想政治教育学科建设一个值得探讨的重大问题。

笔者以为,在关联思想政治教育实践的前提下,思想政治教育学作为一种文明样式的结构,大体可以在思想政治教育学原理的基础上分解出本体论、认识论、方法论、实践论四个基本层面。对此,本文限于篇幅和立意不作展开。

二、思想政治教育学研究范式的学理考辩

研究范式,即范式,本属于科技哲学和科学学的范畴,是托马斯·库恩正式加以分析和说明的。库恩说:他是在人们普遍认为"一个范式就是一个公认的模型或模式(Pattern)"而又"找不到更好的词汇的情况下",为了避免"可能误导读者"才"使用'paradigen'(范式)一词"的。接着,他又明确指出,用"paradigen"(范式)其实并不能"完全表达"他所发现的范式"通常包含的意义"。[1] 20世纪末,范式随着科学学和科技哲学在我国的兴起而逐渐被广泛使用。包括思想政治教育学在内的人文社会科学研究借用范式,始于21世纪初。

范式是什么?目前我国学界的理解并不一致。有的认为它是一种理论体系,视范式为笔者如上所说的样式;有的认为它是科学研究的模式或模型;有的认为它是一种在长期的科学研究中形成的传统和话语体系,如此等等。其实,关于中国学界对范式的诸多理解究竟哪一种更符合托马斯·库恩的本义以及何以会有诸多不同的理解这类问题,并不重要;本属于科学学概念的范式是否可以被广泛运用到包括思想政治教育学在内的人文社会科学领域,这个问题也不重要。重要的问题是:是否需要甄别那些在思想政治教育学研究中已经被广泛使用的"范式"是不是范式、范式可否"转换";是否需要和能否对思想政治教育学研究范式给出一种大致合乎学理的界说,使之逐渐具备必要的公认度和接受度。

从学理的角度考察思想政治教育学基本理论研究存在范式的问题及借用范式的必要性和意义,是毋庸置疑的。这样的考察应当在历史与逻辑相统一的视野里展开。既要如同考察其他范式一样,明确范式本是一种传统,把握它需要"历史地看",也要对它展开逻辑分析。唯有如此,才有可能发现、真正理解和把握思想政治教育学的研究范式。

历史地看,人类社会自从出现关涉思想政治教育学基本理论问题的研究以来,就存在一种托马斯·库恩曾发现却并未曾用清晰的逻辑语言给予表述的范式。它的结构大体上有四个基本层面。其一,有一种旨趣和志趣相同或相近的研究共同体。一般来说,共同体的核心成员多为历史文化名人,在中国多为"士阶

---

[1] [美]T.库恩:《科学革命的结构》,金吾伦,胡新和,译,北京大学出版社2003年版,第21页。

层"即孔子称誉的"三君子"("圣人君子""贤人君子""士君子"),包括道学和佛学大家。在西方则多为有过突出贡献的哲学家和宗教学家。中外历史上的教育思想家和教育家大多也属于这种研究共同体的核心成员。思想政治教育学共同体的这种结构特点,与其他学科范式不完全一样。在其他学科范式中,科学共同体是范式的主导方面,有什么样的共同体也就会有什么样的范式,或者说共同体是怎样的,范式就是怎样的。正因如此,托马斯·库恩在描述他的范式时,甚至多次使用"共同体的范式"这样的命题方式,来表明他对科学共同体在范式中的地位与作用的高度关注。而在思想政治教育学研究范式的共同体中,唯有核心成员才是其范式的主导方面,既决定着共同体的整体模态和效能,也决定着思想政治教育学研究范式的整体功能和作用,因而从根本上制约着思想政治教育学文明样式的形成和发展,影响着思想政治教育实践的开展。正因如此,思想政治教育学研究共同体核心成员的"范式观"历来受着统治者的干预,也被共同体中呵护范式的其他成员乃至全社会广泛关注。其二,遵循一种共同的世界观特别是社会历史观,视本体论和基本的方法论原则为神圣的最高价值,将此奉为共同体共同拥有和遵循的指导思想和理论基础,以至于被共同体成员奉为"注经立说"之本。其三,运用一种主导型的思维方式及其范畴体系和话语系统,对待"他山之石"采用借用而不是"移植"的态度。其四,有一个国家性质的管理机构和体制。思想政治教育学研究范式的这种结构,与其他学科范式不一样。这是由思想政治教育学体系的文明样式及其研究范式的生成机制决定的。思想政治教育学体系的意识形态属性,决定其研究活动不能是完全自发、放任自流的,国家总是要将其研究活动和成果"管"起来。虽然历史上的统治者并不能在科学社会历史观的意义上自觉地意识到这一点,但治理国家和社会的客观需求和基本经验告诉他们必须这样做。实行国家干预,是思想政治教育学基本理论研究范式结构的一个最显著特点。

进一步分析,从结构特征来看,思想政治教育学的研究范式是一种清晰而又松散的科研机制和社会机理。它给人们的印象是确实存在着,但又难以说清道明,以至于当人们觉得有必要加强"范式建设"或实行"范式转换"时,却又不知道从何说起、应当怎么办。这也是笔者主张慎言"范式转换"的一个视点依据。从功能特性和作用来看,它是开展和推动思想政治教育学基本理论研究和学科建设发展的社会条件和机制,同时也是思想政治教育学乃至整个思想政治教育研究方面的人才成长的社会环境和机缘,是一种"看不见"却可以感知其真实存在的内在动力和逻辑张力。托马斯·库恩称范式的这种功能和作用为"范式的优先性",发现

"研究它们并用它们去实践,相应的共同体成员就能学会他们的专业。"①当代中国思想政治教育学建设发展史表明,思想政治教育研究方面的人才成长及走向成功,所得益的主要是思想政治教育学的研究范式,而不仅仅是一门专业或一门课程,更不是一本书或几本书。从思想政治教育研究人才培养的实际需要来看,希冀一门课程或一本书之功用的看法,是有失偏颇的。由此观之,也可以说,思想政治教育学研究范式是思想政治教育学科建设和人才培养的创新机制和机缘。这也正是提出思想政治教育学研究范式的价值和意义之所在。从形成和发展过程来看,思想政治教育学研究范式的形成和发展是一种"自然历史过程",这是它的规律和轨迹。一定时代的人们对其施加影响包括试图推动"范式转换",只能顺其自然、因势利导,促其水到渠成。

概观之,思想政治教育学研究范式就是思想政治教育学的研究共同体,在国家干预和主导下,遵循一定的社会历史观和方法论原则并运用与此相关的思维方式、价值标准和范畴体系,研究思想政治教育基本问题的一种结构方式和运行机制。

三、思想政治教育学的文明样式与研究范式比较

托马斯·库恩用"科学形象"和"科学观"或"文化形象"分别表达科学本身(样式)的结构和科学方法(范式)的结构即"科学革命的结构",将他发现的范式与具体门类科学的样式作了区分。并指出:"科学形象"的"成就被记录在经典著作中,更近期的则被记录在教科书中";而"科学观根本不符合产生(笔者提醒:请注意库恩在这里使用的词是"产生"!)这些书的科学事业,正如同一个国家的文化形象不可能从一本旅游小册子或语言教科书得到一样。"同时他又强调自己撰写《科学革命的结构》的旨趣就是要在学理上把科学范式同科学样式区分开来,因为范式"这样一种科学观大大地影响了我们关于科学的本质及其发展的理解",而"我们在一些方面已经被教科书误导了"。库恩的这些意见,对于我们区分思想政治教育学作为一门科学的文明样式与其研究范式的学理边界,是颇有启发意义的。

总的来看,思想政治教育学文明样式与研究范式的共同点或相似之处,集中表现在二者都是人类社会精神文明的一种结构模型,在这种意义上也可以将研究

---

① [美]T.库恩:《科学革命的结构》,金吾伦,胡新和,译,北京大学出版社2003年版,第40页。

范式看作一种文明样式;二者的形成和发展,在归根到底的意义上都是一定社会的基本制度的产物,因而都是历史范畴的意识形态,存在国情差别,具有时代特征。但是,两者毕竟不是同一类结构模型的文明样式,前者是意识形态存在论意义上的文明样式,后者是意识形态建构论意义上的文明样式,二者形成和发展的机理、规律和轨迹不一样,社会功能也不一样。

思想政治教育学文明样式形成和发展的机理,如前所说,是"治者"及其"士阶层"的文化人,对自发产生于"一定社会的生产和交换关系"基础之上并自发流行的思想和价值观念进行"理论加工"的结果。它多以文本的成果形式被不断地记录在历史的档案里,沉积为一种具体的文化形态和精神遗产,给人一种厚重的历史感。一定的思想政治教育学文明样式,不会因为社会变迁而烟消云散,其存在方式对后续社会的意义和影响历来是双重的,既可能是财富也可能是包袱,可以同时作为借鉴与继承或批判与规避、进而实行与时俱进地创新的历史依据。因此,尊重由史而来的思想政治教育学文明样式,是每个历史时代创建新型思想政治教育学应秉持的学术前提和思维品质。当代中国思想政治教育学文明样式的创建,应当在尊重传统包括中国共产党在革命战争年代创建的思想政治教育之学说主张的基础上进行。

思想政治教育学研究范式的形成和发展则有重要的不同。它由于不同时代的人们不断调整和更新其结构,总体上呈现一种"自然历史过程"的逻辑走向。人们发现它真实存在于历史的长河中,却又难以直观地从历史的档案里找到它的踪迹,不易在学理上清晰地表述出"思想政治教育学范式是什么",需要在思辨中触摸和感悟它的真实存在及其发展的规律和轨迹,建构和驾驭它的功能。因而,关于思想政治教育学研究范式的存在,人们的意见往往处于"说不清,道不明"或"见仁见智"的状态,以至于有时甚至误将"样式"视为范式。托马斯·库恩在《科学革命的结构》中用其独特的语言描述了自己的发现,让我们感知范式存在的历史事实却又很难说清道明,原因也正在这里。在这种意义上,研究思想政治教育学慎用"范式"和慎思"范式转换"是必要的。实际上,不仅仅是范式这种文明形态,人类社会很多方面的文明发展史本来就是一种"模糊"的"自然历史过程",今人对它们的认识和把握实际上还处于童年时期。

正因如此,思想政治教育学的文明样式总是伴随时代的变迁,经由继承和创新获得丰富和发展,乃至实现某种意义上的转型,虽然不可以转换。而思想政治教育学研究范式,则总是伴随时代的变迁而发生转型甚至转换。转型和转换的实质内涵和动因,是范式的主体结构即研究共同体构成、遵循的世界观和社会历史观、国家性质的管理和主导机构发生变化,乃至范畴和话语体系也发生了相应的变化。从另一面看,这也就是说,在范式的主体结构没有发生变化的情况下,是没有必要提出和推动"范式转换"的。硬是要推动,势必会致使范式变型,散失其内在机制和结构功能,殃及乃至在根本上损毁思想政治教育学的文明样式。

思想政治教育学文明样式受制于其研究范式,一定的研究范式建构一定的文明样式,这是思想政治教育学文明样式与研究范式之间的内在逻辑关系。历史上,两者不合逻辑的情况时常发生,在社会处于变革、需要创建新型文明样式时期尤其如此。在这期间,关涉不同世界观和社会历史观的争鸣,一批先知先觉者的出现,成为需要实行"范式转换"、创建新型范式的先决条件。这种历史现象,可以从春秋战国之百家争鸣中涌现儒者共同体、创建新的社会政治观和伦理道德观的文化变革,看得很清楚,也可以从当代中国改革开放以来创建思想政治教育学科的艰辛历程中揣摩出一二。

思想政治教育学的文明样式特别是其"原理"样式,是思想政治教育的知识理论基础,从根本上影响着思想政治教育及其学科建设;也从共同体构成、社会历史观、范畴和话语体系的维度,影响思想政治教育学研究范式的结构和实际功能。思想政治教育学研究范式的功能主要表现在两个方面:一是直接干预和指导思想政治教育学文明样式的形成和发展;二是广泛影响其他人文社会科学的发展和繁荣。历史上,大凡思想政治教育基本理论研究共同体成员,尤其是其核心成员,多是人文社会科学方面的"多面手",其学术视野多广涉哲学、伦理学、法学、教育学、经济学等领域,而不惟独是思想政治教育学。在现代思想政治教育学研究范式的共同体中,这种特点更为明显。它从人力资源的视角,观照了现代人文社会科学分支学科层出不穷、快速发展的一种内在动因。

在思想政治教育的整体结构中,思想政治教育学的文明样式与研究范式的逻辑关系及其整合功能,可以简要表述为:思想政治教育学研究范式影响思想政治教育学文明样式,思想政治教育学文明样式影响思想政治教育实践,由此而构成整个思想政治教育的学科体系。

四、结语

综上所述,区分思想政治教育学的文明样式与研究范式的不同对象和领域,并在此基础上建构两者之间的实践逻辑关系,是推进思想政治教育学科建设和发展不可忽视的一个学理前提。如今公认度较高的思想政治教育学的文明样式,是20 世纪 80 年代传统思想政治教育实行"科学革命"的产物,(在将样式误读为范式的情况下)谈论其是否需要"转换"或朝哪个逻辑方向"转换",并无大必要。然而,对伴随如今思想政治教育学之文明样式形成的"科学革命的结构",在坚持研究共同体应遵循的社会历史观与方法论原则、呵护传统基础和话语体系根基的情势下,讨论如何改进和优化思想政治教育学的研究范式,乃至广泛动员新生力量,积极探讨创建中国特色社会主义思想政治教育学的"范式论"或"范式学"的问题,却或许是很有必要的。本文对所涉论域的分析和论述还只是发现和提出问题。如果这些问题不是伪问题,则期待学界对其立意给予关注。

论道德治理的思想认识基础*

钱广荣

党的十八大报告在论述"扎实推进社会主义文化强国建设"的战略部署时,重申了十七届六中全会通过的《中共中央关于深化文化体制改革推动社会主义文化大发展大繁荣若干重大问题的决定》(以下简称《决定》)关于"深入开展道德领域突出问题专项教育和治理"的重大决策,把治理道德领域突出问题的现实任务提到了全党和全国人民的面前。从实际情况看,需要研究和阐明开展道德治理的必要性、可能性和可行性,通过广泛宣传在全社会奠定关于道德治理的思想认识基础。本文试图就此发表几点看法。

一、道德治理的现实要求

为何要开展道德治理?有学者基于道德是一种观念的上层建筑认为,"道德治理就可以合乎逻辑地被认为是以道德来治理政治制度、政治机构以及国家公职人员"。[①] 这种把道德治理理解为"治理"物质的上层建筑及其供职人员的认识,显然是有失偏颇的。《决定》在论述开展道德治理必要性时指出:"一些领域道德失范、诚信缺失,一些社会成员人生观、价值观扭曲。"这个论断,客观地反映了我国社会生活中道德领域的突出问题和开展专项道德治理的社会现实要求。党的十八大报告进一步明确强调,要"弘扬真善美、贬斥假恶丑,引导人们自觉履行法定义务、社会责任、家庭责任,营造劳动光荣、创造伟大的社会氛围,培育知荣辱、讲正气、作奉献、促和谐的良好风尚。深入开展道德领域突出问题专项教育和治

---

* 本文原载于《思想理论教育》2013 年第 5 期。
① 马振清:《马克思主义道德治理思想在国家治理方式中的理解》,《科学社会主义》2011 年,第 1 期。

理。"从现实要求来看,道德治理是针对道德领域存在的突出问题,纠正其严重影响,建设社会主义文化强国、坚持走中国特色社会主义道路而言的。具体来看,应当从以下几个角度来认识道德治理的现实要求:

一是道德领域突出问题存在的范围广,危害性大,表现出损人利己、损公肥私、无视良知和基本道义之"家族相似"的共同性状。它们的存在不仅直接危害党风、政风和行风建设,毒化职业、家庭和社会公共生活,消解中华民族几千年形成的传统美德,而且损害在改革开放和中国特色社会主义现代化建设中应运而生的新道德。一句话,妨碍了全面提高民族道德素质的公民道德建设工程,扰乱了中国社会改革和发展所必需的伦理秩序和道德精神的形成,影响了中国特色社会主义现代化建设事业的历史进程。

二是道德领域突出问题由来已久,多为积重难返的"顽症",并呈现继续发展和恶化之势。如在高校,教师中存在的学术造假等师德师风问题,学生中存在的考试作弊等学风问题,就具有这种屡禁不止的"顽症"性征。为解决这类问题,教育主管部门和学校也采取了一些应对措施,但并没有得到根本遏制。道德领域的突出问题,多是在改革开放浪潮中沉渣泛起的旧陋习,或一直未经唯物史观实行与时俱进的洗礼而发生变种的"新"陋习,故尔成为一种"顽症"。笔者曾对这类"顽症"的生态及"逆境"作过概要分析,如今它们中的不少东西更变得"甚嚣尘上"起来。

三是道德领域的突出问题,依照一般的道德教育与建设范式已难以遏制,更谈不上给予根本性的解决。改革开放以来,为应对在道德矛盾和冲突中不断出现的道德问题,党和国家高度重视道德教育和道德建设,先后作出《中共中央关于加强社会主义精神文明建设若干问题的决议》、《公民道德建设实施纲要》、《中共中央国务院关于进一步加强和改进未成年人思想道德建设的若干意见》等重要决策和部署,各行各业各部门也都积极行动,加强道德教育和道德建设。这些举措取得的成效自然是毋庸置疑的,但也不应讳言,抵制和解决道德失范和诚信缺失之类突出问题的成效还有待进一步加强。有些问题,如贪污受贿、制假售假、坑蒙拐骗、网络恶誉等,在如今社会生活的某些领域还屡禁不止,呈"蔓延之势"。

四是在道德评价的视野里,道德领域突出问题作为一种"顽症"其性状并不复杂,都是善恶、是非、美丑之界限泾渭分明、一目了然的简单问题,它们都违背了人类自古以来公认的基本道义准则,不是什么需要讨论才可识其真面目的学术话题。这也是道德领域突出问题的基本特点和本质特性。一个人在遵守基本道义准则问题上,如果是非善恶不分就属于明知故犯,应对此类"缺德"现象的基本策略不应当是只讲道德知识,必须实行道德治理,需要研讨的就是如何加以治理的问题。

最后,对道德领域突出问题的成因及应对策略的认识,目前还存在一种缺乏自知、自觉、自律的意识。如教师学术作假和学生考试作弊,高校不少人包括一些专门从事思想政治教育的人,将此归咎于社会风气不好、作假现象很普遍,等等。而社会出现突出的道德问题,许多人又据此指责学校思想政治教育和道德教育的"失败"。这种"鲸在地球上——地球在鲸上"的相互归因和推诿责任的认知范式,貌似辩证法,实则是相对主义的诡辩论,本身就是道德认知方面的突出问题,在思想认识上增加了道德治理的难度,同样需要有相应的措施实行问责式的道德治理。

二、道德治理的学理依据

道德治理的学理依据是道德本质特性和社会功能的内在要求。作如是观需要我们刷新和优化道德本质观和道德价值观。因为在学理上,中国人过去很少谈论道德治理问题,专门研究道德的人也多不涉论"道德治理"的学术话题。

中国人过去对道德本质和功能的理解一直恪守这样的思维定势和话语范式:道德是以"应当"亦即规劝的方式干预社会和人的精神生活,发挥其社会功能的,涉及需要"治理"的道德问题,那就应该交由法制(治)和政治来处置了,此即孔子说的"化之弗变,导之弗从,伤义以败俗,于是乎用刑矣"(《孔子家语·刑政》)。这种源远流长的传统学理观,与儒学为主导的中国传统伦理思想和道德学说的长期影响直接相关。儒学把整个道德的观念上层建筑建立在"人性善"的本体论基础之上,主张人格塑造和纠正都要依赖社会教化和叩问个体良心。儒学伦理思想和道德学说的逻辑构架适应以高度集权的专制政治统摄普遍分散的小农经济的封建社会结构,所以在西汉初年被统治者推崇到"独尊"的主导地位,在此后的历史发展中锻造了中华民族在道德学理上注重社会劝善和个体良知的价值选择和诉求习惯。历史地看,这自然无可厚非。然而,在发展市场经济和推进中国特色社会主义现代化建设的今天,这种传统学理观势必会暴露其逻辑与历史的缺陷,需要对其进行反思、解构和重建。

人和社会为什么要讲道德?在逻辑与历史相统一的唯物史观视野里来认识和把握,其实并不那么复杂:既不是为了张扬"人性善",也不是为了推动"大道之行"以实现"选贤与能,讲信修睦"之"天下为公"的大同社会。人之初,其性无所谓善或恶,所谓"人性善"不过是一种先验的假设。人的"本性",不论是从先天本能还是后天人为的意义上来看,都得"为自己",都要"为自己"。这是道德之所以可能和必要的逻辑前提。试想一下:如果人人都不"为自己",道德岂不成了一种摆设或纯粹的"精神食粮"了么?人在没有发生利益矛盾和冲突的情况下,"为自己"本是自然而然的,也是天经地义的,将"为自己"当作"自私",做出"人的本性是自私的"的伦理学解读,本是违背道德学理的。从这种逻辑理性来看道德,道德的本质特性及其对于社会和人的价值与意义,首先就在于治理即"治恶"和"抑恶";次之才合乎逻辑地推演出"劝善"和"扬善"之必要。换言,因为有"治恶"和"抑恶"之须,才有"劝善"和"扬善"之需;运用道德来"治理道德(问题)"正是道德的首要使命和功能之所在!道德的本质特性和功能,除了"必须"和"应当"之外,还应有"正当""本当"。在社会需要变革、道德领域突出问题严重的情况下,尤其需要看重"必须""正当"和"本当"。从学理上看,道德与法律两大社会调控规范的内在逻辑正在这里。

立足于道德治理来回答"人与社会为什么要讲道德",是推动近代西方社会走上现代资本主义文明之旅的主流伦理思想和道德学说的逻辑基础。近代利己主义创始人霍布斯认为,人在"自然状态"下具有一种自爱和自私的天性,它也是天赋予人的"自然权利"。这样,就使得"自然状态"下的人与人之间的关系变成敌对的关系、战争的关系,于是就需要"一个使所有人都敬畏的权力",此即所谓"自然法",包含道德、法律乃至宗教信仰等。① 这在逻辑起点上赋予道德以"治理"的使命与功能。西方人讲道德,也讲"劝善"和"扬善",甚至把心灵托付给"万能的上帝",但那不过是源于先验逻辑对"治理道德"所做的一种补充而已。基于"人性善"的儒学道德学理其历史适应性和价值毋庸置疑,但在今天需要对其忽视道德治理的内在品质的"先天不足"实行改造和补充,使之适应发展社会主义市场经济和推进社会主义文化强国建设的现实要求。如对"仁者爱人"之"爱"、"己欲立而立人,己欲达而达人"之"立"与"达"、"君子成人之美,不成人之恶"之"美"与"恶"等,都要有包含"治理"的理解。

认识和理解道德治理的学理依据,还需要正确理解道德治理之"道德",这是一个如何进行道德治理的理论问题。道德本是人类把握世界和完善自身的精神产品和社会实践活动,它既是作为知识形式的道德规则,也是作为实践形式的活动,更是作为社会关系形式的道德关系,即马克思所称谓的"思想的社会关系"。伦理和道德关系作为"思想的社会关系"的基本形式,表现为执政党的党风和政

---

① [英]霍布斯:《利维坦》,商务印书馆1997年版,第92–108页。

风、各行各业各部门的行风、家庭的家风等，概言之即所谓社会风气，其价值核心是和谐。从这个角度理解道德治理，就是要依据相关的道德规则，开展相关的道德活动，纠正导致"思想的社会关系"失衡的道德领域的突出问题，实现社会和人际的和谐。

三、道德治理的实践路径

关注道德领域突出问题及由此带来的社会风险，是上世纪70年代以来中外学界共同涉足的重大学术话题。学者在用诸如"道德危机"、"道德悖论"、"道义悖论"、"伦理困境"等语义相近的概念描述道德领域突出问题的性征的同时，批评传统道德哲学和伦理学面对道德领域突出问题显露的理论缺陷，主张刷新道德的"实践理性"。这种学术范式和价值取向，我们可以从罗尔斯在《正义论》中倡导的"综合性的善理论"、麦金太尔在《德性之后》中主张的重述和回归亚里士多德德性主义传统、科尔斯戈德在《规范性的来源》中主张的强化道德行为者对规范性的反思性认同和接受、阿多诺在《道德哲学的问题》中强调的"'我们应当做什么'是道德哲学的真正本质的问题"，以及中国学者王南湜在《辩证法：从理论逻辑到实践智慧》中主张的"让辩证法回归实践哲学"等理论观点和学说主张中，看得很清楚。

然而，中外学者多忽视了道德的实践哲学和智慧，尤其是关于应对道德领域突出问题的道德治理智慧研究，致使中外伦理学和道德建设学说至今尚没有道德实践和道德治理的概念道德治理关键在"治"，开展道德领域突出问题的治理，建构和把握相应的实践路径至为重要。

首先，要确立从严治理的思想观念，丰富和发展道德调节社会生活和人的行为的规则体系，创新道德的命令方式，增加"不准""不允许""惩戒"之类与道德治理相关的道德命令。实行道德谴责和惩戒的目的，在于启发当事人的良知，制止和矫正其"缺德"行为，促使他们对人类公认的基本道义怀有敬畏之心。在这个问题上，可以借鉴国外的一些做法和经验，如新加坡的"鞭刑"，我们虽然不一定如法移植，但其着眼"实在、长久的效果"的从严策略的精神却是可取的。如今道德领域内一些突出的"缺德"问题，不用"不准""不允许""惩戒"的道德命令来治理，是难以奏效的。

其次，要开展关于道德治理的专项思想理论教育。这样的教育要凸显"敬畏伦理"内容，要求和引导受教育者恪守良知，尊重和践行社会基本道义准则，做道德上合格的公民。敬畏即敬重，并非宗教或迷信用语，它指的是"对与人生命攸关的某种神圣事物或力量的敬重",①良知和基本道义就是这样的"神圣事物或力量"。孔子说:"君子有三畏:畏天命,畏大人,畏圣人之言。"(《论语·季氏》)意思是说:道德高尚的人,敬重天命、位高的人、圣人说的话。不难想见,一个对基本的伦理秩序和道义准则毫无敬畏之心的人是什么坏事都可以干出来的。为此,宣传、教育和出版部门应将道德治理列入工作规划和计划,传媒应有道德治理的专题节目。各级各类学校的思想道德教育课程应有道德治理方面的内容。高校的"思想道德修养与法律基础"课应增加道德治理方面的内容,并据此打通"思想道德"与"法律基础"的内在逻辑关系。其他课程,如"马克思主义基本原理概论"等也应依据各自特点增加相关道德治理方面的内容。

再次,要创建伦理制度体系,制订和完善相关的法律法规,在道德实践中将两者合乎逻辑地贯通起来。任何道德建设都需要一定的制度保障,对道德治理更应作如是观。伦理制度是20世纪中国学者提出来的道德建设新范畴,针对的是"人性恶"或"人性的弱点",指的是以社会舆论、传统习惯为基础,督促、监督、保障主体遵循道德规范的道德实践制度,其真谛在于要求行为者必须履行相关道德义务和责任,鼓励和表彰履责者,谴责和惩戒违责者。道德治理实行伦理制度保障,运用的主要是它的谴责和惩戒功能。从谴责和惩戒的功能来看,伦理制度具有法律维护基本道义的性质,是补充法律法规的"准法律"。这就要求,道德的实践活动不能只是鼓励与表彰,同时要有谴责和惩戒,特别是惩戒。伦理制度是贯通法律与道德之间逻辑关系的实践环节。

最后,要与各行各业各部门的管理制度结合起来。事实表明,道德领域不少突出问题的出现以至于积重难返,与管理制度长期不健全或执行不力有关。屡屡发生的食品和药品安全事件、炫耀奢侈怪异的个人消费方式、追捧"一脱成名"之类的"人气"等之所以能够招摇过市,产生极其恶劣的影响,与缺乏相关的管理制度或制度形同虚设是直接相关的。因此,为增强道德治理的有效性,还应当引进问责制度,健全管理制度体系。

总之,道德治理思想认识基础结构上是由三个相互关联的部分构成的,其中认清其必要性之现实要求是必备前提,理解其可能性之学理依据是理论条件,厘清其可行性之实践路径是关键环节,三者有机统一方可使道德治理具备必须的思想认识基础,从而得以顺利开展。

---

① 郭淑新:《敬畏伦理》,安徽人民出版社2007年版,第1页。

当代青少年道德观发展变化的现状、特点与趋向研究[*]

叶松庆　王良欢　荣　梅

引　言

道德观是人们对社会道德现象和道德关系的整体认识和系统看法[①]。当代青少年道德观即当代青少年对社会道德现象和道德关系的认识和看法。和世界观、人生观一样,道德观对青少年的道德思想以及由此引发的道德行为有着重大的影响。青少年道德观是青少年处理与他人、集体和社会的关系的准则,可划分为青少年内隐的道德意识和外显的道德活动。无论是道德意识还是道德活动,都集中体现在道德原则、准则、规范和范畴之中,涉及人的全部行动[②]。当代青少年多为在校中小学生,社会化程度较低,具有很强的可塑性。在社会快速转型时期,多元文化和外来价值观不断渗入,当代青少年道德变异已是不争的事实[③]。而青少年道德观的优劣反映了我国道德教育的成效,也牵系着国家的未来。

本研究通过对安徽省35所中学1630名青少年的问卷调查和74名青少年(40男、34女,年龄为15至17岁)的结构性访谈,从道德意识和道德行为的发展变化探求青少年道德观发展变化的现状和特点,并在此基础上总结青少年道德观发展变化的趋向。表1为本次问卷调查样本的基本特征。

---

[*] 本文原载于《中国青年研究》2014年第3期。
[①] 徐少锦:《伦理百科辞典》,中国广播电视出版社1999年版,第1060页。
[②] 刘建明,王泰玄,谷长岭等:《宣传舆论学大辞典》,经济日报出版社1992年版,第37-38页。
[③] 叶松庆:《当代青少年道德变异的现状、特点及趋向》,《青年探索》2005年第3期。

表 1　青少年问卷调查样本基本特征（n = 1630）

类别		频数（人）	频率（％）
性别	男	842	51.7
	女	788	48.3
学校所在地	城市	810	49.7
	乡镇（含县城中学）	820	50.3
年龄（岁） Mean = 15.97 岁	11	1	0.1
	12	21	1.3
	13	120	7.4
	14	103	6.3
	15	223	13.7
	16	479	29.4
	17	534	32.8
	18	149	9.1
年级	七年级	100	6.1
	八年级	346	21.2
	九年级	105	6.4
	高中一年级	664	40.7
	高中二年级	365	22.4
	高中三年级	50	3.1

说明：本次调查涵盖七年级到高中三年级的六个年级，回收后的问卷因 18 岁学生占据一定比重，故不作废卷处理，只除去极个别大于 18 岁的学生不作分析，而将其他年纪（包括 18 岁）的学生均视为青少年。

一、当代青少年道德观发展变化的现状

当代青少年道德观的发展变化包括青少年道德意识的发展变化和道德活动的发展变化。本部分主要依据调查数据，结合访谈记录，从青少年道德意识、道德活动的发展变化，青少年道德意识与道德行为之间的回归关系，这三个方面来分析当代青少年道德观的发展变化状况。

1. 当代青少年道德意识的发展变化状况

道德意识是道德理想、道德准则、道德义务感和道德良心等组建成的相关关系,在任何一种道德体系或形态中处于领先和统帅的地位①。据此,可以将青少年道德意识划分为道德观念、道德责任感和道德理想三部分。据访谈得知,家庭是青少年道德意识形成的摇篮,学校则是其发展的主要阵地。特别是学校关于道德意识系统的宣传教育相对于家庭中父母长辈的"模糊"教导来说,对青少年道德意识发展有着更为规范化、模式化的影响。这主要体现在以下几个方面。

(1)当代青少年道德观念的发展变化

道德观念是青少年对社会道德准则的吸收与内化,是判断自己与他人行为是非、善恶的标准。本研究从道德的重要性、对传统和现代道德的了解以及道德价值观三个方面来分析青少年的道德观念。调查显示,90%以上的青少年都认为道德在生活中有着很重要的位置,不过也有3.8%的青少年认为道德不大重要或者不重要,关于此,男生的比例稍高于女生。另外,有3.7%的青少年对道德的重要性表示迷茫,很难说得清。

中华民族的传统文化十分重视道德观念的修养,它们被精炼成传统道德精髓,这些精髓是古人安身立命之根本,也是今人需认真汲取的精华。表2反映了青少年对传统道德精髓的了解状况。

表2　青少年对传统道德精髓的了解(n=1630)

选项	频数(人)	排序	在样本中的比例(%)
四维(礼、仪、廉、耻)	953	1	0.58
四字(忠、孝、节、义)	950	2	0.58
八德(孝、悌、忠、信、礼、义、廉、耻)	785	3	0.48
五常(仁、义、礼、智、信)	763	4	0.47
三达德(智、仁、勇)	585	5	0.36
不知道	193	6	0.12
总计(含"不知道"选项)	4036	平均选项数(Q1)	2.48

说明:该题为多项选择题,因此出现选项总计大于样本数。平均选项数不含"不知道"选项。

从表2可以看出在列举的五项传统道德精髓中,有近六成的人表示了解或听说过"四维"、"四字"。其次是"八德"和"五常",分别占48%和47%。对"三达德"的了解人数最少,占36%。此外还有12%的青少年表示对上述五种传统道德

---

① 周原冰:《试论道德的内部结构》,《中国社会科学》1984年第6期。

精髓一无所知。这五项传统道德精髓选项中,平均每人选择2.48项,接近一半,表明当代青少年对传统道德精髓有一定的了解。

2001年10月,中共中央印发了《公民道德建设实施纲要》,把公民基本道德规范集中概括成20字的基本道德规范。这20字公民基本道德规范涵盖了社会生活的各个领域,既是对传统美德的传承,又体现了时代特色,符合当前社会道德发展的要求,是每一个现代公民都应该遵守的基本行为准则。调查结果表明,对于每项的选择表示"基本熟悉"或"比较熟悉"的都达到了80%以上。对于"明礼诚信"、"团结友爱"、"勤俭自强"表示"熟悉"的人数均达到90%以上。将各项选择以0－4分分别进行赋值,得出这五项基本道德规范的平均得分为2.89分。这表明当代青少年对公民基本道德规范的熟悉程度接近"比较熟悉(3分)"的层次。

表3是在罗克奇价值观调查表(Rokeach Values Survey)之一的工具性价值观(Instrumental Values)量表18个价值观名词中,选取和道德有关的5个价值观名词(胸怀宽广、宽恕、助人、诚实、有礼貌)所得的道德价值观量表。在工具性价值观量表中所处的平均次序中,"诚实"在这五个道德名词中排名最前,并且在青少年工具性价值观量表中排名第一,这表明"诚实"这种道德品质在青少年工具性价值观中具有重要的位置。而将这五个道德名词复合成一个道德价值观后,其复合排名次序为8.20。复合后的道德价值观与工具性价值观量表中余下的13个名词进行排序,道德价值观排名第5,处于比较靠前的排名,可见道德价值观在青少年工具性价值观中占据着重要地位。

表3　青少年的道德价值观量表

选项	平均选择所在次序	排序	工具性价值观量表排名
诚实	6.20	1	1
胸怀宽广	7.70	2	5
助人	8.70	3	8
宽恕	8.88	4	10
有礼貌	9.52	5	11
复合后评价排名次序(Q3)	8.20	复合后在价值观量表中排名	5

(2)当代青少年道德责任感的发展变化

道德责任感是青少年对于他人或社会应该负有什么责任,应尽什么义务的一种感情①。道德责任感可以归纳为同情心（遇到乞讨儿童的反应）、诚信度（在银行取钱，取款机多给出100元钱的反应）和道德认可（社会上最不道德的行为）的集合。

表4是青少年在大街上遇到乞讨儿童的反应，其中表示同情的态度（"觉得可怜，心里难过"、"同情但无能为力"、"给一点小钱"）占了92.6%，余下4.8%表示了不同情的态度（"不给钱"、"鄙视"、"离得远远地"、"呵斥"）。在表示同情与否时，女孩的同情心稍高于男孩，但表示给钱与不给钱的态度没有男孩鲜明，即明确表示给钱和不给钱的比例均低于男孩。另外，还有2.5%的青少年表示不知道该怎么办。

表4 青少年遇到乞讨儿童的反应

选项	男		女		男、女之和	
	频数	频率	频数	频率	频数	频率
觉得可怜，心里难过	292	34.7	336	42.6	628	38.5
同情但无能为力	263	31.2	246	31.2	509	31.2
给一点小钱	208	24.7	166	21.1	374	22.9
不给钱	32	3.8	11	1.4	43	2.6
鄙视	20	2.4	3	0.4	23	1.4
离得远远地	5	0.6	4	0.5	9	0.6
呵斥	4	0.5	0	0	4	0.2
不知道	18	2.1	22	2.8	40	2.5
总计	842	100.0	788	100.0	1630	100.0

课题组还调查了青少年在取款机多给出100元钱的反应，其中选择退还的有74.8%（直接退还为39%、考虑后退还为35.8%），选择拿走的占25.2%（直接拿走为13.7%、犹豫后拿走为11.5%）。这体现了当代青少年具有良好的诚信度，普遍认同应归还不属于自己的东西。而在"直接拿走"和"直接退还"两个选项中，男孩、女孩各自表现出了果断的选择，男孩在"拿走"方面表现得更加果断，而女孩在"退还"方面表现得更加果断。

表5列举了12种当前社会上常见的不道德行为供青少年选择。其中"不赡养父母"选取的比例最高，高达55.4%，可见"孝"在青少年心目中的重要地位是

---

① 周原冰：《试论道德的内部结构》，《中国社会科学》1984年第6期。

无法比拟的。其次是"见死不救",占 14.6%;"说脏话"占 6.1%;"不尊重老人"占 5.9%;"不遵守公共秩序"和"背后议论人"均为 3.8%;"随地吐痰"占 2.6%。其余 5 个不道德行为的选择率均在 1.5% 及以下。

表5 青少年认为社会上最不道德的行为

选项	男		女		男、女之和	
	频数	频率	频数	频率	频数	频率
不赡养父母	472	56.1	431	54.7	903	55.4
见死不救	137	16.3	101	12.8	238	14.6
脏话	44	5.2	55	7.0	99	6.1
不尊重老人	45	5.3	51	6.5	96	5.9
不遵守公共秩序	26	3.1	36	4.6	62	3.8
背后议论人	25	3.0	37	4.7	62	3.8
随地吐痰	21	2.5	21	2.7	42	2.6
欺骗别人	16	1.9	9	1.1	25	1.5
破坏公物	9	1.1	7	0.9	16	1.0
占小便宜	9	1.1	13	0.6	22	1.3
拾金归己	5	0.6	1	0.1	6	0.4
说谎	3	0.4	2	0.3	5	0.3
其他	30	3.6	24	3.0	54	3.3
总计	842	100.0	788	100.0	1630	100.0

(3)当代青少年道德理想的发展变化

道德理想是人们对社会道德生活应然状态的观念建构,是社会道德价值观念的集中体现,是人们在道德方面的向往和追求①,是道德体系评价的思想依据。道德的塑造受社会上各种因素的影响,不同的因素对青少年心目中的道德标准有着各自的影响。

表6反映了青少年道德观发展变化的影响因素和哪个群体的道德水平是衡量公民道德水平的标准。在道德发展变化的影响因素方面选择"各种因素的影响"占23.0%,其次是家庭(19.3%)、学校(16.3%)、政府引导(15.0%)和社会价

---

① 汪信砚:《当代中国社会道德理想境遇的反思》,《武汉大学学报(人文科学版)》2002年第5期。

值(11.7%),这表明青少年认为道德观发展的影响因素是多元化的,并不局限于某一单一因素。余下的影响因素所占的比例均在5%左右或更少。在认为公民道德水平应该以哪个群体的道德水平为标准的选择上,"教师"是青少年的首选占24.3%,其次是公务员(16.7%)、科技工作者(11.5%)、农民(9.5%)、工人(6.0%),余下因素则均在4.4%及以下。另外,有18.7%的青少年选择其他道德标准群体。在"教师"和"其他"两个群体之间,一方面反映了青少年在道德标准群体选择方面"临近因素"的影响,同时也表现了青少年观念的多元化,有着自己独特的见解。

表6 道德发展影响因素与道德水平衡量标准的群体(n=1630)

道德发展影响因素	频率	排序	道德标准群体	频率	排序
各种因素影响	23.0	1	教师	24.3	1
家庭影响	19.3	2	公务员	16.7	3
学校教育培养	16.3	3	科技工作者	11.5	4
党和政府引导	15.0	4	农民	9.5	5
社会价值导向	11.7	5	工人	6.0	6
父母亲属影响	5.6	6	民营企业家	4.4	7
成年人引导	5.0	7	律师	4.0	8
传统美德影响	1.0	9	打工者	3.3	9
社会思潮影响	0.1	10	企业家	1.6	10
不清楚	3.0	8	其他	18.7	2
总计	100.0		总计	100.0	

2. 当代青少年道德活动的发展变化状况

道德活动是人类完善自身的活动,是受道德意识支配的自觉活动,是道德观中主客观的统一,是人感性与理性的统一,认识与情感的统一,观念与行为的统一①。道德活动可以划分为道德行为、道德评价与修养两个方面。

(1)当代青少年的道德行为

伦理学认为道德行为是行为主体依据一定的道德需要,借助一定的道德手段表现出来的有利于他人或社会的行为②。本研究中选取"过马路会不会闯红灯"

---

① 姚新中:《道德活动论纲》,《江淮论坛》1988年第5期。
② 张博伟:《基于不同视角的道德行为研究综述》,《教书育人》2009年第3期。

和"做过的感恩事情"来体现青少年的道德行为。关于青少年过马路闯红灯的选择,明确表示不会闯红灯的占了56.4%,超过了半数。但选择闯过红灯的也占了50.5%,其中有8.9%表示经常会闯红灯,并且男孩闯红灯的比例要稍高于女孩。

表7列举了19种日常生活中可以实施的感恩事情,供青少年选择自己做过其中的哪些。其中"不给爸妈惹是非"(58.5%)、"经常做家务"(55.3%)、"尊敬老师"(50.2%)这几项选择的人数过半,排名前十的青少年所做过的感恩事情的选择率均达到了40%以上。而"到敬老院做志愿者"(20.4%)、"见义勇为"(19.8%)排名靠后,这可能与机遇相关,毕竟做志愿者和见义勇为的机会在日常生活中不多见。此外,将所做的感恩事情的数量相加,得出平均值是7.31项,占列举的19项的38.5%,达到一个较高的水平。通过平均值,可以看出女孩所做过的感恩事情的比例稍高于男孩。

表7 青少年做过的感恩的事

选项	男		女		男、女之和		
	频数	频率	频数	频率	频数	频率	排序
不给爸妈惹是非	472	56.1	481	61.0	953	58.5	1
经常做家务	442	52.5	459	58.2	901	55.3	2
尊敬老师	391	46.4	427	54.2	818	50.2	3
放学回家问候父母	400	47.5	396	50.3	796	48.8	4
分担父母忧愁	381	45.2	377	47.8	758	46.5	5
对帮助自己的人表示感谢	358	42.5	392	49.7	750	46.0	6
刻苦学习	367	43.6	364	46.2	731	44.8	7
为灾区人民捐款	345	41.0	377	47.8	722	44.3	8
帮助同学	314	37.3	358	45.4	672	41.2	9
为家里节省开支	333	39.5	332	42.1	665	40.8	10
记住爸妈的生日并祝贺	294	34.9	346	43.9	640	39.3	11
给妈妈梳头	241	28.6	330	41.9	571	35.0	12
顺从爸妈的意思	284	33.7	224	28.4	508	31.2	13
学雷锋做好事	245	29.1	255	32.4	500	30.7	14
帮助邻居做事	241	28.6	232	29.4	473	29.0	15
为社会作贡献	236	28.0	166	21.1	402	24.7	16

续表

选项	男		女		男、女之和		
	频数	频率	频数	频率	频数	频率	排序
给爸爸洗头	219	26.0	176	22.3	395	24.2	17
到敬老院做志愿者	161	19.1	171	21.7	332	20.4	18
见义勇为	195	23.2	128	16.2	323	19.8	19
以上从未做过	43	5.1	35	4.4	78	4.8	20
平均所做数目(Q4)	7.03		7.60		7.31		

(2)当代青少年的道德评价与修养

道德评价是指生活在一定社会环境中的人们,依据一定社会的道德价值标准,通过社会舆论和内心信念对他人或自己的思想和行为进行善恶价值判断,以表明褒贬态度的道德活动①。道德修养是人自觉地将外在的社会道德要求转化为内在的道德品质的过程,是衡量青少年道德水平高低的重要尺度。为此选择青少年对身边同学品德的评价以及对自身道德弱点的把握来衡量。

关于青少年对自己身边同学品德的评价,做出好评的达到了87.7%,包括回答"非常好"的17.6%和回答"还可以"的70.1%。做出差评的占了9.1%,包括"不怎么样"(7.7%)和"很不好"(1.4%)。可见对于身边同学品德方面的评价,好评远多于差评,这方面男孩和女孩选择相似,几乎没有什么差别。

对自身弱点的认识,是青少年认识自我和自身道德修养的一个重要体现。只有清楚地认识到自己的弱点,才能及时改正并加以完善自己的道德修养。从调查结果可以看出,在列举的10种弱点中,"不关心父母"占了23.8%,其次是"怕挫折"(17.0%)、"自理能力差"(11.7%)、"很少做家务"(9.9%)、乱花钱(9.3%)。而"与同学团结不好"(5.3%)、"不关心集体"(3.6%)、"不尊重他人"(3.2%)、"说假话"(2.4%)和"不遵守纪律"(1.6%)等占据了较小的比例。此外值得注意的是,有12.4%的青少年选择了"其他"选项,表明还有其他方面上述没有提到的弱点占据了一定的比例,这亦是当代青少年道德弱点多元化的一种表现。

在访谈中,一些青少年表示自己的道德行为除了受自身道德认识约束之外,"印随效应"也起着相当重要的作用,比如自己亲近的人(父母或者是亲密的朋友)的一些不良行为很容易左右自己的行为。即便自己明确意识到这是一种不好

---

① 邹顺康:《论道德评价中的几个基本理论问题》,《伦理学研究》2006年第6期。

的行为,但也会"情不自禁"地模仿他们的行为和他们保持一致,以获得这一群体中的认同。而这往往导致他们在对自己做道德评价时处于一种无所适从的状态。

二、当代青少年道德观发展变化的特点

1. 道德观念发展的传承性,同步于社会发展

调查结果显示,当代青少年对于道德重要性的认识较为明确,同时对待中华民族的传统美德具有一定的了解。在传统道德中可以取其精华,去其糟粕,可以充分吸收传统道德中积极的部分,如"孝"、"信"等都是广大青少年表现良好的部分。对于新时期的公民基本道德规范的掌握也具有较好的水平,并能积极运用到实际生活中,表现出了与时俱进的认识能力。同时,当代青少年在对工具价值观做出排序时,将道德放在优先位置,体现了他们对于道德价值观的重视。

2. 具有强烈的道德责任感,正能量突显

青少年表现出了强烈的道德责任感。于公体现在当代青少年对集体主义的维护,敢于捍卫国家的决心;于孝体现在当代青少年对于父母长辈的关爱,不轻易违背长辈的意愿;于怜体现在当代青少年强烈的同情心,积极帮助需要帮助的人;于礼体现在当代青少年能够做到礼貌待人、谦和忍让;于信体现在当代青少年可以拾金不昧、信守诺言;于义体现在当代青少年可以保持正义感,做到见义智为。当代青少年在社会正能量的传递中发挥着重要的作用,这样的责任感和主人翁精神,是新时期道德观念发展的重要动力源泉。

3. 道德理想崇高,对道德伦理问题存在困惑

理想是对未来事物的美好想象和希望。青少年年龄还小,社会经验不足,这也使得他们拥有一份独特的纯真。这份纯真使得当代青少年眼中的事物都应有美好的过程和结局。在道德理想上也是如此,青少年渴望整个社会的道德水准能够得到升华,却又对社会上频发的道德沦丧和道德争执事件感到困惑和不安。理想与现实的冲突强烈地冲击着青少年的道德价值观,使他们的道德价值观培养之路充斥着一些屏障。这些屏障若不能及时清除或处理不当,会动摇青少年的道德理想,甚至影响到青少年的道德行为。

4. 道德观念影响道德行为,道德行为反作用于道德观念

青少年的道德行为在很大程度上由自身道德观念所决定。而当代青少年的道德观念的形成与学校、家庭、社会和同辈群体均有着重要的联系。学校教育是其中尤为重要的一环,教师的日常行为和师德的优劣对青少年产生直接的影响。家庭是青少年的庇护所,家长特别是父母的一举一动对青少年的行为产生潜移默

化的作用。而青少年由于社会化程度较低,具有很强的学习模仿能力,在传媒技术日益发达的今天,社会上一些不良行为很容易通过媒体进入青少年的视野。例如影视剧中的所谓"江湖义气"、"报仇雪耻"等行为很容易被青少年模仿并运用到同学关系之中。同辈群体是一个特殊的群体,青少年的同辈群体一般是自己身边的同学,有些甚至是所谓的街头"小混混"。同辈群体是青少年较愿意交流的对象,其行为也很容易被彼此模仿。所谓"近朱者赤,近墨者黑",当某种不良行为在青少年中被"宣传"为是一种好的行为时,便是其他青少年争相效仿的对象,而其产生的连锁效应往往会造成负面效果。

5. 具备一定的道德评价能力,道德修养达到一定水平

青少年通过学校和家庭教育,具有一定的道德理性,对于是非好坏有一定的辨别能力。他们对社会上好坏行为也会通过内心的评价标准对其做出较为中肯的评判。然而社会是个复杂的集合体,当一些伦理道德问题徘徊在"德"与"法"之间,怎样取舍会令青少年感到困惑,致使他们的评价产生游离。教育的正功能在青少年道德修养方面发挥着巨大的作用,无论是学校教育还是家庭教育,对于青少年道德修养方面都十分重视,成为一个品德高尚的人是修身的终极目标,也是当代公民道德基本规范为当代青少年树立的道德标杆。当代青少年已经能够较为清晰地认识到自身的一些道德不足,并渴望得到引导与改正,希望努力提高自身的道德修养,成为一名道德高尚的人。

三、当代青少年道德观发展变化的趋向

1. 转型时期中"偏离与吸纳"呈现新特性

20 世纪 90 年代学者提出青年发展的"偏离与吸纳理论"[1],此后学者证实当代青少年社会公德在发展变化的向度上同样是不平衡的,也是一个不断偏离与吸纳的过程[2]。而社会公德是青少年道德观发展中的一个重要组成部分。当前我们处于社会转型的关键时期,多元主义文化通过无孔不入的传媒大肆传播,各种价值观充斥在青少年周围。与 20 世纪 80 年代相比,当前社会各种价值观"百花齐放",社会偏离程度要远高于之前。同时,由于广大青少年主动接受信息的能力增强,这种偏离对青少年的影响更加直接。而随着社会主流文化界限

---

[1] 单光鼐、陆建华、李春玲、沈杰:《偏离与吸纳—中国青年发展总报告(上)》,《青年研究》1994 年第 4 期。
[2] 叶松庆:《当代青少年社会公德的现状、特点与发展趋向》,《青年研究》2008 年第 12 期。

愈来愈不突显,社会整合在当前社会也遭受严峻的挑战,青少年道德观的偏离所产生的不良行为甚至违法犯罪现象越来越常态化,给社会发展造成了严重的负面影响。

2. 道德价值观与终极价值观冲突日趋明显

罗克奇价值观调查表将价值观分为终极性价值观和工具性价值观,其中工具性(道德)价值观是基本要素和动因,终极性价值观是最终目的和需要。有学者认为当代青少年道德需要不足是其影响道德行为发生的根本原因①。特别是青少年涉世不深,对道德行为的处理理想大于现实,但当现实与理想出现明显反差时,缺乏足够的道德理性很容易使青少年做出只符合终极性价值观而违背工具性(道德)价值观的行为。这种道德观念与道德行为的弱相关性和不同步性在当前社会表现得更加突出,给青少年造成了较大的"道德困境",也引起了学界的广泛关注与争论。究竟当前青少年的道德状况是进步了还是发展迟缓了,很难形成定论。

3. 多元发展常态中的个性化渐显

随着价值观念的多元化,青少年道德观也趋向于多元化发展,这种多元化源于人的发展的发散性,并逐渐发展为常态。当代青少年群体与其他群体相比同质性很强,但在群体内部异质性程度也愈来愈高。受个体主义影响,个性发展成为青少年自相标榜的口号。学校教育也越来越重视青少年的个性化培养,个性化在道德观中不但可以区别其他群体,也可区别青少年群体自身。个性化导致思想意识的多元化,使青少年的道德选择不断增强,分化中心,使群体特征逐渐隐秘②③。青少年在道德观实践中个性化表达成为风气,并逐渐凸显开来。

4. 扬弃传统的基础上不断强化现代素质

当代青少年对待传统道德观念表现得较为理性,对于传统道德有一定的了解,并且可以辩证地看待传统道德。对传统道德观念中的精髓部分基本表示肯定,认同传统观念的现代价值,较为清晰地辨别了传统道德以及与之演变而来的现代道德之间的纽带关系。在日常生活中当代青少年遵从传统观念,但对传统道德的核心和实质依然缺乏系统了解④。在现代道德素质的培养方面,当代青

---

① 蓝维:《道德需要与道德行为》,《当代青年研究》2006 年第 5 期。
② 王学梦,叶松庆:《改革开放条件下青少年价值观的现状与分析》,《中国青年研究》2010 年第 4 期。
③ 叶松庆:《青少年的科学素质发展状况实证分析》,《青年研究》2011 年第 5 期。
④ 余双好:《青少年思想道德现状及健全措施研究》,中国社会科学出版社 2010 年版,第 124 – 129 页。

少年能做到基本了解公民基本道德规范,对社会道德伦理中的是非对错有着较为中肯的见解和判断。随着道德教育在学校教育中的不断重视和加强,青少年现代道德素质的培养成为其中的重要内容,这教会了青少年对传统道德的扬弃,进一步加深了他们对传统道德与现代道德如何融合的认识。

当代中国道德传统接续与重构的理论自觉*

——从《新理学》到《新纲常》

戴兆国

近百年来,中国遭受了千年所未有之大变局。无论是抗战时期的救亡图存,还是改革开放时代的激流勇进,都需要一种最为基本的道德约束,凝聚人心,整齐社会,将民族国家的力量发挥至最大。为此,我们必须拥有自己的道德传统。在面临时代变化的当口,社会的道德传统如何维系传承,进而实现转化与创新,以适应时代变化所提出的挑战,已经成为一切有良知的人的共同追求。从冯友兰的《新理学》,到何怀宏的《新纲常》,其中不仅展示了中国知识分子独有的忧世情怀,而且也内在蕴含着当代中国道德传统接续与重构的理论自觉。分析地看,这种理论自觉既有对社会道德根基的寻求,也有对道德传统的反思;既有对新道德伦理特点的理性辩证,也有对如何实施新伦理路径的详细考量。

一、寻求作为独立根基的道德

寻求某种道德作为社会存在和发展的根基,其传统由来已久。韩愈在总结儒家道德传承的统绪时就有过直接的表述。他在《原道》中开宗明义地提出:"博爱之谓仁,行而宜之之谓义,由是而之焉之谓道,足乎己无待于外之谓德。"仁义作为道德的根本要求是儒家一直强调的传统,①以此为基础,韩愈清理出儒家千年相续的道统。《原道》:

曰:"斯道也,何道也?"曰:"斯吾所谓道也,非向所谓老与佛之道也。尧以是

---

* 本文原载于《安徽师范大学学报(人文社会科学版)》2014 年第 4 期。
① 《礼记·表记》:"仁者,天下之表也。义者,天下之制也。"《易·系辞》:"立人之道,曰仁与义。"《春秋繁露·仁义法》:"《春秋》之所治,人与我也。所以治人与我者,仁与义也。以仁安人,以义正我,故仁之为言人也,义之为言我也,言名以别也。"

传之舜,舜以是传之禹,禹以是传之汤,汤以是传之文武周公,文武周公传之孔子,孔子传之孟轲;轲之死,不得其传焉。荀与杨也,择焉而不精,语焉而不详。由周公而上,上而为君,故其事行;由周公而下,下而为臣,故其说长。"

在韩愈所描述的儒家道统中,发端处是三代之教,①也就是先王之教,核心是仁义道德。起于三代的仁义道德传统,经过文武周公、孔孟的再传,成为支撑中国传统社会的道德统绪。韩愈为何提出这样的儒家道统呢?其原因不仅在于儒家道德理论自产生起就遭受道、墨、法诸家的批判,而且韩愈所处的时代,佛家对儒家形成了更为严重的挑战。韩愈原道的目的就是试图恢复儒家的道统,弘扬其仁义道德的传承。"韩愈蹴杨、墨于不毛之地,蹂释、老于无人之境,故得孔道巍然而自正。"(皮日休《请韩文公配享太学书》)

儒家将仁义道德看作为人的根本,因而其对于社会发展的期待也建基于道德的不断完善。儒家学说中的格致诚正修齐治平的成人修养方策,就是对合理社会制度安排的指南。因而华夏民族在遇到灾难频发的时代,依旧会回到这种道德精神上来,走上稳定发展的正轨。《新理学》的创作背景莫不与此相关。

在《新理学》的绪论中,冯友兰就指明自己是接着宋明以来的理学讲的,而不是照着讲。这就是新理学之新的由来。接着讲的态度就是一种理论自觉。新理学虽然是"最哲学底哲学",是对真际或本然世界的揭示,但是也事关实际。所谓实际就包括当时的时势与社会变局。从新理学的立场出发,冯友兰提出,社会有各种变化,这是实际的领域,但社会之理却是不变的,因为理是形而上的属于真际。所以他说:"不变者是社会,或某种社会所必依照之理,变者是实际底社会。理是不变底,但实际底社会,除必依照一切社会所必依照之理外,可随时变动,由依照一种社会之理之社会,可变成为依照另一种社会之理之社会。一时一地,可有依照某一社会之理而成为某一种社会之社会;异时异地,又可有依照另一种社会之理而成为另一种社会之社会。"②对于中国社会而言,社会之理有着不变的方面,这就是道德。冯友兰提出"只要有社会,就需要有这些道德,无论其社会,是哪一种底社会。这种道德中国人名之曰'常',常者,不变也。照中国传统底说法,有

---

① 《白虎通·三教》:"王者设三教者何?承衰救弊,欲民反正道也。三正之有失,故立三教,以相指受。夏人之王教以忠,其失野,救野之失莫如敬。殷人之王教以敬,其失鬼,救鬼之失莫如文。周人之王教以文,其失薄,救薄之失莫如忠……三教一体而分,不可单行,故王者行之有先后。"《汉书·董仲舒传》对策云:三王之道,非其相反,将以救溢扶衰,所遭之变然也。

② 冯友兰:《贞元六书》,华东师范大学出版社1996年版,第118页。

五常,即仁、义、礼、智、信……此五常是无论什么种底社会都需要底。这是不变底道德,无所谓新旧、无所谓古今、无所谓中外。'天不变,道亦不变',对于常仍是可说底。"①可见,五常是中国社会的道德根基。正是这一道德统绪维系了几千年传统社会的传承与发展。为此,冯友兰在随后撰写的《新世训》中倡导一种生活方法新论,其所阐述的内容基本围绕着传统儒家的道德体系展开。

强调道德统绪能够成为一个社会发展基础,进而将之看作是社会发展的最终根基,这是《新纲常》理论构建的出发点。何怀宏提出《新纲常》的确是尝试从一种道德体系的角度来构建这一社会的"道德根基",即力求完整和周延地阐述当今社会的道德原则、价值信仰和实践途径。②《新纲常》的这一尝试并非空穴来风,毫无理据。不仅上文介绍的冯友兰的《新理学》有着重建中国传统道德统绪的自觉,贺麟对此也作出过积极的反思。贺麟指出儒家道德"认为道德为目的,经济为工具,道德为立国之本,经济为治国之用。经济的富足与否可以影响一般国民道德的良窳,但少数有道德修养之士其操守却不受经济的影响。由我们以现代眼光看来,这种见解,可谓最合于常识、最平稳、最妥当、最不偏倚、最无流弊了"③。

《新纲常》在"为什么重提纲常"这个话题下,也非常明确地指出,"我们可能没有意识到,中华文明和民族的数千年延续其实正是靠这些纲常在社会层面维系的,而且,今天我们要重新合理地建构新的社会伦理体系,也正是要由它们出发,以提供一个人们的生命和财产可以得到可靠保障,并且可以自由地发展的社会平台。"④中国传统社会确乎离不开纲常名教,这是中国社会不断发展的基本精神力量,也是影响甚至决定中国社会成为伦理政治型社会的前提。从历史角度看,在人类的发展进程中一定存在某种纲常,但是这种纲常是否就限定在政治或道德原则中,还需要认真反思。至少就思想家群体的反思来看,对历史发展进程的规律性反思出现了许多观点,如神学历史观、进化论历史观、中国传统的经学历史观、唯物史观等等。每一种历史观在承认历史发展的规律性方面是一致的,但是对历史规律落脚点的看法却存在分歧。对于中国历史来说,社会发展的纲常可能偏向于政治和道德原则,但是,其他的因素是否也在发生着作用,还需要认真分析。

从《新理学》到《新纲常》的理论反思,都内在蕴含着这一探寻的思路,即力图发现并确立社会存在和发展的独立的道德根基。无论是作为天理,还是作为纲常

---

① 冯友兰:《贞元六书》,华东师范大学出版社1996年版,第364页。
② 何怀宏:《新纲常》,四川人民出版社2013年版,第2页。
③ 贺麟:《文化与人生》,商务印书馆1998年版,第25页。
④ 何怀宏:《新纲常》,四川人民出版社2013年版,第5页。

的道德,都属于人类走向合群和谐状态的主要支撑。不过,比起《新理学》追求真际的大全之理,《新纲常》可能更加直接地将接续和重构道德根基的任务作为新纲常施行的目的。因为,《新纲常》的作者坚信,不同的社会对这"纲常"的具体内容会有"损益","损益"和"盛衰"就依我们对它的主观态度和努力程度而定。在这一意义上,道德不仅有独立于政治的一面,而且比任何特定的政治制度和意识形态都更永久。① 鉴于此,《新纲常》认为摆在当代中国人面前的最为迫切的任务就是重建纲常,确立社会的道德根基。但是,我们要想重建纲常,就必须探明纲常支配的道德传统,有哪些不同的层次,又各自发挥了哪些作用,以此寻求更为合理的自觉接续和重构道德统绪的路径。从《新理学》到《新纲常》都自觉蕴含着对这一问题的反思。

二、我们应当继承何种传统

朱子说:"道者,兼体用,该隐费,而言也。"(《朱子语类》卷六)冯友兰认为"隐"即"微",是指形上者;"费"即"显",是所谓形下者。道包括了形上与形下,是至大无外、无对的大全。道通过阴阳的变化,显示出宇宙的大用流行,即实际的世界。宇宙间事物存在变化日新的状态,遵循着时时生灭、时时变化的规律。相应与此,道体也处于日新之中。从新理学的分析立场出发,冯友兰将道体日新的变化分为四种。

第一种依据类之观点,以观其类中之实际底分子之生灭;如从此观点看,则道体之日新是循环底。冯友兰举例说,中国自秦汉讫明清之历史,朝代虽有变更,但是其政体却俱属一类。中国政治虽然有日新之变化,但却是循环的。第二种从理之观点看,以观其实例之趋于完全或不完全;如从此观点看,则道体之日新是进退底。这是一类事物中,新事物比旧事物更接近事物之理,这是进步地日新,反之,就是退步的日新。第三种从宇宙之观点看,以观有实际底分子之类之增加或减少;如从此观点看,则道体之日新是损益底。这是指在具体一类事物的变化中,事物之数量多少可能有增损,但是事物之理并不会发生根本的变化。如程子说:"几时道尧尽君道,添得些君道多;舜尽子道,添得些子道多;元来依旧。"第四种从个体之观点,以观其自一类入于另一类之程序;如从此观点看,则道体之日新是变通底。这是对事物辩证发展过程的揭示。事物的量变引起质变,发生否定,出现新

---

① 何怀宏:《新纲常》,四川人民出版社2013年版,第34页。

的事物。这就相当于十二辟卦的转换过程。这也是革命哲学的要点。①

这四种日新又大致可以分成两类,循环的日新属于一种缺少实质变化的日新,其余三种都可以归结为损益的日新。进退底、变通底日新在最终意义上仍然不过是损益的表现。因为就变通的日新而言,虽然有革命的存在,但是任何革命都不可能是对往在实际的彻底抛弃。所谓抽刀断水水更流讲的就是这个道理。正因为此,冯友兰在分析四种日新之后,以《易》的未济来说明事物的发展不可能达到完全,都一定处在由既济向未济的过程中,是"以未济终焉"。据此冯友兰指出:"在所谓变通底日新中,一国家或民族是逐渐成为一种新底社会,而不是将所谓新底制度,一下套上,如人将一套新底衣服一下穿上。"②在这个意义上,革命不过是演化的一种。一个社会的新制度莫不是对旧社会的继承加改革,是承百代之流、会当今之变。

根据冯友兰对道体日新的分析,我们能够知道,任何社会的发展都依赖于其先前的社会传统。新起来的社会如何面对传统,或者说在面对传统的过程中,如何选择传统,已经成为社会发展不可逾越的坎。正是基于如何面对传统的立场,《新纲常》也充分运用了分析的方法,提出了中国社会发展有着三种传统的观点。

《新纲常》提出,中国大陆所处的现实状况是处在"三种传统"的影响之下:即近三十多年来以"全球市场"为关键词的"十年传统";前此一百来年以"启蒙革命"为关键词的"百年传统";最后是前此两千多年来以"周文汉制"为关键词的"千年传统"。③ 在这三种传统中,《新纲常》尤其重视千年传统,并认为这一传统的核心不是此前人们所说的秦治,而是周文汉制。

王国维《殷周制度论》曾说:"周之制度典礼,乃道德之器械,而尊尊、亲亲、贤贤、男女有别四者之结体也,此之谓民彝。其有不由此者,谓之非彝。"《新纲常》将"民彝"归结为"原则"和"纲常"。它们是"保民"之"彝",也是"民之秉彝"之"彝"。④ 周文是被以孔子为代表的儒家所继承,并予以创新广大。自西汉中期以后,主导的政治思想不再是一味加强君主集权的法家思想,而是强调生命价值、以民为本和统治者德行的儒家思想。两千多年的中国传统所遵循的就是这样一种周文汉制,这一传统使得中国社会得以不断发展。从王国维的观点可以看出,周

---

① 冯友兰:《贞元六书》,华东师范大学出版社1996年版,第78-85页。
② 冯友兰:《贞元六书》,华东师范大学出版社1996年版,第149页。冯友兰此处用新衣服比喻新制度,显然有不当之处。
③ 何怀宏:《新纲常》,四川人民出版社2013年版,第6页。
④ 何怀宏:《新纲常》,四川人民出版社2013年版,第10页。

文所蕴含的典章制度不只是作为政治统治工具出现,同时又更是作为维系社会发展的道德。据此,《新纲常》也认为周文汉制作为维系中国社会发展的传统,既是基本的政治原则,同时也是道德原则。这些作为基本社会政治伦理原则的纲常,保证了中国社会不断向前发展。

面对今天中国社会出现的巨大变化,人们不免都会发出这样的疑问,如果确实存在《新纲常》提出的三种传统,那么我们又应该继承何种传统呢?《新理学》认为势所必至、理有固然。道体虽有日新,但不可背离根本的理。"一新底社会之出现,不是取消一旧底社会,而是继承一旧底社会。"①纲常作为对真际世界之理的反映,总是会有自己的损益变化,但无论怎样变化,都脱不开对真际之理的依循。在这个意义上,我们似乎可以说传统只有一个。至于不同时代出现一种新的变化,改变原先社会存在的格局乃至运行的各种原则,是否一定会形成一种传统,这是需要讨论的。不过,《新纲常》提出的三种传统对于我们选择继承何种传统道德确乎有着开导的作用。何怀宏强调传统社会是世袭社会和选举社会,由世袭和选举所形成的支配性的价值与道德观念成为维系两千多年社会发展的基本的善。这种善普遍得到了广泛的认同。② 根据何怀宏的理解,这种得到普遍认同的善,在现代社会依然发生着作用。因而他将千年传统视为一种长线的传统。而作为长线的传统,其丢失的可能性就会变小,对其继承和改进的可能性显然就会增大。作为中线的百年传统已经被证明存在诸多的不足,作为短线的十年传统也处在形成和变化过程中。在此意义上,我们也许可以认为冯友兰提出的道体损益的日新,与何怀宏提出的千年传统之间有着内在的契合。这种契合说明,在面对社会变革,世道人心出现起伏的时代,思想家对于传统纲常的依恋和看重。由此可见,正确地面对作为长线的传统对于今天社会发展的意义所在。③ 这可能是《新理学》和《新纲常》都希望坚持的基本立场。

在确立社会道德根基的基础上,有了对社会传统的理性认识和自觉判断,就需要进一步探寻社会在变化的过程中,旧有的道德伦理、纲常制度如何获得新的内容。对这一问题的探讨,集中于对新伦理特点的自觉反思上。

---

① 冯友兰:《贞元六书》,华东师范大学出版社1996年版,第149页。
② 何怀宏:《生生大德》,北京大学出版社2011年版。
③ 从人类学、社会学、文化学的角度看,一个民族形成的长线传统已经进入该民族的文化心理中,形成为一个民族的文化基因。

三、新伦理凸显的主要特点

冯友兰在单行本《新理学》自序中曾说:"怀昔贤之高风,对当世之巨变,心中感发,不能自已。"此书虽不着实际,但是对于当时许多实际问题,其解决与本书所论不无关系。可见冯友兰在创作《新理学》时,理论创造的自觉性表露无遗。大概在这样的自觉意识下,冯友兰接着写了《新事论》《新世训》,与《新理学》一起合成了最初的《贞元三书》。其中的《新事论》又名为《中国到自由之路》。在《新世训》的自序中,冯友兰对《贞元三书》分别作了界定。《新理学》讲纯粹哲学,《新事论》谈文化社会问题,《新世训》论生活方法。书虽三分,义则一贯。所谓"天人之际""内圣外王之道"也。贞元者,纪时也。从冯友兰的自序不难看出,他希望在中华民族大业方建之时,为民族发展注入新的精神动力,特别是想在新的时代对传统道德进行转化,以适应时代发展的需要。

虽然在《新理学》中冯友兰没有对新的社会道德特点进行系统阐述,但在《新世训》中则对此作出了说明。①《新世训》是通过对新生活方法的论证来表明作者对于新道德特点的认识和理解。冯友兰指出,新论之新表现在五个方面。第一,无论何种生活方法,都不能违背道德底规律。这种新论,一方面虽然与宋明道学家的旧论不同,但一方面又是对宋明道学家旧论的继承。第二,宋明道学的为学之方完全是道德底,新方法虽不违反道德底规律,也可以是非道德的。其中包括为任何社会皆需要的道德,如仁义礼智信,也有为某一社会所需要的道德,如忠孝,还有不违反道德的生活方法,如勤俭。第三,由于我们的生活环境与宋明道学家所有者大不相同,为避免迂腐,就要有新底说法。第四,宋明道学家希圣希贤的做法也要更新。第五,宋明道学家追求为学之方,新的生活方法则不止于此,在追求方法之外还要求生活本身的新。冯友兰认为,新的方法如果能够实现,就能够改变旧道德的拘、迂、腐、怪的毛病。②

综合地看,冯友兰对于新生活方法特点的揭示,反映了他对新道德的态度。新生活应该有自己的新道德,但是这样的道德如何建立呢?在《新世训》的第一篇《尊理性》中,冯友兰为我们道出了他的核心观点。他认为理性有道德理性和理智理性,宋明道学家所谓的理欲冲突是道德底理性,理智底理性则是西洋道德,以及

---

① 《新理学》虽然单独成篇,但是从《贞元三书》到《贞元六书》,贯穿其中的基调都由《新理学》确定,《贞元六书》表达的就是新理学的思想体系。
② 冯友兰:《贞元六书》,华东师范大学出版社1996年版,第377-382页。

道家的理。① 冯友兰想借助西洋道德来补充中国传统道德的不足,他所引入的理智道德对于新道德的建构,新生活的开展都具有哲学的指导意义。

要求新道德具备理性审视的维度,这为继承中国传统道德提供了一种方法论的指导。新的道德必须是理性的道德,新的生活方法也必须是理性的生活。但是如何落实这一新的带有理性指向的道德,确乎成为一直处在不断转型的中国社会所需要解决的难题。早在《良心论》中,何怀宏就对理性道德抱有希望,其对现代社会良知的呼唤就带有非常鲜明的理性色彩。② 《新纲常》沿循了这一思路,以理性的态度对新伦理的特点进行了分析。

《新纲常》提出新伦理有四个主要特点,即平等的,非政治意识形态化的,不宜再是特殊人格的,其生长途径在民间社会。③ 其中,第一和第三点是相通的。平等的即要求新伦理平等地面向所有人,没有例外。不宜再是特殊人格的,也要求新纲常不是适用于某一类人,而应该面对所有不同类型的群体。这两个特点既体现了民主共和国的基本道德要求,也反映了基本的政治要求。平等所希望消除的等级服从思想,反对特殊人格的一般性质要求,也是对道德根基所具有的普遍性的要求。可以说,这是新纲常伦理要求的基本面,也是其他两个特点的前提所在。

第二个特点是新纲常的最为重要的特点。《新纲常》提出新的社会伦理原则和任何宗教、人文价值体系有别,独立于政治,比政治更为永久。新纲常包含的政治伦理不只是为政治服务,相反优先于政治伦理。这种优先性决定了任何政治都有一种道德根基。这一道德根基独立于政治,对政治权力起着引导和约束的作用。从《新纲常》的论述可以看出,将道德作为维系社会政治以及其他方面的根基是《新纲常》的核心观点之一。这一点也体现了《新纲常》对《新理学》追求理性道德建构思路的继承。道德对于政治的根基作用是引导和约束,如果这种引导和约束作用发挥得好,往往比政治权力自身的相互约束要更加给力。

第四个特点是强调新纲常的生长途径在民间。相对于《新理学》寄希望于新生活方式的改变,《新纲常》的这一思路似乎更加符合现代社会民生发展实际的需

---

① 冯友兰:《贞元六书》,华东师范大学出版社1996年版,第390页。
② 何怀宏曾经指出:《良心论》使用的方法就是一种分析和剥离的方法。这种方法是致力于不断限制、恰当区分和条分缕析。我尝试构建的这种个人伦理学是试图以恻隐、仁爱为道德发端之源泉;以诚信、忠恕为处己待人之要义;以敬义、明理为道德转化之关键;以生生、为为为群己关系之枢纽。(何怀宏《生生之德》,北京大学出版社2011年版,第196—197页。)
③ 何怀宏:《新纲常》,四川人民出版社2013年版,第83—87页。

要。何怀宏认为道德的生长需要时间,这不同于政治。有时候疾风暴雨式的政治往往能够改变历史的进程,但是道德要依靠人心的力量。即便有时候道德也会借助政治的力量,但其最终实现的方式还是要依赖民间力量的成熟和壮大。根据《新纲常》的观点,中国近些年的发展广泛吸纳了西方文化的精华,不断走向世界。在这一宏大的历史场景中,华人文化所构成的影响已经远远超出了中国大陆。这就决定了新纲常不能仅仅依靠某种政治力量来加以促成,新纲常伦理的生长和实现,必须借助更加广泛的华人文化圈,必须恢复和提示对中华文化的自觉和自信。应当说,新纲常的第四个特点充分反映了何怀宏对于新伦理建构的一种感性期盼和理性思辨的统一。

《新理学》是接着宋明道学讲道德之新,使用的主要是哲学反思底方法。在哲学形而上学的光影中,《新理学》希望接续和建构新伦理的理论自觉显然带有某种高蹈的性质,一般人想对之了解和把握需要作出相当的努力。这恐怕是《新理学》的影响主要集中于学术,最终难以走向大众的根本原因。《新纲常》则展示了与《新理学》不同的思路。《新纲常》从清晰的理性分析精神出发,以对现实社会道德状态高度关注的积极态度,将大众心灵所关切的基本纲常,置于新伦理的设置框架中。这种思路比起《新理学》要更为切近人生,贴近社会,其思考的路径架通了新伦理思想观念与社会大众心灵关切之间的桥梁,其理论的自觉则更为凸显。

四、制度设计与良知呼唤并重

无论纲常、伦理发生多大的变化,最终都依靠人来践行。在社会层面,我们需要良好的制度设计保证新的纲常伦理的实现,在个人层面,我们需要通过良知呼唤激发起个体的道德热忱,促使每个人遵守纲常伦理。

梁启超的《新民说》主张以新民为基础,改变中国人的基本状态,以实现制度、国家的更新。新民之新的关键在于,一曰淬厉其所本而新之。二曰采补其所本无而新之。① 梁启超所言的"本"就是中国数千年之道德学术风俗。"今试以中国旧伦理与泰西新伦理相比较。旧伦理之分类,曰君臣,曰父子,曰兄弟,曰夫妇,曰朋友。新伦理之分类曰家族伦理,曰社会伦理,曰国家伦理。旧伦理所重者,则一私人对于一私人之事也。新伦理所重者,则一私人对于一团体之事也。"②旧伦理因为重私德轻公德,导致中国之五伦在家庭伦理方面较为完整,但在社会国家伦理

---

① 梁启超:《饮冰室合集》第六卷,中华书局1989年版,第5页。
② 梁启超:《饮冰室合集》第六卷,中华书局1989年版,第12页。

方面非常不完备。应当说梁启超对中国传统伦理的批判带有极强的理论自觉。其观点在某些方面预见到了新伦理建设的重点所在。

冯友兰从新理学出发,希望对以五伦为核心的传统道德作出他所认为的合乎时代变化的转换。如在《新世训》中就列有"行忠恕、道中庸、守冲谦、致中和、励勤俭、存诚敬"等条目,并分别予以阐释。在《新原人》中将道德界定为人生的第三重境界,并且以天地境界作为人生的最高境界。他想以此来引领国人走上觉解的人生。但是,由于冯友兰始终抱着自己的哲学关怀,最终还是没有能够将自己的哲学态度落下来。"我们不敢说,所有底各种本然哲学系统皆为我们所已知;或者还有许多种本然哲学系统,为我们所尚未梦见者。"①因为人无法了解我们所不能知晓的本然世界,自然也就难以把握其世界之理。而且,"凡无论何种社会,所皆须有之道德,其理可以说是为人之理所涵蕴。依照人之理者,其行为必依照此诸道德之理。不过此诸道德都是什么,则哲学不必予以肯定。"②这种哲学的立场使得冯友兰没有能够跳出对道德伦理的形而上的纠缠,在诸如制度设计方面,也就不可能有自己的想法和作为。根据他的说法,新的中国如果找不到能够成为新的中国的理,那么就不可能建设这种新的国家。冯友兰将新的国家出现的可能性最终归结为一种势。势又如何促成新的国家形成,那也就只能归结为理。从这些论述可以看出,冯友兰基本上没有找到从制度层面促成新伦理实现的道路。

同样,在个体层面,新伦理如何实现,冯友兰又走向了传统道德的希圣希贤的老路。他说:"一个能行仁义礼智信的人,在以家为本位底社会里,自然能事君以忠,事父以孝,在以社会为本位底社会里,自然能为国家尽忠,为民族尽孝。"③这基本上是孔孟话语的重复,没有能够给当时的人们提供更为合适的理性引领。冯友兰和他同时代的许多人一样,希望为迷途中的中国找到未来发展的道路。他们自觉肩负的使命具有非常崇高的价值,但是在新伦理如何建构问题上尚缺乏根本的解决方案。

相比于《新理学》追求哲学体系的完备,《新纲常》则展示了另外一种更为现实的思考路径。这一点在《新纲常》的引言中有充分的说明。何怀宏提出《新纲常》所要探讨的是社会的道德根基,这种根基是指传承中国社会道德基础的文化之"根",要让我们时代的道德接上悠久的历史文化传统,并让本来就包含在传统

---

① 冯友兰:《贞元六书》,华东师范大学出版社1996年版,第166页。
② 冯友兰:《贞元六书》,华东师范大学出版社1996年版,第135页。
③ 冯友兰:《贞元六书》,华东师范大学出版社1996年版,第365页。

中的持久普遍的道德原则与理由更加彰显。这一社会的道德根基的主要内容是指道德的基本原则规范、正义的基本原则规范。《新纲常》并不指望寻求这些道德规范和原则成立的理由,相反,倒是要从现实社会需要出发,为着社会的存在、延续和发展寻找道德根基。从《新纲常》表明的这一立场不难看出,新纲常并不试图寻求道德的形而上学基础,也不为着构建某种道德哲学体系。这种俯视尘俗、关切现实的态度决定了《新纲常》所确立的纲常伦理的架构一定是现代的,且一定是带有对时代问题解决的理性诉求。

从实质层面看,道德的基本规范和正义的基本原则分别对应的是个人和社会层面的道德反思。《新纲常》提出的新三纲五常中,三纲的架构非常豁显,让人耳目一新。① 为了讨论的方便,我们仅就三纲的基本内容分析新纲常是如何实现对传统社会道德根基的接续和建构的。②

根据《新纲常》的阐述,我们认为新三纲的设计架构非常好地容纳了社会制度与个人道德两个层面的道德安排。民为政纲着力于制度与人,对社会政治领域中的首要道德原则进行了规定,即政治要以民为本、以民为主。③ 在这个首要原则确立之后,一切政治都要围绕保障民生和尊重民意来展开。这个原则既吸纳了西方民主主义的精华,也继承了中国传统民本主义的传统。义为人纲是对所有人的道德约束。在这一点上,《新纲常》与《新民说》的观点非常一致,即都认为传统道德带有高蹈的性质,缺少对民众和社会层面的思考。《新纲常》认为义为人纲的义既包括传统道德讲的合宜,也包括西方社会道德传统中的正义。生为物纲强调世界万事万物的共生共存,是对物的道德原则。这一原则中蕴含的生命原则是支配新三纲的基础。

从总体上看,民为政纲是政治生活领域的道德原则,义为人纲是更大范围内社会领域中的道德原则,生为物纲是属于自然宇宙万物的道德原则。④ 由此可以看出,新三纲与旧三纲的根本差异表现在以下几个方面。第一,新三纲所涉及的

---

① 《新纲常》提出的新三纲五伦是指,三纲:民为政纲、义为人纲、生为物纲;五常伦:天人和、族群宁、群己公、人我正、亲友睦;五常德:仁义礼智信;新信仰:敬天、亲地、怀国、孝亲、尊师。
② 张之洞在《劝学篇》中说:"故知君臣之纲,则民权之说不可行也;知父子之纲,则父子同罪、免丧废祀之说不可行也;知夫妇之纲,则男女平权之说不可行也。"这一思考能够将民权观念融入其中,已经是对旧纲常的极大推进。但是由于其不敢突破旧有纲常格局,因而对于传统社会道德根基的接续与重构就显得缺乏鲜明的理论自觉意识。
③ 何怀宏:《新纲常》,四川人民出版社2013年版,第95页。
④ 何怀宏:《新纲常》,四川人民出版社2013年版,第118页。

范围远远大于旧三纲,旧三纲涉及的君臣父子夫妇关系难以概括社会生活的所有方面。第二,新三纲依据的生命原则是一切道德的基本理据,旧三纲则是以亲亲尊尊、爱有差等为基本理据。第三,新三纲所希冀确立的民主共和之道德是现代性的,旧三纲则仅仅为了维护社会的等级现状,不可能适应现代社会最为基本的平等要求。第四,新三纲蕴含着面对现实的理性精神,旧三纲则缺少理性精神的考量。也许我们还可以对新旧三纲之间的差异作出描述,但以上揭示的四个方面差异足以让我们看出新三纲在接续和重构中国传统道德根基的匠心独运了。除此之外,新纲常对于新五伦的详细阐释也非常之精彩,且都有从制度安排和呼唤良知层面来接续和重构道德根基的努力。

至此,中国传统道德根基的接续与重构对于转型期的中国何等重要。面对社会的快速发展,以及经济发展带来的各种深层次矛盾的凸显,如何从道德层面振奋人心,重新唤起人们对于道德良知的认同,显得格外迫切。这也是《新理学》和《新纲常》理论创造自觉性的直接要求。

道德信仰及其培育的基本理路[*]

赵 平 李 靖

中共十八大报告在阐述"扎实推进社会主义文化强国建设"时，在"全面提高公民思想道德素质的"的总体要求之下做出"深入开展道德领域突出问题的专项教育和治理"的重大工作部署。从实际情况看，当前道德领域突出问题多属于当事者明知故犯的"低级错误"，如生产经营假冒伪劣食品和药品，自己不食用却将其推到市场欺骗消费者，为了谋利而置他人健康和生死于不顾等。道德上的"低级错误"从主观上看，多因当事者缺乏基本的道德信仰所致，而之所以如此又与我们长期忽视道德信仰的理论研究及实际培育直接相关。

一、道德信仰及其结构功能

什么是信仰？《说文解字》曰："信，诚也，从人言"；"仰，举也，从人，从卬"。所谓信仰，就是对某事物的真诚笃信、恭敬、仰慕并奉如神明的心理定式。一般说来，信仰是基于理性思维的非理性表达形式，宛如《大英百科全书》所表述的那样："指在无充分的理智认识足以保证一个命题为真实的情况下，就对它予以接受或同意的一种心理状态。"这是一切信仰所具有的共同的基本性征。信仰的功能或作用，在于引导和驱动人们坚信不疑、坚定不移地去追求信仰指向物，使之成为事实。

道德信仰作为一种精神信仰，伦理学与其他相关学界过去很少给予关注，关于它的内涵也很少有学理性的界说。我们认为，道德信仰或信仰道德，是个体优良道德品质结构中实际存在的一种精神现象和德性元素。其指向物通常是一国一民族由有史以来的传统美德和现实社会倡导的适应其时代发展进步之客观要

---

[*] 本文原载于《道德与文明》2014年第6期。

求的道德体系。所谓道德信仰,指的就是人们对社会道德要求体系(传统美德观念、现行道德标准和行为规范)所持的极度信赖和遵从的稳定的心理状态和态度。康德在其《实践理性批判》临近结尾处说道:"有两样东西,我们愈经常愈持久地加以思索,它们就愈使心灵充满日新又新、有加无已的敬仰和畏惧:在我之上的星空和居我心中的道德法则。"①他这里所说的"两样东西"所指,一是外在的社会道德要求,二是个体内化社会道德要求而形成的道德信念。所谓"敬仰和畏惧"就是对社会道德要求的尊重、遵从及由此生成的内心敬畏感,这就是道德信仰。

道德信仰的实质内涵,是信仰者对指向物道德所包含的真理与价值坚信不疑的内心信念,在行为举止方面所具备的坚定不移的态度。因此,道德信仰是人的道德品质结构中最可宝贵的德性元素,也是一个人具备优良道德品质的最可靠标志。

道德信仰作为个体将社会道德要求"内化"为个体道德品质的结晶,是坚持长期修炼的一种人格"品位",通常表现为一种高尚情操。荀子称赞的"德操"即"生乎由是,死乎由是"(《荀子·劝学》),所指其实就是优良道德品质结构中的道德信仰。在日常生活中,凡具有道德信仰的人,总是恪守他们所笃信、尊重乃至敬畏的道德标准和准则,终生不改其志,为此不惜牺牲个人的利益,直至个人的生命。即使有些人对此不以为然,他们也会矢志不渝。

道德信仰是道德品质结构中最为重要的元素,具有不同于其他结构元素的特性和整合其他元素的功能。道德认识是道德品质的基础,也是道德信仰的知性前提,任何人的道德信仰都是以关于"道德是什么"、"道德应当是什么"的道德真理论和价值观为前提的。从个体角度看,道德认识是个体将社会道德要求内化为道德品质的质料,也是培育道德信仰的主观内容。但是,道德认识并不就是道德品质的全部,更不是道德信仰的实质内涵。道德信仰的实质内涵,除了关于道德的真理和价值的理性认识以外,尚有道德情绪和道德情感等非理性元素。它们在形成、恪守和践行道德信仰中起着"催化剂"和"兴奋剂"的作用。道德生活实践表明,"道德认识上是巨人而行动上却是矮子"的人并不鲜见,原因就在于他们缺乏道德感情,尚不是道德信仰者。从逻辑上来分析,道德信仰具有形似道德意志的某些特性,是道德认识和道德情感长期交互作用的结晶。也许正因为如此,伦理学等相关学界在分析道德品质结构时一般都只言说道德认识、道德情感和道德意志,而规避道德信仰这一最为重要的结构元素。

---

① 〔德〕康德:《实践理性批判》,韩水法,译,商务印书馆2003年版,第117页。

在道德品质结构中,道德信仰与道德理想是两个最容易被混为一谈的概念。众所周知,所谓道德理想也就是理想人格,通俗理解亦即关于"做什么人"的人格目标和道德追求。这样的目标追求会因人而异,有的将此归于尊重和践行社会道德要求,做让社会悦纳的"道德人",有的则不然。而道德信仰,则从来都是关于尊重社会道德要求的,是个体因崇敬社会道德而将此"内化"和"固化"的结晶。再者,就道德功能和意义而言,道德理想作为"做人"的目标贵在追求和实现,而道德信仰作为极为稳定的心理状态和行为倾向,则贵在恪守和践行社会道德要求。在实际的道德生活中,有道德信仰的人一般都会有道德理想,而有道德理想的人则不一定就会有道德信仰。

道德信仰也不同于道德信念。两者的区别在于:后者是相对于道德虚无主义或怀疑主义而言的,指的是个体对道德的功能和价值的确信不疑。而道德信仰,如上所述指的是崇敬和遵从社会道德要求的极为稳定的心理状态,以及由此导引的行为倾向即态度。就两者的关系而论,道德信念是道德信仰可靠的心理基础,道德信仰则是道德信念的"实践理性"。确信道德功能和价值的人,不一定就是认真践履社会道德要求的"道德人",不仅如此,在"道德失范"的变革年代,他还可能因对道德功能和价值的确信无疑而成为愤世嫉俗的"批判战士",不一定是道德践行者。真正的"道德人",应当是道德信念和道德信仰兼备的人。

从以上简要分析可知,道德信仰与道德品质结构中的其他要素之间存在着不可分割的逻辑关联,同时又具有相对的独立性。道德信仰离开其他结构要素便不复存在,其他结构要素唯有借助道德信仰才能真正获得"实践理性",展示各自的道德价值。因此,我们不妨说,道德信仰作为道德品质最重要的结构元素,具有整合其他结构要素的功能,它既是优良道德品质的德性基础,也是优良道德品质的德性精华,对优良道德品质的养成起着奠基和引导的作用。作为德性基础,道德信仰保障人们遵从和践行社会道德要求,作为德性精华,道德信仰引领人们追求高尚和崇高。

就是说,道德信仰集中体现了个体道德品质的水准。这也正是道德信仰的功能和价值之所在。因此,优良道德品质的形成应当以培育人的道德信仰为最高和终极目标。道德教育和培养唯有作如是观,才可能培育真正的道德信仰者,而避免培养喜欢夸夸其谈的道德宣传家,或善于"做"表面文章的沽名钓誉者。

二、道德信仰与道德治理的关系

"所谓道德治理,指的是道德承担'扬善'和'抑恶'两个方面的社会职能,用

'应当—必须'和'不应当—不准'的命令方式,发挥调整社会生活和人们行为的社会作用。"①

道德治理是道德信仰养成的现实前提。整治道德秩序,弘扬正气,善恶有报,才能提升大众道德公信力,进而强化道德感召力。道德因其感召力而获得道德主体的认同和信任,继而笃信笃行。我们可以从行为动机理论进行说明。

人们的欲望只有转化为动机,才能促成真正的行为。动机是人的行为的内在动因。从心理学角度讲,动机有三大类:恐惧动机、胡萝卜动机和内在动机。胡萝卜动机,也叫奖励动机,物质的精神的奖励也是动力。善有善报,就是一种奖励机制。偶尔的善举,被普遍认同、赞扬,就获得成就感、幸福感,这种成就感、幸福感催生自信与自尊,自尊自信又强化着道德主体进一步实施善举。恐惧动机,即因为惧怕什么东西而做或不做什么事。小学生怕父母责怪而努力学习;员工害怕被解雇而辛勤工作。恶有恶报,会催生道德恐惧动机。这种秩序内,人们会不因恶小而为之,也不因善小而不为。这就为道德信仰形成构建了一个良性环境。当然,无论是恐惧动机还是胡萝卜动机都能促使人们实施一定的道德行为,但是,两者都是靠不住的,都有一定的局限性。长久或强烈恐惧之后,就会失去动机性作用。这就需要不断地优化道德环境,促使人们将这两种外在动机转化为内在动机,把动机内化成为一种信念、信仰,信仰的力量是无穷的。把道德治理与人们的内在需要联系起来,这就是内在需求的价值。

道德信仰是道德治理的精神基础。道德信仰的理想特质为道德治理导引方向。道德原则、规范因人而存在,道德治理要符合人性、符合人的全面发展才能获得价值理性。道德治理不能为道德而道德、为治理而治理。不能彰显德性而忽略了人的合理需要,更不能张扬人的需要而荒芜了精神家园。就是说,道德治理仅仅靠外在力量的干预,如政府奖励,而不是道德信仰焕发出来的好人好报的道德普惠力的匡正,就会培养一批占便宜的伪君子。这就陷入钱广荣教授发现的道德悖论即"道德实践结果的一种'自相矛盾'现象"②之中。

道德信仰的践行特质为道德治理提供了工具理性。道德信仰激励人们身体力行将道德原则、规范化为实际的道德行为,更为人们道德评价、判断、抉择提供标准和依据。正如上文分析,道德治理不能只靠道德奖惩,还要靠道德信仰指导

---

① 钱广荣:《道德治理的学理辨析》,《红旗文稿》2013 年第 13 期。
② 钱广荣:《道德领域突出问题应对与道德哲学研究的实践转向》,《安徽师范大学学报(人文社会科学版)》2014 年第 1 期。

人们创造性地将道德适用到各种道德情境。道德信仰的形上性，才能让人们超越当下、超越物质利益，追求境界。人既有着与自然生命对应的社会性生命来彰显人的社会存在，也有着与自然生命对应的精神生命来显示人的意义性存在。人生活在一个意义的世界中，对意义的诉求是人之为人的根本特性。

道德信仰的敬畏特质为道德治理提供力量源泉。信仰的神秘、敬畏感是道德践行的原动力。我们知道，人做件好事很容易，难的是一辈子只做好事不做坏事。尤其是当义举遭遇"碰瓷"，善行邂逅"讹诈"后，在"扶不扶"、"为不为"的热议声里，践行道德不仅仅需要道德认知、道德激情、道德智慧，更需要道德勇气和道德意志。

综上所述，道德信仰与道德治理是相辅相成的。道德治理不能丢掉了道德信仰，道德信仰的养成需要道德治理保驾护航。道德信仰普遍养成是道德治理的手段更是道德治理的目标。

三、道德信仰培育的基本理路

毫无疑问，道德信仰作为人优良道德品质的德性基础和精华，不是自发形成的，必须经由相关的道德培育，需要厘清培育的基本理路。

理解道德信仰培育对于优良道德品质的养成、促进良好的社会道德风尚的极端重要性，是道德信仰培育的思想认识前提。对此，可以从前文窥见其逻辑进路。从历史逻辑和实践逻辑来看更是这样。历史上，一切传统伦理学说和道德主张，凡属优良成分都具有道德信仰的特质，其中有一些本身所言说的就是道德信仰或关于道德的信仰。如中国传统儒学关于"政者，正也。子帅以正，孰敢不正"（《论语·为政》）、"为政以德，譬如北辰，居其所，而众星共之"（《论语·为政》）等，无不包含笃信统治者提出的政治伦理命题和道德要求的信仰。

中共十八大提出的"深入开展当前道德领域突出问题的专项教育和治理"的重大工作部署，立足于道德信仰的培育，把加强、创新道德教育与道德治理有机地结合起来。

首先，要发展和创新道德教育和道德治理的理念，把敬畏社会道德要求作为道德教育和道德治理的出发点和目标。敬畏，是人发自内心的由衷敬重，与敬仰、信仰本是相通的。两千多年前，孔子面对因社会变革出现的"礼崩乐坏"和道德领域突出问题，提出了以"仁者爱人"为核心的伦理学说和道德主张，认为有道德的人应当"有三畏"，即"畏天命，畏大人，畏圣人之言"（《论语·季氏》），强调要把"讲道德"与"畏（敬）道德"关联起来，这是合乎逻辑的。有学者指出：敬畏是中西方伦理学共同关注的重要范畴,"它不同于一般的恐惧、畏惧等情感活动,其主要区别就在于它是出于人内心的需要,它要解决的是'终极关怀'的问题,并且能够为人生提供最高的精神需求,使人的生命有所'安顿'"①。就敬与畏两者的逻辑建构而言,既可以由敬而通达畏,也可以由畏而通达敬,从而实现敬畏的统一。面对当前道德领域突出问题,这种逻辑建构更应重视立足于畏,由畏道德而通达敬道德。不难想见,一个人尤其是那些执掌行政权力的官吏,如果没有对于社会道德要求的畏惧之心,以至于什么话都敢说,什么事情都敢做,"敬道德"也就无从谈起了,所谓道德信仰也就不可能存在。

其次,要在道德教育中引进"问题教育"。不论是学校还是社会上的道德教育都应当有问题意识,在正面教育中安排反面教育,亦即"问题教育"。面对当前道德领域突出问题,道德教育如果没有问题意识,没有"问题教育"的"反面"内容,致使道德教育脱离道德治理,本身就是违背道德教育之实践逻辑的。在道德教育中,把正面教育与反面教育或"问题教育"结合起来,是中国古代道德教育一个值得重视的传统经验。古人曰:"教也者,长善而救其失也。"(《礼记·学记》)"长善"若可基本上称为"正面教育",那么,"救其失"则是"反面教育"或"问题教育"。"问题教育"的真谛在于从反面说明问题所内含的正面道理,从这个角度看,"问题教育"或"反面教育"本质上也是正面教育。实施"问题教育"的"反面教材",既可以选用当前道德领域突出问题中人所共知的典型案例,也可以抓住身边和本单位(学校)发生的违背道德的典型事例。实施"问题教育"的方法,应当包含责罚和惩戒,使受教育者畏惧违背社会道德的后果,产生对于社会道德的敬畏之心,逐渐形成关于社会道德要求的信仰。因此,道德教育包括学校的道德教育,要改变只讲道德知识的片面做法,与道德治理紧密结合起来。

最后,道德治理要从严。如上所述,当前道德领域突出问题多是明知故犯,对此实行治理必须从严。一要制定和出台相关的道德责罚制度,把舆论谴责与实际责罚结合起来;二要丰富和创新相关法规,把法律惩罚与道德责罚结合起来。如此从严治理,使缺德者"下次不敢",同时也让其他人警觉。从这个角度来看,深入开展当前道德领域突出问题的专项教育和治理,为道德信仰培育提供了一个难得的机遇。

综上所述,道德信仰是人的优良道德品质的德性基础和精华所在,应对当前道德领域突出问题的专项教育和道德治理,应当立足于道德信仰的培育。

---

① 蒙培元:《敬畏伦理·序言》,安徽人民出版社2007年版,第1页。

"缺效""失效""反效"[*]

——道德教育"有效性"的三重境遇

王 艳

我国实行改革开放以来,人们的伦理关系和道德价值观念发生了诸多变化,加上现代、后现代西方伦理思潮和道德教育理论的影响,使得道德教育的有效性问题更为凸显,直接指向制约和影响道德教育"有效性"的根本原因。因此,追本溯源,从"有效性问题"回归"有效性"问题,或许可以启迪解题。

一、道德教育的双重意蕴

在言及"道德教育有效性"时,应明确和统一"有效性"指涉的内容。沈壮海根据思想政治教育活动的历程,将"有效性"论域细分为思想政治教育要素的有效性、过程的有效性、结果的有效性三个方面。[①] 这种做法启迪我们反思道德教育笼统模糊的"低效性"评价到底何指、其症结究竟何在。因此,"道德教育"作何界定就成为全面理解"有效性"问题的切入点。

道德教育是道德与教育的合成概念,既有来自伦理学逻辑的解读,也有源于教育学逻辑的阐释。檀传宝认为道德教育是"教育工作者组织适合德育对象品德成长的价值环境,促进他们在道德价值的理解和道德实践能力等方面不断建构和提升的教育活动。"[②]罗国杰提出:"所谓道德教育,就是为使人们践行某种道德义务,而对人们有组织有计划地施加系统的道德影响。"[③]纵观学界对"道德教育"的界说,作为其关键词的道德价值、道德实践、道德义务都指向了道德,正如钟启泉、

---

[*] 本文原载于《安徽师范大学学报》2013年第1期。
① 沈壮海:《思想政治教育有效性研究》,武汉大学出版社2002年版,第20页。
② 檀传宝:《学校道德教育原理》,教育科学出版社2000年版,第6页。
③ 罗国杰:《马克思主义伦理学》,人民出版社1982年版,第520页。

黄志成所说:"何谓道德教育的问题归根结蒂是何谓道德的问题。"①道德之所是决定了道德教育的定位。这就回到了道德教育的原初问题:"德是可教的吗?"这个问题内在包含了"什么是德"及"如何教德"两个论题,前者规定后者,后者实现前者。从"德"的内蕴来说,它包含知善与行善两个层次。显然,在"知善"层面,毫无疑问"德是可教的",这与一般的学科教学方式并无不同,诸如可以明确地传授关于"正义""节制""勇敢""智慧"等德目的知识。但懂得"正义"等德目知识的人未必是躬行"正义"的人,因为"知善"需要借助苏格拉底对"德"所假设的"识见"来实现"行善",而"识见"是不能靠德目的说教习得的,是"借助伴有识见的行为化起来的",对此,亚里士多德认为,"公正的人由于做了公正的事,节制的人由于做了节制的事,如果不去做这些事,谁也别想成为善良的人。"②也就说,"行善"方能展现和证明"知善",而"知善"并不必然呈现"行善","知"、"行"的逻辑承转恰是需要道德教育致力研究的问题。换句话说,在"行善"层面,"德"的可教性遭遇了挑战,"由此只能作出一个结论:形成道德的方法是同一般的学科教学方式迥然不同的。"③

应当说,这种区分鲜明地揭示了道德教育的内在层次,即道德之"知识"与"德性"的双重属性决定了道德教育作为实践活动的双重意蕴:一方面,教授道德的知识,提升人们的道德认知;另一方面,培养道德的行为,涵养人们的道德操守。此种意蕴,借助杜威对"道德观念"(对象层次)与"关于道德的观念"(元层次)区分的方法可以看得更为清楚:"'道德观念',不管是各种各样的观念,见效于行为之中,并使行为有所改善,变得比另外情况下更好……至于'关于道德的观念',它们在道德上也许是不偏不倚的,或者是不道德的,或者是道德的。关于道德的观念,关于诚实、纯洁或善良的见解,并非理所当然地使这种观念自动变成好的品格或好的行为。"④这种见解也内在契合了对道德教育层次性的认知。作为复合词,道德教育分属伦理学与教育学学科,前者为道德教育提供理论规定,后者为道德教育提供实践支撑,任何拘泥于一端的做法都有碍道德教育有效性的实现。所以樊浩认为:"道德教育理论的成熟,在学术资源方面与两大因素深度相关,一是伦理学的理论供给;二是教育学理论与伦理学理论的生态整合。其难题在于:必须找

---

① 钟启泉,黄志成:《西方德育原理》,人民教育出版社1998年版,第9页。
② 亚里士多德:《尼各马科伦理学》,苗力田,译,中国人民大学出版社2003年版,第31页。
③ 钟启泉,黄志成:《西方德育原理》,人民教育出版社1998年版,第9页。
④ 杜威:《道德教育原理》,王承绪等,译,浙江教育出版社2003年版,第8页。

到两大学科的生态结合点。"①这些阐释既指明了道德教育自身的交叉性和复杂性,也为我们揭示和思考其内在逻辑层次提供了路径。受此启发,是不是也可以作"道德教育"与"关于道德的教育"的区分,如此是否就可以作这样的理解:"道德教育"的基本诉求是要使行为有所改善、趋善向善,变得比另外的情况下更好,也就是说,它意蕴着德行、德性的培育与提升;"关于道德的教育"则更多的如杜威所说,是一种关于诚实、纯洁或善良的"见解",这种见解像"诸多关于埃及考古学的知识"②那样,也就是说,它侧重于对道德知识的介绍和传授。前者可以归属"应当"(价值)的层面,它的范畴是"善"和"恶",重在以教育扬"道德之善";后者可以归于"是"(事实)的层面,它的范畴是"真"和"假",重在以教育明"事实之真",二者有机统一于道德教育的实践中。在此逻辑推演下,道德教育的有效性问题亦应有所特指。

二、"有效性"的两种指向

"有效性"在道德教育的话语体系中,是一个颇获信赖和好感的词汇,是道德教育理论和实践关注的焦点。相对其在道德教育中众望所归的地位,人们对"有效性"自身则缺乏研究。何谓"有效性",它到底指称什么、可以指称什么,这些问题的区分是提升道德教育有效性的逻辑起点。

但理论界对此等问题的回答却来源于约定俗成的看法。沈壮海在介绍"有效性"这个概念时,曾将其与"效益"比较:"效益是人们对活动结果进行描述时经常使用的概念,它主要指的是与活动的目的之间具有吻合性的活动结果,重点揭示的是活动的结果所产生的正面的效用、收益。因此,如果单纯就对活动结果的考察而言,效益与有效性相近。"③这是目前人们对有效性问题理解的代表性观点。也即是说,当人们在论及"道德教育有效性"问题时,一般来说,是在"正面效果"的背景共识下阐发的。这种共识的逻辑是基于这样的认识:道德教育"有效",则意味着实现了预期的结果;反之,没有达到预期结果,称为没有效果。这样,没有任何价值色彩而中立的"结果"内在的被"有效"(>"结果")、"无效"(="结果")的正面价值评价所置换,继而成为描绘道德教育结果的事实常态词汇,也成为分析道德教育现状的逻辑起点。

---

① 樊浩:《道德教育的价值始点及其资源性难题》,《教育研究》2003 年第 10 期。
② 杜威:《道德教育原理》,王承绪等,译,浙江教育出版社 2003 年版,第 8 页。
③ 沈壮海:《思想政治教育有效性研究》,武汉大学出版社 2002 年版,第 17 页。

那么,这个起点是否能够概括道德教育可能出现的所有结果呢?借助瑞士语言学家索绪尔对语言能指和所指的区分,答案是否定的。为了更准确地进行语言表达,索绪尔在其《普通语言学教程》中提出了语言的能指和所指理论。作为词的语言符号包含概念和音响形象①,"但是在日常使用上,这个术语一般只指音响形象,例如指词(arbor 等等)。人们容易忘记,arbor 之所以被称为符号,只是因为它带有'树'的概念,结果让感觉部分的观念包含了整体的观念。"②因此,为了区分语言所指涉的内容以便消除歧义,索绪尔建议"保留用符号这个词表示整体,用所指和能指分别代替概念和音响形象。后两个术语的好处是既能表明它们彼此间的对立,又能表明它们和它们所从属的整体间的对立。"③此种逻辑关系,可以表述为"能指标识词语的边际效用,所指标识词语的具体效应"。④ 由此来看,道德教育的"有效性"一直是在"能指"的层面上表达"有效性问题",涵盖和包容了道德教育所面临的一切问题,导致我们总是在独断论的层面上作出"道德教育的低效性已经成为一个不争的事实"⑤类似的结论,却缺乏清晰的理性说明。这种做法显然忽视了作为"所指"存在的有效性的具体效应,提请我们重识"有效性"的指涉问题。

首先,道德教育内涵着"是"与"应当"的区分,即前文所说"真""假"与"善""恶"的分野。与"真"、"假"相对应的"是"是一种客观存在,其成立与否并不依赖于受教育主体的信念和态度。对于受教育者来说,它更多的表现为一种知识,而"会不会"、"懂不懂"则是其提出的明确要求。因此,"是"的教育一经有效一般指的就是正面效果。与"善""恶"相对应的"应当"则是一种价值存在,是人彰显自身类主体意识的一种尝试和证明,是理性对人自身存在意义的一种假设和设想。在这个谋划的过程中,人创造和构建了自身的价值王国,丰富和完善了自身的价

---

① (音响形象)不是物质的声音,纯粹物理的东西,而是这声音的心理印迹,我们的感觉给我们证明的声音表象……是跟……一般更抽象的概念相对立而言的。参见费尔迪南·德·索绪尔:《普通语言学教程》,高名凯译,商务印书馆1999年版,第101页。
② 费尔迪南·德·索绪尔:《普通语言学教程》,高名凯,译,商务印书馆1999年版,第102页。
③ 费尔迪南·德·索绪尔:《普通语言学教程》,高名凯,译,商务印书馆1999年版,第102页。
④ 侯惠勤:《马克思的意识形态批判与当代中国》,中国社会科学出版社2010年版,第63页。
⑤ 卢艳红:《规范约束与意义引领的有效整合——当下学校德育的理性选择》,《中小学教师培训》2007年第10期第50页;江新华:《德育概念泛化是影响德育有效性的理论根源》,《高等教育研究》2001年第9期,第75页;王育《济南市城区幼儿园德育存在的问题及对策》,山东师范大学2008年硕士学位论文,第1页。

值形象,完成了对自身有限性的超越。因此,这种源于假设的"应当"在很大程度上就依赖于受教育主体的信念和态度:当受教育者对"应当"持"相信"的积极态度时,"应当"就成为人努力的方向和目标,其教育就表现为正效果;反之,受教育者对"应当"持"怀疑"乃至"不相信"的消极态度时,"应当"就成为人规避和反对的一种存在,其教育就表现为负效果和反效果,这与其向善性的价值诉求背道而驰。因此,那种通识性正面价值理解的"有效性",专指"事实性"知识教育而不是"向善性"价值教育的起点与结果,相反,它是"向善性"价值教育所要追求的目标。也就是说,作为"事实性"知识教育的道德教育存在"有效性",却不存在"有效性问题","有效性问题"应是特指"向善性"价值教育的道德教育,这是道德教育"有效性"的特殊所指,也是进行道德教育研究所应该有的认识。

其次,道德教育作为一种实践活动,有效性就其实质而言,是"体现于特定价值关系中的价值属性问题。价值关系,表现为客体在满足主体需要的过程中所构成的主客体之间的关系……价值的确立有赖于客体所具有的特定属性,同时又有赖于客体与主体之间特定主客体关系的构成,换言之,价值产生于客体所具有的特定属性与相应的主客体关系的统一之中……作为一种价值属性的体现,有效性所指的是特定实践活动及其结果所具有的相应特性,且这种特性又是实践活动及其结果在与相应价值主体构成的价值关系即对相应主体需要的满足关系中所表现出来的。"①这个界说比较客观地描绘了有效性的构成,即主体、客体以及主体见之于客体的实践活动,它们是考察道德教育有效性的核心要素。其中,主客体的客观存在及其能动作用的发挥不仅是衡量有效性不可或缺的因素,更在一定程度上决定了道德教育的特殊性。即是说,在道德教育实践活动中,主体与客体之间的互动关系并非总是表现为良性的。因此,以正面价值作为起点,将道德教育的结果描绘成完全混同了相对独立于主客体的主观因素之外而表现为一种事实陈述的知识性教育,没有彰显出主客体在道德教育中的应有地位,从而遮掩了其价值教育的特性,也就难以全面揭示出道德教育有效性的境遇。

三、道德教育有效性的三重境遇

按照索绪尔的划分,我们完全可以保留"有效性"这个符号,在其"能指"领域,有效性表达的是整体的观念,在其"所指"领域,有效性表达的是具体观念。对于道德教育来说,其双重意蕴的区分决定了以"有效性问题"面貌出现的有效性,

---

① 沈壮海:《思想政治教育有效性研究》,武汉大学出版社2002年版,第15页。

指涉的是"所指"概念。进一步说,道德教育有效性是针对其"应该"层面的价值教育结果在发问及评价。那么,问题就演变为保留有效性的符号后,作为价值教育属性的道德教育结果究竟如何。换句话说,价值层面的道德教育其有效性"能指"为何。

准确理解这个问题,首先要清楚"有效性"的内涵。在此问题上,一方面形成了通识的看法,可以借鉴;另一方面也存在着某种混乱,需要梳理。马克思说:"人们自己创造自己的历史,但是他们并不是随心所欲地创造,并不是在他们自己选定的条件下创造,而是在直接碰到的、既定的、从过去承继下来的条件下创造。"① 这个原则对于"有效性"的理解同样适用。从通识来说,"单纯就对活动结果的考察而言,效益与有效性相近"②,即有效性指的是正面的效用、收益,即有效结果。这种理解不仅符合"望文生义"便于直观研究,也能够通行于对"是"与"应该"状况的同一描绘。但按照沈壮海接下来的"效果说",有效结果不等于效果,"一般而言,效果指活动的具体结果及其实际效应。它更多地是事实判断的产物,告诉人们事物发展的实际结局,至于这一结局是好是坏,是积极还是消极,它并没有限定。因此,效果既可指正效果,也可指负效果、零效果;既可指积极效果,也可指负面效果。"③ 如此一来,效果就变成了价值中立的词汇,这和通识有悖,结果就是淡化了"效果"与"结果"的区别,在描绘道德教育有效性问题时容易造成层次混乱,引发歧义。因此,既然有效性指的是"有效结果",那么,完全可以以"结果及对结果的描绘"作为道德教育现实境遇的逻辑出发点来认识道德教育有效性的价值境遇。

从这个逻辑出发,以"有效结果"所指的正面效应作为参照标准,与此相反的则是"无效(失效)",而与此相对立的应该是"反效"。如此,"有效性""无效性""反效性"就构成了道德教育有效性的能指观念,这种分析更能概括道德教育有效性问题可能会遭遇的所有结果。其中,"有效性"境遇中的问题症候表现为"缺效性",即道德教育的结果满足人们需要的程度不高,也就是通常所论及的道德教育低效性的问题。或许是缘于对求善向善的感性偏好,或许是源于对理性初设的盲目信任,人们在进行道德教育有效性研究的时候,更倾向于将"低效性"作为"有效性"的对立面,普遍以"低效性"作为道德、道德教育研究的逻辑出发点。这种倾向

---

① 中央编译局:《马克思恩格斯选集》第1卷,人民出版社1995年版,第585页。
② 沈壮海:《思想政治教育有效性研究》,武汉大学出版社2002年版,第18页。
③ 沈壮海:《思想政治教育有效性研究》,武汉大学出版社2002年版,第139页。

预设了道德教育的纯善立场,结果就是"我们仅仅停留在肯定的东西上面,这就是说,如果我们死抱住纯善——即在它根源上就是善的,那么,这是理智的空虚规定……正好把它推上成为难题"①,从而遮掩了对道德教育中客观存在的无效性及反效性现象的认识,造成道德教育有效性研究出现某种缘木求鱼的误区。因此有必要澄清的是,"低效性"是在"有效性"的外延之中,而并非是与之相对或相反。这样来看,不难发现,很多研究的逻辑起点更多的建立在一种世俗经验的基础上,却没有对之进行总结、提升和超越。"无效性",也就是"失效性",失去效力、效用,即道德教育的结果不能满足人们的需要。因为"需要"总是表现为主体对结果的一种或肯定或否定的评价,因此,主体的这种不评价、不作为,所谓的"对牛弹琴"一般来说发生的概率要小一些。如果说,这种境遇还不至于令人忧虑的话,那么,"反效性"就应该引起我们足够的重视与反思。顾名思义,"反效性",即道德教育的结果不仅不能满足人们的需要,更是与预定的目标背道而驰,也就是说,道德教育不仅没能育出优良的品性,反而培养了不良的品性出来,即产生了道德教育悖论现象②。这是道德教育中一直以来普遍存在而又不易被察觉的一种现象,然而人们自觉地意识到这种现象并给予相对系统与持续性理论探究却很有限,尤其在道德教育显性"导善"功能的公认下,其存在很难被识别。但这种境遇的存在不仅会消解道德教育的有效性,也会瓦解我们提升有效性的努力,动摇人们对道德教育的信心、影响道德教育存在的价值。

道德教育的这三种境遇可以用数学符号来形象的展现:如果有效性为 >0,那么无效性则 $=0$,而反效性则 <0。这意味着,当我们探讨道德教育有效性问题时,首先要弄清楚道德教育的真实境遇,是有效性不高,还是无效,乃至反效。当然,从症状上笼统的划分,无效与反效都需要提升有效性,那些立足提升有效性的对策或许具有普适性,但这不应是忽视它们存在的理由,因为它们的存在一方面可能会消解某些探索的积极意义,另一方面也提请我们注意不同的症候应区别对待,否则适得其反。其次,要分清楚道德教育的双重意蕴,给予"道德之善"与"事实之真"在有效性问题上的准确定位和正确认识,从有效性的构成要素中去反思"道德之善"的引导出现低效、无效与反效的原因是提升道德教育有效性的关键环节。或许不能满足受教育者的需要是直接原因,但对于道德教育的终极诉求来

---

① 黑格尔:《法哲学原理》,范扬等,译,商务印书馆1961年版,第145页。
② 参见钱广荣:《不良品德形成与道德教育的相关因素分析》,《合肥师范学院学报》2009年第4期;王艳《道德教育蕴涵价值悖论》,《安徽师范大学学报》2009年第4期。

说,在以人为本的基础上来探索道德教育的要求和改进道德教育的方法,或许是实现主客体良性互动,从而走出低效、无效和反效困境的最佳选择。因此,我们应该对"缺效性"、"失效性"与"反效性"这些可能的道德教育境遇给予充分的了解和把握,才能使"反效"转变为"正效"、"无效"转变为"有效",进而提升道德教育的整体效果。

第五编 05
中国近现代史基本问题

新中国成立初期党和政府解决民生问题的思想与实践*

王先俊

解决民生问题是社会建设的重要内容。中共十七大提出,必须"更加注重社会建设,着力保障和改善民生",要"加快推进以改善民生为重点的社会建设"。① 中共十八大再次强调"加强社会建设,必须以保障和改善民生为重点"。② 其实,民生问题一直是中国共产党极为关注的问题,民主革命时期如此,新中国成立初期更是这样。面对当时特殊的情况,党和政府提出了一系列解决民生问题的思想,并采取有力措施保障和改善民生,取得了显著的成效。

一

新中国的成立标志着中国共产党成为全国范围的执政党,但是,当时党和政府所继承的是旧中国留下的千疮百孔、一穷二白的烂摊子,"生产萎缩,交通梗阻,民生困苦,失业众多"③,"社会及组织机制支离破碎,公共秩序混乱,道德水准衰败,经过战争蹂躏的经济承受着高通货膨胀、高失业率的沉重压力"。④ 为了解决这些民生问题,以毛泽东为代表的党和国家领导人进行了深入思考,提出了不少有价值的思想主张。

(一)关于保障和提高人民基本生活水平

刘少奇指出:现在中国劳动人民的生活水平还很低,还很穷困,"他们迫切地

---

* 本文原载于《当代中国史研究》2013年第5期。
① 《十七大以来重要文献选编》上,中央文献出版社2009年版,第29页。
② 胡锦涛:《坚定不移沿着中国特色社会主义道路前进为全面建成小康社会而奋斗》,人民出版社2012年版,第34页。
③ 《中国共产党历史》第2卷上册,中共党史出版社2011年版,第19页。
④ 费正清等主编:《剑桥中华人民共和国史》,上海人民出版社1990年版,第51页。

需要提高生活水平,过富裕的和有文化的生活。这是全国最大多数人民最大的要求和希望,也是中国共产党和人民政府力求实现的最基本的任务"①。为了满足"全国最大多数人民最大的要求和希望",完成这个"最基本的任务",最根本的是恢复和发展生产。周恩来强调"生产是我们新中国的基本任务","不抓生产是不行的"。"当前各方面首先是需要恢复,然后再在这个基础上发展","农业的恢复是一切部门恢复的基础,没有饭吃,其他一切就都没有办法"②。毛泽东说:"我们今天要将革命战争进行到底,要医治长期战争遗留下来的创伤,要从事经济的文化的国防的各种建设工作,国家的收入不足,开支浩大,这就是我们今天所遇到的一项巨大困难。克服此种困难的方法,首先是全国人民在中央人民政府领导之下逐步地恢复与发展生产。"他还要求人民军队参加恢复和发展生产工作,指出"人民革命军事委员会号召全军,除继续作战和服勤务者而外,应当负担一部分生产任务,使我人民解放军不仅是一支国防军,而且是一支生产军,借以协同全国人民克服长期战争所遗留下来的困难,加速新民主主义的经济建设",人民解放军"必须担负一部分生产任务","生产项目应在人民政府允许之下,以农业、畜牧业、渔业、水利事业、手工业、各项建筑工程、各项可能从事的工业和运输事业为范围。"③毛泽东还强调,"国家预算要保证重点建设又要照顾人民生活"④。当然,保障和改善人民基本生活水平是一个过程,为了"提高人民的生活水平,就需要进行大规模的经济建设,使中国工业化"而要实现工业化,又"需要由人民节省出大量的资金以投资于经济事业"这又"不能不影响人民生活水平提高的速度","这一点,是应该使所有的工人和劳动者都来了解的"⑤。"人民生活的改善,必须是渐进的,支票不可开得过多。过高的要求和暂时办不到的事情,要向人民公开地反复地解释"⑥。总之,"逐步改善人民的物质生活和文化生活,是我们的经常性质和根本性质的任务。我们现在所做的工作当然是不够的,必须继续加强"⑦。

(二)关于就业、救济、养老和社会救助

就业是民生之本。由于帝国主义和封建主义的长期统治,造成了社会经济的

---

① 《刘少奇选集》下卷,人民出版社1985年版,第1页。
② 《周恩来选集》下卷,人民出版社1984年版,第4—5页。
③ 《毛泽东文集》第6卷,人民出版社1999年版,第27—29页。
④ 《刘少奇选集》下卷,人民出版社1985年版,第1页。
⑤ 《毛泽东文集》第7卷,人民出版社1999年版,第7页。
⑥ 《建国以来重要文献选编》第5册,中央文献出版社1993年版,第169页。
⑦ 《毛泽东文集》第6卷,人民出版社1999年版,第27—29页。

不正常状态,旧中国遗留了广大的失业群。"革命胜利以后,整个旧的社会经济结构在各种不同的程度上正在重新改组,失业人员又有增多"①。新中国政府对旧社会遗留人员采取全部包下来的政策,"武的包下来,文的也要包下来","全国公教人员要从现在的二百万增加到三百五十万。文武加起来,就是九百万"②。对于这些人员的就业和救济,刘少奇说:"在各大城市中,在可能范围内,救济失业工人就是完全必要的,不容缓办的。"③毛泽东强调"这是一件大事,人民政府业已开始着手采取救济和安置失业人员的办法,以期有步骤地解决这个问题"④。

"必须认真地进行对于失业工人和失业知识分子的救济工作,有步骤地帮助失业者就业。必须继续认真地进行对于灾民的救济工作。"⑤对于那些老弱病残人员,毛泽东要求各级组织和政府一定要做好养老工作,对"生计太困难者,先行接济,不使挨饿"⑥。1952年,中央人民政府政务院专门颁发了《关于劳动就业问题的决定》,提出"根据国家建设的需要,从全局设想、从实际出发、从长远打算着眼、从当前要办能办的事着手","逐步做到消灭失业"⑦。保障劳动就业、养老和享受社会救助问题还被写入1954年宪法,第91条、第93条分别写道:"中华人民共和国公民有劳动的权利。国家通过国民经济有计划的发展,逐步扩大劳动就业,改善劳动条件和工资待遇,以保证公民享受这种权利。""中华人民共和国劳动者在年老、疾病或者丧失劳动能力的时候,有获得物质帮助的权利。国家举办社会保险、社会救济和群众卫生事业,并且逐步扩大这些设施,以保证劳动者享受这种权利。"⑧

(三)关于发展文化教育事业

当时党和政府提出的思想主要回答了"建设什么样的文化教育、如何建设这样的文化教育"的问题。1949年9月,中国人民政协第一届全体会议通过的《共同纲领》明确提出:"中华人民共和国的文化教育为新民主主义的,即民族的、科学的、大众的文化教育","中华人民共和国的教育方法为理论与实际一致。人民政府应有计划有步骤地改革旧的教育制度、教育内容和教学法","有计划有步骤地

---

① 《周恩来选集》下卷,人民出版社1984年版,第69页。
② 《刘少奇选集》下卷,人民出版社1985年版,第3-4页。
③ 《毛泽东文集》第6卷,人民出版社1999年版,第22页。
④ 《毛泽东文集》第6卷,人民出版社1999年版,第69页。
⑤ 《建国以来毛泽东文稿》第2册,中央文献出版社1988年版,第71页。
⑥ 《建国以来重要文献选编》第3册,中央文献出版社1992年版,第294页。
⑦ 《毛泽东文集》第7卷,人民出版社1999年版,第159页。
⑧ 《建国以来重要文献选编》第5册,中央文献出版社1993年版,第540页。

实行普及教育,加强中等教育和高等教育,注重技术教育,加强劳动者的业余教育和在职干部教育,给青年知识分子和旧知识分子以革命的政治教育"①。同年12月,全国第一次教育工作会议进一步确定了新中国文化教育工作的方针,提出开展文化教育的目的是"为人民服务,首先为工农兵服务,为当前的革命斗争与建设服务";发展方针是"普及与提高的正确结合,即在普及的基础上提高,在提高的指导下普及。普及当然以工农兵为主要对象,但也不放松一般儿童教育的推广。在这样普及的基础上,从识字教育和基本政治文化科学教育,提高到较高级的科学技术和政治教育"②。1950年8月,周恩来在全国高等教育会议上的讲话再次明确了新中国"建设什么样的文化教育、如何建设这样的文化教育"的问题。他说,在文化教育上,我们反对的是帝国主义、封建主义和官僚资本主义,肃清封建的、买办的、法西斯主义的思想,我们主张的是民族的、科学的、大众的教育。当前文化教育"有许多地方需要改革","对于文化教育的改革,应该根据《共同纲领》有计划有步骤地进行"③。

(四)关于发展医疗卫生体育事业

毛泽东强调"必须重视卫生、防疫和医疗工作","中央认为各级党委对于卫生、防疫和一般医疗工作的缺乏注意是党的工作中的一项重大缺点,必须加以改正。今后必须把卫生、防疫和一般医疗工作看作一项重大的政治任务,极力发展这项工作……至少要将卫生工作和救灾防灾工作同等看待,而决不应该轻视卫生工作"。④ 对于人民的生命健康问题,毛泽东尤为关注,多次就这个问题做出批示。1950年6月,他在一份批示中写道:"要各校注意健康第一,学习第二。营养不足,宜酌增经费","全国一切学校都应如此。"⑤1952年8月,他指出:"在实施增产节约的同时,必须注意职工的安全、健康和必不可少的福利。如果只注意前一方面,忘记后一方面,那是不对的。"⑥同年12月,毛泽东还给第二届全国卫生会议撰写了"动员起来,讲究卫生,减少疾病,提高健康水平,粉碎敌人的细菌战争"的题词。在这次会议上,周恩来强调:对于卫生工作,决不能有丝毫的松懈,必须把爱国卫生运动坚持下去,达到普遍深入和经常化。"卫生工作必须与群众运

---

① 《建国以来重要文献选编》第1册,中央文献出版社1992年版,第10-11页。
② 《建国以来重要文献选编》第1册,中央文献出版社1992年版,第87-88页。
③ 《周恩来选集》下卷,人民出版社1984年版,第18-20页。
④ 《毛泽东文集》第6卷,人民出版社1999年版,第176页。
⑤ 《毛泽东文集》第6卷,人民出版社1999年版。
⑥ 《建国以来毛泽东文稿》第1册,中央文献出版社1987年版,第413页。

动相结合",如果不与群众运动结合,卫生工作"面向工农兵"、"预防为主"、"团结中西医"的三大原则就不可能很好地贯彻。① 1955年7月第一届全国人大第二次会议通过的"一五"计划强调:"发展卫生、医疗事业是提高人民生活福利的一个重要方面。现有的预防、医疗和疗养的机构将逐步地扩大,并继续广泛地开展城乡人民的爱国卫生运动,加强公共卫生的管理,防止对人民危害严重的疾病,增进和保护人民的健康。"②周恩来还非常重视疾病防控工作,提出要把消灭血吸虫病"当作一个最主要的任务去做"③。"应该积极推广治疗血吸虫病的经验,有计划地分期分区地消灭危害严重的地方病"④。1954年1月,中共中央批转的一份关于体育工作的指示中指出:"改善人民的健康状况,增强人民体质,是党的一项重要政治任务","人民的体育运动还是国家的一项新的事业,各级党委必须予以充分的重视,加强领导。"⑤随后,周恩来又对发展体育工作进行了论述,提出"必须有健康的身体",这是"一个政治任务"。"健康的身体是建设和保卫祖国的一个重要条件。这样看问题,就可以促进体育运动的发展。""当前体育运动的方针是要普及和经常化。在普及的基础上才能提高,经常化了才会出人才。"⑥除上述四个方面外,新中国成立初期党和政府还就保障居民住房、工资分配等方面进行了论述,比如毛泽东曾说:"现在大城市房屋缺乏,已引起人民很大不满,必须有计划地建筑新房,修理旧房,满足人民的需要","北京市委所提组织公私合营的房产公司,修建房屋解决房荒的计划,各大城市凡严重缺乏房屋者均可仿行。"⑦刘少奇强调:要在"发展生产的基础上逐步地改善职工生活","首先,应当保证职工的工资收入在生产发展的基础上逐步增加,并且继续贯彻执行按劳取酬的原则,改进工资制度和奖励制度。"⑧这些思想同上述四个方面共同构成了新中国成立初期党和政府解决民生问题的主要思想。

二

新中国成立初期,党和政府积极地将上述思想主张付诸实践,采取了一系列

---

① 《第二届全国卫生会议闭幕》,《人民日报》1953年1月4日。
② 《建国以来重要文献选编》第6册,中央文献出版社1993年版,第542-543页。
③ 《周恩来年谱》上卷,中央文献出版社1997年版,第508页。
④ 《建国以来重要文献选编》第9册,中央文献出版社1994年版,第214页。
⑤ 《建国以来重要文献选编》第5册,中央文献出版社1993年版,第9-10页。
⑥ 《周恩来选集》下卷,人民出版社1984年版,第129-130页。
⑦ 《建国以来毛泽东文稿》第2册,中央文献出版社1988年版第131页。
⑧ 《建国以来重要文献选编》第9册,中央文献出版社1994年版,第70页。

措施着力解决民生问题,取得了显著的成绩。

(一)废除封建剥削制度,建立社会主义制度,为解决民生问题奠定良好的制度基础

首先是进行土地改革,根据七届三中全会的部署,从1950年冬到1953年春,在占全国人口一多半的新解放区农村完成了土地制度改革。这次土地改革运动,既是我国历史上规模最大的一次,又是历次土地改革运动进行得最顺利、搞得最好的一次。到1953年春,全国除了约有700万人口的少数民族地区外,土地改革都已完成。通过这次改革,不仅全国有三亿多无地少地的农民(包括老解放区农民在内)无偿地获得了约七亿亩土地和大量生产资料,免除了过去每年向地主交纳的约700亿斤粮食的地租,更重要的是"比较彻底地摧毁了封建土地制度,挖掉了我们民族贫困落后的一条重要根子,解放了农村生产力"①。其次是进行社会主义改造。新中国成立后的头三年,在中共中央的正确领导下,依靠工人阶级、农民阶级、知识分子和全体人民的共同奋斗,各项工作进展顺利,在短短三年内就根本扭转了旧中国留下的混乱局面,实现了政治、经济、社会的稳定,各个方面都取得了超出预期的成绩。在这种情况下,中共中央适时提出了过渡时期总路线,并从1953年开始在全国开展了对农业、手工业和资本主义工商业的社会主义改造,至1956年社会主义改造已取得决定性胜利。农民、手工业者个体所有的私有制,基本上转变成为劳动群众集体所有的公有制,资本家所有的资本主义私有制基本上转变成为国家所有即全民所有的公有制,社会主义制度在我国已经基本建立。虽然工作中存在一些缺点和偏差,但正如《关于建国以来党的若干历史问题的决议》中所说:"整个来说,在一个几亿人口的大国中比较顺利地实现了如此复杂、困难和深刻的社会变革","这的确是伟大的历史性胜利"②。社会主义制度的建立为新中国民生问题的解决提供了根本的制度保障。

(二)恢复国民经济、实施"一五"计划,为解决民生问题打下一定的物质基础

新中国成立伊始,旧中国恶性通货膨胀的影响仍在延续,一大批不法投机商趁机兴风作浪,致使黄金、银元、外币充斥市场,物价飞涨,经济秩序极其混乱,从根本上影响了人民生活。为此,党和政府精心领导了稳定物价的斗争,依靠国营经济的力量和老区农民的支持,采取有力的经济措施、辅之以必要的行政手段,先后组织了同投机资本的两大"战役",即"银元之战"和"米棉之战"。通过这两场

---

① 薄一波:《若干重大决策与事件的回顾》上卷,中共中央党校出版社1991年版,第111页。
② 《三中全会以来重要文献选编》下,人民出版社1982年版,第801页。

经济战,使不法投机资本从此一蹶不振,到 1950 年年底,全国物价基本趋于稳定。与此同时,政务院作出《关于统一国家财政经济工作的决定》,主要内容是实现"三个统一",即"统一全国财政收入""统一全国物资调度""统一全国现金管理"。中共中央就此发出通知,要求各级党委必须用一切办法保证这个决定的全部实施。实现三个"统一"对于恢复国民经济起到了重要作用。早在七届二中全会上,毛泽东就指出:"从我们接管城市的第一天起,我们的眼睛就要向着这个城市的生产事业的恢复和发展",其他工作"都是围绕着生产建设这一个中心工作并为这个中心工作服务的"①。在 1950 年召开的中共七届三中全会上,毛泽东向全党提出了"为争取国家财政经济状况的基本好转而斗争"这个总口号和总任务,经过三年的努力,国民经济得到了全面恢复和初步发展。1952 年,中国工农业总产值 810 亿元(旧币),比 1949 年增长了 77.5%,比新中国成立前最高水平的 1936 年增长了 20%。工农业主要产品的产量已超过建国前最高水平。职工、农民收入增加,生活有所改善,1952 年与 1949 年相比,全国职工平均工资提高了 70%。② 1953 年开始实施的"一五"计划,重点建设了一大批包括基础设施、钢铁、能源等方面的项目,通过这些项目又带动了其他产业的发展,1952~1955 年,现代工农业总产值中的比重由 26.7%上升到 33.6%,机械制造业更是有了长足的发展,初步形成了 40 个制造系统,能够制造 1900 多种比较重要的产品,在数量上能够满足国内建设的一半需要。虽然当时中国的工业化刚刚起步,但对于解决民生问题的意义则不能低估,带动了就业的增长。正如周恩来在 1954 年第一届全国人大政府工作报告中所指出的:"由于国家建设的需要和生产的发展,劳动就业的人数逐年增加,一九五三年全国公私企业的职工已经达到一千三百七十四万五千余人。旧中国遗留下来的严重失业现象已经大大减轻。"③

(三)贯彻新民主主义文化教育方针,发展文化教育事业,为解决民生问题提供智力支持

首先是教育改革,除了实行国家对学校的领导,废除原来反动的政治教育,建立和加强革命的政治教育以外,还有两个主要方面:第一,解决教育为工农大众服务的问题,这也是贯彻新民主主义教育方针的根本要求,采取的措施主要有:举办各种各样的速成中学、工农干部文化补习学校和技术进修班。1950 年 9 月,教育

---

① 《毛泽东选集》第 4 卷,人民出版社 1991 年版,第 1428 页。
② 胡绳主编:《中国共产党的七十年》,中共党史出版社 1991 年版,第 294-295 页。
③ 《建国以来重要文献选编》第 5 册,中央文献出版社 1993 年版,第 602 页。

部和中华全国总工会联合召开第一次全国工农教育会议,通过了《关于举办工农速成中学和工农干部文化补习学校的指示》《关于开展农民业余教育的指示》《工农速成中学暂行办法》《工农干部文化补习学校暂行实施办法》《职工业余教育暂行实施办法》《各级职工业余教育委员会组织条例》6项草案,对工农教育的各个方面作出了规定。1952年11月,中央人民政府决定成立全国扫除文盲工作委员会,1953年该委员会发出《关于扫盲标准、扫盲毕业考试等暂行办法的通知》,在城市和农村开展扫盲运动,至1954年底,在一些大城市的工厂职工中,基本上消除了文盲。第二,发展高等教育、中等教育、初等教育和民族教育。1952年,根据中央以培养工业建设人才和师资为重点的要求对全国范围的高等院校进行院系调整,发展专门学校和专科学校,整顿和加强综合性大学,形成了专业比较齐全的高等教育体系,同时中等教育、初等教育和民族教育等也有了较快的发展。1953年底,"全国高等学校学生数增长了百分之四十,即达到二十一万六千余人;中等专业学校学生数增长了百分之七十五,即达到六十七万人;普通中学学生数增长了百分之九十六,即达到二百九三万余人;小学学生数增长了百分之一百一十七,即达到五千一百五十万余人;幼儿园幼儿数增长了百分之二百二十六,即达到四十二万五千人","在一九五三年,全国已有少数民族小学生二百五十四万六千余人,中等学校学生十六万三千余人,高等学校学生五千五百余人。"①

其次是改进文化艺术工作。除了加强党对文化艺术工作的领导外,主要是按照文艺为工农兵服务的方针和社会主义现实主义的创作原则,以新的人民需要的文化艺术代替旧的、腐朽的、落后的文化艺术。当时文艺工作者创作了一大批具有民族形式和民族风格,热情歌颂人民革命事业和人民生活新风貌,反映时代精神和新人物新思想的优秀作品,如小说《太阳照在桑干河上》《暴风骤雨》《保卫延安》《铁道游击队》《风云初记》《三千里江山》,报告文学《谁是最可爱的人》《保卫和平的人们》,诗歌《回延安》《致大海》《天山牧歌》,话剧《龙须沟》《考验》《万水千山》《冲破黎明前的黑暗》,歌剧《白毛女》《刘胡兰》,电影《桥》《钢铁战士》《渡江侦察记》《董存瑞》《上甘岭》等,迎来了中国文化艺术的初步繁荣,丰富了人民群众的精神生活,提升了人民群众的文化水平。

最后是推动科学事业发展。新中国成立之初就成立了中国科学院,政务院文化教育委员会下发了《关于中国科学基本任务的指示》,1954年3月,中央又批准了《中国科学院党组关于目前科学院工作的基本情况和今后工作任务给中央的报

---

① 《建国以来重要文献选编》第5册,中央文献出版社1993年版,第605–606页。

告》，并作了长篇批示，强调"科学院是全国科学研究的中心"，"党必须关心科学研究工作，从各个方面为科学研究工作的开展创立有利的条件"。① 这些举措有力地促进了自然科学和社会科学的发展。

（四）构建医疗服务体系，发展医疗卫生体育事业，为人民生命健康提供有力保障

根据新中国成立后不久提出的医疗卫生要"面向工农兵"，在农村要"有医有药"的总要求，②首先，在广大农村建立合作医疗制度，创办农村基层卫生机构。当时，一般由农民采取合作制和群众集资的方式筹办。对于这种农民互助性的合作医疗方式，中央人民政府卫生部部长李德全给予了充分肯定。③ 农业合作化运动进入高潮以后，农村医疗又有了较大发展，相继建立了一批农业合作社兴办的保健站和医疗站，初步实现了走上集体化的农民"无病早防，有病早治，省工省钱，方便可靠"的理想。④ 其次，在城市普遍设立基本医疗卫生服务机构，国家公职人员、大学生和工矿企业职工享受公费医疗。到1956年，全国城乡医疗卫生网初步建立。1956年与1952年相比，全国卫生机构总数由38987个增加到107305个，疗养院、所由270个增加到799个，卫生防疫站由147个发展到1464个，妇幼保健所、站由2379个发展到4564个。⑤ 新中国成立初期，党和政府领导的爱国卫生和疾病防控工作也取得了显著成效。1950～1952年，中央人民政府卫生部领导全国军民联合开展了春季防疫运动，在受鼠疫威胁的地区发动群众防鼠捕鼠、防蚤灭蚤、打扫卫生，在皖北、苏北等地区开展了消灭虱子、讲究个人卫生运动，后来又开展了除"四害"运动。对于疾病防控工作，党和政府一贯高度重视。新中国成立不久就成功控制了察北鼠疫、察哈尔省雁北地区麻疹、皖北疫病、定远痢疾的蔓延，接着又开展了血吸虫病防治工作，有力地保证了人民的身体健康。

1949年10月，中华全国体育总会成立，毛泽东为其题写了"发展体育运动，增强人民体质"的题词。1952年11月，中央人民政府决定成立体育运动委员会，任命贺龙兼任体委主任，各级人民政府也先后建立了体育工作机构。为促使体育运动的开展，中共中央还专门发布了《关于加强人民体育运动的指示》，强调开展体

---

① 《建国以来重要文献选编》第5册，中央文献出版社1993年版，第164页。
② 《当代中国卫生事业》上，中国社会科学出版社1986年版，第3页。
③ 李德全：《三年来中国人民的卫生事业》，《人民日报》1952年9月27日。
④ 蔡天新：《新中国成立以来我国农村合作医疗制度的发展历程》，《党的文献》2009年第3期。
⑤ 《中国共产党历史》第2卷上册，中共党史出版社2011年版，第285页。

育运动是改善人民健康状况的一种最积极有效的方法,要求加强领导,使群众性体育运动首先在厂矿、学校、部队和机关中切实地开展起来。为了广泛开展群众性体育活动,1954年参照苏联的经验制定了《准备劳动与卫国体育制度》(简称"劳卫制"),规定了不同年龄人群的锻炼标准,推动了群体性体育锻炼向科学化、标准化、制度化的方向迈进。这一条例几经修订,成为人民体育锻炼的一项基本制度。同年,政务院发出了《关于在政府机关中开展工间操和其他体育运动的通知》,提倡把体育运动与文娱活动结合起来。1954年和1955年,国家有关部门又编制推行了两套少年儿童广播体操,在青少年中掀起体育锻炼热潮,有上亿人经常参加体育活动。到1956年,已有74万人通过了各级"劳卫制"标准。1949~1956年间,全国先后创办了6所体育学院,恢复了38个师范院校的体育系科,编制了第一套广播体操,建立了《运动员等级制度条例》等一系列体育规章制度,举办了各级各类竞赛活动。这些措施不仅有力地促进了体育运动的普及和提高,而且通过开展各种体育活动增强了人民体质。

(五)加大劳动就业、工资福利等社会保障力度,建立基本社会保障体系,为解决民生问题提供具体的制度保证

社会保障是保障人民生活、调节社会分配的一项基本制度,也是维护社会稳定的一个重要条件。新中国成立初期,在国家财力非常有限的情况下,党和政府仍然非常重视这项工作,而且不断地将其制度化。在短短的几年内,党和政府就出台了数项有关社会保障的文件和制度。如《关于劳动就业问题的决定》(1952年7月)、《中华全国总工会关于劳资关系暂行处理办法》(1949年11月)、《关于工资改革的决定》(1956年6月)、《关于举行全国救济失业工人运动和筹措救济失业工人基金办法的指示》(1950年4月)、《关于救济失业工人的指示》(1950年6月)、《关于处理失业工人的办法》(1952年8月)、《中国人民救济总会章程》(1952年)、《中华人民共和国劳动保险条例》(1951年2月)、《关于各级人民政府、党派、团体及所属事业单位的国家工作人员实行公费医疗预防的指示》(1952年6月)、《中华人民共和国工会法》(1950年6月)、《职工生活困难补助办法》(1956年6月)、《关于职工生活方面若干问题的指示》(1957年1月)等。这些制度涵盖了劳动就业、工资福利、社会救助、社会保险、医疗卫生等社会保障体系的基本方面,并得到了有效的执行。以劳动就业、工资福利为例,"一九五三年全国公私企业的职工已经达到一千三百七十四万五千余人","从一九五〇年七月到一九五三年底,仅由各地劳动部门介绍就业的,就有二百零七万人"。职工工资福利待遇也有很大提高,根据中央五个工业部门统计,"一九五三年按货币计算的平均

工资比一九五〇年增加了百分之八十四","三十五个工业部门为职工直接支付的劳动保险费、医药费、文教费和福利费平均相当于工资总额的百分之十七","享受劳动保险待遇的职工已有四百八十余万人,享受公费医疗待遇的国家机关工作人员和教育工作人员已有五百二十九万余人"。①

当然,由于受社会历史条件的限制,这一时期民生问题的解决带有明显的重点性和局部性,但是不能否认,在那个时期党和政府解决民生问题的成效已是非常突出,是新中国党和政府领导民生建设的良好开端。

三

新中国成立初期党和政府解决民生问题的成功实践,为我们今天在新的历史起点上继续保障和改善民生提供了有益的历史经验。

按照统筹兼顾的方针保障和改善民生,是这一时期党和政府解决民生问题的一条基本经验。孙中山曾对"民生"一词作过解释。他说:"民生就是人民的生活——社会的生存、国民的生计、群众的生命便是。"②孙中山用"生存""生计""生命"对"生活"进行了规定,虽然不一定准确,但从中可以看出民生是一个非常复杂的问题。胡锦涛在中共十八大报告中把民生问题概括为教育、就业、分配、社会保障、医疗卫生等几个方面,同样表明民生问题的复杂性和多样性。其实,民生不仅只是生存问题,也包括发展问题;不仅涉及物质生活,也包含精神生活;不仅涉及生产力发展,也与生产关系变革密切相关。故而,解决民生问题必然涉及政治、经济、文化工作的方方面面。也就是说,民生建设并不是孤立存在的,而是一项由若干因素紧密联系在一起的系统工程。在这种情况下,"统筹兼顾"就成为最基本的要求和必然的选择。正如毛泽东所说:"我们的方针是统筹兼顾、适当安排。无论粮食问题,灾害问题,就业问题,教育问题,知识分子问题,各种爱国力量的统一战线问题,少数民族问题,以及其他各项问题,都要从对全体人民的统筹兼顾这个观点出发,就当时当地的实际可能条件,同各方面的人协商,作出各种适当的安排。"③要"在统筹兼顾的方针下,逐步地消灭经济中的盲目性和无政府状态","促进整个社会经济的恢复和发展"④。"国家和工厂、合作社的关系,工厂、合作社和生产者个人的关系,这两种关系都要处理好。为此,就不能只顾一头,必

---

① 《建国以来重要文献选编》第5册,中央文献出版社1993年版,第602页。
② 《孙中山全集》第9卷,中华书局2006年版,第355页。
③ 《毛泽东文集》第7卷,人民出版社1999年版,第228页。
④ 《毛泽东文集》第6卷,人民出版社1999年版,第71页。

须兼顾国家、集体和个人三个方面,也就是我们过去常说的'军民兼顾'、'公私兼顾'。"①就民生建设来说,这一时期,党和政府首先注意的是统筹兼顾民生建设若干内容之间的关系。比如先满足人民群众基本的生活需要,再发展教育文化卫生体育事业,先安置就业,再根据经济发展提高人民群众的工资福利等等。其次,党和政府还把解决民生问题与社会政治革命统一起来,同步推进。一方面党和政府领导全国人民继续完成民主革命时期遗留下来的任务,实行生产关系和上层建筑的变革,并将其视为保障和改善民生的重要前提和基础,对内消灭反动势力,进行土地改革、社会主义改造以及其他各种社会政治经济文化变革,确保国内和平稳定;对外进行抗美援朝,反击帝国主义的侵扰,争取国家建设的和平环境。概言之,就是毛泽东所说的,"肃清国民党残余、特务、土匪,推翻地主阶级,解放台湾、西藏,跟帝国主义斗争到底。"②另一方面针对当时"许多人对我们不满"、"跟民族资产阶级的关系搞得很紧张"、"失业的知识分子和失业工人不满意我们,还有一批小手工业者也不满意我们"、"农民也有意见"的情况,党和政府又千方百计地想办法解决民生问题,平抑人们的不满情绪。毛泽东指出:"我们要合理地调整工商业,使工厂开工,解决失业问题,并且拿出二十亿斤粮食解决失业工人的吃饭问题,使失业工人拥护我们。我们实行减租减息、剿匪反霸、土地改革,广大农民就会拥护我们。我们也要给小手工业者找出路,维持他们的生活。""有些知识分子老了……只要他们拥护党和人民政府,就把他们养起来。"③解决当代中国的民生问题一定要以科学发展观为指导,贯彻落实科学发展观的根本方法则是统筹兼顾。新中国成立初期,以统筹兼顾为根本方针解决民生问题,充分体现了当时党和政府加强民生建设的科学理念。

在发展生产力的基础上保障和改善民生,是这一时期党和政府解决民生问题的又一条基本经验。生产力的发展并不必然意味着民生一定得到改善,但是民生问题的解决却必然要与生产力发展相适应。对此,党和政府有着清醒而明确的认识。1950年,刘少奇就指出:使中国劳动人民从穷困、痛苦和被侮辱的生活中解放出来,并不断地提高他们的生活水平,必须做好两件事:第一件事情是推翻外国帝国主义和中国封建地主、官僚、买办阶级的统治,建立人民民主专政,实现中国的独立和统一,保障国内和平,没收官僚资本,实行土地改革及其他各种民主改革,

---

① 《毛泽东文集》第7卷,人民出版社1999年版,第28页。
② 《建国以来毛泽东文稿》第1册,中央文献出版社1987年版,第398页。
③ 《建国以来毛泽东文稿》第1册,中央文献出版社1987年版,第398-399页。

从而在城市和农村解放已有的生产力,但这只是"清除发展生产的障碍,造成继续发展生产"的条件,还不能立即、直接地提高人民生活水平,所以必须做好第二件事,即"用一切办法在现有基础和现有水平上来提高每一个劳动者的劳动生产率","发展近代化的生产事业及其他经济事业,才能使中国人民逐步地提高生活水平"。① 1954年,周恩来在第一届全国人大会议上再次强调:现在"最主要的事情,就是我们人人都要关心提高我们国家的生产力。我们必须了解,增加生产对于我们全体人民,对于我们国家,是具有决定意义的。只有生产不断地增加,不断地扩大,才能逐步地克服我们人民的贫困,才能巩固我们革命的胜利,才能有我们将来的幸福",那种"只顾消费不顾生产的观点和行为"是"必须反对的"。② 1955年,国务院副总理李富春在《关于发展经济的第一个五年计划的报告》中又说道:"五年计划所规定的关于提高人民物质生活和文化生活的水平的指标,是我国目前可能实现的限度。我们不否认,我国人民目前的生活水平还是比较低的。但是,人民需要的满足决定于生产力的水平,决定于社会所拥有的现有物质资源,人民生活水平的提高必须建立在生产发展和劳动生产率提高的基础上",因此,"人民生活水平的提高只能是一种稳步渐进的提高"③。正是在尊重客观现实的基础上,努力把解决民生问题与发展生产力联系起来,同生产力发展水平相适应,人民生活水平才"有了虽然不大,但却是颇为令人瞩目的提高"④。

正确处理国家工业化建设同提高人民生活水平之间的关系,也是这一时期党和政府解决民生问题的一条基本经验。1949年3月,在七届二中全会上毛泽东明确提出"使中国稳步地由农业国转变为工业国"⑤的奋斗目标。这是中国共产党向全国人民作出的庄严承诺。从根本上说,只有实现了工业化,国家强大、富裕了,人民的生活水平才能提高,但是发展经济需要大量的资金。在资本主义国家工业化中筹集资金的方法,除了无情地剥削本国的工人和农民,并使无数的小生产者和中等企业主破产以集中资本外,还有三种方法:即依靠对于殖民地的掠夺、军事赔款、奴役性的借款和租让,而"这些办法,我们都是不能采取的",所以,"只有由中国人民自己节约这一个办法",而这又"不能不影响人民生活水平提高的速

---

① 《刘少奇选集》下卷,人民出版社1985年版,第2—4页。
② 《周恩来选集》下卷,人民出版社1984年版,第144—145页。
③ 《建国以来重要文献选编》第6册,中央文献出版社1993年版,第347—349页。
④ 费正清等主编:《剑桥中华人民共和国史》,上海人民出版社1990年版,第57页。
⑤ 《毛泽东选集》第4卷,人民出版社1991年版,第1437页。

度,就是说,在最近一二十年内人民生活水平提高的速度不能不受到一些限制"①。由此,必须正确处理国家工业化建设与提高人民生活水平的关系,就像周恩来说的那样,"我们在目前考虑"逐步"改善人民的物质生活和文化生活"的时候,"必须首先把它同我们正在进行的社会主义建设事业联系起来","当目前国家需要集中主要力量建设重工业、奠定社会主义基础的时候,我们全国人民都必须把注意的重点放在长远利益上面"②。当然,也要关注人民当前的切身利益、关注民生。陈云在《中央人民政府第二十六次会议上的报告要点稿》中谈到:"目前的重点是只能放在国家工业建设,只有走这条路,达到改善民生的目的会更快些。"对此,毛泽东批示道:"所谓工业为重点,并不是说对目前的民生不加照顾,相反,是应当照顾的。"③后来,毛泽东又说:"重工业是我国建设的重点。必须优先发展生产资料的生产,这是已经定了的。但是决不可以因此忽视生活资料尤其是粮食的生产。如果没有足够的粮食和其他生活必需品,首先就不能养活工人,还谈什么发展重工业?所以,重工业和轻工业、农业的关系,必须处理好","我们现在的问题,就是还要适当地调整重工业和农业、轻工业的投资比例,更多地发展农业、轻工业",这样做的结果是"可以更好地供给人民生活的需要"④。

在上述思想指导下,这一时期中国基本上实现了国家工业化建设与人民生活水平的同步发展。

总的看来,新中国成立初期党和政府对解决民生问题是高度重视的,提出了不少闪耀着真理光辉的思想观点,并积极付诸实践,取得了显著的成绩,积累了丰富的经验。所取得的成就,为巩固新生的人民政权、扩大人民群众对党的认同和拥护奠定了坚实的基础;所积累的经验,为我们今天深入贯彻十八大精神,站在新的历史起点上继续加强保障和改善民生提供了有益的历史借鉴;所形成的光辉思想,则是我们党和政府进行民生建设的宝贵精神财富。

---

① 《刘少奇选集》下卷,人民出版社1985年版,第6—7页。
② 《周恩来选集》下卷,人民出版社1984年版,第144页。
③ 《建国以来毛泽东文稿》第4册,中央文献出版社1990年版,第321—322页。
④ 《建国以来毛泽东文稿》第6册,中央文献出版社1992年版,第83—84页。

新中国成立初期的增产节约和反浪费运动[*]

王先俊

增产节约和反对浪费,既是新中国成立初期提出的一项应急之策,更是当时确立的国家建设的一个根本方针。根据这一方针,在党和政府的领导下,全国上下开展了一场轰轰烈烈的增产节约和反浪费运动。通过这场运动,不仅有效地促进了生产的恢复和发展,克服了当时的财政经济困难,保证了抗美援朝的顺利进行,为国家工业化积累了资金,而且有力地推动了党的自身建设,纯洁了党的作风,净化了社会风气。回顾这一历史,总结其经验,可以为我们更好地推动当前开展的群众路线教育实践活动,实现全面建成小康社会的奋斗目标提供诸多有益的参考和借鉴。

一

增产节约和反对浪费作为一场运动,主要集中在1951年10月至1952年底这段时间。据薄一波回忆,1951年10月召开的政治局扩大会议分析和研究了朝鲜战局的发展趋势和对策。根据毛泽东提出的"战争必须胜利,物价不许波动,生产仍须发展"的战略方针,会议确定了解决财政困难的五条办法:(1)节约兵力,整训部队;(2)精简机关,缩编人员;(3)紧缩开支,清理资财;(4)提倡节约,严禁浪费;(5)组训民兵,准备推行义务兵役制。[①] 会议要求各地从11月起开展全面的增产节约运动。增产节约运动的开展,暴露出各级党政机关内部存在的贪污、浪费现象和官僚主义问题。11月1日,东北局向中央报告开展增产节约运动情况,列举了一些地方存在的贪污、浪费和官僚主义情况,引起了毛泽东的高度重视,他在中

---

[*] 本文原载于《中国延安干部学院学报》2013年第9期。
[①] 薄一波:《若干重大决策与事件的回顾》上卷,中共中央党校出版社1991年版,第139页。

央转发这个报告的批语中首次提出"在此次全国规模的增产节约运动中进行坚决的反贪污、反浪费、反官僚主义的斗争。"①12月1日,中央作出了《关于实行精兵简政、增产节约、反对贪污、反对浪费和反对官僚主义的决定》,增产节约和"三反"运动"合为一体"、同时进行。1952年10月随着"三反"运动的结束,增产节约和反浪费运动至年底也暂告一个段落。本次运动的开展,看上去是直接由朝鲜战事而起的,实际上并非仅仅于此,它还有更深刻的思想和现实背景。

早在1949年3月,毛泽东在中共七届二中全会的报告中就指出:"从我们接管城市的第一天起,我们的眼睛就要向着这个城市的生产事业的恢复和发展","动员一切力量恢复和发展生产事业,这是一切工作的重点所在。"②9月3日,毛泽东在"必须维持上海,统筹全局"的指示电中又强调,我们必须维持上海,统筹全局,着重整理税收,以增加收入,着重节约那些本来可以减少的开支,着重反对浪费,从这里我们可以得到一笔很大的钱。③ 同年12月,周恩来也指出:"不抓生产是不行的","现在不抓生产靠什么来支援战争和巩固胜利? 生产是我们新中国的基本任务";另一方面,我们还需要想办法进行"节流","这虽是老生常谈,但还是有道理的","中华民族有勤劳勇敢的传统,我们党又有艰苦奋斗的革命传统,在开始建设新中国的时候,我们要求全体工作人员保持和发扬这种传统。"④当时主管全国财经工作的陈云也说道,我们务必"要注意节省开支,但更要注意增加收入。节流很重要,开源更重要。所谓开源,就是发展经济。"⑤"后方的部队、机关、学校人员,应该尽可能进行生产,以自给一部分粮食和蔬菜,没有直接战斗任务的部队,在可能条件下,要进行农工业生产。一切可能节省的支出,要统统加以节省。"⑥"提倡节约,减少办公杂支等费用……此着很重要,数量虽不大,但可转移风气。"⑦他还强调,在当前形势下一定要"厉行节约。所有机关和公立学校,必须规定工作人员的数量及每个人员的工作任务。所有国家工厂和企业,除规定职工人数及生产的质与量外,必须实行原料消耗的定额制度,铲除囤积材料的浪费行为。一切国营经济部门,均须提高资金的周转率,保护机器资材,建立保管制度,

---

① 《建国以来毛泽东文稿》第2册,中央文献出版社1988年版,第513页。
② 《毛泽东选集》第4卷,人民出版社1991年版,第1428-1429页。
③ 逄先知:《毛泽东年谱(1883-1949)》下卷,人民出版社,中央文献出版社1993年版,第563页。
④ 《周恩来选集》下卷,人民出版社1984年版,第4-7页。
⑤ 《陈云文选》第2卷,人民出版社1995年版,第18页。
⑥ 《陈云文选》第2卷,人民出版社1995年版,第35-36页。
⑦ 《陈云文选》第2卷,人民出版社1995年版,第54页。

严惩贪污浪费人员。全国均应节省一切可能节省的开支,缓办应该缓办的事项"。①刘少奇则从实现国家工业化与提高人民生活水平的角度论述了增产节约和反对浪费的重要性。他指出:要让人民真正过上"富裕的和有文化的生活",中国一定要实现工业化,首先必须"发展一切有益于人民的生产及其他经济事业","用一切办法在现有基础和现有水平上来提高每一个劳动者的劳动生产率,提高生产品的数量和质量,节省原料和材料,消灭浪费,降低生产品的成本,然后逐步地提高生产技术,建设新的生产事业,并使手工业和个体农业生产经过集体化的道路改造成为具有近代机器设备的大生产。这就是使中国逐步地走向工业化和电气化。"②他还说:"发展中国经济,使中国工业化,是需要巨大的资金的"。怎样才能筹措这些资金呢?在资本主义国家工业化过程中,筹集资金的方法,除了无情地剥削本国工人和农民,并使无数的小生产者和中等企业破产,以集中资本外,"照斯大林同志说,还有以下三种方法:依靠对于殖民地的掠夺,依靠军事赔款,依靠奴役性的借款和租让。但是,这些办法,我们都是不能采取的。"我们筹集资金"只有由中国人民自己节约这一个办法。除开这个办法,我们就不能筹集中国工业化所需要的巨额资金。""人民节省下来的资金不是用来满足剥削者奢侈的生活,更不是用来满足政府办事人员的腐化生活,而主要的是用来满足国家工业建设的需要","我们尽可能多节省一点,少花费一点,以便由国家把资金积累起来,去加快工业化的速度","以创造将来更好的生活"③。中央的文件也强调:为了实现国家的工业化,"就要付出很多的资金,而资金的来源只有增产节约一条康庄大道,这是应为全党同志所明白了解的。"④毛泽东、周恩来等领导人在建国前后的这些论述,既体现了党和政府对于增产节约和反对浪费的高度重视,又为此后开展的增产节约和反浪费运动提供了思想理论指导。

  新中国成立初期,党和政府之所以如此重视生产、提倡节约、反对浪费,说到底是因为当时国家财政经济的困难以及所存在的浪费现象。旧中国遗留下来的是一个一穷二白的"烂摊子","经过战争蹂躏的经济承受着高通货膨胀、高失业率的沉重压力",⑤许多新解放城市承受着旧秩序被破坏、新秩序尚未建立起来的经

---

① 《陈云文选》第2卷,人民出版社1995年版,第65页。
② 《刘少奇选集》下卷,人民出版社1985年版,第2-3页。
③ 《刘少奇选集》下卷,人民出版社1985年版,第5-7页。
④ 《建国以来重要文献选编》第2册,中央文献出版社1992年版,第75页。
⑤ 费正清,罗德里克·麦克法夸尔主编:《剑桥中华人民共和国史(1949-1965)》,上海人民出版社1990年版,第57页。

济震荡,不仅财政金融秩序非常混乱,而且国家财政收支存在很大的缺口。在支出方面,一是中央人民政府为维持解放全国大陆的后期作战,开支依然巨大,1950年除去建设海军、空军的费用外,军事费用仍占整个预算的38.8%。① 二是接管城市对国民党留下的旧人员采取完全"包下来"的政策,"武的包下来,文的也要包下来",要解决这些人的吃饭问题,给中央财政带来沉重的负担。当时全国的公教人员"文武加起来,就是九百万"。虽然周恩来把"这种负担叫做胜利负担"②,但是给国家财政经济所带来的压力则是不争的事实。三是恢复生产投资、赈灾救济等巨额支出。长期战争对于工业、农业、铁路等的破坏极其严重,其破坏程度与抗战前相比,有些地区达到50%以上,加上连年水、旱等灾害,如果不增加一些投入,"国民经济是不易加以恢复的",必须"有计划有步骤地挤出一些钱来,用在恢复生产上。"③同时,1949年至1951年,全国灾情不断。1949年1-7月,我国东部遭受旱灾,华东、中南、华北、东北4大区域农田受灾面积217.4万公顷,受灾人口799万。6-9月,江苏、浙江、江西、湖南、湖北、四川、福建等省大面积发生三化螟虫害。7-8月淮河、长江、黄河、海河发生水灾,受灾面积852.46万公顷,成灾人口4555万。1950年的灾情依然严重,主要是虫、冻、雹、旱、水灾,全年除西南地区外,受灾农田1063.6万公顷,成灾人口3384万,造成1951年春荒人口2093万。1951年虽然灾情有所缓解,但旱灾、水灾严重,全国成灾人口达3034万,并造成1952年春荒人口2388万。④ 另一方面,当时城市失业问题十分严重,如上海就有失业人员42.3万,江苏省城市失业人员72万,成都市失业无业人员占全市人口的28.24%。⑤ 据统计,当时失业人员约为400万人,从未就业的失学青年和家庭妇女则人数更多。⑥ 做好赈灾和失业救济工作无疑需要很大一笔费用。在收入方面,总体上是中央财政的支出远远大于收入,而且在财政管理体制上是分散的,"公粮、税收均在县、市、省的手里,收入的多寡迟早,中央无法确实掌握","只统一支出,未统一收入。"⑦另一方面,浪费现象也很严重。比如有个部门的"后勤系统和铁路系统"在"一九五一年一年内,因对油槽车处理不当,先后共损失了五千吨

---

① 《建国以来重要文献选编》第1册,中央文献出版社1992年版,第59页。
② 《周恩来选集》下卷,人民出版社1984年版,第3-4页。
③ 《建国以来重要文献选编》第1册,中央文献出版社1992年版,第60页。
④ 赵朝峰:《新中国成立初期的灾害救助工作》《当代中国史研究》2011年第5期
⑤ 《劳动(半月刊)》,1958年第3期。
⑥ 毛齐华《一年来救济失业工人工作的成就》,人民日报,1951-05-01。
⑦ 《陈云文选》第2卷,人民出版社1995年版,第48、70页。

汽油;另有两千吨汽油,因工作粗枝大叶、缺乏知识,把不同的油类混淆了,因而完全失效";有一个纺织机器厂,"政府共投资四千余亿元,主要厂房面积达四十五亩,由于设计不周、施工不善,在工程尚未完成时,该厂房二百八十九根柱子中已有二百八十根不平衡地下沉";有个省的人民银行分行"用了二亿五千多万元的招待费,招待员一百多人,用了一百多万元的炮台烟、一千多斤苹果和一千六百多斤香蕉、梨、糖、瓜子等。"①面对以上情况,再加之中国志愿军入朝作战所带来的经济压力,党和政府除进一步加强全国财政经济的管理外,增产节约和反对浪费是一个重要而根本的选择。如毛泽东所指出的:"抗美援朝的伟大斗争现在还在继续进行,并且必须继续进行到美国政府愿意和平解决的时候为止。""为了继续坚持这个必要的正义的斗争,我们就需要继续加强抗美援朝的工作,需要增加生产,厉行节约,以支持中国人民志愿军。这是中国人民今天的中心任务"。②

二

虽然在1951年10月至1952年底开展的增产节约和反浪费运动,前后只有一年多的时间。但是,党和政府在这方面所做的工作却贯穿于1949—1956年这段时间的始终。或者说,当时开展的增产节约和反浪费运动,前面有一个"序曲",后面还有一个"延伸"。对此,下面分别予以简要的分析。

前文已经指出,1949年8月3日毛泽东在给上海负责人的指示电中就曾提出"三个着重",即"着重整理税收,以增加收入,着重节约那些本来可以减少的开支,着重反对浪费"的问题。11月29日,中央人民政府机关节约救灾委员会成立。该委员会在中央政府机关中组织开展了"一两米"节约运动,规定各机关工作人员自11月份起至明年2月底止,每人每月节约小米2斤,以救助灾民。1950年1月1日,《人民日报》发表《完成胜利,巩固胜利》的元旦社论,提出1950年的主要任务之一是"厉行节约"并"动员全体人民,以最大努力恢复生产"。为了做好节约工作,1950年3月政务院第22次政务会议决定成立全国编制委员会,要求各大行政区、省、市也相应分设编制委员会,加强编制、物资管理。同年10月,全国各级政府机关行政人员整编工作告一段落,政府机关人员比2月减少约1/4左右。③1951年2月全国农业工作会议提出,为了争取农业丰收,为国家的经济建设奠定

---

① 《建国以来重要文献选编》第3册,中央文献出版社1992年版,第22—23页。
② 《建国以来毛泽东文稿》第2册,中央文献出版社1988年版,第483页。
③ 刘国新,主编:《中华人民共和国实录》第1卷(上),吉林人民出版社1994年版,第367页。

良好基础,在抗美援朝的背景下,必须开展一个全国性的爱国生产运动(老解放区为爱国丰产运动)。3月,中央又发出《关于保证完成一九五一年农林生产任务的指示》,要求各级党委支持政府领导农村中全体党员、青年团员和农民群众积极开展全国性的生产运动,以保证1951年全国农林生产任务的彻底完成。在党和政府的号召下,当时全国各行各业都掀起了以节约和丰产为中心的爱国运动,有的地方组织工人农民开展生产竞赛,有的行业组织开展生产技术和方法创新。其中,"纺织能手"郝建秀就是这方面的典型。她所创造的一套"细纱工作法",不仅增加了生产,节约了原料,降低了成本,提高了产品质量,而且为经济核算、任务定额打下了基础,使后来的生产竞赛运动走上了一个新阶段。以上这些做法,从目的看,主要是为了缓解当时的财政经济困难,从实际效果上也确实起到了这一作用。但实事求是地说,当时党和政府对"增产节约和反对浪费"的认识并没有达到后来的高度,在具体做法上更没有与党的建设以及转变社会风气联系起来。所以,它只是1951年10月开始的增产节约和反浪费运动的一个"序曲"。

相对意义上的增产节约和反浪费运动正式启动1951年10月,11月以后逐渐进入高潮。11月20日《人民日报》发表了《开展增产节约运动是国家当前的中心任务》的社论,号召全国人民行动起来,积极投身到增产节约运动中去。社论指出,为了更进一步加强抗美援朝的力量,支持中国人民志愿军,在保持国内物价稳定和不过分加重人民负担的条件下,保证对前方的物资供应,就只有努力增加生产,厉行节约。更重要的是,为了准备今后国家大规模经济建设,为国家工业化积累大量资金,全国人民也必须加倍努力增加生产,厉行节约。① 12月1日,中共中央作出《关于精兵简政、增产节约、反对贪污、反对浪费和反对官僚主义的决定》。《决定》指出:"增产节约是积累资金、取得经验、加速经济建设的主要办法。我们要在一九五二年完成恢复经济的任务,并为一九五三年开始的大规模国家经济建设计划准备条件,就必须在一九五二年爱国增产节约运动的基础上,更进一步地团结、教育和依靠工人和农民,订立爱国公约,组织竞赛,努力增加生产,厉行节约,以初步地实现毛主席所号召的'一个普遍高涨的爱国增产运动'。""在农民中普遍推行爱国公约运动,集中力量提高单位面积产量,增产商品粮食,增产工业原料作物和增产外销物资,并推动农村副业及手工业生产的发展。""在国营工厂、矿山和交通企业及其他企业方面,必须在增产节约的要求上,改进经营管理,提高设备利用率,完成清理资产,实行经济核算制,为国家积累起更多的财富。""在城市

---

① 刘国新,主编:《中华人民共和国实录》第1卷(上),吉林人民出版社1994年版,第570页。

方面,……各大中城市的政府,必须严格地管制地方建筑工程,掌握地方建筑计划,凡未经批准的或已停止建筑的工程,均应一律停止进行。"①"中央要求全党在全国、上下、公私、各个部门和各种工作上都贯彻这一方针。"②《决定》还强调,为了贯彻这一方针,"必须进行反对贪污、反对浪费和反对官僚主义的坚决斗争",③将增产节约和"三反"运动结合起来。此后,在中央的推动下,增产节约和反浪费运动进入高潮。12月8日,中共中央发出《关于反贪污、反浪费、反官僚主义的斗争必须大张旗鼓地去进行的指示》,29日,中国人民政协发出《关于增产节约运动与反贪污、反浪费、反官僚主义斗争的指示》。1952年1月1日,毛泽东在元旦团拜会上发出"全体人民和一切工作人员一致起来,大张旗鼓地,雷厉风行地,开展一个大规模的反对贪污、反对浪费、反对官僚主义的斗争"④的号召,14日,中共中央发出《中央关于立即抓紧三反斗争的指示》。为了加强对运动领导,中共中央还成立了以薄一波为主任,彭真、李富春、沈钧儒、谭平山任副主任的中央增产节约检查委员会,此后又在党政军三个系统成立了各级增产节约检查委员会,具体负责对增产节约和"三反"运动的领导和组织。2月3日和5月30日,中共中央相继发出《关于"三反"运动和整党运动结合进行的指示》、《关于在"三反"运动的基础上进行整党建党的指示》两个文件,又将"增产节约和反浪费"运动同加强党的自身建设紧密结合起来。7月8日,中共中央又发出了《关于目前开展增产节约运动中应注意的问题的指示》,对增产节约运动中的一些具体问题进行了规定,要求企业在制订增产节约奋斗目标时,必须注意改进经营管理;在组织增产节约和竞赛运动时,应确定具体的奋斗目标和竞赛重点;在增产节约运动中不能因担心有剩余职工,而不敢坚决地实行企业改革和生产率的提高,也不应将多余的劳动力轻率处理,而应将其"包下来",用轮训的办法,提高工人的政治、文化和技术水平,以准备国家建设的需要。⑤1952年10月,中共中央批准了关于结束"三反"运动的报告。11月29日,中央财经委员会向中央报告了全国增产节约运动开展情况。报告指出,据不完全统计,全国增产节约总值达31.7亿元,其中增产总值11.6亿元,生产和基本建设降低成本节约13.7亿元,流动资金节约6.4亿元。报告认为,增产节约运动发展不够平衡,解放早的地区的企业比较好,解放晚的地区的企业

---

① 《建国以来重要文献选编》第2册,中央文献出版社1992年版,第479—480页。
② 《建国以来重要文献选编》第2册,中央文献出版社1992年版,第476页。
③ 《建国以来重要文献选编》第2册,中央文献出版社1992年版,第482页。
④ 《建国以来毛泽东文稿》第3册,中央文献出版社1989年版。
⑤ 《建国以来重要文献选编》第3册,中央文献出版社1992年版,第279—280页。

要差一些,工业企业较好,其他财政部门较差。为了进一步深入开展增产节约运动,必须加强生产管理,改善劳动组织,推广先进经验,改良生产技术,为今后推行经济核算奠定基础。至此,增产节约和反浪费运动基本结束。

不过,"三反"运动的结束并不意味着增产节约和反对浪费工作的停止。实际上,这项工作一直延续着。1953年2月,中央人民政府第23次会议审议通过了薄一波作的《关于一九五三年国家预算的报告》,要求各级政府必须"积极地增加生产","厉行节约,反对浪费"①。8月28日,中共中央发出《关于增加生产、增加收入、厉行节约、紧缩开支、平衡国家预算的紧急通知》,号召全党、全国人民努力增加生产,厉行节约,保证财政部提出的解决国家财政赤字具体方案的实现。1954年1月,全总执委会通过了《关于在国营厂矿企业中进一步开展劳动竞赛的指示》,号召工人阶级开展劳动竞赛,发展生产,不断提高劳动生产率。在这一年,全国普遍开展了"技术革新运动"。1955年4月,中共中央批准国家计委《关于1954年度国民经济计划执行基本情况1955年国民经济计划中几个问题的报告》,提出"为解决财政收支矛盾,要求增收节支,开展全面的厉行节约,反对浪费运动"②。7月4日,中共中央发出《关于厉行节约的决定》,提出"厉行节约不是消极的措施,而是加速国家社会主义工业化的积极的方针,各部门和各地区在厉行节约的同时,还应该努力增加生产",强调"厉行节约、反对浪费,是全国普遍的长期的经常的政治任务,应动员全党,团结全国人民,发扬艰苦奋斗的作风,养成节约风气,为有效地实现这一任务而奋斗"③。7月6日,李先念在第一届全国人大第二次会议上报告从完成1955年国家预算的角度,再次论述了"增产节约、反对浪费"的重要意义,要求各级党委和政府继续开展"增产节约、反对浪费和贪污的群众运动","动员千百万群众起来增产节约,反对浪费和贪污",坚决消灭"目前还存在着的大量浪费现象,逐步形成严格的节约制度④"。1956年3月,中共中央发出《关于积极领导先进生产者运动的通知》,号召全国各行各业的劳动者"都应该站在自己的工作岗位上,高度地发挥积极性和创造性,而又密切配合,相互帮助,在'又多、又快、又好、又省'相结合的方针下把我国的经济建设更推进一步;都应该努力提高自己的业务水平和熟练程度,学习先进经验,使自己成为一个先进生产者或先进

---

① 《建国以来重要文献选编》第4册,中央文献出版社1993年版,57-58页。
② 《刘国新,主编:《中华人民共和国实录》第1卷(下)》,吉林人民出版社1994年版,第1187页。
③ 《建国以来重要文献选编:第6册,中央文献出版社1993年版,第287页。
④ 《建国以来重要文献选编:第6册,中央文献出版社1993年版,第402页。

工作者。"要求各级党委、行政部门、工会组织和青年团组织，加强对先进生产者运动的领导，进一步掀起"社会主义竞赛"的新高涨。① 后来，刘少奇在中共八大政治报告中再次谈到增产节约和反对浪费问题，提出为完成第二个"五年计划"，必须积极发展生产，"发展速度是积极的，同时又是稳妥可靠的"，"必须继续提倡节约，克服浪费。"② 以上这些，不仅表明党和政府对增产节约与反对浪费认识的提升，而且在实践中也一直不断地开展着不同形式的增产节约和反浪费运动。

三

新中国初期开展的增产节约和反浪费运动显现着鲜明的历史特点，也为我们今天思考和实践这项工作积累了不少有益的经验。

把增产节约和反对浪费提升到国家建设的经常性政策和基本方针来认识，是这一时期党领导开展这一运动的一个突出特点和一条基本经验。1951 年 11 月 20 日，《人民日报》发表的《开展增产节约运动是国家当前的中心任务》的社论，对"增产节约"方针的基本定位曾有过这样一段描述。社论说：我们应该认识到"增产节约"绝不是为了解决临时困难的措施，而是关系国家建设一项极其重要地经常性政策，我们必须把它作为一个持久的群众性运动来推动。③ 这里已经把"增产节约"视为"国家建设一项极其重要地经常性政策"和"一个持久的群众性运动"。在此基础上，中共中央作出的《关于精兵简政、增产节约、反对贪污、反对浪费和反对官僚主义的决定》，对"增产节约和反对浪费"问题的认识又有了进一步的深化。《决定》指出："增产节约"是我们必须遵循的一个根本方针。我们必须认识这一方针不是消极的，而是具有重大积极意义的。它是既保证朝鲜战争能够胜利又保证国内物价继续稳定的方针，它是积累资金、取得经验、加速国家经济建设的方针，它又是整肃党纪，提高工作效率和转移社会风气的方针，总而言之，它是带动我们国家在政治、军事、经济、文化各方面的全局都将迅速进步、并奠定将来伟大建设基础的方针。"④《决定》还指出："浪费和贪污在性质上虽有若干不同，但浪费的损失大于贪污"，"浪费的范围极广，项目极多，又是一个普遍的严重现象，故须着重地进行斗争。⑤"在此，增产节约和反对浪费就不仅仅是因抗美援朝

---

① 《建国以来重要文献选编》第 8 册，中央文献出版社 1994 年版，第 180－181 页。
② 《建国以来重要文献选编》第 9 册，中央文献出版社 1994 年版，第 65 页。
③ 刘国新主编：《中华人民共和国实录》第 1 卷（上），吉林人民出版社 1994 年版，第 570 页。
④ 《建国以来重要文献选编》第 2 册，中央文献出版社 1992 年版，第 475 页。
⑤ 《建国以来重要文献选编》第 2 册，中央文献出版社 1992 年版，第 483 页。

而起的一时的应急之策,相反它已成为带动我国政治、军事、经济、文化发展的一个根本方针。这既是对建国前后党和政府关于恢复生产、厉行节约、反对浪费思想的坚持,更是对这一思想的进一步提升。这样,增产节约和反对浪费作为一个"根本方针"便具有了长久的意义。新中国成立初期应该坚持这个方针,今天我们建设中国特色社会主义也应该坚持这个方针。

将增产节约同"三反"运动、整党建党结合起来,是这一时期党领导开展这一运动的又一个突出特点和又一条基本经验。把增产节约同"三反"运动"合为一体",直接源于 1951 年 11 月 1 日东北局负责人向中央所作的关于开展增产节约运动,进一步深入反贪污、反浪费、反官僚主义斗争的报告。报告说,从 9 月以来,沈阳市在部分单位中揭发出 3629 人有贪污行为。东北贸易部仅检举和坦白的金额就达 4 亿人民币(旧币)。浪费现象和官僚主义也很严重,仅东北铁路系统就积压了价值上千亿元的材料而不作处理。① 毛泽东对这个报告进行了批示,要求在增产节约运动中坚决地开展"三反"斗争,同时还要求"在展开这个运动和这些斗争之后,每一部门都要派出必要的检查组检查所属的情况,总结经验,向上级和中央作报告",以便中央及时掌握开展这项斗争的总体状况。② 12 月 1 日,中共中央作出的《关于精兵简政、增产节约、反对贪污、反对浪费和反对官僚主义的决定》,正式把增产节约同"三反"运动结合起来,同步推进。1952 年 1 月 1 日《人民日报》发表《以高度的信心和坚强的意志迎接一九五二年》的社论强调"在一九五二年,我们应当在全国农村实现了土地改革、全国工矿交通企业实现了民主改革的基础上,普遍发展增产节约运动","增产节约的大敌是贪污、浪费和官僚主义。因此,目前的反贪污、反浪费、反官僚主义的斗争对于一九五二年增产节约计划的实现有决定的意义。必须认真发动群众,把这个斗争进行到底"③。同时,为避免"三反"运动冲击增产节约情况的出现,中央也明确要求各地"进行三反斗争必须切实注意维持生产"④。2 月 3 日,中共中央发出《关于"三反"运动和整党运动结合进行的指示》,强调"'三反'运动是一个更加现实与深刻有力的整党运动","整党工作必须与'三反'运动相结合,在'三反'运动的基础上,进行党员八项标准的教育,进行登记、审查和处理。"⑤后来,中央又强调要在"三反"运动的基础上进行

---

① 薄一波:《若干重大决策与事件的回顾》上卷,中共中央党校出版社 1991 年版,第 140 页。
② 《建国以来毛泽东文稿》第 2 册,中央文献出版社 1988 年版,第 513 页。
③ 《建国以来重要文献选编》第 3 册,中央文献出版 1992 年版,第 6、7 页。
④ 《建国以来刘少奇文稿》第 4 册,中央文献出版社 2005 年版,第 34 页。
⑤ 《建国以来重要文献选编》第 3 册,中央文献出版社 1992 年版,第 64 页。

整党和建党,要求"各级党委必须利用'三反'运动的结果,以积极的态度,讨论研究,并认真地进行整党建党工作"①。由上可见,当时中央的总体思路实际上是,以增产节约作为"中心任务",以"三反"以及在此基础上的整党建党作为重要途径和手段,努力实现增产节约同"三反"运动、整党建党的有机结合。这样做的结果,不仅使我们国家在1952年底基本实现了财政经济状况的基本好转,而且有力地加强了党的自身建设,促进了党风和社会风气的好转。

注意根据不同层级、不同地区、不同行业、不同群体的具体情况,开展不同内容与方式的增产节约和反浪费斗争,是这一时期党领导开展这一运动的再一个突出特点和一条基本经验。在增产节约和反对浪费运动开始不久,中央就曾指出:"从全国来说,要由党和人民政府,领导人民,依靠人民,主要是依靠工人、农民和革命知识分子,发动全国各阶层的爱国增产节约运动。从上下来说,要由中央起,层层带头,一直贯彻到区乡组织,实行上下监督,互派检查。从公私来说,要先公后私,公家作了表率,私人的企业、团体和学校,也就难于自外,并且可以经过政治协商机关去进行动员。从部门来说,整编要以军事部门为重点;增产要以财经部门和工人农民组织为重点;政府、党派和团体则进行一般的精简","至于节约运动和反贪污、反浪费、反官僚主义的斗争,则是所有各方面都应该当作一个中心任务来进行。"②接着,中央又强调,开展增产节约运动,必须注意分清和把握不同情况,"凡原料足、销路好的厂矿,应该首先注意增产,并在增产中力求提高产品质量和降低成本。凡销路好,但原材料供应有困难的厂矿,应首先注意节约,从节约原材料中来争取增产"。"在私营企业中,我们的当前任务是巩固'五反'运动的胜利,迅速结合生产与生活,建立正常的劳资关系,团结资方,及时转入生产。"同时"亦应根据各个行业的不同情况制订爱国增产节约计划,组织竞赛,动员劳资双方为完成这一计划而努力。"③中央对反浪费运动的领导也是如此,比如,中央强调"工矿企业的'三反'运动,必须以检查业务,即检查行政管理中的贪污、浪费、官僚主义为重点。特别要着重检查基本建设,原材料的采购供应,仓库物资,成品推销,会计出纳等项"④。在高等学校则"要求在此次'三反'运动中基本上消灭学校中的贪污浪费现象,克服官僚主义,揭发和批判资产阶级思想,从而确立工人阶级

---

① 《建国以来重要文献选编》第3册,中央文献出版社1992年版,第201页。
② 《建国以来重要文献选编》第2册,中央文献出版社1992年版,第476页。
③ 《建国以来重要文献选编》第3册,中央文献出版社1992年版,第280－281页。
④ 《建国以来重要文献选编》第3册,中央文献出版社1992年版,第66页。

思想的领导权"①。对农村和部队,中央也都根据不同情况作出了不同要求。中央还特别注意"浪费"和"贪污"的处理界限,针对不同情况采取不同的处理方式。1952年3月中央节约检查委员会专门下发了《关于处理贪污、浪费及克服官僚主义错误的若干规定》,中共中央下发了《关于在'三反'运动中党员犯有贪污、浪费、官僚主义错误给予党内处分的规定》,明确了处理方针、政策界限和具体方式。

当前,全党正在进行以为民务实清廉为主要内容的群众路线教育实践活动。在这样的背景下,我们来回顾新中国成立初期开展的增产节约和反浪费运动的历史,总结党和政府领导开展此项运动的经验,无疑具有十分重要的历史和现实意义。

---

① 《建国以来重要文献选编》第3册,中央文献出版社1992年版,第117页。

中国道路与社会主义核心价值观的凝练*

余在海

社会主义核心价值观是核心价值体系的灵魂,如何对其加以提炼和概括,是近年学界讨论的一个热点。这个问题的解决,必须深入探讨社会主义核心价值观和中国特色社会主义道路(以下简称"中国道路")的联系问题。具体来说,理论上的首要任务就是:从现代文明的本质及其界限、中华文明的和平主义传统和中国近代以来的历史性实践出发,具体阐明中国道路的历史必然性及其基本规定。在此基础上,我们才能真正确定核心价值体系建设的基本取向,并对核心价值观的具体内容作出较为合理的提炼和概括。

一

当代中国的发展通常总是与现代化联系在一起,而现代化又往往被人不加批判地等同于全面融入"现代文明"。因此,要揭示中国道路的历史必然性及其基本规定,我们必须首先把握现代文明的本质及其界限。

关于现代文明的本质,詹姆逊指出:"现代性惟一令人满意的语义学意义在于它与资本主义的联系。"①从这一基本立场出发,詹姆逊批判了现代性一词的各种滥用和意识形态性(例如,海德格尔的主体性和世界图象理论、韦伯和卢卡奇的合理化或物化理论、交替的或选择的现代性以及美学的现代主义,等等)。在他看来,所有这些现代性话语都"忽视现代性的另一种本质意义,即世界范围内的资本主义本身的意义"②。

---

* 本文原载于《哲学研究》2014年第8期。
① 《詹姆逊文集》第4卷,王逢振主编,中国人民大学出版社2004年版,第11页。
② 《詹姆逊文集》第4卷,王逢振主编,中国人民大学出版社2004年版,第10页。

显然，詹姆逊对现代性话语的意识形态分析直接接续着马克思对现代资本主义文明的批判。根据这种批判，我们可以确定，现代文明本质上是一种诞生于西欧的资本主义文明。由于资本的实质在于"如果没有不断的扩展它就不能自我生产"①，因此，现代文明本身就包含着进步和扩张的特征，包含着由地域性文明向全球性文明发展的"普遍化"趋势。在此意义上，现代文明的发展过程实际上也就是历史转变成真正的"世界历史"的过程：由于开拓了世界市场，它使一切国家的物质生产和精神生产都成为世界性的了。② 用海德格尔的话说，就是"世界的欧洲化"，是现代技术凭借其自身的"摆置之权力"无可避免和不可阻挡地把自己的统治地位扩散到整个地球的过程："地方—种族性地成长起来的民族文化（暂时或者永远地？）消失了，代之以一种世界文明的订造和扩展。"③

但是，"通过世界的欧洲化，欧洲的某种不可遏制地扩展到全球的东西到了尽头"。④ 19 世纪的资产阶级曾天真地"把对技术进步的信仰同对有保证的自由、至善至美的文明的满怀信心的期待统一起来"⑤，但世界大战的枪炮声瞬间就将自由主义时代自负的文化意识及其以科学为依据的进步信念砸得粉碎，原先认为"很安全的文明"，突然间产生出"可与摧毁古罗马帝国相比"的破坏力与危害。⑥ 在这个迷梦幻灭的处境中，欧洲思想家不得不思考这样一个普遍而又尖锐的问题："谁将把我们从西方文明的奴役拯救出来？"⑦用罗素的话说，这个问题就是：人类如何才能建设一个和平的社会？

和许多当代欧洲思想家一样，在寻求答案的过程中，罗素除了寄希望于通过彻底改革教育来实现欧洲精神的革新之外，也把希冀的目光更多地投向了东方，尤其是中国。罗素的《中国问题》（1922）不仅揭示了中华文明的和平主义传统，而且展望了中华传统文明（非工业化的古代文明）与现代西方工业文明相遇之后可能产生的"现实可能性"。在他看来，"中国与其说是一个政治实体，不如说是一个文化实体。"⑧这个由"道教"、"儒教"和"佛教"三种因素构成的文化实体，自古以来就保持着一种"和平主义"的文化传统。在日本的压力下、在欧美金融界的干

---

① 《詹姆逊文集》第 4 卷，王逢振主编，中国人民大学出版社 2004 年版，第 70 页。
② 《马克思恩格斯选集》第 1 卷，人民出版社 1995 年版，第 275 – 276 页。
③ 海德格尔：《同一与差异》，孙周兴等译，商务印书馆 2011 年版，第 148 – 150 页。
④ 海德格尔：《同一与差异》，孙周兴等译，商务印书馆 2011 年版，第 148 页。
⑤ 伽达默尔：《哲学解释学》，夏镇平、宋建平译，上海译文出版社 2004 年版，第 110 页。
⑥ 《罗素自选文集》，戴玉庆译，商务印书馆 2006 年版，第 3 页。
⑦ 《卢卡奇早期文选》，张亮、吴勇立译，南京大学出版社 2004 年版，第Ⅰ–Ⅲ页。
⑧ 《罗素自选文集》，戴玉庆译，商务印书馆 2006 年版，第 188 页。

预下,古老的中华文明无疑面临着"转变"和"改革"的迫切要求,但是,中国人的宽容、忍耐力及其对自身和平主义传统的珍视,决定了中华文明在同现代西方文明相遇之后,不仅不可能像日本一样走上"西化"和"军国主义"的道路,而且有可能创造出一种"工业化同符合人性的生活方式相结合,特别是同艺术、个性自由相结合"①的新型文明。

二

罗素的这个当时尚属"预言"性质的论断如今已为中国近代以来的历史性实践所证实,并且还将不断地得到证实。近代以来,在现代西方文明的刺激之下,古老的中华民族艰难地开启了现代化的探索和实践历程。由于经济、政治、文化上的"落后",中国人最初向西方国家寻求真理,试图把中国引上一条通往"现代西方文明"的资本主义道路。但是,在半殖民地半封建的社会历史条件下,中国不能产生一个独立的、强大的民族资产阶级,决定了中国独立走上资本主义发展道路的种种设想终究只是一些"抽象的可能性"。这些可能性的破碎最终证明:在帝国主义的侵略和压迫之下,中国的现代化实践从一开始就注定不能走资本主义的老路,而必须走社会主义的新路。② 新中国成立之后,中国共产党开始在社会主义建设实践中探索一条有别于苏联且符合中国国情的社会主义现代化之路。

经过30多年的探索,党在改革开放的伟大实践中开创、坚持和发展了一条具有中国特色的社会主义发展之路。这条道路在坚持中国发展的社会主义性质和和平主义性质的同时,也在改革开放的过程中丰富了自身的内涵,即它不再是封闭僵化的老路,而是开放创新的新路。但是,伴随着中国的崛起,"中国道路"在展现自身活力和魅力的同时,也引发了诸多质疑。概要说来,这些质疑主要包含两个方面:一是中国的改革开放会不会改变中国现代化的颜色,改革开放不断深入的过程是否就是中国不断走向资本主义,走向全盘西化的过程? 二是中国的崛起是和平主义的还是霸权主义的,中国的崛起是否会引起新的帝国主义和霸权主义? 在笔者看来,正如中国近代以来的历史性实践已经证明中国不能独立走上资本主义道路一样,当下中国正在生机勃勃地展开的"中国道路"也必将打消这些疑虑。理由有三:

第一,改革开放是中国新的历史时期的最鲜明的特点。在这个时期,伴随着

---

① 《罗素自选文集》,戴玉庆译,商务印书馆2006年版,第4页。
② 《胡绳全书》第3卷(上),人民出版社1988年版,第35-36页。

中国全方位的对外开放,中国以一种更加积极的姿态参与到"现代文明"的发展之中,并从西方的发展经验中收获良多。可是,如果据此就认为"中国成功的关键,甚或说中国崛起的过程主要就是学习西方的过程,就犯下了一个严重的错误"。① 因为中国成功的关键并不能归功于新自由主义和西方现代化模式的胜利,而在于"它如何成功地将从西方和东亚邻国学习到的经验与自身历史文化结合起来,从而开发和释放本国的活力之源"。② 同样,中国的未来发展也维系于:在吸收、消化西方文明的基础上创造出一种不同于西方且优于西方的新型发展之路。

第二,"西方国家那种认为中国(以及其他发展中国家)必将遵从西方发展道路的观念主要基于以下两个不可分割的观点:其一,世界上仅有一种可以想象得到的现代性,那就是西方的现代性;其二,世界将会一直由西方国家主导,因为按照它们的说法,西方国家的制度和模式要优于其他所有国家,西方主导的世界将会永久延续下去。"③但问题在于:马克思对现代资本主义文明的批判,以及第一次世界大战以来当代欧洲思想家对现代西方文明的批判反思,都已经证明:所有"全盘西化"论调以之为据的假设(即诞生于西方—欧洲的现代资本主义文明是一种自然的、永恒的、普世的文明)只不过是资产阶级的一种"幻觉"。与之相关的另一个"幻觉"是:现代资产阶级文明要求"在观念上"超越一切民族界限和民族偏见。在马克思看来,这种要求无疑符合资本的本性,因为资本的概念本身就包含着无限扩张和进步的趋势,但马克思接着指出:"决不能因为资本把每一个这样的界限都当作限制,因而在观念上超越它,所以就得出结论说,资本已在实际上克服了它。"④同样,决不能因为"全盘西化"论者想在观念上把中国独特的历史、文化和传统归于零,我们就天真地认为中国的历史、文化和传统在实际上也已经归于零。相反,每个稍有头脑的人都会得出相反的结论:中国的文化传统并非是一个已然过去的"古旧之物",相反,它仍然在中国的人民生活中保持着"沸腾的生命力"。

第三,现代资本主义文明的暴力性和中华文明的和平主义传统,决定了中国不能、也不会走霸权主义的发展道路。众所周知,现代资本主义文明的发展史同时也是一部"使未开化和半开化的国家从属于文明的国家,使农民的民族从属于

---

① 雅克:《当中国统治世界》,张莉、刘曲译,北京中信出版社2010年版,第330页。
② 雅克:《当中国统治世界》,张莉、刘曲译,北京中信出版社2010年版,第330页。
③ 雅克:《当中国统治世界》,张莉、刘曲译,北京中信出版社2010年版,中文版自序第ⅩⅩⅩⅢ页。
④ 《马克思恩格斯全集》第46卷上册,人民出版社1979年版,第393页。

资产阶级的民族,使东方从属于西方"①的殖民史。就此而言,中国坚持发展的和平主义性质,不仅有利于继承和发展中华文明的和平主义传统,而且有利于推动建设一个和平、合作、共赢的国际新秩序。在此意义上,我们不仅要避免"文化保守主义"的错误,而且更要避免"全盘西化"的危害,因为"全盘西化"在使中华民族的不同凡响之处(和平主义传统)荡然无存之余,"其结果只是在这星球上再增添一个躁动、智慧、勤奋、尚武的国家,而这样的国家现在已经使得不幸的世界苦不堪言了"。② 因此,为了人类的和平和发展,中国也必须在珍视自身和平主义传统的基础上创造出一种不同于现代西方—资本主义文明的新型文明。

三

综上所述,现代文明的本质及其界限、中华文明的和平主义传统、中国近代以来的整个历史性实践,共同决定着中国未来不能走全面融入"现代文明"的资本主义道路,而必须走"中国道路"。就其基本性质而言,中国道路有三个基本规定:它是社会主义的,而不是资本主义的;它是和平主义的,而不是霸权主义的;它是开放创新的,而不是封闭僵化的。与之对应,作为中国道路的核心价值理念,社会主义核心价值观也包含着三个方面的基本内容:

1. 公平正义。这是由中国道路的社会主义性质决定的。邓小平同志指出:"我们为社会主义奋斗,不但是因为社会主义有条件比资本主义更快地发展生产力,而且是因为只有社会主义才能消除资本主义和其他剥削制度所必然产生的种种贪婪、腐败和不公正现象。"③"社会主义的本质,是解放生产力,发展生产力,消灭剥削,消除两极分化,最终达到共同富裕。"④贫穷不是社会主义,贫富两极分化也不是社会主义。中国现代化事业要取得成功,中华民族要实现伟大复兴,其关键在于:中国要坚定不移地走既能实现现代化又能消除两极分化的中国道路。一言以蔽之,公平正义是中国特色社会主义的内在要求。

2. 和平发展。这是由中国道路的和平主义性质决定的。与西方文明不同,中华文明始终保持着一种和平主义传统。近代以来,在西方坚船利炮的"刺激"之下,中国艰难地开启了自己的现代化之路。最初,中国的先进人士向西方国家寻求真理,试图让中国走上资本主义道路。但是,这些尝试无一例外地失败了。这

---

① 《马克思恩格斯选集》第 1 卷,人民出版社 1995 年版,第 276-277 页。
② 《罗素自选文集》,戴玉庆译,商务印书馆 2006 年版,第 163 页。
③ 《邓小平文选》第 3 卷,人民出版社 1993 年版,第 143 页。
④ 《邓小平文选》第 3 卷,人民出版社 1993 年版,第 143 页。

些失败让中国人明白一个道理:中国现代化之路只能是社会主义性质的,而不能是资本主义性质的。由于现代资本主义文明本身就包含着霸权主义的趋向,因此,中国现代化的社会主义性质同时就规定了中国的发展只能是和平主义的。就此而言,坚持独立自主的和平外交政策,致力于建设一个和平、发展、合作、共赢的和谐世界,不仅让中华文明的和平主义传统"再度青春化",而且也是热爱和平的中国人民送给动荡不安的现代世界的最珍贵的礼物。

  3. 开放创新。这是由中国现代化的历史性任务决定的。近代中国100多年的苦难历程业已证明,中国要摆脱落后的局面、要实现民族的独立、统一和富强,就必须实行现代化。实行现代化就意味着中国要向西方文明学习,特别是向它们学习中华文明传统所缺乏的现代科学技术。"现代社会同文艺复兴时期相比,或好或坏,其任何不同之处都源于科学的作用。掌握了科学的国家,在战争方面,在商业方面,以及在令人羡慕的其他成功之处,都堪称是最强盛的国家。当今世界,只要与科学为敌就不会有任何机会再获成功。"[1]同样,中国要想在当今世界中取得成功,就必须对外开放,向西方文明学习。只有这样,才有可能在彻底消化吸收现代工业主义文明成果的基础上,建立一个"既使用机器,又不崇拜机器"[2]的新型文明样式。

  依据中国道路的三重规定——社会主义的、和平主义的、开放创新的,我们将社会主义核心价值观简明扼要地概括为"公平正义""和平发展""开放创新"。当然,这只是笔者个人的看法,考虑得不一定周全。但无论对核心价值观如何提炼和概括,有一点是必须肯定的,那就是:核心价值观的提炼和概括不能脱离中国当下正在开展的"中国道路"这一伟大的历史性实践。舍弃了这一点,关于核心价值观的讨论就有可能沦为一种抽象的词句之争。

---

[1] 《罗素自选文集》,戴玉庆译,商务印书馆2006年版,第4页。
[2] 《罗素自选文集》,戴玉庆译,商务印书馆2006年版,第4页。

实现中国梦的支撑体系[*]

姚宏志

党的十八大以来,以习近平同志为总书记的党中央,围绕着什么是中国梦、怎样实现中国梦这一重大问题,明确提出并深刻阐述了中国梦的一系列战略思想,创造了马克思主义中国化历史进程中的又一标志性成果。在怎样实现中国梦的问题上,习近平同志分别从中国道路、中国制度、中国精神、中国力量四个方面,建立起相互联系、相互作用的支撑体系,并对它们在该体系中的作用作了科学分析,使中国梦的实现有了更加坚强的保证。

一、中国道路支撑

中国梦是习近平同志于2012年11月29日在国家博物馆参观"复兴之路"展览时首次明确提出来的,是在中国共产党推进中国特色社会主义的历史进程中概括和提炼出来的,是着眼于坚持和发展中国特色社会主义提出的重大战略思想。中国梦与中国特色社会主义道路之间,有着须臾不可分的内在关联。一方面,中国梦丰富和发展了中国特色社会主义道路的科学内涵,提升了中国特色社会主义道路的理论境界,增强了中国特色社会主义道路的自觉与自信,为坚持和发展中国特色社会主义道路注入了新的精神能量;另一方面,中国特色社会主义道路是实现中国梦的唯一正确道路,只有坚持和发展这条道路,中华民族伟大复兴的中国梦才能变成活生生的现实。

中国特色社会主义道路,是改革开放新时期以邓小平同志为核心的党的第二代中央领导集体,在深刻总结我国社会主义建设和世界社会主义运动正反两方面经验教训的基础上,在中国特色社会主义建设的崭新实践中成功开创的,并在20

---

[*] 本文原载于《中共宁波市委党校学报》2014年第7期。

世纪80年代取得了突飞猛进的发展。20世纪90年代以来,以江泽民同志为核心的党的第三代中央领导集体,在国内外形势十分复杂、世界社会主义出现严重曲折的严峻考验面前,成功地捍卫了这条道路,将中国特色社会主义伟大事业全面推向21世纪。新世纪新阶段,以胡锦涛同志为总书记的党中央,紧紧抓住重要战略机遇期,在全面建设小康社会的历史进程中成功地坚持和发展了这条道路,在新的历史起点上将中国特色社会主义伟大事业继续全面推向前进。改革开放30多年来中国特色社会主义道路的丰富实践,不仅使中国经济快速发展起来,综合国力迅速增强起来,中国人民生活水平快速提高起来,而且使中国人民和中华民族为世界和平与发展做出了杰出贡献。事实雄辩地证明,中国特色社会主义道路是一条符合中国国情、强国富民的道路。要发展中国、繁荣中国,要全面建成小康社会、加快推进社会主义现代化、实现中华民族伟大复兴的中国梦,必须"坚定不移高举中国特色社会主义伟大旗帜,既不能走封闭僵化的老路,也不能走改旗易帜的邪路"①。中国已经在中国特色社会主义道路上走过了波澜壮阔的30多年,还要沿着这条康庄大道矢志不渝地走下去。

　　实现中国梦要以中国特色社会主义道路为支撑,不仅体现在改革开放以来中国特色社会主义的崭新实践中,而且体现在近代以来中国先进分子对中华民族伟大复兴的苦苦探求中。鸦片战争之后,中国一步步地沦为半殖民地半封建社会的深渊,国家积贫积弱,战乱不已,民不聊生。为了拯救中华民族于水深火热之中,一代代中国先进分子心怀民族复兴的梦想,进行了前赴后继的奋斗。他们曾经尝试过"自强""求富"的洋务之路,曾经尝试过君主立宪的维新变法之路,曾经尝试过"三权分立"的资本主义宪政之路,曾经尝试过国共两党之外的"第三条道路"……但是,这些道路在中国均走不通。正如毛泽东所指出的:"帝国主义的侵略打破了中国人学西方的迷梦。很奇怪,为什么先生老是侵略学生呢?中国人向西方学得很不少,但是行不通,理想总是不能实现。多次奋斗,包括辛亥革命那样全国规模的运动,都失败了。"②为什么会出现这种状况呢?原因就在于:这些道路并不适合于中国国情,它们不是指引中华民族走向复兴的现实道路。客观形势的发展迫切需要新的阶级探索新的道路。中国共产党正是肩负着这一艰巨使命登上历史舞台。为了实现梦想,中国共产党制定了中国道路的"两步走"战略:先进行民族民主革命,结束半殖民地半封建社会的历史,实现民族独立和人民

---

① 《中国共产党第十八次全国代表大会文件选编》,人民出版社2012年版,第11页。
② 《毛泽东选集》第4卷,人民出版社1991年版,第1470页。

解放；然后再进行社会主义革命，建立社会主义制度，建设社会主义社会，实现国家繁荣富强和人民共同富裕。中国共产党成立90多年来的历史，中华人民共和国成立60多年来的历史，正是沿着这一相互衔接、前后继起的道路奋勇前进的，中华民族伟大复兴的事业日益展现出光明的前景。当然，中国道路的探索总是充满着复杂和艰辛。正如中国特色的新民主主义革命道路是在历经千辛万苦、付出各种代价之后才艰难找到的一样，中国特色社会主义的建设道路也是在历经多年的曲折反复之后才摸索出来的，其中承载着几代中国共产党人的理想和追求，寄托着无数仁人志士的意愿和期盼，凝聚着千千万万革命先烈的奋斗和牺牲，凝聚着全国各族人民的思考和实践。

总之，中国特色社会主义道路不限于改革开放30多年来中国共产党对中国特色社会主义的开创、坚持和发展中，还体现在中华人民共和国成立60多年来中国共产党对社会主义革命、建设、改革道路的持续探索中，还体现在中国共产党成立90多年来带领人民群众为争取民族独立、人民解放、国家富强和人民共同富裕道路的艰辛求索中，同时体现在近代以来170多年中国先进分子对中华民族伟大复兴道路的苦苦摸索中。在此过程中，中国先进分子（后来是中国共产党）对中华民族伟大复兴的中国梦的追求与对中国道路的探求，总是紧密地联系在一起，充满着一波三折，使中国特色社会主义道路充盈着光荣的中国梦的理想，使中国梦的实现有了中国特色社会主义道路的坚强支撑。

二、中国制度支撑

所谓中国制度，是指中国特色社会主义制度，由根本制度、基本制度、具体制度三个层面构成。具体说来，中国制度"就是人民代表大会制度的根本政治制度，中国共产党领导的多党合作和政治协商制度、民族区域自治制度、基层群众自治制度等基本政治制度，中国特色社会主义法律体系，公有制为主体、多种所有制经济共同发展的基本经济制度，按劳分配为主体、多种分配方式并存的分配制度，以及建立在这些制度基础上的经济体制、政治体制、文化体制、社会体制等各项具体制度。"①经过多年的建设、发展和完善，中国特色社会制度在政治、经济、文化、社会等各个方面，已经基本形成了一整套相互衔接、相互联系的制度体系，为实现中国梦建立起系统的制度保证。

实现中国梦，需要中国特色社会主义制度作支撑。如果说中国特色社会主义

---

① 《中国共产党第十八次全国代表大会文件选编》，人民出版社2012年版，第11-12页。

道路为实现中国梦指明了前进方向的话,那么,中国特色社会主义制度为实现中国梦提供了坚强的制度保障。邓小平同志曾经说过,制度问题更带有根本性、全局性、稳定性和长期性。在中国这样一个人口众多、经济文化基础比较落后的东方大国搞社会主义现代化建设,将无数代人寄于中华民族伟大复兴的梦想变成现实,如果没有根本制度作保证,这一梦想就会失去存在的根基;如果没有中国特色社会主义制度作保障,这一梦想同样只能是空中楼阁。中国特色社会主义制度是在对形形色色的封建主义制度、资本主义制度的批判中建立和发展起来的,自然也吸取了其中的一些有益的养分。中国特色社会主义制度对实现中国梦的支撑作用主要体现在:可以最大限度地整合社会资源,集中力量办大事,有效应对前进道路上的各种风险和挑战,维护民族团结、社会稳定、国家统一;可以最大限度地发扬人民民主,调动广大人民群众的积极性、主动性和创造性,激发全社会的创造活力和人民进取精神;可以最大限度地维护社会公平正义,促进社会和谐,实现全体人民的共同富裕;可以最大限度地凝聚社会共识、形成共同理想、构建中华民族的共有精神家园。中国特色社会主义制度的这些特色和优势,以及这些特色和优势所组成的制度合力,是其他社会制度不具备或不完全具备的,为实现中国梦提供了科学、合理的制度安排和依托。

实现中国梦,需要坚定中国特色社会主义制度自信。中国特色社会主义制度是马克思主义基本原理同当代中国实际和时代特征相结合的结晶体,是中国共产党在实现中国梦的历史进程中深谋远虑的结果。中国共产党从新民主主义革命时期开始,就孜孜以求地探索和设计中国的社会主义制度,并在新中国成立后逐步付诸实践。到20世纪50年代中期,随着社会主义改造的基本完成,我国基本确立起社会主义基本制度,从而为当代中国的一切发展进步、为实现中国梦奠定了根本制度基础。新时期以来,中国特色社会主义制度的坚持、创新和发展,均是从这一坚实基础上展开和深化的。我们为什么必须坚持人民代表大会制度,而不能搞"三权分立"的政治制度?我们为什么必须坚持中国共产党领导的多党合作和政治协商制度,而不能搞西方的多党制?我们为什么必须坚持以公有制为主体、多种所有制经济共同发展的基本经济制度,而不能搞私有化和单一公有制?经过30多年改革开放和社会主义现代化建设的实践,中国共产党已经对这些问题做出了明确而坚定的回答:中国特色社会主义制度不是"中国特色资本主义"制度,不是"中国特色封建主义"制度,不是"封建特色资本主义"制度,它既坚持和发展了科学社会主义的基本原则,又根据中国实际和时代特征赋予其鲜明的中国特色,具有巨大的优越性和强大的生命力。一个经济繁荣、政治民主、文化发展、社会稳定、生态良好的中国正在崛起,已经成为世界现代化进程中一个举世瞩目的"世界历史性的事实"①。现在,我们可以自信地说:我们比历史上任何时期都更接近实现中华民族伟大复兴的中国梦的目标,比历史上任何时期都更有信心、更有能力实现这个目标。我们有理由相信:中国特色社会主义制度是实现中国梦的最好制度,必须始终不渝地坚持而不能偏离这一制度,我们就是要有这样的制度自信。只有坚定起这样的制度自信,中国梦的实现才有了可靠的政治保证。

实现中国梦,需要坚持中国特色社会主义制度创新。实现中华民族的伟大复兴,不是一蹴而就的,而是一个长期的奋斗过程。与此相适应,中国特色社会主义制度的坚持、发展和创新,同样是一项长期的艰巨任务。经过几十年的探索和发展,中国特色社会主义制度已经彰显出它的效率、特色和优势,但还不成熟、不完善、不健全,特色和优越性还有待于进一步发挥。为此,需要不断加强制度建设,推进制度创新,不断丰富和完善它。1992年春,邓小平同志曾在南方谈话时指出:"恐怕再有三十年的时间,我们才会在各方面形成一整套更加成熟、更加定型的制度。在这个制度下的方针、政策,也将更加定型化。"②按照邓小平同志的设想,到2020年前后,我们通过实践基础上的理论创新推动制度创新,在坚持现有制度的同时还要健全和完善它,根据实际情况及时建立新制度,废除不适应时代发展的旧制度,逐步构建起系统完备、科学规范、运行有效的制度体系,使中国特色社会主义制度更加完善,更加成熟,更加定型。这一时间节点与目标任务,正好与中共十八大明确提出的"两个一百年"奋斗目标中的第一个百年目标——在中国共产党成立100年时全面建成惠及十几亿人口的小康社会——紧密地联系起来,两者之间相辅相成,相得益彰。完善的中国特色社会主义制度为全面建成小康社会的目标提供强有力的支撑,全面建成小康社会的目标为中国特色社会主义制度的完善奠定了坚实的社会基础,两者统一于实现中华民族伟大复兴的中国梦的丰富实践中。

三、中国精神支撑

中国精神主要包括民族精神和时代精神两方面。民族精神构成了中国精神的空间维度,时代精神构成了中国精神的时间维度。作为对中国社会精神生活的高度概括和深入提炼,民族精神与时代精神在本质上是有机统一的,两者互为条

---

① 《马克思恩格斯选集》第1卷,人民出版社1995年版,第89页。
② 《邓小平文选》第3卷,人民出版社1993年版,第372页。

件。民族精神的传承和发展,需要结合时代变迁和社会进步的要求,不断地纳入时代特色的元素;而时代精神的继承和丰富,也需要结合民族传统和民族文化的内容,不断地融入民族特色的因子。因此,脱离了时代特色的民族精神,正如脱离了民族特色的时代精神一样,都是没有生命力的,是不能恒久的。只有将民族精神和时代精神相互结合起来,将民族精神的时代化和时代精神的民族化相互交融起来,这样的中国精神,可以为实现中国梦提供丰厚的精神底蕴和强大的精神支撑。

爱国主义始终是民族精神的核心。在中华民族几千年的历史长河中,爱国主义始终是高昂的主旋律。特别是历史进入近代以后,中华民族饱受外来民族的欺凌,所遭受的剥削之苦、压迫之重、灾难之深、牺牲之大,在世界近现代历史上都是十分罕见的。为了实现中华民族的独立和解放,中国人民不甘屈服和欺侮,不断奋起斗争,终于掌握了自己的命运,洗刷了中华民族的百年耻辱,建立起中华人民共和国,充分展示了以爱国主义为核心的民族精神在实现中华民族的独立、自由、统一中的重要作用。新中国成立后,以美国为首的西方国家对中国长期采取政治上不承认、经济上封锁禁运、军事上包围威胁、外交上孤立的敌对政策,企图将新中国扼杀在摇篮之中。中国人民不为困难所压倒,而是咬紧牙关,艰苦奋斗,全力追赶,不仅基本上建立起独立的、比较完整的工业体系和国民经济体系,为中国之后的发展奠定了牢固的物质技术基础,而且顶住了霸权主义和强权政治的压力,提升了中国的国际地位。所有这些,充分展示了以爱国主义为核心的民族精神在赢得经济独立、维护国家主权、捍卫民族尊严中的历史地位。新时期以来,在中国共产党的领导下,经过全国各族人民的共同努力,我们胜利地实现了现代化建设"三步走"发展战略的前两步目标,大幅度提高了国家的综合国力和人民的生活水平,用了短短几十年的时间就走完了西方发达国家用几百年、上百年时间才走完的发展历程,为全面建成小康社会、基本实现现代化开辟了广阔的前景。这是中华民族发展史上的一个新的里程碑,同时以无可辩驳的事实再一次充分展示了以爱国主义为核心的民族精神在实现中华民族伟大复兴的中国梦中的支撑作用。

改革创新始终是时代精神的核心。中华民族历来具有开拓进取、革故鼎新、自强不息、团结奋斗的思想品格和精神风貌。正是这些变革与创新,使得中华民族在几千年的沧桑岁月中,经年而不衰,历久而弥新,始终走在时代和世界的前列。但是自明清以降,中华民族却大大地落伍了。究其原因,主要是腐朽的社会制度阻滞了社会前进的步伐,限制了人们"睁眼看世界"的能力,阻断了中华民族通向伟大复兴的桥梁。为此,从19世纪后期直至20世纪初年,围绕着现存社会制度问题,中国社会相继爆发了要不要洋务、要不要维新变法、要不要革命的激烈争论。中国先进分子在这些争论中所持的思想武器,以及围绕这些思想武器所展开的社会实践和武器批判,充分展现了以改革创新为核心的时代精神在推动近代中国制度变迁、社会转型以及人们思想解放方面的突出作用。中国共产党成立后,这种时代精神并没有丢,而是得到批判地继承和发展。在新民主主义革命阶段,在帝国主义战争和世界无产阶级革命的时代,以改革创新为核心的时代精神主要表现为中华民族反帝反封建的革命精神。正是在这种革命精神的激励和鼓舞下,中国彻底结束了半殖民地半封建社会的屈辱历史,扫清了中华民族复兴道路上的制度障碍。不仅如此,这种革命精神在新中国成立后继续得到发扬,并迅速转化为建设新国家、新社会的强大精神力量。十一届三中全会后,中国做出了改革开放的伟大战略决策。30多年来的实践充分表明,改革开放已成为这个时代最鲜明的特征,改革创新永无止境。[①] 在改革中创新,在创新中改革,已经成为这个时代精神上最显著的标识。如果没有改革创新,没有在改革创新中坚持和发展马克思主义、坚持和发展中国特色社会主义,不仅中华民族伟大复兴的中国梦必然要落空,就是中国的社会主义红旗也会轰然倒地。这不是危言耸听,苏联和东欧社会主义国家覆亡的历史已经充分地说明了这一点。

总之,以爱国主义为核心的民族精神和以改革创新为核心的时代精神,始终是把中华民族坚强团结在一起的精神力量,始终是激励全国各族人民自强不息的强大力量,始终是鞭策我们在改革开放中与时俱进的精神力量。一个没有精神力量的民族难以自立、自强于世界民族之林,中国梦需要中国精神来支撑。中国精神已经在中华民族的团结和复兴过程中发挥了重要作用,得到了充分的展现,在中华民族为中国梦继续奋斗的历史征程中,中国精神的作用和特色将会更加彰显,因而更需要大力弘扬中国精神。只有振奋起全民族的"精气神",才能不断增强团结一心的精神纽带、自强不息的精神动力,永远朝气蓬勃迈向中华民族伟大复兴的未来。

四、中国力量支撑

中华民族伟大复兴的中国梦,承载着亿万中国人民对美好未来的憧憬和期待,具有历史的沧桑感、现实的厚重性。实现中国梦,不是一件轻而易举的

---

① 干成俊,李芝兰:《改革创新精神对社会主义核心价值体系的丰富和深化》,《安徽师范大学学报》,2012年第6期。

事情，而是要经历一个长期的、复杂的、艰苦的奋斗过程，同时需要通过各种途径和形式以积聚智慧和力量。如前所述，以爱国主义为核心的民族精神和以改革创新为核心的时代精神，为实现中国梦积聚起强大的精神支撑。但是，仅有这些精神动力还是远远不够的，还需要掌握和运用中国精神的主体——人的力量来推动和实现。因为人是实现中国梦的最基本、最活跃、最能动的因素。虽然每个人都应该是中国梦的实现者，但这里所说的人，不是特指某个人物或某几个人物，也不是特指某个阶级、阶层或社会集团，而是泛指全体中国人，特别是广大的人民群众。他们构成了中国梦的实践进程中最强大的中国力量。

其一，主体性。马克思主义认为，历史活动是人民群众的事业。人民群众的利益、意志、愿望和要求，从根本上体现了社会历史发展的方向。中国梦是国家的梦、民族的梦，也是每个中国人的梦，是国家和民族的富强梦与个人的幸福梦的有机统一。只有真正为了人民群众，切实相信人民群众，紧紧依靠和团结人民群众，成果由人民群众共享，中国梦的实现才能够获得源源不断的力量来源。因此，中国梦无论从内涵、立场、结果还是路径上看，都离不开人民群众，都要尊重人民群众的主体地位，都要发挥人民群众的主体作用。人民群众不仅是中国梦的构筑主体、拥有主体，而且是中国梦的依靠主体、实现主体，同时也是中国梦的分享主体、受益主体。

其二，创造性。人民群众是历史的创造者，是社会物质财富和精神财富的创造者，是推动社会前进和历史发展的决定性力量。人民群众中蕴藏着无穷的智慧和丰富的创造力。实现中国梦，必须尊重人民群众的劳动和实践，不断激发、动员和提高人民群众参与劳动和深入社会实践活动的主动性、积极性和创造性，从中汲取营养和力量。革命年代如此，社会主义建设新时期同样也不例外。1992年7月，邓小平在审阅党的十四大报告送审稿时强调指出："改革开放中许许多多的东西，都是群众在实践中提出来的"；"报告中讲我的功绩，一定要放在集体领导范围内"，"绝不是一个人脑筋就可以钻出什么新东西来"。"这是群众的智慧，集体的智慧。我的功劳是把这些新事物概括起来，加以提倡。"①改革开放以来，人民群众的主动性、积极性和创造性精神得到进一步发挥。从本质上讲，中国共产党所提出的一系列关乎中华民族前途和命运的重要思想观点、重大战略决策，无不出自人民群众的生动实践和创造活动，并在充分总结和概括这些实践经验的基础上

---

① 《邓小平年谱(1975～1997)》，中央文献出版社2004年版，第1350页。

提出来的。中国力量的创造性特色使中国梦在践行过程中充满着无限生机与活力。

其三,广泛性。人民群众并非一个高度同质化的集体,而是包含着不同的民族、阶级、阶层、政党、社会集团等,个体之间的立场、职业、地位、信仰、教育程度等也千差万别。为了将这些不同群体、差异性明显的个体紧密地团结起来,共同为中华民族的独立和复兴而奋斗,中国共产党发明了统一战线这一重要"法宝"。新民主主义革命时期,中国共产党充分利用这一"法宝",最大限度地团结了一切可以团结的力量,团结了千百万真心实意拥护革命的群众,从而构筑中华民族反帝反封建的"真正的铜墙铁壁,什么力量都打不破的,完全打不破的"①。新时期以来中国共产党继续发挥"法宝"作用,不断激发隐藏在每个中华儿女身上的潜能,不断化解中国梦推进过程中的困难和不利因素,营造更加良好的社会氛围,凝聚更加广泛的中国力量。

主体性、创造性、广泛性,是中国力量在实现中国梦进程中展现出来的三个特色,三个重要的特色。但是,这些特色是就中国力量中的基本力量、依靠力量、团结力量而言的,除此之外,实际上中国力量还包括领导力量。它是其他各种力量能否以及在多大程度上发挥主体性、创造性、广泛性作用的关键,是其他力量能否发动起来并汇聚成汪洋大海般的中国力量的核心。在近现代中国,这种领导力量就是中国共产党。中国共产党的领导,是实现中国梦的历史进程中中国力量所呈现出来的最大特色。中国共产党的这种领导地位,不是自封的,是在领导人民为中华民族伟大复兴而长期奋斗的革命、建设、改革实践中逐步形成、确立和巩固起来的,是历史和人民选择、坚持的必然结果。在近代中国的政治舞台上,只要哪个政党或政治力量能够把中国人民从帝国主义和封建主义的双重羁扼下解放出来,能够找到中华民族伟大复兴的前途和出路问题,它就必然会成为中国社会、中国人民的领导者。在中国共产党成立以前,中国的各种政治力量曾为此努力过,较量过,但屡屡碰壁。其中原因固然很多,但根本的一条,就是没有能够真正唤起民众,没有能够团结最广大的人民群众共同奋斗。这是包括孙中山在内的中国先进分子总结历史经验得出的深刻教训。而中国共产党之所以能够带领人民不但完成反帝反封建的任务,建立起新中国和社会主义制度,而且开辟出一条中国特色社会主义新道路,原因同样很多,但根本的一条,就是最广泛地发动人民群众,充分发挥人民群众的主体性、创造性、广泛性的特色和优势,使人民群众心往一处

---

① 《毛泽东选集》第1卷,人民出版社1991年版,第139页。

想,劲往一处使,用全体中国人的智慧和力量汇集起不可战胜的磅礴力量。在长期的奋斗历程中,中国共产党正是始终坚持人民群众在革命、建设、改革中的作用和地位,才始终赢得广大人民群众的拥护、支持和信赖,推动了中国社会在中华民族伟大复兴的道路上奋勇前进。

"中共党史"概念的历史考察*

姚宏志

"中共党史"是"中国共产党历史"的简称。在中共的历史发展上,作为一个特定的、约定俗成的词汇,"中共党史"概念由来已久。从它的正式提出——20世纪30年代后期算起,至今已有四分之三世纪。那么,它是如何提出来的呢?笔者对此作一详细考察和梳理。

一

在"中共党史"概念提出来之前,党的文献和早期领导人的著作和讲话中,通常使用的是"中国共产党历史"或"中国共产党史"或"中国共产党的历史"等概念。1926年初,蔡和森在莫斯科担任中共驻共产国际代表期间,曾向中共旅俄支部作了长达5万字的报告,系统回顾和总结了中共自一大至四大的历史及其经验教训,这是中共党史研究的第一部著作。该报告的名称即为《中国共产党史的发展(提纲)》①。1928年7月9日,中共六大通过的《政治议决案》对八七会议作了很高的评价,认为:"他是中国共产党历史上的转变关键,他在使党布尔塞维克化的事业上,有极重大的意义。"②同年,瞿秋白在参加完中共六大后,便留在莫斯科担任中共驻共产国际代表团团长,直至1930年7月回国。1929年12月至1930年6月期间,他在莫斯科列宁学院和中国劳动大学主讲中国共产党历史,留下了《中国共产党历史概论》大纲,其中第一讲所列的两个问题中,第一个就是"中国共产党历史之意义"③。1937年7月1日,周恩来在中共中央召开的党的活动分子纪

---

* 本文原载于《党史研究与教学》2014年第5期。
① 中央档案馆编:《中共党史报告选编》,中共中央党校出版社1982年版,第1页。
② 《建党以来重要文献选编》第5册,中央文献出版社2011年版,第383页。
③ 中央档案馆编:《中共党史报告选编》,中共中央党校出版社1982年版,第151页。

念会上作了题为《十六周年的中国共产党》报告。报告的首个标题即为"中国共产党的历史传统"①。

除上述概念外,中共的文献和早期领导人的著作和讲话中,有时也会使用"党的历史"简称。1928年6月20日,瞿秋白在中共六大的政治报告中,特别讲到了"党的历史上之几个问题",指出:"我所要讲的是党的历史概略"②。1928年10月15日,毛泽东为中共湘赣边界第二次代表大会起草的决议案中,指出了边界各级党组织发展缓慢的原因,认为:"边界是个农村经济的环境,加之党的历史很短,独立斗争很少(因为有红军可靠),故机会主义的遗毒、农民党的倾向,在边界各级党部中表现出特别可怕的色彩。"③1929年9月1日,陈毅在上海向中共中央所作的《关于朱毛红军党务概况的报告》中,阐述的首要问题就是"党的历史"④。1931年,中共中央组织部曾经编辑过名为《党的历史》的内部刊物,但由于"中央组织变动过多,工作人员的实际作用,时常更动,以及能力的薄弱",致使该刊物"除被出版部遗失四期外,实际只出了七期,八期尚在搁置中"⑤。1932年2月12日,《中共中央给共产国际的组织报告》中,劈头即指出:"一九三一年一月所开的四中全会,在吾党的历史上,实占着一个很重要的地位。"⑥

当然,还有更加简略的概念——"党史",也不时出现在党的文献和早期领导人的著作和讲话中。1930年2月1日,李立三曾作《党史报告》,并在其中多次提及"党史"概念,认为:中国共产党自成立以来,中间经过几次很伟大的斗争,它们"在党史上有伟大的意义";"党史对于目前政治路线和革命前途有绝大关系";"可是党并没有党史的编辑"⑦。1931年2月24日,张闻天在《加紧我们对于日常斗争的领导》中指出:"只有从来没有读过党史,或读过而不了解的李立三与李立三主义者才会常常利用它来证明同列宁主义没有丝毫共同点的李立三主义的正确。"⑧1938年11月6日,王稼祥在中共六届六中全会的闭幕词中,充分肯定了这次全会的成绩和进步,认为:"此次会在党史中占重要地位,总结了过去的经验,定出了工作,将会完成光荣的任务。此次会在中华民族史上亦有重大的意义,推动

---

① 《建党以来重要文献选编》第14册,中央文献出版社2011年版,第345页。
② 《建党以来重要文献选编》第5册,中央文献出版社2011年版,第268页。
③ 《建党以来重要文献选编》第5册,中央文献出版社2011年版,第631页。
④ 《建党以来重要文献选编》第6册,中央文献出版社2011年版,第469页。
⑤ 《建党以来重要文献选编》第9册,中央文献出版社2011年版,第127页。
⑥ 《建党以来重要文献选编》第9册,中央文献出版社2011年版,第95页。
⑦ 中央档案馆编:《中共党史报告选编》,中央文献出版社2011年版,第204页。
⑧ 《张闻天文集》第1卷,中共党史资料出版社1990年版,第142页。

抗日战争走向最后胜利。"①

不过,并非所有的"党史"概念,都是指中国共产党历史。1924年6月1日,周恩来在《赤光》发表的一文中指出:"党与国原不是纯然一物不可类附,况加入国民党的并不是共产党,乃是共产主义者呢。若论党史,则英国共产党人之加入工党,英国工党包含有数个政党,美国共产党人之加入劳动党,土耳其共产党人之加入国民党,何一而非你们所谓的'混合'?"②周恩来在这里所说的"你们",指的是胡瑞图、吴樵甫、威重三人,他们反对中国共产主义者加入国民党。周恩来在这里所提到的"党史"一词,可能是迄今为止中共的早期文献中发现的有关该词的最早出处。但是,它却不是指中国共产党历史,而是泛指世界各国共产党和工人党的历史。又如,1925年10月16日,国民党中央执行委员、监察委员、各部部长第114次联席会议决定组织党史编纂委员会,指定毛泽东、甘乃光、詹菊似三人起草编纂党史章程,提请国民党中央执行委员会审定③。这里提到的"党史"一词,同样不是指中国共产党历史,而是指中国国民党历史。再如,1938年1月30日,张闻天主持召开中共中央政治局常委会议,讨论党校工作问题,在总结发言中指出:"苏联现在还没有一部固定的党史"④。张闻天这里提到的"党史",是指苏联共产党历史。因此,"党史"概念虽然十分简略和具有高度概括性,却未必都是"中国共产党历史"的简称,对其内涵的理解不能脱离特定的语境,否则便可能张冠李戴。

除上述一系列称谓外,还有个别概念如"中国党史"、"中共史"也曾在中共的早期文献中出现过。1930年,李立三在《党史报告》中特别指出:"我的报告是有一个大纲,经过中央审查。"⑤这里所讲的"大纲",是指《中国党史纲要大纲》⑥。李立三在这里将中国共产党历史简称为"中国党史",而王明在《为中共更加布尔塞维克化而斗争》小册子中,则将中国共产党历史简称为"中共史"。他指出:"列宁主义的党,对于那些不能救药的机会主义分子,毫不留情地将他们驱逐出去,以便整洁我们的队伍;同时,列宁主义的党,对于那些犯过错误,但能够纠正和愿意纠正的同志们,却要设法给他们以改正错误的机会,帮助他们以改正错误的方法,

---

① 《建党以来重要文献选编》第15册,中央文献出版社2011年版,第784页。
② 《建党以来重要文献选编》第2册,中央文献出版社2011年版,第80页。
③ 逄先知主编:《毛泽东年谱(1893-1949)》上卷,人民出版社、中央文献出版社1993年版,第138-139页。
④ 张培森主编:《张闻天年谱(1900-1976)》,中共党史出版社2000年版,第541页。
⑤ 中央档案馆编:《中共党史报告选编》,中共中央党校出版社1982年版,第204页。
⑥ 中央档案馆编:《中共党史报告选编》,中共中央党校出版社1982年版,第200页。

以免减少我们的队伍的力量。同志们,试把联共党史、共产国际史及中共史检阅一遍,便可明了这些说话的正确。"①

通过上述考察可以看出,在20世纪二三十年代,在"中共党史"概念正式提出之前,在中共的文献和早期领导人的著作和讲话中,用来指称与"中共党史"概念同一内涵的词语较多,有的用全称,有的用简称;有的作这样的简称,有的做那样的简称,虽然丰富,但不规范,也不统一。

二

1942年3月30日,毛泽东在延安为中共高级干部作《如何研究中共党史》的讲话,强调研究中共党史的重要性,阐述研究中共党史的基本原则和方法,提出划分中共党史发展阶段的根据,并对中共党史的三个发展阶段作了具体分析。毛泽东在讲话中多次提到"中共党史"和"党史"概念,指出:"如何研究党史呢?根本的方法马、恩、列、斯已经讲过了,就是全面的历史的方法。""中共党史分成这三个阶段,就斗争目标、打击对象、党的政治路线讲,都合乎事实,都说得通。""为了有系统地研究中共党史,将来需要编两种材料,一种是党内的,包括国际共产主义运动;一种是党外的,包括帝国主义、地主、资产阶级等。两种材料都按照年月先后编排。两种材料对照起来研究,这就叫作'古今中外法',也就是历史主义的方法。""研究中共党史,应该以中国做中心,把屁股坐在中国身上。世界的资本主义、社会主义,我们也必须研究,但是要和研究中共党史的关系弄清楚。"②毛泽东的讲话成为中共党史理论研究的奠基之作,同时为"中共党史"概念的宣传发挥了十分重要的作用。

当然,这不是说在毛泽东发表该讲话之前,党内见不着"中共党史"概念的踪迹。实际上,在当时的延安和中国共产党内,"中共党史"概念并不陌生。1939年2月15日,第十八集团军政治部发布关于加强干部教育的训令,"中共党史"被列为干部教育的九大科目之一③。1941年11月7日,周恩来同董必武致电毛泽东,报告中共南方局准备整风学习的情况:"已成立高级学习组,决定先研究马、恩、列、斯思想方法论,同时搜集党史资料,准备以后研究讨论,并将学习中共党

---

① 《建党以来重要文献选编》第8册,中央文献出版社2011年版,第250页。
② 《建党以来重要文献选编》第19册,中央文献出版社2011年版,第173、175、179页。
③ 《建党以来重要文献选编》第16册,中央文献出版社2011年版,第116页。

史。"①1941年12月1日,中共中央做出《关于延安在职干部学习的决定(同时亦适用于各地)》,其中根据工作经验和文化水准,将延安在职干部分为四类,并对他们学习的具体方向作了大体规定:"第一类,应以学习马列主义理论(同自己有联系的某一方面学起)为主,同时应增加中国历史,首先是中共党史与现实的知识";"第三类,应以学习中国历史首先是中共党史与现实的知识为主";"第四类,即以了解时局动向与当前党的政策为主,同时应增加中国历史,首先是中共党史与现实的知识"②。四类在职干部中,三类都被要求学习"中共党史"知识。1942年3月27日,中共中央书记处工作会议讨论中央高级学习组新的学习计划,决定通读《六大以来》的计划告一段落,从下周起开始研究中共党史与中国革命史,首先请毛泽东报告中国共产党发展三个时期的轮廓③。这样,便有了三天后毛泽东在中央高级学习组上所做的《如何研究中共党史》的著名讲话。

其实,不仅党的文献和其他领导人对"中共党史"概念不陌生,即使是毛泽东本人,在此之前也偶尔用过"中共党史"概念。1941年12月30日,他同王稼祥致电周恩来,要求"中共党史的学习请先从讨论《六大以来》的文件入手"④。1942年3月24日,他同任弼时致电周恩来、董必武:"中央正在编印中共党史资料选录,请用一切方法找到下列各文件邮寄或送延安",电报开列了几份需要周恩来帮助寻找的党的早期文件⑤。这些文件在当时的延安很难找到。

这样看来,在当时的延安和中共党内,"中共党史"概念已经被一些领导人所了解,所熟知。当然,"了解"未必"真解","熟知"未必"真知"。如何实现从"了解"到"真解"、从"熟知"到"真知"的根本性转变,还需要对中共历史的基本内涵、发展过程、基本原则、学习方法、重要意义等有关中共党史的基本理论问题,做出深入的思考和科学的揭示。而这一工作最初是由毛泽东承担的,并在《如何研究中共党史》的讲话中很好地完成了。因此,该讲话既是对"中共党史"概念的坚持和强化,也是对中共党史基本理论问题的首次集中阐发。

---

① 力平、方铭主编:《周恩来年谱(1898-1949)》,中央文献出版社、人民出版社1989年版,第518页。
② 《建党以来重要文献选编》第18册,中央文献出版社2011年版,第716、717页。
③ 逄先知主编:《毛泽东年谱(1893-1949)》中卷,人民出版社、中央文献出版社1993年版,第371页。
④ 逄先知主编:《毛泽东年谱(1893-1949)》中卷,人民出版社、中央文献出版社1993年版,第348页。
⑤ 逄先知主编:《毛泽东年谱(1893-1949)》中卷,人民出版社、中央文献出版社1993年版,第370-371页。

那么,在中共历史上,谁最早明确使用这一概念呢？通过对业已公开的文献资料的考证,答案可能是张闻天,时间为1938年。该年6月20日,张闻天在《解放》第42期上发文批驳《张国焘敬告国人书》,其中两次提到"中共党史"概念："只要略微知道中国革命史及中共党史的人,就可以知道,张国焘今天的叛变共产主义与共产党,实在不是偶然的。""全中国全世界一切有良心的人,只要研究一下中国革命史与中共党史,他们就会明白中共历年来牺牲奋斗的历史是与中华民族解放运动史血肉相关的。中共始终把彻底解放中华民族的事业当成自己的神圣的任务。"①这可能是中共党内"中共党史"概念的最早出处。4个月后,即10月15日,张闻天在中共六届六中全会的报告提纲《关于抗日民族统一战线与党的组织问题》中,再次提到"中共党史"概念,建议将"中共党史与党的建设"列入高级党校教育的4门课程之一②。从张闻天的上述表述可以看出,他对"中共党史"概念的明确使用,较之毛泽东早了3年多。

三

自1942年毛泽东的《如何研究中共党史》讲话发表后,"中共党史"概念便在党内文献和领导人的著作和讲话中逐渐多了起来。1943年3月16日,毛泽东在中共中央政治局会议的讲话要点中特别列出了如下问题："中共党史开始研究:二十二年的路线问题"③。同年7月13日,博古在《解放日报》上撰文指出："二十二年的中国历史及中共党史证明:没有中国共产党将没有这二十二年的英勇壮烈的民族解放斗争,没有中国共产党将没有这六年坚持的爱国战争,没有中国共产党,则中国的命运将是悲惨的耻辱的殖民地奴隶的命运。"④1945年4月21日,毛泽东在中共七大预备会议的报告中,谈到《关于若干历史问题的决议》时自问自答道:《决议》"是不是还会有漏洞呢？还可能有。经过十年八年之后,修中共党史的时候可以看出来。"⑤

随着"中共党史"概念运用的增多,其他概念的运用是否就相应减少,并逐渐被"中共党史"概念所统一和替代了呢？实际情况并非如此。且不说毛泽东在《如何研究中共党史》中并不是只提"中共党史"概念,而是将它与"党史"、"党的历

---

① 《张闻天文集》第2卷,中共党史出版社1993年版,第415、419页。
② 《建党以来重要文献选编》第15册,中央文献出版社2011年版,第702页。
③ 《建党以来重要文献选编》第20册,中央文献出版社2011年版,第164页。
④ 《建党以来重要文献选编》第20册,中央文献出版社2011年版,第482—483页。
⑤ 《建党以来重要文献选编》第22册,中央文献出版社2011年版,第121页。

史"、"中国共产党的历史"等概念娴熟地加以使用,这里单以1945年中共七大期间党的领导人的著作和讲话为例,就可以清楚地看出他们并非固守"中共党史"概念,而对其他概念舍弃不用。王稼祥因病未参加党的六届七中全会和七大,七大召开前,他给毛泽东写信表明对七大政治报告的态度和意见:"七大政治报告是救国建国的纲领,七中全会关于若干历史问题的决议是中国共产党史的大纲。这两个文件,我都完全同意的。"①在这里,王稼祥用的概念是"中国共产党史"。任弼时在七大期间写过一篇发言稿《努力争取新民主主义革命的胜利》,其中指出:"党在重大转变中,过去犯过错误的同志是否能经得起考验,那就还要看以后的锻炼和进步。这里,学习中国党史,学习毛泽东同志的思想作风,还是一个重大的任务。"②在这里,任弼时用的概念是"中国党史"。6月10日,毛泽东在七大上指出:"大家学习党史,学习路线,知道中国共产党历史上有两个关键的会议。一次是一九三五年一月的遵义会议,一次是一九三八年的六中全会。"③在这里,毛泽东既用了"中国共产党历史"概念,也用了"党史"概念。

可以看出,在1942年后的中共党内,"中共党史"概念并没有统一和替代其他相关概念和形成独占地位,而是各种概念交互使用,琳琅满目,这从一个侧面反映出党的领导人对中共历史认识的丰富性。当然,这些概念在当时党内的使用频率并不完全相同,差异性较大。较之"中共党史","党史"概念更加流行。这里略举几例。1942年6月22日,毛泽东同王稼祥复电时任八路军新疆办事处主任陈潭秋,要求:"目前学习以三风文件为主,党史之研究暂停。"④1943年8月8日,周恩来在中共中央党校开学典礼的讲话中说:"整风中主要是检查错误,并且同党史联系起来,这样就会更加明白,毛泽东同志思想所贯穿的路线就是中国布尔什维克的路线。"⑤同年11月10日,邓小平在中共中央北方局党校整风动员会上强调:"凡是研究了一下党史的人,一定会深感整风的重要的。"⑥1944年4月12日,毛泽东在延安高级干部会议上作《学习和时局》讲话,开头即指出:"去年冬季开始,

---

① 《王稼祥选集》,人民出版社1989年版,第360页。
② 《建党以来重要文献选编》第22册,中央文献出版社2011年版,第488页。
③ 《建党以来重要文献选编》第22册,中央文献出版社2011年版,第530页。
④ 逄先知主编:《毛泽东年谱(1893—1949)》中卷,人民出版社、中央文献出版社1993年版,第388—389页。
⑤ 力平、方铭主编:《周恩来年谱(1898—1949)》,中央文献出版社、人民出版社1989年版,第561页。
⑥ 《邓小平文选》第1卷,人民出版社1994年版,第88页。

我党高级干部学习了党史中的两条路线问题。"①1944年夏,陈毅向中共中央所做的总结报告中认为,大革命时期入党并且以后参加内战的知识分子干部,"不够的地方在于思想方法上的锻炼,或多或少尚有毛病,党史和路线了解尚不完全充分。"②同年,陆定一在延安中央党校作《关于遵义会议决议的报告》,劈头即讲道:"遵义会议迄今已经九年了。它在党史上是个很重要的关键。"③1945年5月14日,刘少奇在中共七大作修改党章的报告,指出:"经过几年的整风与党史学习,党内的教条主义,可以说,已经受到了严格的批判。"④

前文已经指出,撇开特定的语境,"党史"一词的指向并不明确,并非确定是指中国共产党历史。但是,如果大家均在中国共产党这一完全相同的语境下做报告、写文章、发文件,如果大家都比较明了"党"的特定内涵和概念所指,那么,"中国共产党历史"这样的全称不但可以简化,就是简化后的"中共党史"还可以进一步简化。因为即便将"中共党史"中的"中共"二字去掉,只剩下"党史"这一精干、简洁、明了的词语,也不致引起相互间的歧义和误解。这可能就是"党史"概念较之"中共党史"更容易受到党的文献和领导人青睐的主要原因了。

四

"中共党史"概念自20世纪30年代末提出后,中间经过新民主主义革命时期、社会主义革命和建设时期、改革开放新时期的不断诠释、论证,已经成为一个耳熟能详、有着特定内涵的科学概念。不仅如此,经过几代人的努力和发展,中共党史现在已经成长为一门独立的二级学科,有着自身特定的学科性质、研究对象、基本内容、学科体系、学科功能、研究方法等。但是,新世纪以来,随着中共党史学科建设和理论研究的不断深入,一些研究者对"中共党史"概念开始提出疑问,认为该简称不准确。张静如是其中的代表,他认为:"中国共产党历史简称'中共党史'是不对的,因为凡简称填字之后即能还原全称,而'中共党史'填字后变成'中国共产党党史',多了一个'党',少了一个'历'字,还原不了全称。所以,中国共产党历史应该简称'中共历史'。"⑤张先生在近些年来的一系列论著中,积极倡导用"中共历史"概念取代"中共党史"。这一倡议得到党史界其他一些研究者的

---

① 《建党以来重要文献选编》第21册,中央文献出版社2011年版,第190页。
② 《陈毅军事文选》,解放军出版社1996年版,第266页。
③ 《建党以来重要文献选编》第12册,中央文献出版社2011年版,第67页。
④ 《建党以来重要文献选编》第22册,中央文献出版社2011年版,第436页。
⑤ 张静如主编:《中共党史专题研究》,北京师范大学出版社2011年版,第1页。

呼应。

在这里,笔者无意于加入"中共历史"与"中共党史"概念孰优孰劣问题的争论,疑惑在于:既然"中国共产党历史"可以简称为"中共历史",为什么不可以在此基础上再前进些和彻底点,"少了一个'历'字"而将"中共历史"简称为"中共史"呢?因为"中共史"的简称可能更符合人们的表达习惯。实际上,只要翻开国家技术监督局颁布的"学科分类与代码表"就可以看出,凡是研究和阐明自然界、人类社会和思维发展过程的纵向学科,不管它是中国的还是世界的,不管它是断代的还是整体的,也不管它是分类的还是综合的,只要它符合"……史"的表达方式,基本上都省略了"历"字。倘若多了一个"历"字,反而有画蛇添足之感。况且,凡是简称,不论"中共史"还是"党史"、"中国党史"、"中国共产党史"等,填字之后均能还原成全称"中国共产党历史";唯独"中共党史"无法还原,填字后变成"中国共产党党史",多了一个"党"。

那么,"中共党史"简称是如何形成的呢?笔者认为,这一概念深受"联共(布)党史"或"联共党史"的影响。1938年秋,由苏联共产党(布)中央委员会所设专门委员会主编、苏联共产党(布)中央委员会审定的党史教科书——《联共(布)党史简明教程》在苏联正式出版。之后,该书迅速传入中国,并在不到一年的时间内出现了4种中文译本。其中,由苏联外文出版局编辑出版的中译本,书名被译为《苏联共产党(波尔什维克)历史简要读本》;由解放社(延安)出版的中译本和由中国出版社(重庆)出版的中译本,书名均被译为《联共(布)党史简明教程》;而由启明社(上海)出版的中译本,书名则被译为《最新联共党史(1883-1937)》。可以看出,上述4种版本中,有3种不同的译名。由苏联人翻译的版本,保持了"苏联共产党(波尔什维克)历史"的全名,不仅"苏联共产党"没有简称为"联共",甚至"波尔什维克"也取了全称,没有简略为"波";而其他3种由中国人翻译的版本,则不约而同地将"苏联共产党"简称为"联共",并用"党史"取代了"历史"。这其中,延安版本和重庆版本均将"苏联共产党(布尔什维克)历史"简称为"联共(布)党史",上海版本则干脆将"布尔什维克"的简称"布"也省略掉,简化为"联共党史"。这就进一步说明,在当时的中共党内,无论是根据地的延安、国统区的重庆,还是"孤岛"上海,均对"苏联共产党(布尔什维克)历史"这样的全称不太感兴趣,而是习惯于将其简称为"联共(布)党史"或"联共党史"。

由于《联共(布)党史简明教程》意义重大,中共特别重视该书的学习和宣传。1939年5月1日,还在该书出版之初,延安的《解放》周刊即对其作了介绍,并且评价甚高,认为该书"是苏联共产党(布)党史委员会最近编成的一部最忠实、最完善、最成功的,充满着马克思列宁主义精神的,对全人类有伟大贡献的一部光辉灿烂的党史……在我们今日争取民族解放的抗日战争中,想要得到最后的胜利,我们应该知道俄国革命的胜利,是经过怎样艰苦的路程,是怎样的战胜了困难才得到的。孙中山先生曾教我们学习俄国革命的精神,所以我们应该很好地来研读这部联共党史。"①1940年1月3日,中共中央书记处发出《关于干部学习的指示》,要求将"联共党史"与"马列主义"一起纳入干部学习的中级课程②。同年3月20日,中共中央书记处发出《关于在职干部教育的指示》,按文化理论水准的高低将在职干部分为甲、乙、丙、丁4类,并把"联共党史"列为甲类——"有相当文化理论水准的老干部"的学习课程,而乙、丙两类在完成相应课程之后亦转入甲类课程的学习③。1941年9月10日,毛泽东在中共中央政治局扩大会议的讲话中指出:"研究马、恩、列、斯的思想方法论,以《联共党史》为学习的中心,多看反对主观主义的言论。"④这样,随着《联共(布)党史简明教程》的出版、学习和宣传,以及"联共党史"课程的开设,"联共(布)党史"或"联共党史"概念已经在中共党内得到广泛传播,从而为"中共党史"概念的提出、宣传和普及,特别是被党内大多数人接受提供了重要的环境和氛围。

当然,"联共(布)党史"或"联共党史"概念并不是在《联共(布)党史简明教程》出版和传入中国之后,才被中国共产党人所发现,而是在此之前就已经在党内被逐渐运用了。1937年7月,陈云开始给西路军入疆部队的高级干部和总支队干部队上课,"联共(布)党史"是其中讲解的内容之一⑤。6年前,王明在《为中共更加布尔塞维克化而斗争》中也提到"联共党史"概念⑥。甚至早在1924年,党内曾经出现过"俄共党史"的简称。是年秋,在刘少奇的领导下,中国共产党和社会主义青年团的安源地方组织召开联席会议,决定由党、团合办党校,训练工人和学生,"俄共党史"便是其中开设的3门课程之一⑦。

不过,在中共的领导人当中,对"联共(布)党史"或"联共党史"特别熟悉并且素有研究的,还是非张闻天莫属。自1925年10月前往莫斯科中山大学学习,到

---

① 《解放》第70期,第5页。
② 《建党以来重要文献选编》第17册,中央文献出版社2011年版,第1页。
③ 《建党以来重要文献选编》第17册,中央文献出版社2011年版,第222页。
④ 《建党以来重要文献选编》第18册,中央文献出版社2011年版,第593页。
⑤ 朱佳木主编:《陈云年谱(1905～1995)》上卷,中央文献出版社2000年版,第209－210页。
⑥ 《建党以来重要文献选编》第8册,中央文献出版社2011年版,第250页。
⑦ 刘崇文、陈绍畴主编:《刘少奇年谱(1898～1969)》上卷,中央文献出版社1996年版,第32页。

1927年9月成为该校第一期毕业生,张闻天在两年间的各种场合耳濡目染联共(布)党史。后经校务委员会批准,张闻天入教员班(三年级第一班)学习,被分在列宁主义教研组。张闻天在教员班的一学年中,除了学习每门课程外,还在列宁主义和联共(布)党史教研室主任指导下,采用道尔顿制①的方法讲授联共(布)党史②。1928年6月26日,联共(布)中央宣传鼓动部副部长致函红色教授学院③,送去中山大学推荐张闻天等7人到该院学习的信,其中介绍张闻天时指出:他"1927年毕业于中国劳动者大学④。1927~28学年在教员班弗拉索瓦同志的教研组(习明纳尔)学习。1927~28学年还在列宁主义和联共(布)党史教研室从事教学工作"。信中推荐张闻天进党史系⑤。9月26日,中国共产主义者劳动大学教员班、研究生和研究员问题委员会举行会议,决定研究员、研究生和教员班的组成,张闻天被列为研究联共(布)党史的三名教员之一⑥。由于这样的经历和背景,1939年4月5日,中共中央书记处召开会议,听取罗瑞卿关于抗大工作检查报告,决定由张闻天负责指导"联共党史"课程⑦。正是由于对"联共(布)党史"或"联共党史"的理论素养和深厚造诣,张闻天于1938年在中共党内首次明确提出"中共党史"概念,也就顺理成章、不足为怪了。

---

① 道尔顿制是教学的一种组织形式和方法,又称"契约式教育",全称道尔顿实验室计划,由美国帕克赫斯特于1920年在马萨诸塞州道尔顿中学所创行,因此得名。它在弥补班级教学制度的不足,发展学生个性、培养学生独立工作能力等方面有积极作用。
② 张培森主编:《张闻天年谱(1900~1976)》,中共党史出版社2000年版,第84页。
③ 红色教授学院成立于1921年10月,是苏联共产党培养高级理论人才的学校,1928年以前属于俄罗斯苏维埃联邦社会主义共和国教育人民委员部,1928年以后属于苏联共产党中央执行委员会。
④ 1928年9月,莫斯科中山大学改名为"中国劳动者共产主义大学",一直到1930年被解散,但人们仍习惯称其为"中山大学"。
⑤ 张培森主编:《张闻天年谱(1900~1976)》,中共党史出版社2000年版,第92页。
⑥ 张培森主编:《张闻天年谱(1900~1976)》,中共党史出版社2000年版,第93页。
⑦ 张培森主编:《张闻天年谱(1900~1976)》,中共党史出版社2000年版,第605页。

服务型马克思主义执政党建设*

——基于党政关系的分析

严 宏

党的十八大报告中提出了"建设服务型马克思主义执政党"的任务,这是中国共产党历史上首次在全国代表大会报告中提出这一命题,同时该报告也提出了"建设服务型政府"的目标。执政党与政府的关系决定了建设服务型马克思主义执政党一个重要前提,是如何妥善处理与建设服务型政府之间的关系,做到既不与之重复,也要实现二者的有机结合,做到更好地为人民服务。本文试图从党政关系的视角,阐述如何建设服务型马克思主义执政党。

一、服务型马克思主义执政党建设决定服务型政府建设

服务型马克思主义执政党建设决定服务型政府建设,主要源于中国共产党与政府的领导与被领导关系。中国共产党是中国特色社会主义事业的领导核心,从执政党、国家与社会三者关系来看,这种领导核心主要表现在中国共产党领导社会,也领导国家,这里的国家,"不是指作为一种虚幻的共同体而存在的国家本身,而是指作为国家代表的政府"①。这种领导在内容上表现为政治、思想与组织的领导,在形式上分为体制外领导与体制内领导。体制外领导主要包括党中央与各级党组织对政府的领导以及党组织向政府机关推荐干部。就体制外领导而言,主要是党中央与各级党组织就一些关于全国、本地区重大问题做出决策,制定路线、方针与政策,通过国家权力机关上升为国家意志,并成为政府制定政策的主要来源与依据。就体制内领导而言,现代政党的一个重要功能就是政治录用,即将本

---

* 本文原载于《探索》2013 年第 3 期。

① 林尚立:《当代中国政治形态研究》:天津人民出版社2000 年版,第 312 页。

党的精英分子推荐至政府担任领导职务。中国共产党也不例外,需要向政府机关推荐优秀的党员干部,这也是党的组织领导的重要体现。

体制内领导是执政党在政府内部进行领导,这种领导主要通过在政府中设立党组织来实现。根据《中国共产党章程》规定,这样的党组织分为两类:一类是党组。《中国共产党章程》第四十六条规定:"在中央和地方国家机关","可以成立党组"。党组在国家与地方机关发挥领导核心作用,是党的意志的体现,其任务"主要是负责贯彻执行党的路线、方针、政策;讨论和决定本单位的重大问题;做好干部管理工作;团结党外干部和群众,完成党和国家交给的任务"等。另一类是党的基层组织。《中国共产党章程》第二十九条规定:机关等组织"凡是有正式党员三人以上的,都应当成立党的基层组织"。与党组不同,党的基层组织的重要任务是"对包括行政负责人在内的每个党员进行监督",其与党组功能没有重叠。

执政党与政府的这种领导与被领导的关系大多只在像中国这样的社会主义国家存在,那到底哪些因素影响这种关系的形成?笔者认为,主要有两个因素:其一是中国共产党在中国近现代政治发展中的主导作用。美国学者巴林顿·摩尔对世界主要国家从传统社会转向现代社会概括了三条道路,即英、法、美的资产阶级革命,德、意、日的资产阶级改革,俄、中共产主义道路①。国内学者杨光斌在此基础上,总结出与之对应"社会中心""国家中心""政党中心"的制度变迁路径②。这三种路径的根本区别在于主导政治变迁力量的不同,社会中心变迁路径的主导力量是英美工商业阶层,他们可以凭借手中巨大的物质财富与经济资源,对抗王权专制与外来统治者并最终获得成功。国家中心变迁路径是官僚阶层,他们可以凭借手中的权力实现自上而下的革命。政党中心变迁路径的主要力量是无产阶级,他们既没有强大的经济实力,也没有政治权力,要想实现政治变迁,他们中的先进分子只能团结起来,依靠严格的纪律组织成一个强有力的政党。在通过这种路径建立的政治体系中,政党自然也成为了主导者。其二是革命成为近现代中国政治发展的主要形式。1840年至1956年中国政治发展的历史很大程度上是革命的历史,先是国民党领导的旧民主主义革命,然后是中国共产党领导的新民主主义革命和社会主义革命并取得胜利。通过革命实现政治发展意味着新旧的政治制度的彻底决裂,"组建和创造新型的政治制度",这也是"共产主义运动对现代政

---

① [美]巴林顿·摩尔:《民主与专制的社会起源》,拓夫,等译,华夏出版社1987年版,第334页。
② 杨光斌:《政治变迁中的国家与制度》,中央编译局出版社2011年版,第182页。

治的突出贡献"①。事实也是如此,1949年之后的新型政治制度与之前的政治制度截然不同。问题是谁是1949年之后政府以及政治制度的建构者。既然中国共产党是政治发展的主导力量,应该也是政府与政治制度的建构者,中国共产党与政府的领导与被领导关系由此生成。

既然服务型马克思主义执政党建设决定服务型政府建设,那么这种决定表现在哪些方面? 笔者认为,主要表现在三个方面:首先,政党的执政理念是政府服务理念的来源。"所谓执政理念,应当是一个政党意识形态的核心观念,是执政党执政活动的总的指导思想和核心价值取向,解决'为谁执政、靠谁执政、如何执政的根本问题。"②胡锦涛曾于2004年6月提出了"执政理念"这一概念,但没有作进一步阐述。不过学界对什么是执政理念形成了共识,大多数学者认为,"以人为本"是中国共产党的执政理念。2003年9月胡锦涛在党的十六届三中全会上提出"以人为本"理念,随后2004年温家宝在政府工作报告中也重申了"以人为本"理念,并在此后指出:"加强政府自身改革和建设,必须坚持以人为本"③,把以人为本确立为服务型政府的理念。其次,政党的执政水平决定政府的服务效果。政党能否制定适应经济社会发展、满足人民生产与生活的需求的政策是衡量政党执政水平如何的重要标志。政党制定什么样的路线、方针与政策,政府就去实施与执行,政府是直接给人民提供服务的主体。同时,各级党政干部的执政水平也影响政府的服务效果。政府的公务员大多为中共党员,他们的服务水平影响政府的服务效果。最后,政党的执政方式影响政府的服务方式。1949年,中国共产党成为执政党以来,执政方式发生了从"政党指挥型"到"政党取代型"再到"政党引导型"的转变④。在此影响下,政府从"管制型"向"服务型"转型,政府的服务方式开始从"管制型"服务向"非管制型"转变。

二、服务型政府建设推动服务型马克思主义执政党建设

服务型政府建设也会推动服务型马克思主义执政党建设,其根本在于改革开

---

① [美]萨缪尔·亨廷顿:《变化社会中的政治秩序》,王为,等,译,上海人民出版社2009年版,第227页。
② 王新建:《论中国共产党的执政理念》,《马克思主义研究》2005年第4期。
③ 中共中央文献研究室:《十六大以来重要文献选编》(中),中央文献出版社2008年版,第955页。
④ 彭正德:《中国共产党执政方式:类型、演进及改革取向》,《社会主义研究》,2005年第1期。

放以来社会的整体变迁,这种变迁主要表现在资源配置的市场化、社会结构的分化、政治文化的转型等方面。这些社会变迁对执政党的影响是通过两种路径实现的:一种是直接路径,即社会变迁直接作用于执政党,另一种是间接路径,即通过影响政府来影响执政党。这种路径的存在是因为相对于执政党而言,政府是市场主体、社会的直接服务者,因而政府对社会变迁的反应比执政党更为灵敏。

那么服务型政府建设是如何推动服务型马克思主义执政党建设的?与其他类型的政府相比,服务型政府的主要特征是公开、透明、回应,公民参与、法治等。当前服务型政府建设推动服务型马克思主义执政党建设集中体现在公开、透明与回应性上,其实践形态为政务公开推动党务公开,这种推动主要表现为先是公开政务,在积累一定经验后,再公开党务,政务公开主要起示范和带动作用。改革开放以来,政务公开是自下而上的探索模式,先发轫于农村,始于 20 世纪 90 年代。1991 年,中共中央与国务院在有关农业和农村工作的决定中提出建立村务公开制度;1998 年颁布的《中华人民共和国村民委员会组织法》明确了村务公开的五项内容,同年中共中央办公厅、国务院办公厅联合发布了《关于在农村普遍实行村务公开与民主管理制度的通知》,强调要在全国农村推行村务公开。在村务公开取得较好效果之后,20 世纪 90 年代后期,乡镇政务公开也提上日程,地方政府开始探索乡镇政务公开。2000 年中共中央办公厅、国务院办公厅也联合发布了《关于在全国乡镇政权机关全面推行政务公开制度的通知》,明确规定了乡镇政务公开的主要内容。在对基层和局部的政务公开进行探索之后,2007 年国务院公布了《中华人民共和国政府信息公开条例》,该条例从总则、公开的范围、公开的方式和程序、公开的监督和保障等各个方面对政府的信息公开做了基本规范,为政府信息公开提供制度化保障。

在政务公开的示范与带动下,党务公开也加快了步伐。2003 年 12 月 31 日发布的《中国共产党党内监督条例(试行)》规定:"中央委员会做出的决议、决定和中央政治局会议的内容,根据需要以适当方式在一定范围通报或向全党通报。地方各级党的委员会全体会议做出的决议、决定,一般应当向下属党组织和党员通报,根据实际情况,以适当方式向社会公开。地方各级党委常委会会议的内容和本地区的重要情况,根据需要以适当方式在一定范围通报或向本地区的党组织和党员通报。"2004 年中共中央十六届四中全会通过的《中共中央关于加强党的执政能力建设的决定》也提出了党务公开,指出:"建立和完善党内情况通报制度、情况反映制度、重大决策征求意见制度,逐步推进党务公开,增强党组织工作的透明度,使党员更好地了解和参与党内事务。"党的十六届六中全会、党的十七大以及党的十七届四中全会都强调了要"推进党务公开"。2010年中共中央办公厅印发《关于党的基层组织实行党务公开的意见》的通知,对党务公开的指导思想、基本原则、内容、程序、方式等作了明确规定。

如果说以上党的文件规定党务公开的范围主要是执政党内部,那么建立党委新闻发言人制度则是将党务向社会公众公开,这也是建设回应型执政党的内在要求。这一制度的建立同样受到了政府新闻发言人制度的影响。党委新闻发言人制度的建立可以让社会大众更好地了解中国共产党,也可以让中国共产党更好地了解大众的关切,进一步实现中国共产党与社会大众之间的互动,这也是建设服务型马克思主义执政党的重要步骤。

三、建设服务型马克思主义执政党的着力点

正因为服务型马克思主义执政党建设与服务型政府建设之间密切的关系,建设前者必须要处理好与后者的关系,既避免两者重复建设,又要防止两者之间出现空隙。目前国内学者关于服务型政府建设的方案概括起来主要有五种思路:即理念和文化重塑,职能与结构优化,管理和服务方式创新,运行机制法治化和公共财政体制构建等思路①。同时,建设服务型马克思主义执政党也要考虑中国共产党与西方国家执政党在国家政治生活与经济社会发展中的地位与作用的异同。基于以上理由,笔者认为建设服务型马克思主义执政党着力点主要是以下几个方面:

第一,建构社会主义核心价值观。核心价值观对于社会的重要性是不言而喻的。一个社会的核心价值观受主导社会发展的阶级、集团和政党思想的影响。由资产阶级主导社会发展的英、美等国,其核心价值的建构者是资产阶级。西欧在从中世纪向近代社会发展的过程中,受到了资产阶级启蒙思想家提出的"天赋人权""自由""平等""法治"等现代社会价值观影响。在资产阶级尚未成为西方英、美国家统治阶级之前,它们主要在经济领域活动,并且是在市场经济中活动。市场经济是平等的经济,各个经济主体之间是平等的;市场经济是自由经济,各个市场主体之间交易是自由的;市场经济也是法治经济,各市场主体的交易是通过契约与规则得到保证的。因此当资产阶级成为统治阶级后,这些价值观就成了英、美国家的核心价值观。随着选举权的范围扩大,民众教育程度的提高,这些价值观也被普通民众接受,并成为英美国家各阶级阶层的共识。

---

① 沈荣华,等:《我国服务型政府研究览析》,《行政论坛》,2010年第4期。

中国共产党是近现代中国社会发展的主导力量,它应该成为核心价值观的建构者,其主要实践活动领域成为核心价值观的来源。不同时期,实践活动的主题不同,中国共产党建构的核心价值观也不同。在新民主主义革命时期,中国共产党的实践主题是反帝反封建的革命,因此中国共产党建构的核心价值观就是独立与解放。1949年,新中国成立之后特别是1956年社会主义制度在我国基本确立后,中国共产党的实践活动主题是建设,因此建构的核心价值观是富强与富裕,但是在1978年之前中国共产党对于实践主题认识滞后于实践主题本身的转变,把革命仍当作实践主题,因而贫穷与平均成为这一时期的核心价值观。1978年之后,中国共产党重新认识到自身实践活动的主题是建设与改革,并开始建构与这一主题相适应的核心价值观。1987年,先是在国家层面提出"富强""民主""文明"的核心价值观,2006年又提出"和谐"理念,同年首次提出"社会主义核心价值体系"。2012年胡锦涛在十八大报告中提出了"社会主义核心价值观"。这24个字的核心价值观立足于中国是发展中国家的实际,着眼于中国是社会主义国家的特色,吸收中国传统社会价值观的精华,也借鉴西方国家核心价值观的有用成分。但是凝炼"社会主义核心价值观"只是建构的第一步,如何推动核心价值观的大众化,成为全国各阶层人民共同接受的价值观,并成为价值共识,仍然是一个艰巨的任务。

　　第二,整合各种服务力量。中国共产党不仅是执政党,而且是中国特色社会主义事业的领导核心,这种领导核心主要体现在"总揽全局、协调各方"上,因此建设服务型马克思主义执政党,不能从执政层面只把中国共产党作为一个服务主体,而是要从领导核心出发,整合各种服务力量,发挥"总揽全局、协调各方"的作用。目前,除了执政党自身之外,为人民群众服务的主要还有政府、人民团体、社会组织与群众基层自治组织。各个服务主体各有优势与缺点。政府的服务对象最广,服务能力最强但服务方式主要是行政化。工会、共青团、妇联服务的对象仅限各自会员,服务方式也是准行政化。社会组织比较庞杂,从服务对象范围来看,分为互益性组织与公益性组织。互益性组织,比如协会、商会等,与工青妇类似,只为会员服务。公益性组织,如慈善组织、环保组织等则为社会公众服务,其服务方式大多是非行政化手段,但服务能力最弱。群众基层自治组织主要是自我服务,熟悉服务对象,但服务能力较弱,服务方式也是准行政化。当前虽然存在上述这么多服务主体,但各服务主体之间联系不多,彼此处于割裂状态,不利于发挥各主体的优势,不利于为人民群众提供高质量的服务。因此,中国共产党必须发挥领导核心作用,一方面创新领导体制,发挥这些服务主体中的党组织作用,整合力量,建立服务主体党组织的联席会议制度,充分发挥服务主体的合力,实现对人民群众的无缝隙服务;另一方面,通过党的政策的正确引导,加强各服务主体特别是社会组织与群众基层自治组织的能力建设,建立各服务主体间的合作机制,实现对人民群众的整体性服务。

第三,转变服务方式,实现从权力化向非权力化转变。改革开放之前,由于高度集中的一元化领导体制,政府和社会都不是独立的,均依附于执政党。当时中国社会被称为"总体性"社会。社会被分为一个个单位,执政党依托单位实现对社会的管理与服务。在这种情况下,执政党主要采取的是权力化服务方式,即各地各级党组织往往通过自上而下命令的方式来动员人民,实现对人民服务。这种权力化的服务方式的一个基本前提是执政党在整个社会行使权力没有边界。但是改革开放以来,执政党的服务环境发生变化,出现了相对"自由活动空间"和"自由流动资源"①,社会开始相对独立于执政党,执政党的权力行使有了边界,主要集中在党、政府、国企与事业单位等部门,止步于非公经济组织与社会组织。对于这些组织,执政党要么放弃服务,要么转变服务方式。事实上,执政党只能选择后者。同时,执政党的服务对象,即人民群众发生了变化,人们的活动领域从改革前的政治活动领域占主导转变到经济活动领域占主导,"人们思想活动的独立性、选择性、多变性、差异性明显增强"②。基于服务环境与服务对象的变化,执政党只能采取非权力的服务方式。具体来说这种非权力的服务方式包括:一是执政党服务方式的法治化,即执政党"运用法律维护社会秩序、保护公民权利和公共利益"③;二是基层党组织服务方式的人性化,即注重对人民群众的思想引导、生活关怀与心理关心。

---

① 孙立平,等:《动员与参与——第三部门募捐机制个案研究》浙江人民出版社 1999 年版,第 8 页。
② 中共中央文献研究室:《十七大以来重要文献选编》(上),中央文献出版社 2009 年版,第 11 页。
③ 高新民:《中国共产党活动方式研究》浙江人民出版社 2006 年版,第 289 页。

作者简介①

(以入选论文先后次序排列)

陶富源(1945 -),男,江苏海安人,安徽师范大学政治学院教授、博士生导师,国务院特殊津贴享受者,国家社会科学基金学科评审组专家,曾获全国模范教师、省级教学名师、省优秀教师、省十大杰出教师和五一劳动奖章等荣誉称号。

张传开(1951 -),男,安徽庐江人,安徽师范大学政治学院教授、博士生导师,国务院特殊津贴享受者。

干成俊(1965 -),男,安徽含山人,哲学博士,安徽师范大学政治学院教授、博士生导师。

方 芳(1971 -),女,安徽潜山人,法学博士,安徽师范大学政治学院副教授,硕士生导师。

汪盛玉(1970 -),女,安徽望江人,法学博士,安徽师范大学政治学院教授、博士生导师,教育部全国高校优秀中青年思想政治理论课教师择优资助计划入选者。

余在海(1978 -),男,安徽潜山人,哲学博士,安徽师范大学政治学院副教授、硕士生导师。

吴兴华(1970 -),女,安徽舒城人,哲学博士,安徽师范大学政治学院教授,硕士生导师。

王 艳(1972 -)女,安徽庐江人,哲学博士,安徽师范大学政治学院副教授。

彭启福(1963 -),男,福建长汀人,哲学博士,安徽师范大学政治学院教授、博士生导师,安徽省政府特殊津贴享受者,安徽省学术和技术带头人。

王先俊(1962 -),男,安徽霍山人,历史学博士,安徽师范大学政治学院教授,

---

① 只简介入选论文的第一作者。

博士生导师,教育部新世纪优秀人才,安徽省学术和技术带头人,安徽省政府津贴享受者。

李祥兴(1980 -),男,安徽怀宁人,法学博士,安徽师范大学政治学院副教授,硕士生导师。

高正礼(1967 -),男,安徽宣城人,法学博士,安徽师范大学政治学院教授,博士生导师,安徽省高校优秀中青年骨干教师,教育部全国高校优秀中青年思想政治理论课教师择优资助计划入选者。

张正光(1971 -),男,安徽南陵人,法学博士,安徽师范大学政治学院教授,博士生导师,安徽省学术和技术带头人后备人选,教育部全国高校优秀中青年思想政治理论课教师择优资助计划入选者。

王习胜(1965 -),男,安徽舒城人,哲学博士,安徽师范大学政治学院教授,博士生导师,安徽省学术和技术带头人后备人选,安徽省宣传文化领域(社科理论类)拔尖人才。

钱广荣(1945 -),男,安徽巢湖人,安徽师范大学政治学院教授,博士生导师,全国首届百名优秀"两课"教师。

叶松庆(1953 -),男,安徽歙县人,安徽师范大学政治学院教授,博士生导师。

戴兆国(1971 -),男,安徽宣城人,哲学博士,安徽师范大学政治学院教授,博士生导师,安徽省学术和技术带头人,教育部全国高校优秀中青年思想政治理论课教师择优资助计划入选者。

赵 平(1964 -),男,新疆喀什人,法学博士,安徽师范大学政治学院教授,硕士生导师。

王 艳(1980 -),女,江苏赣榆人,法学博士,安徽师范大学政治学院副教授,硕士生导师。

姚宏志(1972 -),男,安徽桐城人,历史学博士,安徽师范大学政治学院教授,博士生导师。

严 宏(1981 -),男,安徽繁昌人,法学博士,安徽师范大学法学院副教授,硕士生导师。

后 记

2013年,在马克思主义研究中心(以下简称"中心")成立10周年之际,我们将"中心"研究员2004—2012年间发表的论文择优编辑了三部文集,分别是《用信仰点亮思想灯塔——马克思主义理论与实践(2004—2007)》,由王习胜教授主编;《让思想光照生活世界——马克思主义理论与实践(2008—2009)》,由彭启福教授主编;《以旗帜指引复兴道路——马克思主义理论与实践(2010—2012)》,由姚宏志教授主编。三部文集出版发行时,我们曾经商定,这项工作要继续做下去,要把马克思主义研究中心研究员们的优秀成果集中展示出来,要让这些成果发挥更大的作用。

呈现在读者面前的这部文集,汇集了"中心"研究员2013—2014年的优秀成果。本集中文章的选择仍然坚持了前三部文集的一些编辑原则,比如,入选论文已在国内外重要学术期刊公开发表过;按照马克思主义理论一级学科分科类选取;适当控制文集的篇幅和字数;每位研究员在同一辑文集中采用的文章不超过三篇;尽可能让更多研究员的成果得到展现。除此之外,我们还商定,将在适当时候编辑出版校外兼职研究员优秀论文的专辑。

我们欣喜地看到,近几年以"安徽师范大学马克思主义研究中心"为署名单位的研究员文章越来越多,而且不乏上乘之作。这些研究成果的诞生,一方面说明我们的研究员真正将马克思主义理论研究视为自己的历史责任;另一方面也说明我们的研究员队伍的水平在提升,安徽省教育厅将安徽师范大学马克思主义研究中心设立为全省首批10个高校人文社科重点研究基地的目的——让"中心"在安徽省马克思主义理论研究和教育教学领域发挥引领作用,在全国马克思主义理论研究有一定影响,这样的目的或者说目标正在实现。

《用信仰点亮思想灯塔——马克思主义理论与实践(2004–2007)》等三部文集出版之后,得到了安徽省教育厅领导的高度肯定,得到了相关领域专家学者的褒扬赞誉,借此机会,对相关领导和同行的鞭策与鼓励表示衷心感谢。

　　本文集的编辑和出版一如既往地得到了安徽省教育厅领导和安徽师范大学领导的关心,得到了安徽师范大学马克思主义学院领导的大力支持,得到了"中心"老一辈专家学者的肯定和支持,得到了"中心"学术委员会的支持,得到了光明日报出版社和责任编辑的真诚帮助,在此一并致谢。由于编者的水平有限,在论文遴选和编纂过程中难免有疏漏之处,敬请专家学者批评指正。

安徽师范大学马克思主义研究中心
2015 年 10 月 16 日